中国农村住户调查年鉴

国家统计局农村社会经济调查总队

(京)新登字 041 号

图书在版编目(CIP)数据

中国农村住户调查年鉴-2001/国家统计局农村社会经济调查总队编.
-北京:中国统计出版社,2001.10
ISBN 7-5037-3665-8

Ⅰ.中…
Ⅱ.国…
Ⅲ.农民-社会调查-统计资料-中国-2001-年鉴
Ⅳ. D422.7-66

中国版本图书馆 CIP 数据核字(2001)第 068495 号

中国农村住户调查年鉴-2001

作　　者/国家统计局农村社会经济调查总队编.
责任编辑/吕　军
封面设计/张建民
出版发行/中国统计出版社
通信地址/北京市西城区月坛南街 75 号　邮政编码/100826
办公地址/北京市丰台区西三环南路甲 6 号
电　　话/(010)63459084、63266600-22500(发行部)
印　　刷/科伦克三莱印务(北京)有限公司
经　　销/新华书店
开　　本/880×1230mm　1/16
字　　数/600 千字
印　　张/19
印　　数/1-2800
版　　别/2001 年 10 月第 1 版
版　　次/2001 年 10 月第 1 次印刷
书　　号/ISBN 7-5037-3665-8/D·128
定　　价/98.00 元

《中国农村住户调查年鉴－2001》编辑委员会

编者说明

一、《中国农村住户调查年鉴——2001》是一部全面反映中国农村居民生产、收入、消费和积累的资料性年鉴，收录了1978年改革开放以来中国农村住户调查的主要数据，以及历史重要年份各省(区、市)按纯收入分组和按三个经济地带及西部12省、区分组的主要数据和2000年农村住户调查的主要结果。

与2000年版《中国农村住户调查年鉴》比较，本年鉴有如下改进：一是现金收支中不再包括储蓄借贷现金收支；二是对主要年份分组资料内容进行了改进，使之尽量保持一致；三是为方便读者使用，对主要收支指标增加了构成计算。

二、全书内容分为七个部分，即：1. 主要指标统计图；2. 2000年农村居民收入、消费、存粮、贫困问题综述；3. 综合资料；4. 主要年份分组资料；5. 各地区农村居民主要年度收支情况；6. 2000年农村住户调查主要情况；7. 农村住户调查主要指标解释。

三、为了保持历史资料原貌，按收入分组的资料仍沿用了当时不同历史时期的分组标识，未对不同时期的不同分组组距和组数进行调整。

四、本书所收录的资料来源于国家统计局开展的“农村住户抽样调查”。全国资料均未包括香港、澳门特别行政区和台湾省。

五、本年鉴数据保留两位小数位，部分数据合计由于单位取舍不同而产生的计算误差均未作调整。

六、本年鉴各表中有关对全表的注解均在该表上方，对表中部分指标的注解则在该表下方。凡带续表的资料，对部分指标的注解在最后一张续表的下方。

七、本年鉴的符号使用说明：“...”表示数据不足本表最小单位数；“空格”表示该统计指标数据不详或无该项统计；“#”表示其中的主要项；“*”或①表示本表下有注解。

图1 1978-2000年农村居民收入增长曲线

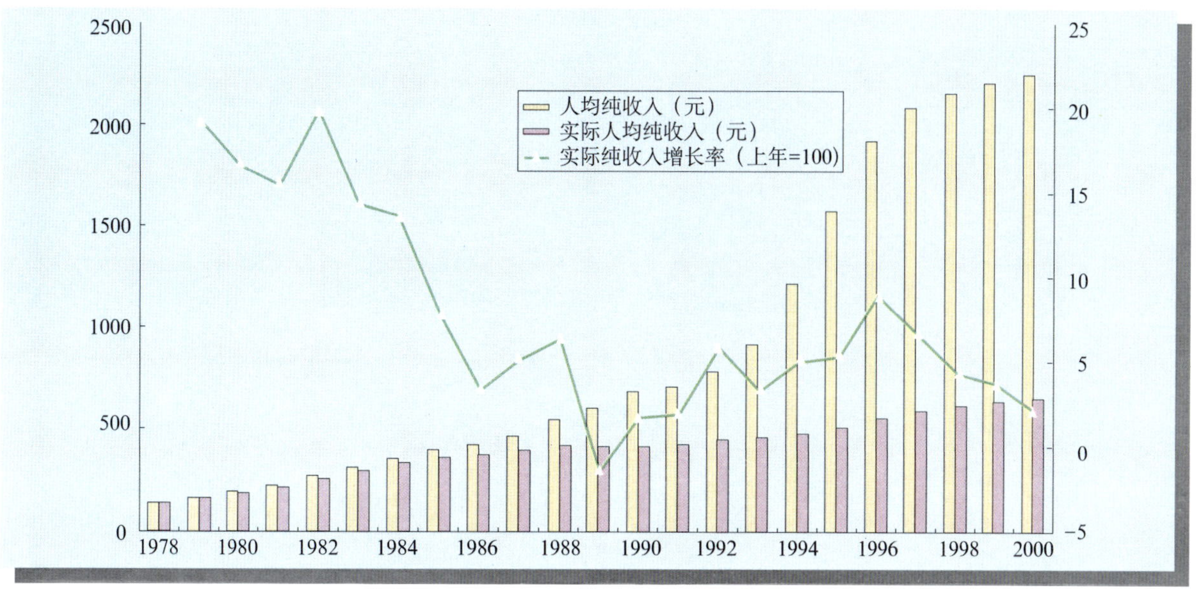

图2 主要年份农村居民收入结构图

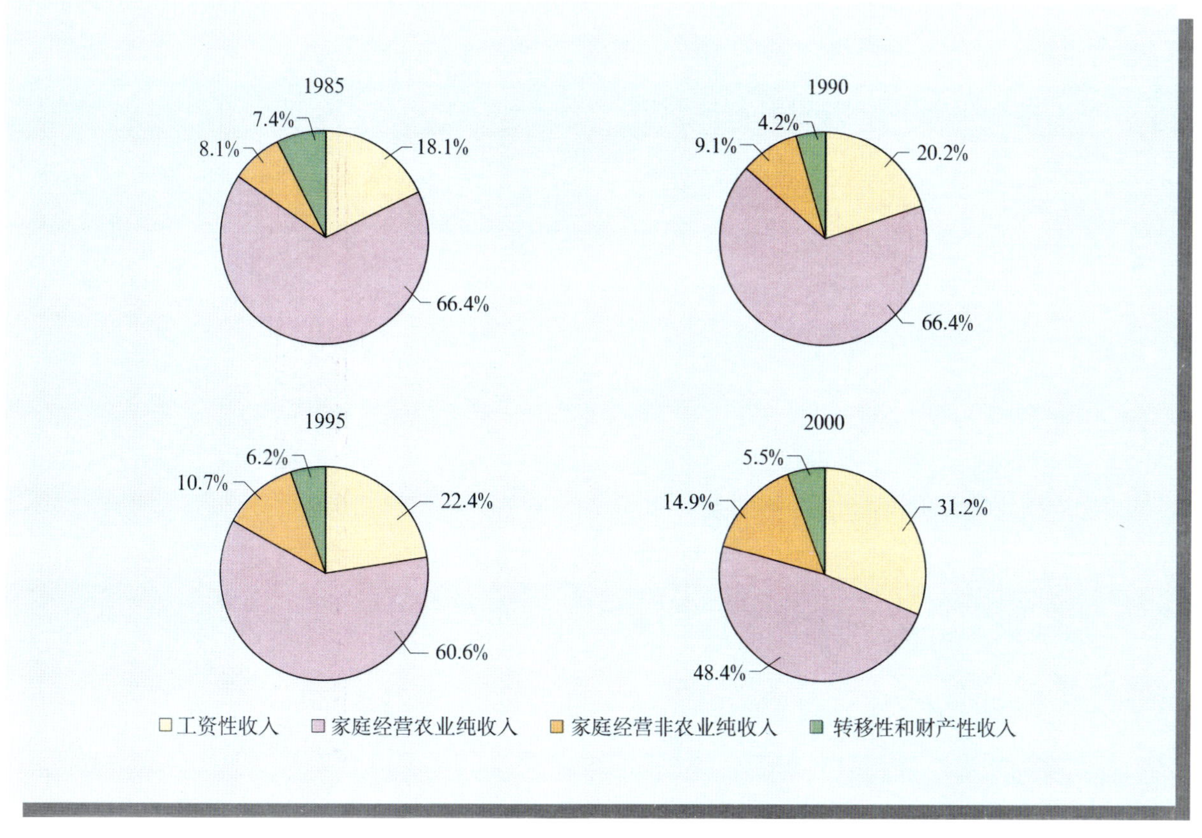

图3 1978-2000年农村居民基尼系数变化

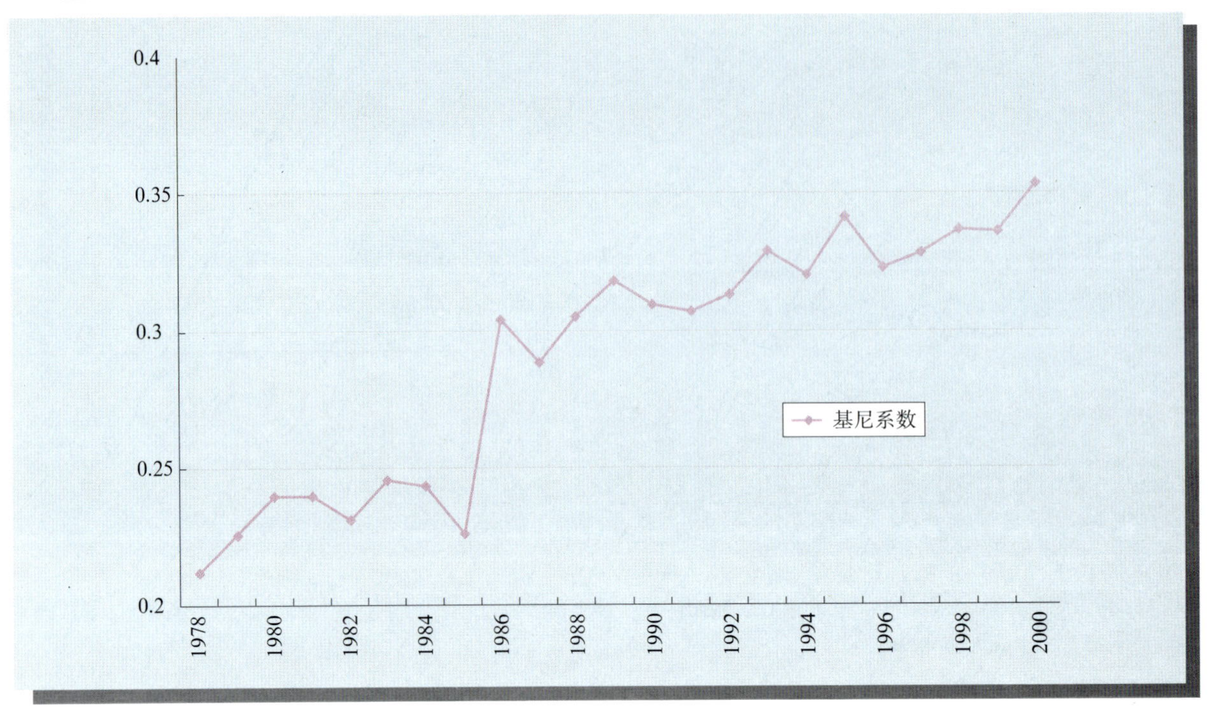

图4 主要年份不同收入组农户分布

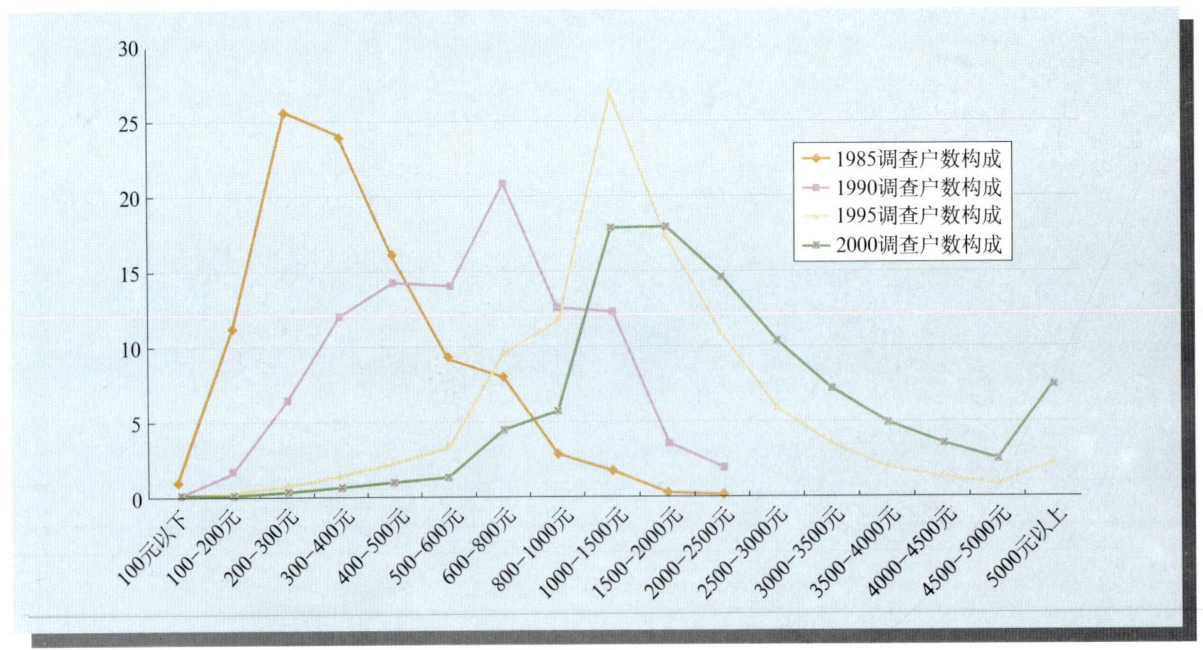

图5 1978-2000年农村居民生活消费支出增长曲线

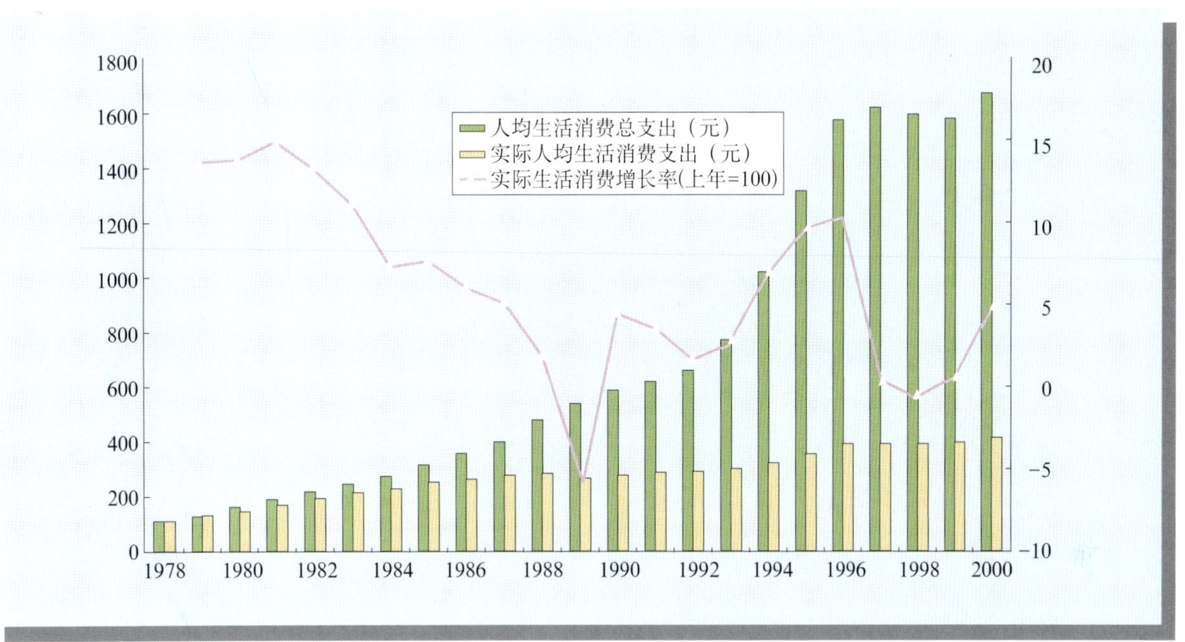

图6 1978-2000年农村居民恩格尔系数变化

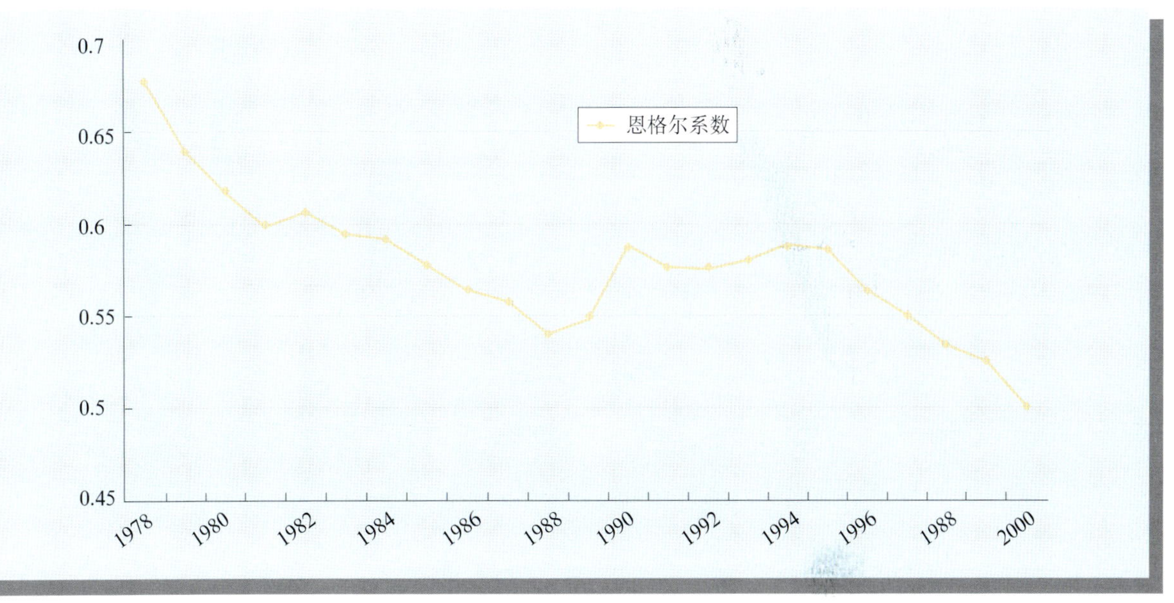

图7 东中西部地区农村居民主要年份纯收入

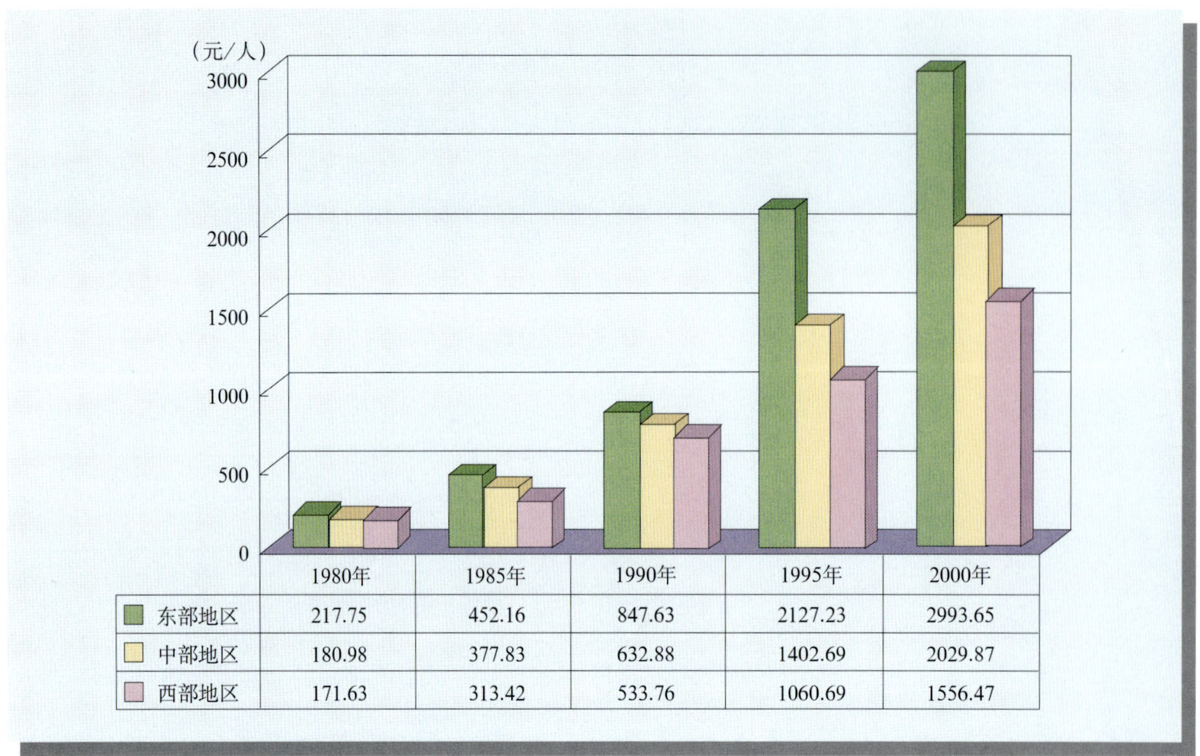

	1980年	1985年	1990年	1995年	2000年
东部地区	217.75	452.16	847.63	2127.23	2993.65
中部地区	180.98	377.83	632.88	1402.69	2029.87
西部地区	171.63	313.42	533.76	1060.69	1556.47

图8 东中西部地区农村居民主要年份生活消费支出

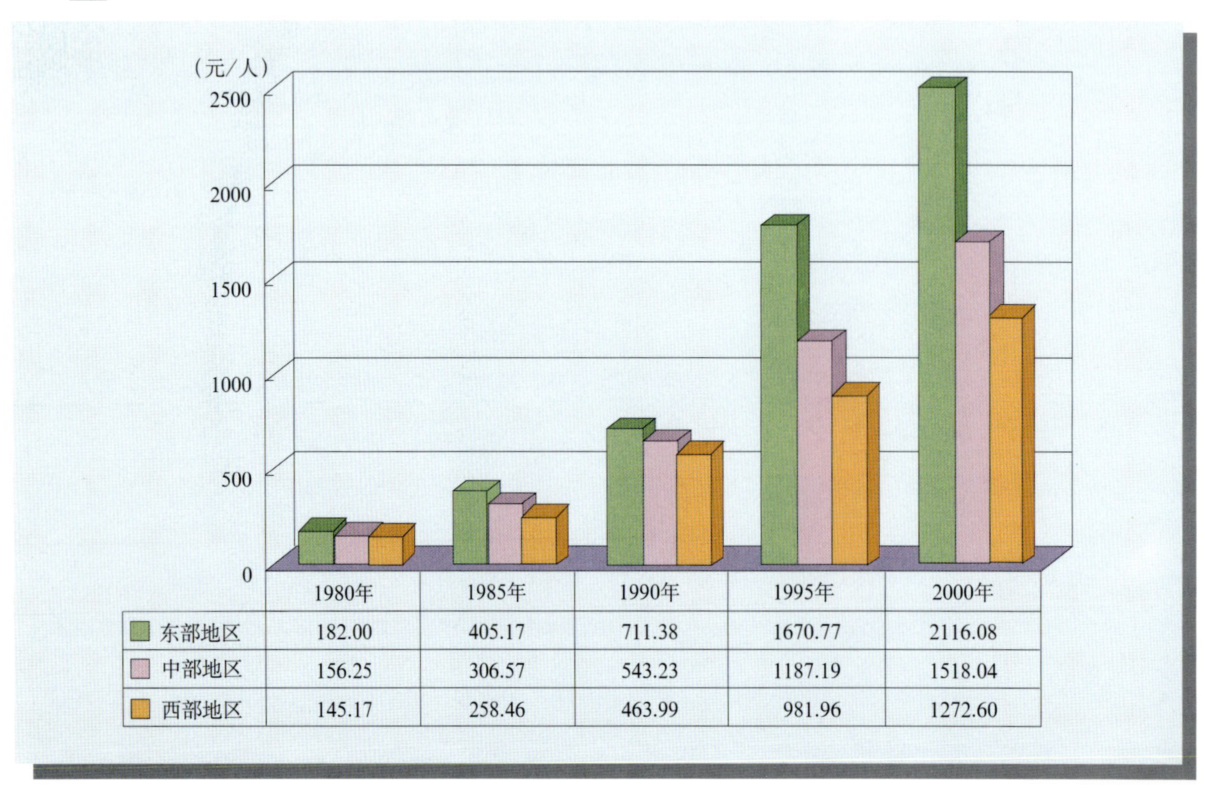

	1980年	1985年	1990年	1995年	2000年
东部地区	182.00	405.17	711.38	1670.77	2116.08
中部地区	156.25	306.57	543.23	1187.19	1518.04
西部地区	145.17	258.46	463.99	981.96	1272.60

图9 “九五”农村居民现金和实物纯收入结构比较

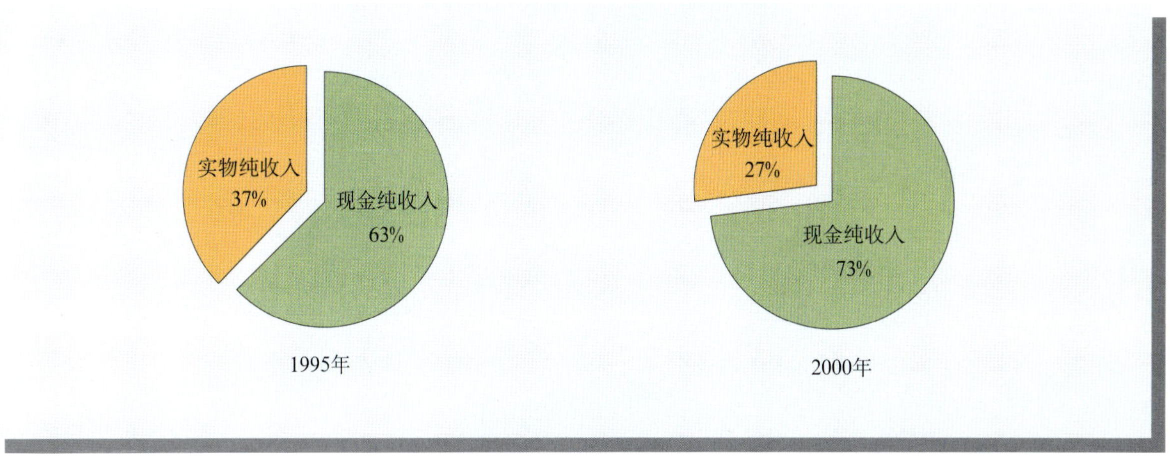

图10 “九五”农村居民纯收入各项来源的增减

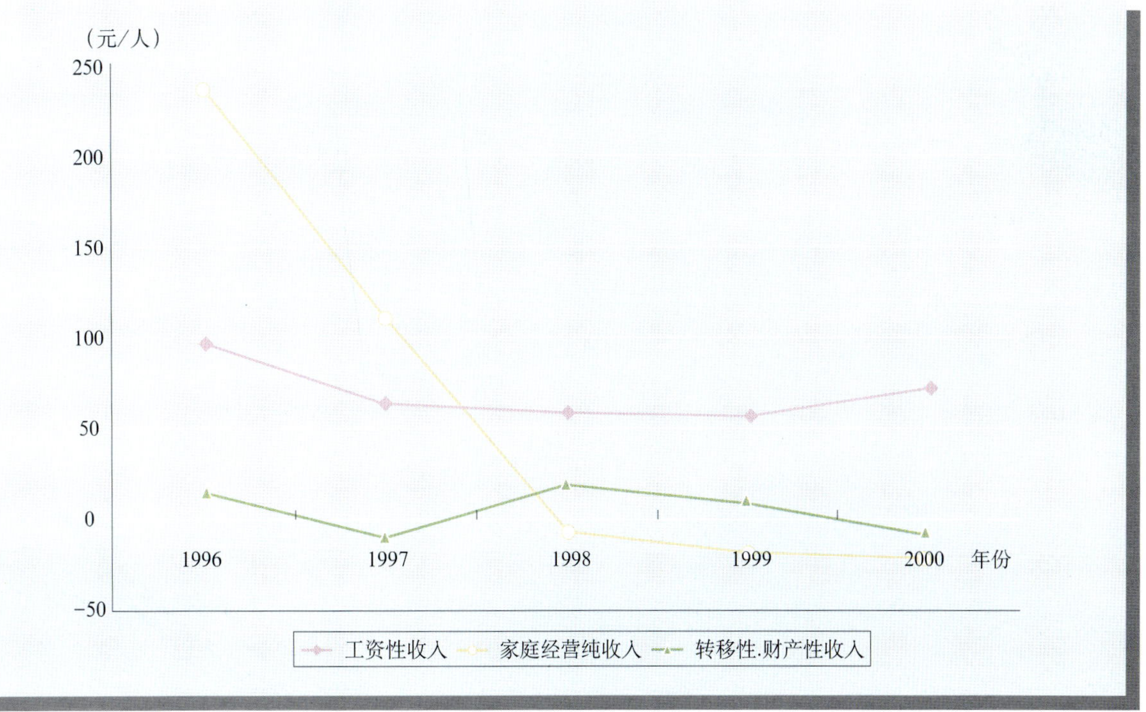

图11 “九五”农村居民家庭经营收入中各产业收入增减变动

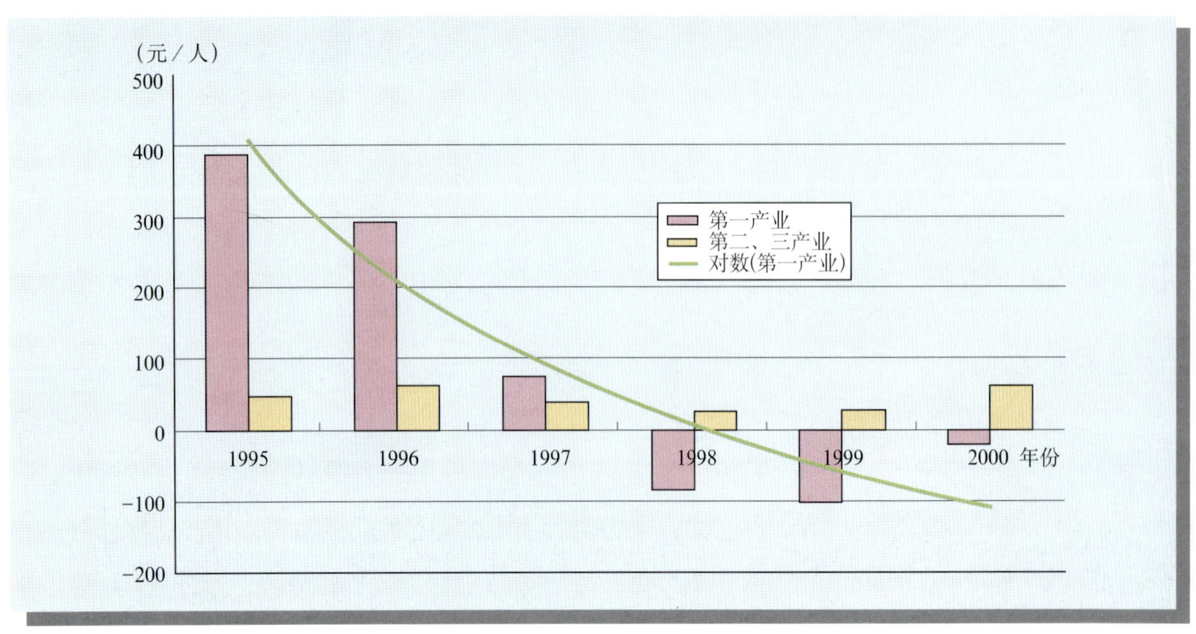

图12 “九五”农村居民家庭经营支出中各产业支出变动

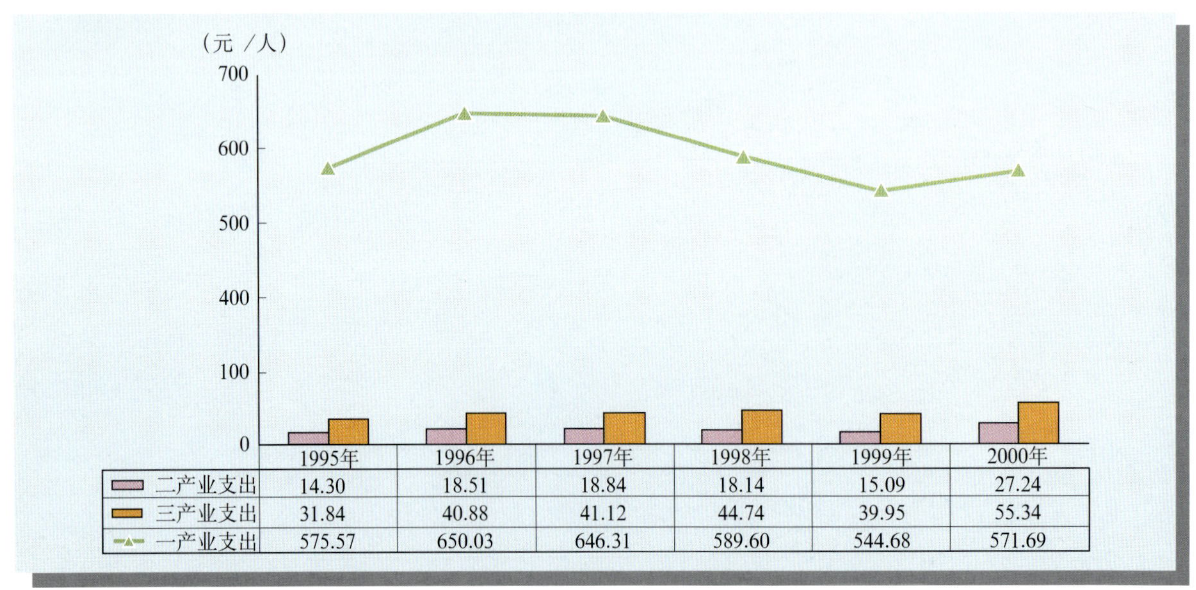

	1995年	1996年	1997年	1998年	1999年	2000年
二产业支出	14.30	18.51	18.84	18.14	15.09	27.24
三产业支出	31.84	40.88	41.12	44.74	39.95	55.34
一产业支出	575.57	650.03	646.31	589.60	544.68	571.69

图13 “九五”农村居民生活消费支出变化

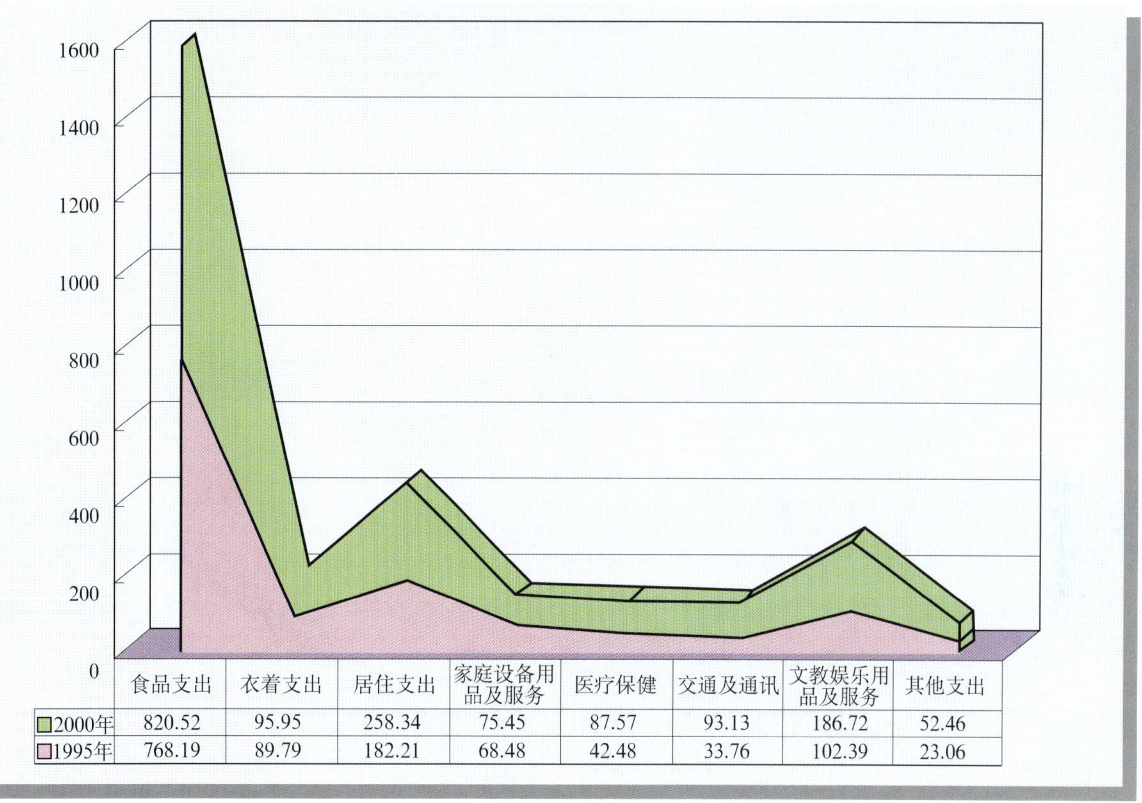

	食品支出	衣着支出	居住支出	家庭设备用品及服务	医疗保健	交通及通讯	文教娱乐用品及服务	其他支出
2000年	820.52	95.95	258.34	75.45	87.57	93.13	186.72	52.46
1995年	768.19	89.79	182.21	68.48	42.48	33.76	102.39	23.06

图14 “九五”农村居民生活消费支出结构变化

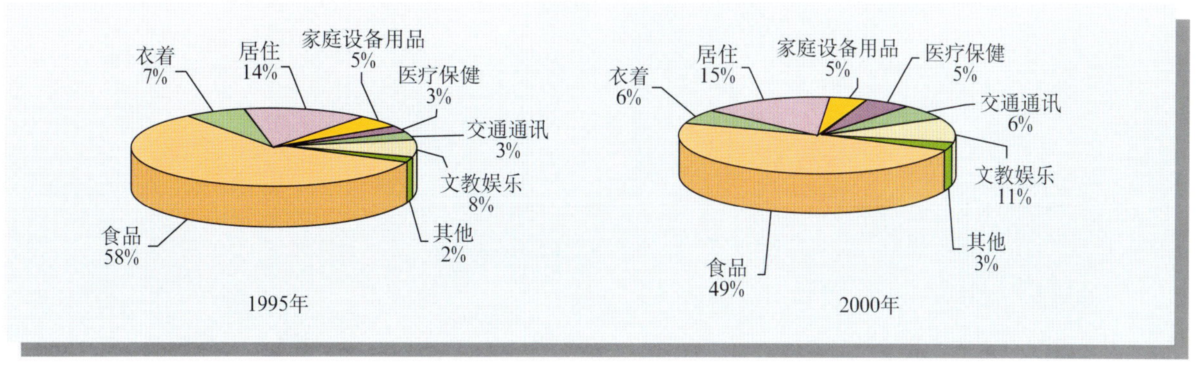

图15 "九五"不同收入组农村居民生活消费水平比较

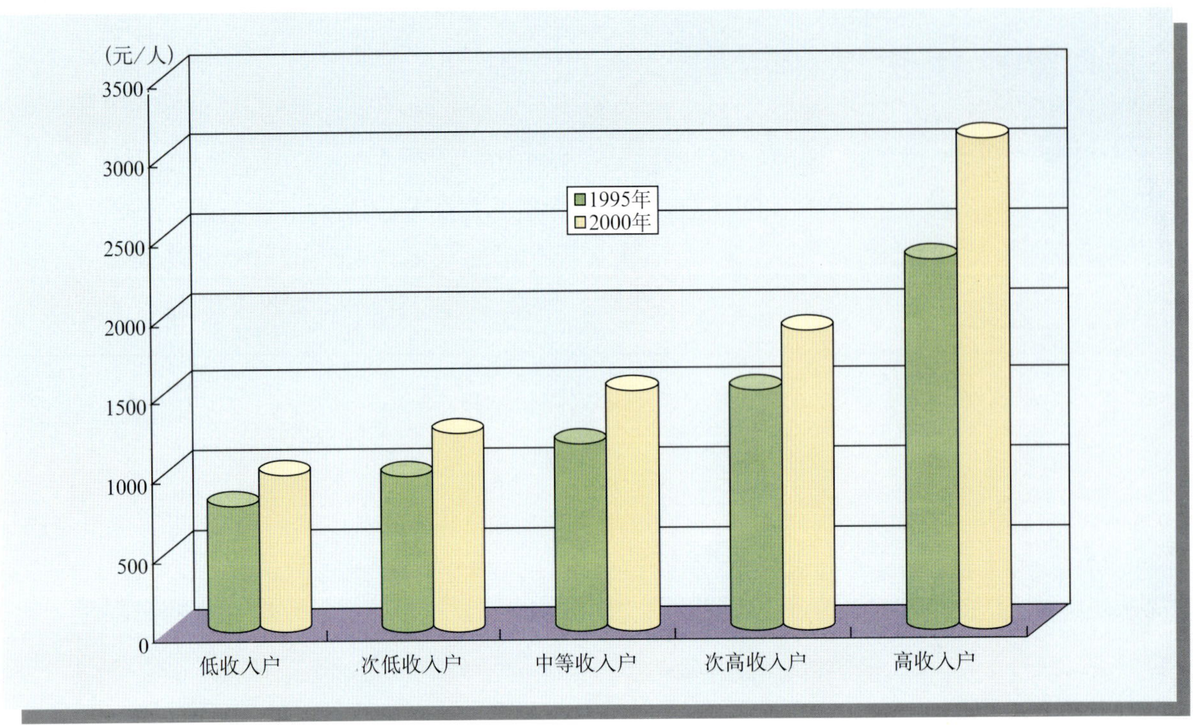

图16 "九五"农村居民年末住房面积(平方米/人)

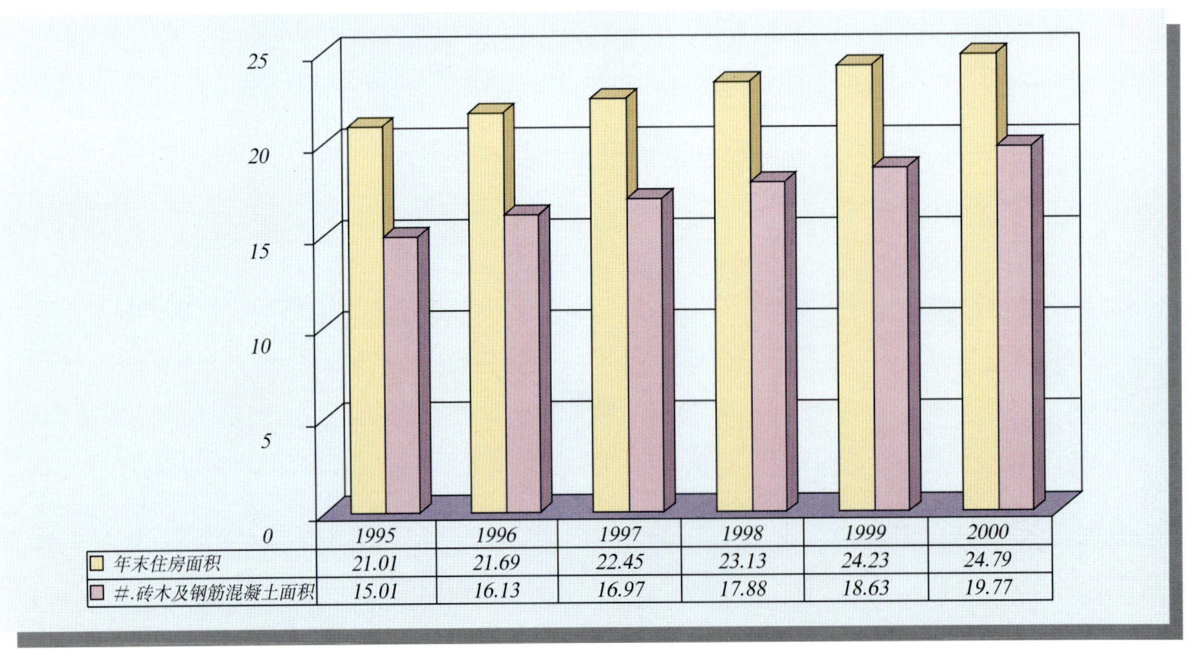

	1995	1996	1997	1998	1999	2000
年末住房面积	21.01	21.69	22.45	23.13	24.23	24.79
#.砖木及钢筋混凝土面积	15.01	16.13	16.97	17.88	18.63	19.77

图17 “九五”农村居民主要食品消费量比较

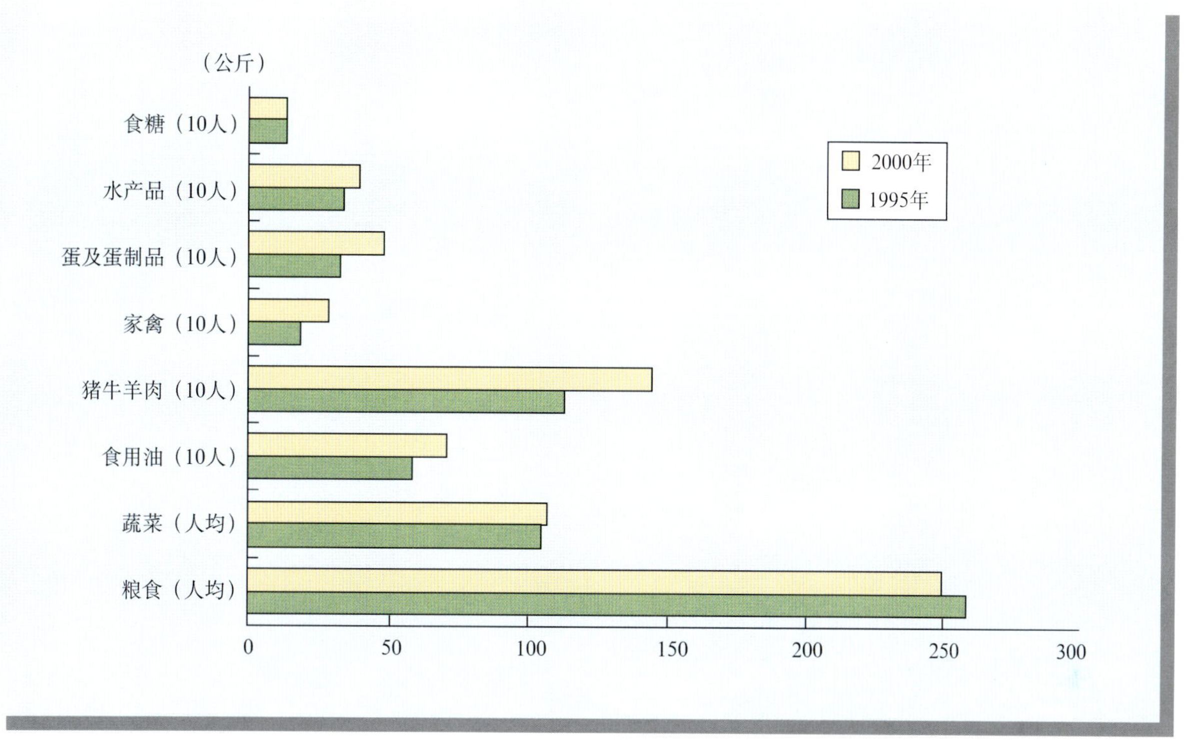

图18 “九五”农村居民年末百户拥有主要耐用消费品

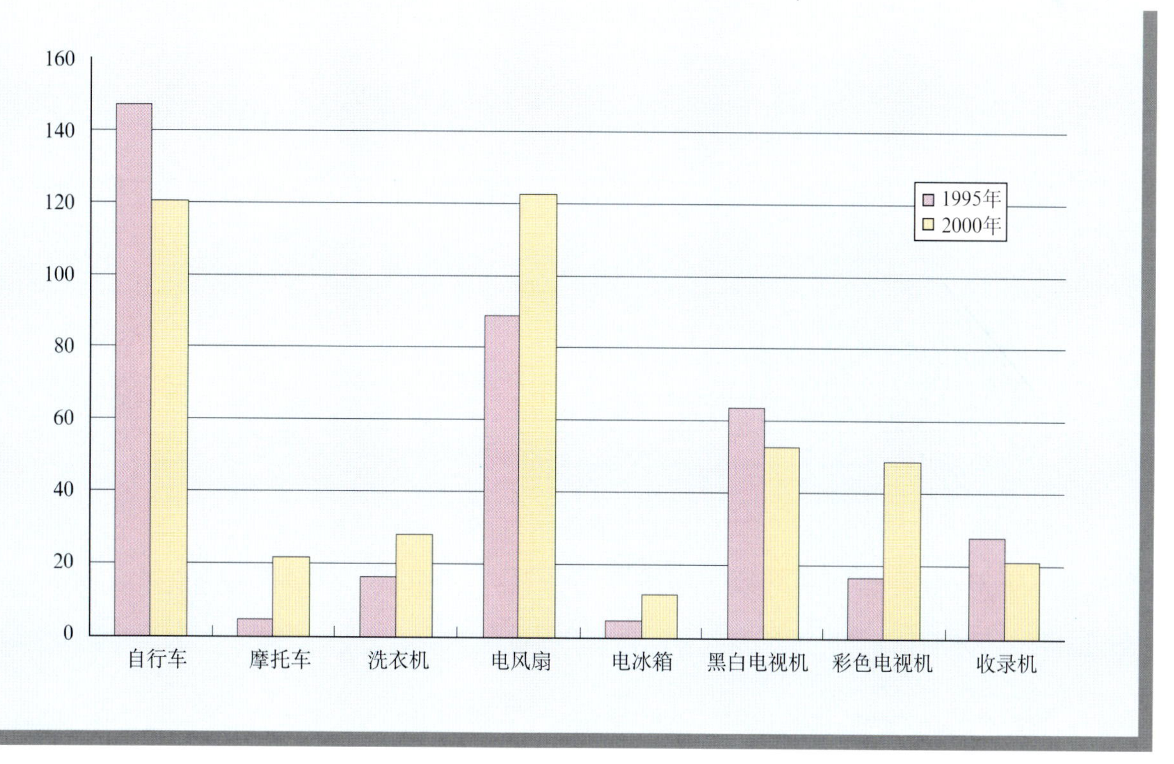

图19 农村极端贫困人口（万人）

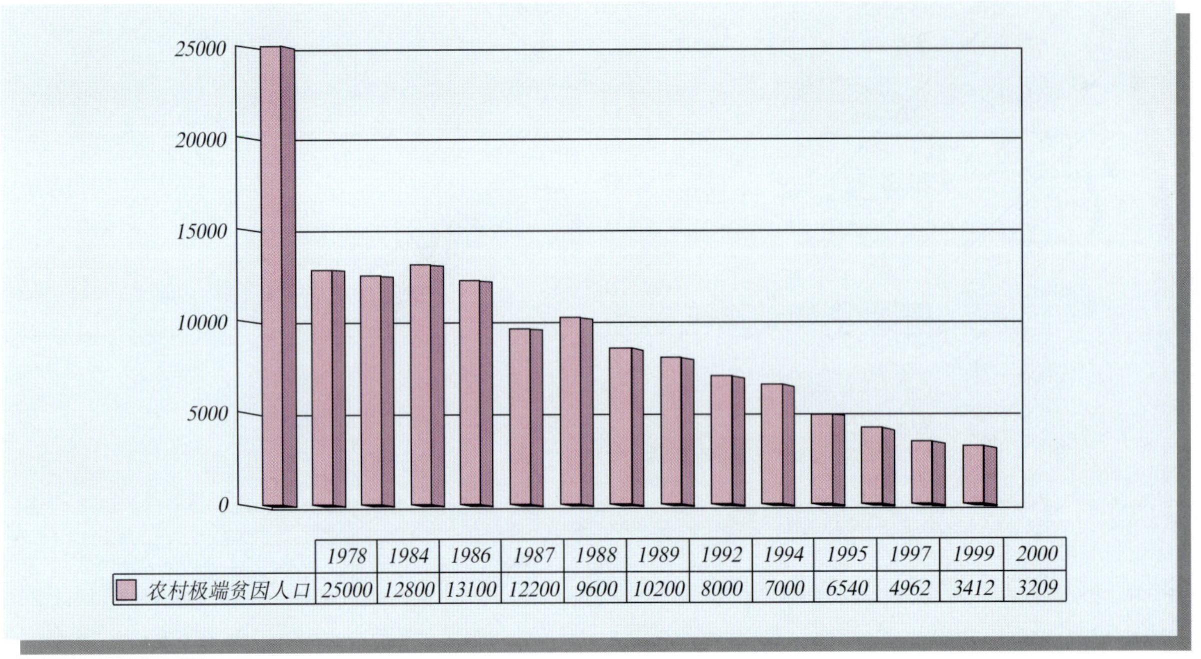

	1978	1984	1986	1987	1988	1989	1992	1994	1995	1997	1999	2000
农村极端贫困人口	25000	12800	13100	12200	9600	10200	8000	7000	6540	4962	3412	3209

图20 农村贫困发生率（%）

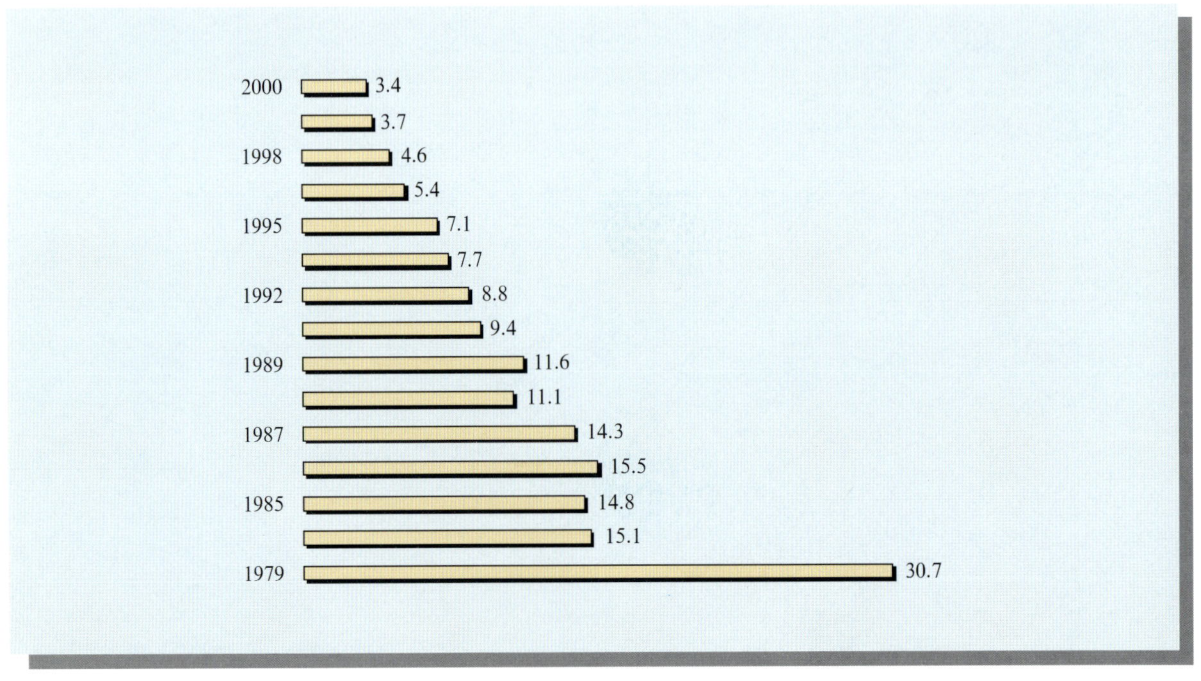

目　　录

第一部分：综　述

第二部分：综合资料

第三部分：主要年份分组资料

一、按纯收入分组

二、按三个经济地带及西部12省、市分组

第四部分：各地区农村居民主要年度收支情况

第五部分:2000年农村住户调查主要情况

第一部分
综　述

2000年农村居民收入、消费、存粮、贫困问题综述

农村居民收入

2000年农民收入增长速度继续放慢

据国家统计局对全国31个省(自治区、直辖市)6.7万个农村居民家庭的抽样调查,2000年农村居民人均纯收入为2253元,比上年增加43元,增长1.9%,扣除物价影响,实际增长2.1%,增速比上年回落1.7个百分点。其中,现金纯收入为1640元,增长4%;实物纯收入613元,下降9%。

一、2000年农民收入增长基本特点

1. 农业收入特别是种植业收入继续下降

2000年农民人均从农业得到的收入是1091元,比上年减少48元,下降4.3%。1998和1999年从农业得到的收入分别比上年减少了28元和53元,下降4.5%和2.3%。农民从农业得到的收入连续三年负增长。

农业收入下降主要是因为种植业收入大幅度下降引起的。2000年农民从种植业得到的收入为784元,比上年减少98元,下降11.2%。这也是种植业收入连续第三年下降,前两年种植业收入分别比上年减少了16元和45元,减收幅度呈扩大趋势。今年种植业收入大幅度减少,主要是由于粮食减产和价格下降所致,尽管第4季度粮食价格有所回升,但力度不强,全年农民出售粮食平均价格仍比上年下降了15%。

2. 地区不平衡性扩大,粮食主产区农民收入增长乏力

2000年多数省区农民收入增长在2%左右。北京、天津、浙江、山西和新疆收入增长速度在5%以上。山西和新疆收入增速较高主要是恢复性增长,去年这两个省的收入下降幅度较大。全国有6个省区农民收入下降,分别是东北三省、陕西、宁夏和广西。

分地区看,东部沿海较发达省区农民收入保持了较快增长,浙江、福建、山东等省农民收入增速靠前。由东北三省、河北、河南、山东、湖北、湖南、江西、安徽、四川等11个省组成的粮食主产区农民纯收入是2150元,增长1.2%,比全国增速低近1个百分点。西部大开发划定的12个省区市农民收入是1615元,增长2.3%,是全国平均收入水平的72%。东、中、西部地区收入差距进一步扩大。

3. 低收入农户农民收入水平下降

农村住户调查资料按纯收入进行五等份分组(每组各占总户数的20%),2000年最低收入组农户和较低收入组农户人均纯收入分别是802元和1442元,比上年下降了6%和0.6%。中等收入组农户、较高收入组农户和高收入组农户人均纯收入是2005元、2768元和5198元,分别增长了1.6%、3.3%和6%。收入越低,增长越难。

4. 以农业生产为主的农户收入下降,这部分农户基本上是中低收入户

随着农村多种经营的发展和农业劳动力流动转移加快,农户结构发生了很大变化,家庭经营纯农业户和以农业为主的兼业户(一兼户)比重趋于下降,非农户和以非农产业为主的兼业户(二兼户)比重上升。尽管如此,纯农户和以农业为主的一兼户仍占近60%,正是这部分农户农民收入下降。2000年纯农户和以农业为主的一兼户的人均纯收入是2010元,比上年下降近1%。

5. 城乡居民收入差距继续扩大

2000年城市居民人均可支配收入是6280元,是农村居民人均纯收入的2.8倍,差距倍数扩大了7%。如果考虑城市居民的一此隐性收入和社会福利情况,收入差距更大。近几年城乡居民收入差距不断扩大,已超过改革开放初期水平。

二、2000年农民收入增长的原因

2000年粮食大幅度减产,粮食价格继续下降,为什么农民收入还能增长2%?主要原因是:

1. 农民外出打工等工资性收入增长支撑了农民收入增长

农民纯收入从大的方面讲包括工资性报酬收入、家庭经营农业(农、林、牧、渔)收入、家庭经营二、三产业业收入、转移性和财产性收入四个部分。2000年人均工资性收入为701元,比上年增加71元,增长11.2%,是纯收入增量的165%。家庭经营农业收入为1091比上年减少48元,下降4.3 %。家庭经营二、三产业收入为338元,比上年增加29元,增长9.3%。转移和财产性收入为124元,比上年减少8元,下降7 %。

工资性收入又包括四个部分,即在非企业组织中得到的收入,如乡村干部和教师工资等;在本地(本乡内)企业务工得到的工资性收入;外出(本乡以外)打工或从业得到的收入和其他报酬收入。2000年人均从非企业组织得到的收入为140元,与上年基本持平。从本地企业得到的收入为208元,增长15.6%。外出打工或从业得到的收入为240元,增加37元,增长18.2%,占工资性收入增量的52%。其他报酬收入为113元,增长4.6 %。

可见,农民外出打工或从业得到的收入增长支撑了工资性收入增长,工资性收入增长又支撑了纯收入增长。农民外出打工收入增长的主要原因是外出劳动力人数增加。据湖南和四川农调队调查,2000年农民外出打工的日工资率下降了5%左右,但外出人数和劳动时间增加了10%左右,由此拉动了劳务收入增长。全国住户抽样调查资料也显示,2000年有15%的农村劳动力外出打过工,其中70%外出劳动力在外打工或从业时间在6个月以上。劳动力外出人数增加的直接原因是:(1)国家以基础建设为重点的积极的财政政策和西部大开发战略启动拉动了农村劳动力流动和转移;(2)东部沿海等经济较发达地区的经济复苏为农民打工创造了机会;(3)市场经济发展和结构调整深化刺激了农村劳动力流动和转移;(4)农产品价格下跌、务农收入下降,以及农业受灾而大幅度减产等因素推动了劳动力外出打工。

2. 畜牧业收人大幅度反弹,一定程度上缓解了家庭经营农业收入的下降

家庭经营农业收入主要是指大农业收入,包括农、林、牧、渔业等收入。2000年农民从事种植业收入人均减少98元,林业和渔业收入基本持平,但由于畜牧产品价格大幅度回升,农民从牧业得到的收入大幅度反弹。2000年农民从牧业得到的收入为207元,比上年增加49元,增长31%,由此,延缓了农业收入的下降。

3. 家庭经营二、三产业收人增长支持了纯收入增长

2000年农民家庭在本地从事工、建、商、运、服等二、三产业的收入为338元,增加29元,增长9.3%,成为农民增收的一个新亮点。

农村居民生活消费

2000年农村居民生活消费恢复性增长

2000年农村居民全年人均生活消费支出1670元,比上年实际增长5%。初步扭转前两年农村居民生活消费水平绝对下降的不利局面,显示出恢复性增长趋势。

一、2000年农村居民生活消费特点

1. 食品消费支出下降,但质量改善

2000年农村居民人均食品支出820元,比上年下降7元,下降1.0%,农村居民消费的恩格尔系数即食品支出占生活消费支出的比重下降为50.1%,是改革以来的最低点,也是农村居民总体生活消费质量逐步提高的重要标志。

尽管2000年农村居民食品消费支出下降,但调查数据表明,农村居民当年食品消费的质量仍有较为明显的改善,这主要表现在:一是营养丰富的各种副食消费数量增加,其中,油脂类食物消费量增长14.4%;肉禽及其制品增长7.2%;蛋类及其制品增长16.1%;奶及奶制品增长10.4%;水产品增长2.6%。二是膳食营养素能量来源好转,动物性食物比重上升。2000年农村居民每人每日食物热能摄入量为2605千卡,已达到中国食物营养推荐供给量标准(2400千卡)的108.5%;蛋白质摄入量71克,比上年增长2.9%;脂肪摄入量50克,比上年增长8.7%。

2. 成衣消费继续增加

2000年农村居民的衣着支出有一定增加,并以购买成衣服装为主,对原布的购买量继续下降。农村居民全年人均用于衣着方面的支出达到96元,比1999年增长4.2%,其中衣着服装支出额增加较多,人均54元,增长9.4%;用于购买衣着材料的支出额人均6元,减少37.7%。与此同时,农村居民衣着成衣化程度明显提高,人均购买各种成衣服装1.23件,比上年多了0.23件,增长23%。

3. 居住条件进一步改善

2000年农村居民人均用于居住类的消费支出258元,增长8.5%。居住支出的增长,带来了居住条件的改善,平均每个农村居民家庭人均住房面积24.82平方米,比上年增加0.59平方米,增长2.4%。其中,砖木结构和钢筋混泥土结构住房面积19.76平方米,增长6.1%。在人均居住面积增加的同时,居住质量也有较明显的提高。农村居民住房有卫生设施的户数、有空调或暖气设施的户数比重均有所提高,家庭室内装饰装修也越来越受到重视。

4. 交通通讯和文教卫生消费增速加快

2000年农村居民人均交通通讯消费支出93元,比1999年增加24元,增长35.5%,增长速度居于领先地位。其中:通讯工具费用支出6.24元,增长72.9%;交通费支出26.73元,增长43%。到2000年末,平均每百户农村居民家庭拥有电话26.38部,移动电话4.32部,寻呼机7.74只。通讯设备的增加带来了邮电费的快速增长,人均邮电费支出24.91元,增长高达90.2%。

2000年农村居民用于医疗保健及文化教育方面的支出也增加较多,平均每个农村居民当年支付医疗保健费用支出88元,比1999年增长25.1%,占生活消费支出的比重提高0.8个百分点。其中主要是医药卫生保健用品支出提高快,增长38.1%。此外,农村居民人均用于文教娱乐方面的支出为187元,增长10.9%,这主要源于学杂费支出的增加,全年人均学杂费支出140元,增加21元,增长17.9%,占文教娱乐用品及服务支出的比重由70.5%提高到74.9%。

二、农村居民消费增长的原因

1. 收人增加为消费支出的增长奠定了物质基础

2000年,虽然农村居民收入增长速度继续下降,但收入水平仍有所提高,加上前几年农村总体消费滞后,节余购买力有所增加,因此,为2000年农村居民消费支出的恢复性增长奠定了物质基础。

2. 消费环境改善为消费支出的增长起到了促进作用

近年来,国家相继出台的一系列扩大内需、刺激消费的政策措施,推动了农村消费环境的逐步改善,特别是农村电网改造、电价下降、电话初装费下调以及彩电、电冰箱、摩托车等耐用消费品价格大幅度下降,刺激了农村居民消费回升。据调查,2000年平均每百个农村居民家庭拥有彩色电视机49台,同比增长27.5%,洗衣机、电冰箱等需求弹性系数较大的耐用消费品百户拥有量亦分别增长17.5%和15.7%。这与消费环境的改善具有很大关系。

3. 消费增长具有恢复性和被动性

总的看2000年农村居民生活消费的增长具有恢复性和被动性。1998年和1999年,农村居民生活消费总支出比上年分别绝对减少27元和13元,因此,2000年农村居民消费的回升实际具有恢复性质。另一方面近年社会公共品和服务价格的提高,也推动了农村居民被动性消费支出的增多。如2000年农村居民用于医疗保健及文化教育支出的增多,就主要是由于药品提价及学杂费的持续上涨等引起的被动性消费影响,平均每个农村居民全年增加支付的医药卫生保健用品支出和学杂费支出合计35元,超过全部生活消费支出增加额的三分之一。

三、值得注意的几个问题

1. 城乡居民消费差距拉大

与城镇居民比较,2000年城乡居民消费差距有所扩大。2000年农村居民全年人均纯收入2253元,净增43元,与此同时,城镇居民全年可支配收入6280元,净增426元。城镇居民全年可支配收入的净增总额比农村居民高出8.9倍,城乡居民收入比(以农村为1,下同)1999年为2.65:1,到2000年扩大为2.79:1。由于城乡居民收入差距的扩大,直接影响城乡居民消费差距扩大,城乡居民生活消费支出比率由1999年的2.93:1扩大到2000年的2.99:1。

2. 仍有相当一部分低收入农户生活徘徊在温饱区间

从20%低收入农户消费水平与全国平均水平比较,2000年20%最低收入组农村居民人均生活消费支出为977元,只相当于全国平均水平的58.5%,其他各项支出与全国平均水平比较均存在较大差距。因此,要继续注重改善和提高低收入农户的消费水平。

3. 医药卫生保健用品和学杂费支出增加过快,加重了农村居民负担

测算显示,2000年农村居民医药卫生保健用品和学杂费支出增加过快,主要源于这两项费用支出的价格提高影响,若扣除价格因素,这两项费用支出与上年基本持平。这种状况在一定程度上加重了农村居民负担,不利于农村居民生活的提高与改善。

农户存粮

2000年末农户人均存粮493公斤

据对全国31个省(区、市)6.7万个农户的抽样调查,2000年末农户人均存粮493公斤(原粮),比上年同期减少112公斤,下降18.5%。主要情况是:

一、农户存粮数量普遍减少

除北京、重庆两个直辖市以外,其余地区农户存粮数量都比上年同期减少。农户存粮数量普遍减少的原因主要有三方面:一是生产量下降,2000年粮食生产量人均约500公斤,比上年同期下降50公斤;二是出售量增加,2000年农户出售粮食人均264.8公斤,比上年同期增加21.5公斤,增长8.8%;三是受畜牧业生产形势好转和自然灾害的影响,农户的饲料和种子用粮增加,使得农户生产用粮大量增加,2000年农户人均生产用粮163.5公斤,比上年同期增加42.7公斤,增长35.3%。

二、农户存粮高于存粮安全线

农户存粮安全线是指农户必要的粮食消费量和储备量之和。必要的粮食消费量是指农户从年底到来年夏收这一段时间,农户维持正常的生产与生活所必须的口粮、饲料、种子等的消费量;必要的粮食储备量是指农户在出现较大自然灾害的情况下,如一季农作物受灾大幅度减产或绝收,为使生产和生活不受影响所需的储备量。

根据2000年农村住户调查资料计算,2001年我国农户平均存粮安全线人均为347公斤,农户存粮安全线相当于农户存粮的70%。因此,农户存粮能确保2001年农村居民粮食安全。

三、农户可售余粮主要集中在北方地区

农户可售余粮指的是农户存粮中扣除保证农户自身粮食安全以外的粮食。

受自然条件和经济发展水平的影响,不同地区粮食作物成熟的时间、耕作制度和生活习惯不一样,因此,不同地区保证农户自身粮食安全所需的粮食数量也不一样。考虑这一因素,分别计算不同地区农户存粮中的可售余粮,可售余粮较多的地区主要集中在东北和华北地区,山西、辽宁农户存粮中可售余粮人均200－300公斤,河北、内蒙、吉林、黑龙江人均超过300公斤,其中,吉林、黑龙江人均超过1000公斤。而无余粮可售的地区也有8个,分别是浙江、广东、广西、海南、贵州、云南、西藏、青海。农户可售余粮的地区分布见下表。

农户可出售余粮地区分布情况

无余粮可售的地区	浙江、广东、广西、海南、贵州、云南、西藏、青海
可售余粮人均100公斤以下的地区	上海、福建、江西、湖北、湖南、重庆、四川、陕西、甘肃
100－200公斤	北京、天津、江苏、安徽、山东、河南、宁夏、新疆
200－300公斤	山西、辽宁
300公斤以上	河北、内蒙古、吉林、黑龙江

四、要注意区域性和结构性粮食短缺问题

分地区看,西部省区和沿海发达地区的农户存粮水平普遍较低,但粮食需求量较高。2000年末,西部大开发划定的十二省区农户人均存粮为308公斤,低于全国平均水平185公斤,低于全国农户平均存粮安全线39公斤,其中存粮水平最低的是贵州、云南、西藏和青海。西部开发十二省尚未解决温饱的人口较多,对口粮有较大钢性需求,加上西部退耕还林、还草对粮食供需的影响,这一地区粮食供求的矛盾将日益突显。

在东部发达地区中,上海、浙江、广东农户存粮低于存粮安全线,其中存粮最少的是上海人均97公斤、浙江人均124公斤,福建农户存粮仅达到安全线,江苏略高,农户存粮人均达到478公斤。这一地区农村非农产业发达,是近年农村劳动力流动的主要去向,外来人口增加将加大这一地区粮食供给的压力。

分品种看,农户存粮以玉米为主,小麦和稻谷相对较少。根据农村住户调查,在农户存粮中,玉米占50%以上,小麦和稻谷占30%左右,其他粮食约占

20%。在市场粮食需求中,居民口粮占 50%以上,居民口粮以小麦和稻谷为主,而农户的存粮结构是以玉米为主,农户的存粮结构与市场需求结构存在较大偏差。

农村贫困

2000 年底全国农村极端贫困人口降至 3000 万

国家统计局农村住户抽样调查最新结果显示,至 2000 年底全国农村极端贫困人口降至 3209 万,我国 20 个省市自治区实现了基本脱贫,八七扶贫攻坚计划目标基本实现。但是,由于主要农产品价格继续大幅度下降和北方地区的特大干旱,部分省区返贫严重,当年脱贫规模比上年显著减少,这表明在农村反贫困工作取得巨大成绩的同时,扶贫工作再次面临严重挑战。

一、2000 年全国农村贫困基本情况

1. 农村贫困极端人口降到 3209 万,比上年减少约 200 万,农村贫困发生率 3.5%,比上年下降 0.2 个百分点。在这里,衡量贫困的标准仍然是极端贫困标准:由于 2000 年农村居民消费价格指数为 99.9(以上年为 100),2000 年农村极端贫困标准与上年一致,同为 625 元。

2. 全国有 20 个省市区的农村贫困发生率降至 5%以下,实现了脱贫和基本脱贫的目标。调查资料表明,上海、北京、天津、浙江、江苏、山东、广东、福建等 8 省市的贫困发生率降至 1%以下,基本上消灭了极端贫困。河北、辽宁、吉林、湖北、湖南、安徽、江西、河南、广西、海南、重庆、四川在 2－5%,以上 12 个省区属于基本脱贫。另外 11 个省区的贫困发生率仍在 5%以上,其中黑龙江、山西、内蒙、陕西、甘肃、云南、新疆 5－10%,西藏、贵州、青海、宁夏在 10%以上,这 11 个省区的反贫困工作仍十分艰巨。

3.2000 年西部 12 省区农村贫困人口增加了 59 万,在全国的比重从 1999 年 55.2%增加到 60.6%。另外,属于中部地区的安徽、黑龙江也出现了贫困人口增加的现象。

二、2000 年脱贫规模显著小于上年的原因

2000 年我国农村贫困人口仅减少 200 万,脱贫规模显著低于上年,在国家扶贫力度如此之大的情况下,许多省区出现净返贫是值得我们深思的。

1. 农产品价格继续大幅度下降,北方地区遭遇大规模旱灾,全国农村总体经济形势比较严峻,全国农村居民人均纯收入只增加 2%,主要以农牧产品为主的低收入人口的收入更是受到严重影响。

农村的脱贫情况历来与全国农村经济的发展情况与密切的关系。综观改革开放以来,在贫困人口迅速减少的大背景下,我国的反贫困历程并非是一帆风顺的,1978 年到世纪末的 21 年间,曾几次出现停滞甚至反复。1986 年,1989－1993 年间,由于农村总体经济发展遇到新的困难,或者遭遇自然灾害,农村居民收入速度放慢甚至下降,脱贫速度也随之放慢甚至出现返贫,比如,1986 年,农村居民收入从快速增长转为常规增长,贫困人口从 1985 年的 1.25 亿增加到 1.31 亿,增加 600 万。1989－1993 年间,由于遭遇严重的自然灾害(1990 年大水)、农村非农产业发展放慢,农业生产资料价格迅速上涨,农业比较利益下降,贫困缓解速度再次放慢,其间年均脱贫人口仅为 300 万,其中 1989 贫困人口增长再次增加了 600 万。近年来,我国农村居民收入增长速度不断放慢,2000 年全国农村居民人均纯收入增长仅为 2.0%,是九年代以来最慢的一年,收入增长速度放慢的主要原因是农产品价格继续全面下降,乡村企业发展、农村劳务输出增加速度放慢。贫困地区和贫困人口的结构单一、竞争力低下的农产品生产的效益更是大幅度下降,针对贫困地区和贫困人口的大量种植业、养殖业扶贫项目的效果也被严重削弱,据国家统计局农调总队对广西、贵州、云南和秦岭－大巴山地区 33 个实施世界银行贷款扶贫项目的贫困县的追踪调查和数据分析,1995－1997 年的大部分种植业和养殖业贷款扶贫活动对项目参加农户的收入有显著的促进作用,但近 2 年的同类项目,由于产品价格的下降,效益不尽人意,有的项目活动还因为增加了生产支出却没有得到预期收入而对收入产生了负影响。在这种总体经济形势下,从 1999 年下半年开始,我国北方地区特别是贫困人口密集的西北地区遭遇连续大面积严重干旱,脱贫速度放慢甚至出现大规模的返贫是意料之中的,这也说明我国的反贫工作遭遇了的新的严重挑战。但是,反过来说,在这种严峻的自然和经济形势,2000 年贫困人口不仅没有增加,仍取得了 200 万的净脱贫,说明国家扶贫工作还是产生了非常显著的作用。

2. 严重自然灾害使今年的返贫人口比上年增加

了近400万，同时自然灾害与农产品价格下降还使当年新脱贫人口减少了约200万。2000年，我国属于自然灾害高发年份，农作物受灾面积增加了20%，成灾面积增加了53%，绝收面积增加98%，特别是对贫困状况影响严重的旱灾是1978以年最严重的，旱灾成灾面积比上年增加61%，比正常年份增加了1倍多，华北北部、东北、西北大部，以及山东、安徽、广西等地分别遭受了春、伏、秋旱及全年连续的干旱。受此影响，河北、内蒙、黑龙江、安徽、河南、广西、陕西、甘肃、青海、宁夏，出现了大规模的返贫，其中的大部分省区甚至出现了贫困人口的净增加。

3．贫困地区连年减产，严重影响了低收入农户的消费水平。在许多情况下，暂时的收入下降并不意味着返贫，因为农户可以通过储蓄来维护其消费水平。1998年，我国由于雨水充足，长期干旱地区低收入人口农牧业生产取得特大丰收，因而1999年虽然也遭受到较大面积的旱灾(比正常年份约多30%)，但是受灾地区农户消费水平受到前一年收入的支持仍与上年持平，有些甚至继续增长。但是，至2000年，经过两年严重旱灾后，现金、粮食储备均很薄弱的低收入农户的消费受到较大限制，许多人因此重新成为贫困人口。

第二部分

综合资料

2－1　农村居民家庭基本情况

年　份	调查户数 (户)	常住人口 (人/户)	整、半劳动力 (人/户)	#整　劳动　力 (人/户)	劳动力负担人口 (人/劳动力)
1978	6095	5.74	2.27		2.53
1979	10282	5.66	2.38		2.38
1980	15914	5.54	2.45		2.26
1981	18529	5.50	2.53		2.18
1982	22775	5.46	2.58		2.12
1983	30427	5.43	2.84	2.22	1.91
1984	31375	5.37	2.87	2.26	1.87
1985	66642	5.12	2.95	2.39	1.74
1986	66836	5.07	2.95	2.42	1.72
1987	66912	5.01	2.95	2.42	1.70
1988	67186	4.94	2.95	2.44	1.68
1989	66906	4.86	2.94	2.44	1.65
1990	66960	4.80	2.92	2.45	1.64
1991	67410	4.71	2.83	2.41	1.67
1992	67490	4.67	2.83	2.42	1.65
1993	67570	4.59	2.87	2.44	1.60
1994	67420	4.54	2.89	2.46	1.57
1995	67340	4.48	2.88	2.44	1.56
1996	67610	4.42	2.84	2.40	1.55
1997	67680	4.35	2.79	1.56	1.56
1998	68300	4.30	2.78	2.16	1.55
1999	67430	4.25	2.77	2.11	1.53
2000	68116	4.20	2.76	2.07	1.52

2－2　农村居民家庭劳动力文化状况

（每百个劳动力中）

单位：%

年　份	不识字或识字很少人数	小学程度人数	初中程度人数	高中程度人数	中专程度人数	大专及大专以上人数
1983	35.50	36.13	22.37	5.72	0.22	0.05
1984	33.54	36.73	23.35	6.09	0.22	0.07
1985	27.87	37.13	27.69	6.96	0.29	0.06
1986	26.14	38.02	28.58	6.87	0.33	0.06
1987	24.99	38.40	29.39	6.79	0.37	0.06
1988	24.83	37.47	30.37	6.84	0.41	0.08
1989	22.57	38.67	31.41	6.81	0.45	0.09
1990	20.73	38.86	32.84	6.96	0.51	0.10
1991	16.91	39.54	35.23	7.60	0.59	0.13
1992	16.20	39.05	36.21	7.82	0.60	0.12
1993	15.29	38.21	37.43	8.20	0.70	0.17
1994	14.68	37.19	38.59	8.51	0.82	0.21
1995	13.47	36.62	40.10	8.61	0.96	0.24
1996	11.23	35.52	42.83	8.91	1.20	0.31
1997	10.10	35.11	44.31	8.91	1.24	0.33
1998	9.56	34.48	44.98	9.15	1.46	0.37
1999	8.96	33.66	46.05	9.37	1.57	0.39
2000	8.09	32.22	48.07	9.31	1.83	0.48

2-3 农村居民家庭房屋情况

年份	新建房屋面积(平方米/人)	#砖木结构面积	#钢筋混凝土结构面积	新建房屋价值(元/平方米)	年末住房面积(平方米/人)	#砖木结构面积	#钢筋混凝土结构面积	年末住房价值(元/平方米)
1978					8.10			
1979					8.40			
1980					9.40			17.03
1981	0.84	0.46	0.02	22.08	10.16	4.87	0.07	17.89
1982	0.86	0.52	0.02	25.39	10.73	5.23	0.10	19.21
1983	1.00	0.62	0.06	29.67	11.63	6.17	0.30	21.63
1984	0.82	0.53	0.06	35.31	13.64	6.75	0.18	23.81
1985	1.08	0.70	0.09	40.17	14.70	7.47	0.31	26.76
1986	1.08	0.74	0.11	47.07	15.29	8.15	0.37	29.18
1987	1.05	0.71	0.16	58.39	16.00	8.55	0.55	30.47
1988	0.97	0.61	0.19	71.00	16.58	8.96	0.70	33.44
1989	0.91	0.55	0.21	84.27	17.21	9.33	0.93	37.32
1990	0.82	0.47	0.23	92.32	17.83	9.84	1.22	44.60
1991	0.91	0.53	0.26	101.02	18.49	10.41	1.59	56.55
1992	0.74	0.40	0.23	111.20	18.88	10.74	1.81	60.11
1993	0.66	0.34	0.20	124.55	20.71	11.78	2.26	73.36
1994	0.73	0.36	0.24	152.38	20.22	11.53	2.67	83.16
1995	0.78	0.37	0.33	200.30	21.01	11.91	3.10	101.64
1996	0.96	0.40	0.46	219.52	21.69	11.69	4.44	133.87
1997	0.94	0.36	0.50	221.95	22.45	11.86	5.11	149.70
1998	0.83	0.31	0.45	227.40	23.31	12.16	5.72	152.95
1999	0.83	0.29	0.48	239.49	24.23	12.28	6.35	157.57
2000	0.87	0.36	0.47	260.23	24.82	13.61	6.15	187.41

注:1992年以前年末住房价值包括生产用房价值。

2-4 农村居民家庭经营耕地情况

年份	耕地面积(亩/人)	#自留地面积(亩/人)	自留地面积占耕地面积(%)	山地面积(亩/人)	养殖水面面积(亩/人)
1978	0.16	0.14			
1979	0.18	0.15			
1980	0.19	0.15		0.04	
1981	0.23	0.17		0.17	
1982	0.23	0.17		0.13	
1983	1.93	0.19	9.84	0.43	
1984	2.05	0.19	9.27	0.54	
1985	2.07	0.20	9.66	0.52	0.02
1986	2.07	0.19	9.18	0.53	0.01
1987	2.07	0.19	9.18	0.54	0.03
1988	2.06	0.18	8.74	0.49	0.04
1989	2.11	0.18	8.53	0.45	0.02
1990	2.10	0.18	8.57	0.42	0.02
1991	2.18	0.16	7.34	0.33	0.02
1992	2.06	0.16	7.77	0.33	0.02
1993	2.17	0.15	6.91	0.40	0.02
1994	2.18	0.14	6.42	0.43	0.02
1995	2.17	0.16	7.37	0.44	0.02
1996	2.30	0.18	7.83	0.46	0.02
1997	2.07	0.12	5.80	0.43	0.02
1998	2.06	0.13	6.31	0.43	0.02
1999	2.07	0.09	4.35	0.47	0.02
2000	1.98	0.09	4.54	0.28	0.03

注:1983年农村推广联产承包责任制,人均经营耕地面积增加。

2-5 农村居民家庭年末拥有主要生产性固定资产数量

年份	汽车（辆/百户）	大中型拖拉机（台/百户）	小型和手扶拖拉机（台/百户）	机动脱粒机（台/百户）	胶轮大车（辆/百户）	水泵（台/百户）	役畜（头/百户）	产品畜（头/百户）
1983	0.04	0.23	1.43	0.86	4.03	0.87		
1984	0.09	0.32	2.00	1.11	5.83	1.48		
1985	0.25	0.35	2.71	1.91	5.49	1.69	57.15	32.12
1986	0.19	0.43	3.10	1.82	6.52	2.07	59.22	34.80
1987	0.28	0.40	3.75	2.15	7.05	2.48	59.13	31.16
1988	0.35	0.48	4.33	2.24	7.56	3.89	59.77	33.16
1989	0.28	0.47	4.84	2.61	7.68	3.81	58.67	34.63
1990	0.28	0.45	5.30	3.55	7.89	3.86	57.27	30.91
1991	0.24	0.51	6.61	3.85	8.24	4.73	53.93	28.73
1992	0.28	0.55	7.25	4.16	8.67	5.48	52.95	30.07
1993	0.33	0.64	8.40	5.30	9.60	8.54	59.98	53.15
1994	0.40	0.79	8.77	5.15	9.32	7.90	58.79	56.70
1995	0.51	0.77	9.93	6.33	9.29	9.07	55.99	50.72
1996	0.78	0.99	12.46	6.87	8.78	10.97	54.99	56.26
1997	0.82	1.39	14.26	7.41	8.83	12.12	55.58	52.72
1998	1.01	1.22	14.34	8.58	8.52	13.73	48.39	52.20
1999	1.09	1.44	16.28	8.35	7.87	14.02	45.02	54.08
2000	1.32	1.41	16.72	9.59	13.26	17.73	41.75	41.56

2-6 农村居民家庭主要农牧产品出售量

单位:公斤/人

年 份	粮 食	棉 花	油 料	麻 类	糖 料	烟 叶	蔬 菜	果用瓜
1980								
1981	20.62	0.52	3.90	0.52	5.62	0.62	19.38	
1982	31.23	0.82	5.17	0.37	12.32	1.26	25.12	
1983	122.90	4.95	8.50	0.86	31.63	1.48	42.61	4.76
1984	141.27	5.49	10.63	1.65	38.53	2.20	53.55	9.72
1985	123.49	4.13	14.37	2.80	57.87	2.25	53.76	12.44
1986	146.79	3.58	14.21	1.64	62.66	1.74	63.68	15.15
1987	148.72	4.24	12.90	1.58	61.84	2.06	58.62	16.10
1988	150.36	3.85	10.84	1.48	64.79	2.69	58.62	18.64
1989	154.27	3.48	10.70	1.28	58.87	2.78	64.05	18.85
1990	180.24	4.31	12.87	1.56	70.64	2.67	65.07	18.71
1991	179.44	5.54	13.22	1.32	74.46	3.17	68.70	22.65
1992	165.89	4.16	11.27	1.18	86.80	3.58	75.58	21.82
1993	159.35	3.26	10.48	0.86	82.87	3.19	77.73	18.86
1994	188.53	4.01	10.68	0.50	62.22	2.02	72.68	16.47
1995	179.20	4.31	12.02	0.73	56.66	2.21	79.96	18.30
1996	203.47	3.90	11.64	0.83	68.65	3.07	97.00	23.17
1997	228.01	5.12	11.13	0.57	75.82	4.45	106.22	26.41
1998	227.53	5.10	12.39	0.41	81.69	2.33	108.72	30.57
1999	243.34	4.43	15.59	0.28	86.30	2.42	111.66	27.50
2000	264.74	5.59	18.43	0.47	76.36	2.73	132.07	

年 份	水 果	蚕 茧	猪 肉	牛羊肉	牛羊奶	家 禽	禽 蛋	水产品
1980			8.94	0.32		0.61	1.07	
1981	1.82		8.63	0.39		0.73	1.15	
1982	2.74		9.53	0.50		1.07	1.27	
1983	6.00	0.41	13.61	1.03	0.38	1.15	1.68	0.71
1984	6.48	0.38	15.05	1.16	0.54	1.21	1.94	0.81
1985	6.78	0.36	16.27	1.09	1.02	1.00	2.21	1.74
1986	8.10	0.34	16.89	1.00	1.51	1.60	2.25	2.04
1987	10.89	0.41	17.29	1.18	1.78	1.62	1.97	2.21
1988	10.56	0.45	16.51	1.23	1.84	2.07	2.08	2.64
1989	11.93	0.58	16.79	1.17	1.44	1.59	2.01	2.18
1990	13.17	0.58	17.84	1.26	1.68	1.45	1.89	2.05
1991	15.74	0.65	20.07	1.66	1.91	2.18	2.65	2.92
1992	16.92	0.70	21.17	1.58	1.85	2.23	2.90	3.21
1993	19.60	0.75	23.80	1.88	1.76	2.41	2.89	3.10
1994	22.64	0.83			1.81	2.30	3.35	2.97
1995	24.28	0.79			1.90	2.42	3.54	2.94
1996	29.78	0.50			2.55	2.45	2.58	3.27
1997	36.21	0.54	26.08	4.09	2.76	2.99	3.76	4.50
1998	38.51	0.65	23.04	2.71	2.60	2.42	3.57	4.31
1999	43.17	0.62	28.41	3.71	3.00	3.41	4.07	6.20
2000	46.43		30.19	4.46	2.67	4.60	6.32	5.82

注:1994-1996年因调查制度变化,无猪、羊、牛肉出售量调查数据。

2-7 农村居民家庭主要食品消费量

单位:公斤/人

年 份	粮 食	1.细 粮	2.粗 粮	食用油	1.植物油	2.动物油	蔬 菜
1979	256.74	139.43	117.31	2.38	1.52	0.86	131.17
1980	257.16	162.92	94.24	2.48	1.40	1.08	127.21
1981	256.14	172.41	83.73	3.12	1.89	1.23	123.99
1982	259.97	191.84	68.13	3.43	2.07	1.36	132.04
1983	259.90	196.26	63.64	3.52	2.19	1.33	130.95
1984	266.52	209.05	57.47	3.97	2.47	1.50	140.03
1985	257.45	208.83	48.62	4.04	2.60	1.44	131.13
1986	259.30	212.23	47.07	4.19	2.63	1.56	133.65
1987	259.38	211.38	48.00	4.69	3.11	1.58	130.42
1988	259.51	210.70	48.81	4.76	3.28	1.48	130.08
1989	262.28	213.45	48.83	4.81	3.27	1.54	133.38
1990	262.08	215.02	47.06	5.17	3.54	1.63	134.00
1991	255.58	213.82	41.76	5.65	3.85	1.80	126.97
1992	250.50	210.63	39.87	5.85	4.07	1.78	129.12
1993	266.02	221.02	45.00	5.66	4.06	1.60	107.43
1994	260.56	211.98	48.58	5.66	4.11	1.55	107.86
1995	258.92	210.74	48.18	5.80	4.25	1.55	104.62
1996	256.19	206.51	49.68	6.07	4.48	1.59	106.26
1997	250.67	208.89	41.78	6.16	4.73	1.43	107.21
1998	249.28	208.97	40.31	6.13	4.59	1.54	108.96
1999	247.45	206.18	41.27	6.17	4.58	1.59	108.89
2000	249.49	207.10	42.39	7.06	5.45	1.61	111.98

年 份	猪牛羊肉	1.猪 肉	2.牛羊肉	家 禽	蛋及蛋制品	水产品*	食 糖	酒 类
1979	6.50	6.07	0.43	0.31	0.89	0.69	0.80	1.41
1980	7.74	7.26	0.48	0.66	1.20	1.10	1.06	1.89
1981	8.70	8.17	0.53	0.70	1.25	1.28	1.09	2.32
1982	9.05	8.36	0.69	0.78	1.42	1.32	1.18	2.73
1983	9.96	9.29	0.67	0.82	1.57	1.58	1.26	3.19
1984	10.62	9.93	0.69	0.94	1.84	1.74	1.30	3.48
1985	10.97	10.32	0.65	1.03	2.05	1.64	1.46	4.37
1986	11.79	11.14	0.65	1.14	2.08	1.87	1.59	4.96
1987	11.65	10.98	0.67	1.15	2.25	1.96	1.70	5.48
1988	10.71	10.05	0.66	1.25	2.28	1.91	1.41	5.93
1989	11.00	10.28	0.72	1.28	2.41	2.10	1.54	5.95
1990	11.34	10.54	0.80	1.25	2.41	2.13	1.50	6.14
1991	12.15	11.19	0.96	1.34	2.73	2.21	1.40	6.38
1992	11.83	10.88	0.95	1.49	2.85	2.25	1.54	6.56
1993	11.68	10.86	0.82	1.62	2.88	2.76	1.43	6.53
1994	11.00	10.23	0.77	1.63	3.03	2.96	1.34	6.03
1995	11.29	10.58	0.71	1.83	3.22	3.36	1.28	6.53
1996	12.90	11.85	1.05	1.93	3.35	3.68	1.37	7.11
1997	12.72	11.46	1.26	2.36	4.08	3.75	1.35	7.13
1998	13.20	11.89	1.31	2.33	4.11	3.66	1.40	6.98
1999	13.87	12.70	1.17	2.48	4.28	3.82	1.46	6.98
2000	14.41	13.28	1.13	2.81	4.77	3.92	1.28	7.02

注:1993年以前的水产品量为鱼虾量。

2－8 农村居民家庭主要建筑材料购买量

年 份	水 泥（公斤/户）	木 材（平方米/户）	钢 材（公斤/户）	水泥预制件（件/户）	玻 璃（平方米/户）	砖 瓦（块/户）	油 毡（捆/户）
1983	72.35	0.18	4.84	0.36	0.22		
1984	90.94	0.12	5.15	1.36	0.24		
1985	88.20	0.14	5.14	1.28	0.27	672.09	0.04
1986	68.17	0.15	3.92	1.00	0.36	1173.46	0.04
1987	143.50	0.18	9.22	1.25	1.77	1331.85	0.08
1988	164.38	0.17	11.93	1.46	0.39	1278.53	0.06
1989	163.72	0.10	10.23	1.26	0.35	1037.68	0.05
1990	171.78	0.09	11.15	1.10	0.33	901.16	0.05
1991	177.21	0.08	10.77	0.95	0.36	844.08	0.04
1992	154.35	0.07	9.89	1.03	0.31	746.38	0.03
1993	111.94	0.12	7.29	0.83	0.30	589.87	0.04
1994	154.60	0.15	11.46	0.97	0.30	758.16	0.11
1995	187.79	0.15	13.91	1.44	0.33	818.15	0.09
1996	236.67	0.37	16.70	1.72	0.40	937.16	0.13
1997	254.82	0.13	18.88	1.88	0.49	926.74	0.13
1998	264.99	0.10	19.33	1.50	0.29	817.60	0.07
1999	285.11	0.11	24.89	1.83	0.52	865.44	0.03
2000	302.74	0.25	24.01	1.87	0.40	896.50	

2－9 农村居民家庭主要生产资料购买量

单位：公斤/户

年 份	化 肥	饼 肥	农 药	农用薄膜	生产用燃料
1983	395.60	20.50	6.63	0.95	7.56
1984	392.43	50.35	4.22	0.94	11.17
1985	375.63	17.09	2.92	0.85	73.04
1986	431.93	14.98	3.02	0.93	75.30
1987	464.06	13.12	3.57	1.15	85.75
1988	454.64	10.20	3.21	1.05	107.04
1989	471.99	7.38	3.09	1.16	101.04
1990	494.08	7.58	3.33	1.39	77.14
1991	521.70	8.58	3.92	1.76	75.03
1992	496.96	6.80	3.87	1.93	76.17
1993	531.86	3.47	4.39	2.04	87.37
1994	531.86	3.47	4.39	2.04	87.37
1995	569.50	4.19	5.70	2.51	97.98
1996	590.04	5.25	6.58	3.14	120.49
1997	566.41	4.03	6.58	3.14	110.96
1998	551.84	3.90	6.30	3.31	83.58
1999	547.66	5.21	7.20	2.96	86.72
2000	545.78	7.54	9.80	4.00	90.83

注：1999年以前生产用燃料包括生产用汽油、生产用柴油和生产用煤。

2－10 农村居民家庭主要耐用物品拥有量

单位:辆、台、部/百户

年 份	自行车	摩托车	洗衣机	电风扇	电冰箱	空调机	抽油烟机	热水器
1978	30.75							
1979	36.20							
1980	36.87							
1981	44.41							
1982	51.50			2.29				
1983	63.41		0.36	4.42				
1984	74.48		0.97	5.86	0.03			
1985	80.64		1.90	9.66	0.06			
1986	90.31	0.58	3.22	13.63	0.20			
1987	98.52	0.56	4.78	19.76	0.31			
1988	107.49	0.91	6.79	28.09	0.63			
1989	113.43	0.95	8.15	33.96	0.89			
1990	118.33	0.89	9.12	41.36	1.22			
1991	121.64	1.10	10.99	53.30	1.64			
1992	125.66	1.42	12.23	60.08	2.17			
1993	133.39	2.14	13.82	71.79	3.05	0.05	0.27	
1994	136.50	3.19	15.30	80.91	4.00	0.09	0.38	
1995	147.02	4.91	16.90	88.96	5.15	0.18	0.61	
1996	139.12	8.40	20.54	100.46	7.27	0.29	0.89	
1997	141.95	10.89	21.87	105.93	8.49	0.38	2.31	
1998	137.15	13.52	22.81	111.59	9.25	0.58	1.66	
1999	136.85	16.49	24.32	116.07	10.64	0.74	2.33	
2000	120.48	21.94	28.58	122.62	12.31	1.32	2.75	5.13

年 份	黑白电视机(台)	彩色电视机(台)	收录机(台)	照相机(台)	电话机(部)	移动电话(部)	组合音响(台)
1978							
1979							
1980	0.39						
1981	0.87						
1982	1.68		0.66				
1983	3.99		1.51				
1984	7.24		2.75				
1985	10.94	0.80	4.33				
1986	15.76	1.52	6.60	0.33			
1987	22.04	2.34	9.68	0.50			
1988	28.64	2.80	13.04	0.63			
1989	33.91	3.63	16.23	0.79			
1990	39.72	4.72	17.83	0.70			
1991	47.53	6.44	19.64	0.87			
1992	52.44	8.08	20.95	1.00			
1993	58.30	10.86	24.24	0.99			
1994	61.77	13.52	26.08	1.16			
1995	63.81	16.92	28.25	1.42			
1996	65.06	22.91	31.15	1.94			
1997	65.12	27.32	32.02	2.06			
1998	63.57	32.59	32.36	2.22			
1999	62.35	38.24	31.99	2.69			
2000	52.97	48.74	21.58	3.12	26.38	4.32	7.76

2－11　农村居民总收入

单位:元/人

年　份	总收入	一、工资性收　入	二、家庭经营收　　入	三、转移性收　入	四、财产性收　入
1978	151.79	88.38	54.01	9.40	
1979	179.84	100.96	63.67	15.21	
1980	216.93	106.38	87.44	23.11	
1981	253.97	116.20	115.05	22.72	
1982	306.28	142.85	138.97	24.46	
1983	412.10	57.53	330.01	24.56	
1984	475.65	66.45	382.02	27.18	
1985	547.31	72.15	445.25	29.91	
1986	593.02	81.58	476.74	34.70	
1987	653.58	95.47	530.87	27.24	
1988	785.30	117.77	637.47	30.06	
1989	874.97	136.46	704.70	33.81	
1990	990.38	138.80	815.79	35.79	
1991	1046.10	151.92	854.70	39.48	
1992	1155.38	184.38	925.71	45.29	
1993	1333.82	194.51	1083.58	48.71	7.02
1994	1789.38	262.98	1442.68	55.17	28.55
1995	2337.87	353.70	1877.42	65.77	40.98
1996	2806.73	450.84	2233.72	79.58	42.59
1997	2999.20	536.56	2346.68	92.36	23.60
1998	2995.48	573.56	2286.84	104.72	30.36
1999	2987.44	630.25	2211.57	114.08	31.54
2000	3146.21	702.30	2251.28	147.59	45.04
“八五”年增长率%	18.7	20.6	18.1	12.9	
“九五”年增长率%	5.7	14.7	3.7	6.3	…

注:1.1992年以前工资性收入包括实物收入,下表同。

2.1992年以前转移性收入包括财产性收入,下表同。

2－12　农村居民总收入构成

单位:%

年　份	总收入	一、工资性收　入	二、家庭经营收　　入	三、转移性收　入	四、财产性收　入
1978	100.00	58.23	35.58	6.19	
1979	100.00	56.14	35.40	8.46	
1980	100.00	49.04	40.31	10.65	
1981	100.00	45.75	45.30	8.95	
1982	100.00	46.64	45.37	7.99	
1983	100.00	13.96	80.08	5.96	
1984	100.00	13.97	80.32	5.71	
1985	100.00	13.18	81.35	5.46	
1986	100.00	13.76	80.39	5.85	
1987	100.00	14.61	81.22	4.17	
1988	100.00	15.00	81.18	3.83	
1989	100.00	15.60	80.54	3.86	
1990	100.00	14.01	82.37	3.61	
1991	100.00	14.52	81.70	3.77	
1992	100.00	15.96	80.12	3.92	
1993	100.00	14.58	81.24	3.65	0.53
1994	100.00	14.70	80.62	3.08	1.60
1995	100.00	15.13	80.30	2.81	1.75
1996	100.00	16.06	79.58	2.84	1.52
1997	100.00	17.89	78.24	3.08	0.79
1998	100.00	19.15	76.34	3.50	1.01
1999	100.00	21.10	74.03	3.82	1.06
2000	100.00	22.32	71.56	4.69	1.43

2－13 农村居民家庭经营总收入

单位:元/人

年份	家庭经营收入	1.农业收入	#种植业收入	2.林业收入	3.牧业收入	4.渔业收入	5.工业收入	6.建筑业收入
1978	54.01	20.44	17.30		30.37			
1979	63.67	20.64	17.42		37.84			
1980	87.44	30.46	25.17		48.41			
1981	115.05	41.09	34.30		58.56			
1982	138.97	46.47	38.46		67.54	0.50		
1983	330.01	234.45	224.25	4.10	71.58	1.60		4.20
1984	382.01	269.72	258.32	5.48	80.19	2.16		4.80
1985	445.25	283.45	268.74	7.39	104.03	5.70	4.25	8.00
1986	476.74	305.63	289.68	6.66	108.63	6.89	5.69	9.06
1987	530.87	334.64	318.07	7.37	122.60	8.10	8.91	10.46
1988	637.47	371.79	353.43	8.61	170.31	11.43	13.05	12.62
1989	704.70	418.78	400.22	8.95	183.64	10.76	13.94	13.84
1990	815.79	531.14	512.75	8.48	185.72	10.23	13.23	12.65
1991	854.70	545.42	525.72	9.76	204.54	11.46	13.27	12.39
1992	925.71	577.33	556.25	11.31	226.23	13.46	14.87	15.45
1993	1083.58	650.98	634.73	15.12	251.34	16.32	16.48	20.69
1994	1442.68	891.57	863.54	15.77	336.35	21.03	20.18	27.64
1995	1877.42	1188.11	1155.52	16.52	420.82	26.86	26.90	38.54
1996	2233.72	1419.58	1376.37	19.10	475.19	31.73	36.76	50.55
1997	2346.67	1407.87	1364.24	21.94	555.41	34.54	41.41	59.86
1998	2286.81	1362.33	1319.06	21.11	511.98	38.68	44.89	58.04
1999	2211.57	1305.21	1261.72	24.58	459.98	42.36	44.16	66.18
2000	2251.28	1231.69	1177.68	27.89	502.82	48.25	79.61	54.10

年份	7.交通运输业、邮电业收入	8.批发和零售贸易、餐饮业收入	9.社会服务业收入	10.文教卫生业收入	11.其他收入	第一产业收入	第二产业收入	第三产业收入
1978					3.20	50.81		3.20
1979					5.20	58.47		5.20
1980					8.57	78.87		8.57
1981	2.34	0.76			12.30	99.65		15.40
1982	2.65	2.52			19.30	114.50		24.47
1983	5.37	2.84	1.37		4.51	311.72	4.20	14.09
1984	8.12	3.86	2.06		5.62	357.55	4.80	19.66
1985	12.58	8.72	3.95		7.19	400.56	12.25	32.44
1986	14.10	9.06	4.55		6.47	427.81	14.75	34.18
1987	15.68	11.06	5.15		6.90	472.71	19.37	38.79
1988	19.67	14.75	6.29		8.95	562.14	25.67	49.66
1989	21.72	15.69	7.34		10.04	622.13	27.78	54.79
1990	21.21	14.81	7.71		10.61	735.57	25.88	54.34
1991	21.47	15.92	8.12		12.35	771.18	25.66	57.86
1992	25.97	18.92	9.49		12.68	828.33	30.32	67.06
1993	31.11	25.45	13.04		43.05	933.76	37.17	112.65
1994	36.83	35.16	17.07		41.08	1264.72	47.82	130.14
1995	47.62	43.73	20.30		48.02	1652.31	65.44	159.67
1996	61.50	56.11	26.09		57.11	1945.60	87.31	200.81
1997	70.06	70.75	29.06		55.78	2019.75	101.27	225.65
1998	72.14	82.25	33.93		61.46	1934.10	102.93	249.78
1999	80.49	87.94	37.49		63.18	1832.13	110.34	269.10
2000	96.63	96.19	32.94	8.29	72.87	1810.65	133.71	306.92

注:1978－1980的第三产业为第二和第三产业收入合计。

2－14 农村居民家庭经营总收入构成

单位：%

年份	家庭经营收入	1.农业收入	#种植业收入	2.林业收入	3.牧业收入	4.渔业收入	5.工业收入	6.建筑业收入
1978	100.00	37.85	32.03	0.00	56.23			
1979	100.00	32.41	27.36	0.00	59.42			
1980	100.00	34.84	28.79	0.00	55.36			
1981	100.00	35.71	29.81	0.00	50.90			
1982	100.00	33.44	27.68	0.00	48.60	0.36		
1983	100.00	71.04	67.95	1.24	21.69	0.48		1.27
1984	100.00	70.60	67.62	1.43	20.99	0.57		1.26
1985	100.00	63.66	60.36	1.66	23.36	1.28	0.95	1.80
1986	100.00	64.11	60.76	1.40	22.79	1.45	1.19	1.90
1987	100.00	63.04	59.91	1.39	23.09	1.53	1.68	1.97
1988	100.00	58.32	55.44	1.35	26.72	1.79	2.05	1.98
1989	100.00	59.43	56.79	1.27	26.06	1.53	1.98	1.96
1990	100.00	65.11	62.85	1.04	22.77	1.25	1.62	1.55
1991	100.00	63.81	61.51	1.14	23.93	1.34	1.55	1.45
1992	100.00	62.37	60.09	1.22	24.44	1.45	1.61	1.67
1993	100.00	60.08	58.58	1.40	23.20	1.51	1.52	1.91
1994	100.00	61.80	59.86	1.09	23.31	1.46	1.40	1.92
1995	100.00	63.28	61.55	0.88	22.41	1.43	1.43	2.05
1996	100.00	63.55	61.62	0.86	21.27	1.42	1.65	2.26
1997	100.00	59.99	58.14	0.93	23.67	1.47	1.76	2.55
1998	100.00	59.57	57.68	0.92	22.39	1.69	1.96	2.54
1999	100.00	59.02	57.05	1.11	20.80	1.92	2.00	2.99
2000	100.00	54.71	52.31	1.24	22.33	2.14	3.54	2.40

年份	7.交通运输业、邮电业收入	8.批发和零售贸易、餐饮业收入	9.社会服务业收入	10.文教卫生业收入	11.其他收入	第一产业收入	第二产业收入	第三产业收入
1978					5.92	94.08		5.92
1979					8.17	91.83		8.17
1980					9.80	90.20		9.80
1981	2.03	0.66			10.69	86.61		13.39
1982	1.91	1.81			13.89	82.39		17.61
1983	1.63	0.86	0.42		1.37	94.46	1.27	4.27
1984	2.13	1.01	0.54		1.47	93.60	1.26	5.15
1985	2.83	1.96	0.89		1.61	89.96	2.75	7.29
1986	2.96	1.90	0.95		1.36	89.74	3.09	7.17
1987	2.95	2.08	0.97		1.30	89.04	3.65	7.31
1988	3.09	2.31	0.99		1.40	88.18	4.03	7.79
1989	3.08	2.23	1.04		1.42	88.28	3.94	7.77
1990	2.60	1.82	0.95		1.30	90.17	3.17	6.66
1991	2.51	1.86	0.95		1.44	90.23	3.00	6.77
1992	2.81	2.04	1.03		1.37	89.48	3.28	7.24
1993	2.87	2.35	1.20		3.97	86.17	3.43	10.40
1994	2.55	2.44	1.18		2.85	87.66	3.31	9.02
1995	2.54	2.33	1.08		2.56	88.01	3.49	8.50
1996	2.75	2.51	1.17		2.56	87.10	3.91	8.99
1997	2.99	3.01	1.24		2.38	86.07	4.32	9.62
1998	3.15	3.60	1.48		2.69	84.58	4.50	10.92
1999	3.64	3.98	1.70		2.86	82.84	4.99	12.17
2000	4.29	4.27	1.46	0.37	3.24	80.43	5.94	13.63

2－15 农村居民现金收入

单位:元/人

年 份	现金收入	一、工资性收入	二、家庭经营收入	三、转移性收入	四、财产性收入
1978	63.88	25.38	29.71	8.79	
1979	84.51	31.28	37.87	15.36	
1980	113.12	40.23	57.38	15.51	
1981	153.21	52.93	81.53	18.75	
1982	184.48	56.20	104.87	23.41	
1983	250.38	53.83	172.33	24.22	
1984	295.95	59.86	204.05	32.04	
1985	357.39	68.89	251.68	36.82	
1986	401.82	79.34	281.95	40.53	
1987	460.30	93.21	322.27	44.82	
1988	586.59	115.41	417.07	54.11	
1989	657.68	134.00	464.77	58.91	
1990	676.67	136.43	481.19	59.05	
1991	736.84	148.88	523.29	64.67	
1992	808.16	179.42	552.78	75.96	
1993	910.15	192.83	629.56	87.76	
1994	1233.48	261.59	868.96	74.05	28.88
1995	1595.56	352.88	1116.73	87.76	38.19
1996	1927.10	447.43	1322.63	112.34	44.70
1997	2131.21	512.39	1446.86	126.80	45.16
1998	2163.61	573.69	1393.33	141.67	54.92
1999	2206.69	628.43	1380.23	154.57	43.46
2000	2381.60	700.41	1498.81	143.49	38.89
“八五”年增长率%	18.8	20.9	18.3	8.2	
“九五”年增长率%	8.7	14.7	6.1	10.5	7.3

2－16 农村居民现金收入构成

单位:%

年 份	现金收入	一、工资性收入	二、家庭经营收入	三、转移性收入	四.财产性收入
1978	100.00	39.73	46.51	13.76	
1979	100.00	37.01	44.81	18.18	
1980	100.00	35.56	50.72	13.71	
1981	100.00	34.55	53.21	12.24	
1982	100.00	30.46	56.85	12.69	
1983	100.00	21.50	68.83	9.67	
1984	100.00	20.23	68.95	10.83	
1985	100.00	19.28	70.42	10.30	
1986	100.00	19.75	70.17	10.09	
1987	100.00	20.25	70.01	9.74	
1988	100.00	19.67	71.10	9.22	
1989	100.00	20.37	70.67	8.96	
1990	100.00	20.16	71.11	8.73	
1991	100.00	20.21	71.02	8.78	
1992	100.00	22.20	68.40	9.40	
1993	100.00	21.19	69.17	9.64	
1994	100.00	21.21	70.45	6.00	2.34
1995	100.00	22.12	69.99	5.50	2.39
1996	100.00	23.22	68.63	5.83	2.32
1997	100.00	24.04	67.89	5.95	2.12
1998	100.00	26.52	64.40	6.55	2.54
1999	100.00	28.48	62.55	7.00	1.97
2000	100.00	29.41	62.93	6.03	1.63

2－17 农村居民家庭经营现金收入

单位:元/人

年 份	家庭经营现金收入	1.出售产品收入	#农业收入	##种植业收入	#牧业收入	2.工业加工费	3.建筑业收入	4.交通运输业、邮电业收入
1978	29.71	26.73						
1979	37.87	35.41						
1980	57.38	48.61						
1981	87.03	69.80	26.19	26.19	38.92			
1982	111.49	89.15	39.02	33.37	48.85			
1983	172.33	155.80	98.43	91.50	51.35		4.09	5.27
1984	205.01	181.34	118.31	109.48	57.12		4.63	7.79
1985	251.68	213.56	122.79	111.25	75.22		7.67	12.13
1986	281.95	240.22	144.42	131.80	78.21		8.81	13.67
1987	322.27	272.34	165.45	148.88	122.60	2.09	10.13	15.36
1988	417.07	352.20	192.27	177.55	132.91	4.00	12.35	19.42
1989	464.77	392.61	223.82	209.24	142.42	5.02	13.66	21.23
1990	481.19	408.49	248.63	235.20	137.26	6.93	12.46	20.89
1991	523.29	446.92	269.04	254.41	153.55	7.70	12.26	21.11
1992	552.78	462.67	265.71	250.88	169.48	8.73	15.18	25.34
1993	629.56	486.33	265.59	253.98	187.81	10.21	20.63	31.22
1994	868.96	688.07	394.55	385.01	257.40	13.88	27.64	36.83
1995	1116.73	891.28	522.78	512.11	322.45	17.42	38.57	47.62
1996	1322.67	1029.31	617.08	603.69	356.40	24.10	50.54	61.49
1997	1446.86	1109.34	635.59	624.53	414.58	27.48	59.83	70.03
1998	1393.32	1029.30	602.55	593.99	362.95	29.77	58.04	72.14
1999	1380.24	984.63	583.84	574.32	335.61	32.92	66.18	80.49
2000	1498.81	1066.64	600.61	593.56	383.54	65.46	54.10	96.63

年 份	5.批发和零售贸易、餐饮业收入	6.社会服务业收入	7.文教卫生业收入	8.其他家庭经营收入	第一产业收入	第二产业收入	第三产业收入
1978				2.98	26.73		2.98
1979				4.92	35.41		4.92
1980				8.77	48.61		8.77
1981	0.72			16.51	69.80		17.23
1982	2.49			19.85	89.15		22.34
1983	2.81	1.34		3.02	155.80	4.09	12.44
1984	3.83	2.04		5.38	181.34	4.63	19.04
1985	8.50	3.87		5.95	213.56	7.67	30.45
1986	8.90	4.47		5.88	240.22	8.81	32.92
1987	10.84	5.10		6.41	272.34	12.22	37.71
1988	14.63	6.21		8.26	352.20	16.35	48.52
1989	15.49	7.29		9.47	392.61	18.68	53.48
1990	14.65	7.64		10.13	408.49	19.39	53.31
1991	15.63	7.98		11.69	446.92	19.96	56.41
1992	18.52	9.32		13.02	462.67	23.91	66.2
1993	25.44	12.92		42.81	486.33	30.84	112.39
1994	35.06	17.05		50.43	688.07	41.52	139.37
1995	43.66	20.30		57.88	891.28	55.99	169.46
1996	56.10	26.10		75.03	1029.31	74.64	218.72
1997	70.75	29.06		80.37	1109.34	87.31	250.21
1998	82.25	33.93		87.89	1029.30	87.81	276.21
1999	87.94	37.49		90.59	984.63	99.10	296.51
2000	96.19	32.94	8.29	78.56	1066.64	119.56	312.61

注:1982年以前第三产业为第二、三产业合计。

2－18 农村居民家庭经营现金收入构成

单位：%

年 份	家庭经营现金收入	1.出售产品收入	#农业收入	##种植业收入	#牧业收入	2.工业加工费	3.建筑业收入	4.交通运输业、邮电业收入
1978	100.00	89.97					5.02	
1979	100.00	93.50					6.50	
1980	100.00	84.72					5.09	
1981	100.00	80.20	30.09	30.09	44.72		6.32	
1982	100.00	79.96	35.00	29.93	43.82		8.91	
1983	100.00	89.84	57.12	53.10	29.79		2.37	3.06
1984	100.00	88.45	57.71	53.40	27.86		2.26	3.80
1985	100.00	84.85	48.79	44.20	29.89		3.05	4.82
1986	100.00	85.20	51.22	46.75	27.74		3.12	4.85
1987	100.00	84.51	51.34	46.20	38.04	0.65	3.14	4.77
1988	100.00	84.45	46.10	42.57	31.87	0.96	2.96	4.66
1989	100.00	84.47	48.16	45.02	30.64	1.08	2.94	4.57
1990	100.00	84.89	51.67	48.88	28.53	1.44	2.59	4.34
1991	100.00	85.41	51.41	48.62	29.34	1.47	2.34	4.03
1992	100.00	83.70	48.07	45.39	30.66	1.58	2.75	4.58
1993	100.00	77.25	42.19	40.34	29.83	1.62	3.28	4.96
1994	100.00	79.18	45.40	44.31	29.62	1.60	3.18	4.24
1995	100.00	79.81	46.81	45.86	28.87	1.56	3.45	4.26
1996	100.00	77.82	46.65	45.64	26.95	1.82	3.82	4.65
1997	100.00	76.67	43.93	43.16	28.65	1.90	4.14	4.84
1998	100.00	73.87	43.25	42.63	26.05	2.14	4.17	5.18
1999	100.00	71.34	42.30	41.61	24.32	2.39	4.79	5.83
2000	100.00	71.16	40.07	39.60	25.59	4.37	3.61	6.45

年 份	5.批发和零售贸易、餐饮业收入	6.社会服务业收入	7.文教卫生业收入	8.其他家庭经营收入	第一产业收入	第二产业收入	第三产业收入
1978					89.97	5.02	
1979					93.50	6.50	
1980				10.20	84.72	5.09	10.20
1981	0.83			12.65	80.20	6.32	13.48
1982	2.23			8.90	79.96	8.91	11.13
1983	1.63	0.78		1.75	89.84	2.94	7.22
1984	1.87	1.00		2.62	88.45	2.26	9.29
1985	3.38	1.54		2.36	84.85	3.05	12.10
1986	3.16	1.59		2.09	85.20	3.12	11.68
1987	3.36	1.58		1.99	84.51	3.79	11.70
1988	3.51	1.49		1.98	84.45	3.92	11.63
1989	3.33	1.57		2.04	84.47	4.02	11.51
1990	3.04	1.59		2.11	84.89	4.03	11.08
1991	2.99	1.52		2.23	85.41	3.81	10.78
1992	3.35	1.69		2.36	83.70	4.33	11.98
1993	4.04	2.05		6.80	77.25	4.90	17.85
1994	4.03	1.96		5.80	79.18	4.78	16.04
1995	3.91	1.82		5.18	79.81	5.01	15.17
1996	4.24	1.97		5.67	77.82	5.64	16.54
1997	4.89	2.01		5.55	76.67	6.03	17.29
1998	5.90	2.44		6.31	73.87	6.30	19.82
1999	6.37	2.72		6.56	71.34	7.18	21.48
2000	6.42	2.20	0.55	5.24	71.16	7.98	20.86

注：1981年以前第二产业包括第三产业。

2－19 按收入来源分的农村居民纯收入

单位:元/人

年 份	纯收入	一、工资性收入	二、家庭经营纯收入	三、转移性收入	四、财产性收入
1978	133.57	88.26	35.79	9.52	
1979	160.17	100.67	44.00	15.50	
1980	191.33	106.38	62.55	22.40	
1981	223.44	113.80	84.52	25.12	
1982	270.11	142.85	102.80	24.46	
1983	309.77	57.53	227.68	24.56	
1984	355.33	66.46	261.69	27.18	
1985	397.60	72.15	295.98	29.47	
1986	423.76	81.58	313.28	28.90	
1987	462.55	95.47	345.50	21.58	
1988	544.94	117.77	403.17	24.00	
1989	601.51	136.46	434.56	30.49	
1990	686.31	138.80	518.55	28.96	
1991	708.55	151.92	523.59	33.04	
1992	783.99	184.38	561.57	38.04	
1993	921.62	194.51	678.48	41.61	7.02
1994	1220.98	262.98	881.86	47.59	28.55
1995	1577.74	353.70	1125.79	57.27	40.98
1996	1926.07	450.84	1362.45	70.19	42.59
1997	2090.13	514.56	1472.72	79.25	23.60
1998	2161.98	573.58	1466.00	92.03	30.37
1999	2210.34	630.26	1448.36	100.17	31.55
2000	2253.42	702.30	1427.27	78.81	45.04
"八五"年增长率%	18.1	20.6	16.8	14.6	
"九五"年增长率%	7.4	14.7	4.9	6.6	…

注:1.1992年以前的工资性收入包括现金收入和实物收入等;

2.1992年以前转移性收入包括财产性收入,即:其他非生产性收入。

2－20 按收入来源分的农村居民纯收入构成

单位:%

年 份	纯收入	一、工资性收入	二、家庭经营纯收入	三、转移性收入	四、财产性收入
1978	100.00	66.08	26.79	7.13	
1979	100.00	62.85	27.47	9.68	
1980	100.00	55.60	32.69	11.71	
1981	100.00	50.93	37.83	11.24	
1982	100.00	52.89	38.06	9.06	
1983	100.00	18.57	73.50	7.93	
1984	100.00	18.70	73.65	7.65	
1985	100.00	18.15	74.44	7.41	
1986	100.00	19.25	73.93	6.82	
1987	100.00	20.64	74.69	4.67	
1988	100.00	21.61	73.98	4.40	
1989	100.00	22.69	72.24	5.07	
1990	100.00	20.22	75.56	4.22	
1991	100.00	21.44	73.90	4.66	
1992	100.00	23.52	71.63	4.85	
1993	100.00	21.11	73.62	4.51	0.76
1994	100.00	21.54	72.23	3.90	2.34
1995	100.00	22.42	71.35	3.63	2.60
1996	100.00	23.41	70.74	3.64	2.21
1997	100.00	24.62	70.46	3.79	1.13
1998	100.00	26.53	67.81	4.26	1.40
1999	100.00	28.51	65.53	4.53	1.43
2000	100.00	31.17	63.34	3.50	2.00

2－21 按收入性质分的农村居民纯收入

单位:元/人

年 份	纯收入	一、生产性纯收入	1. 第一产业纯 收 入	2. 第二产业纯 收 入	3. 第三产业纯收入*	二、非生产性纯 收 入
1978	133.57	122.86	113.47		9.39	10.71
1979	160.17	142.24	128.37		13.87	17.93
1980	191.33	168.93	149.62		19.31	22.40
1981	223.44	194.51	170.58		23.93	28.93
1982	270.11	237.15	203.65		33.50	32.96
1983	309.77	272.91	221.77		51.14	36.86
1984	355.33	315.06	250.36		64.70	40.27
1985	397.60	367.69	298.28	29.47	39.94	29.91
1986	423.76	394.86	315.02	36.39	43.45	28.90
1987	462.55	440.97	345.19	45.56	50.22	21.58
1988	544.94	520.26	395.31	61.69	63.26	24.68
1989	601.51	570.61	428.23	70.60	71.78	30.90
1990	686.31	657.35	510.86	70.68	75.81	28.96
1991	708.55	675.51	516.90	78.77	79.84	33.04
1992	783.99	745.95	543.74	104.42	97.79	38.04
1993	921.62	872.99	589.57	149.46	133.96	48.63
1994	1220.98	1144.83	780.91	210.14	153.78	76.15
1995	1577.74	1479.49	996.51	287.24	195.74	98.25
1996	1926.07	1813.29	1192.61	372.37	248.31	112.78
1997	2090.13	1987.27	1267.69	437.78	281.80	102.86
1998	2161.98	2039.58	1237.44	498.92	303.22	122.40
1999	2210.34	2078.62	1180.02	564.30	334.30	131.72
2000	2253.42	2129.58	1136.09	598.28	395.21	123.84
"八五"年增长率%	18.1	17.6	14.3	32.4	20.9	27.7
"九五"年增长率%	7.4	7.6	2.7	15.8	15.1	4.7

注:1978－1984年第三产业纯收入为第二、三产业纯收入合计

2－22 按收入性质分的农村居民纯收入构成

单位:%

年 份	纯收入	一、生产性纯收入	1. 第一产业纯 收 入	2. 第二产业纯 收 入	3. 第三产业纯收入*	二、非生产性纯 收 入
1978	100.00	91.98	84.95		7.03	8.02
1979	100.00	88.81	80.15		8.66	11.19
1980	100.00	88.29	78.20		10.09	11.71
1981	100.00	87.05	76.34		10.71	12.95
1982	100.00	87.80	75.40		12.40	12.20
1983	100.00	88.10	71.59		16.51	11.90
1984	100.00	88.67	70.46		18.21	11.33
1985	100.00	92.48	75.02	7.41	10.05	7.52
1986	100.00	93.18	74.34	8.59	10.25	6.82
1987	100.00	95.33	74.63	9.85	10.86	4.67
1988	100.00	95.47	72.54	11.32	11.61	4.53
1989	100.00	94.86	71.19	11.74	11.93	5.14
1990	100.00	95.78	74.44	10.30	11.05	4.22
1991	100.00	95.34	72.95	11.12	11.27	4.66
1992	100.00	95.15	69.36	13.32	12.47	4.85
1993	100.00	94.72	63.97	16.22	14.54	5.28
1994	100.00	93.76	63.96	17.21	12.59	6.24
1995	100.00	93.77	63.16	18.21	12.41	6.23
1996	100.00	94.14	61.92	19.33	12.89	5.86
1997	100.00	95.08	60.65	20.95	13.48	4.92
1998	100.00	94.34	57.24	23.08	14.03	5.66
1999	100.00	94.04	53.39	25.53	15.12	5.96
2000	100.00	94.50	50.42	26.55	17.54	5.50

2－23 按收入形态分的农村居民纯收入

单位:元/人

年 份	纯收入	现金纯收入	实物纯收入
1978	133.57	55.99	77.58
1979	160.17	72.02	88.15
1980	191.33	94.37	96.96
1981	223.44	123.36	100.08
1982	270.11	153.56	116.55
1983	309.77	174.64	135.13
1984	355.33	202.36	152.97
1985	397.60	250.89	146.71
1986	423.76	269.86	153.90
1987	462.55	308.03	154.52
1988	544.94	386.44	158.50
1989	601.51	425.99	175.52
1990	686.31	439.72	246.59
1991	708.55	467.58	240.97
1992	783.99	508.48	275.51
1993	921.62	571.20	350.42
1994	1220.98	791.77	429.21
1995	1577.74	987.01	590.73
1996	1926.07	1218.67	707.40
1997	2090.13	1403.67	686.46
1998	2161.98	1455.68	706.30
1999	2210.34	1538.24	672.10
2000	2253.42	1648.67	604.75
"八五"年增长率%	18.1	17.6	19.1
"九五"年增长率%	7.4	10.8	0.5

2－24 按收入形态分的农村居民纯收入构成

单位:%

年 份	纯收入	现金纯收入	实物纯收入
1978	100.00	41.92	58.08
1979	100.00	44.96	55.04
1980	100.00	49.32	50.68
1981	100.00	55.21	44.79
1982	100.00	56.85	43.15
1983	100.00	56.38	43.62
1984	100.00	56.95	43.05
1985	100.00	63.10	36.90
1986	100.00	63.68	36.32
1987	100.00	66.59	33.41
1988	100.00	70.91	29.09
1989	100.00	70.82	29.18
1990	100.00	64.07	35.93
1991	100.00	65.99	34.01
1992	100.00	64.86	35.14
1993	100.00	61.98	38.02
1994	100.00	64.85	35.15
1995	100.00	62.56	37.44
1996	100.00	63.27	36.73
1997	100.00	67.16	32.84
1998	100.00	67.33	32.67
1999	100.00	69.59	30.41
2000	100.00	73.16	26.84

2－25 农村居民家庭经营纯收入

单位:元/人

年 份	家庭经营纯收入	1.农 业纯收入	#种植业纯收入	2.林 业纯收入	3.牧 业纯收入	4.渔 业纯收入	5.工 业纯收入	6.建筑业纯收入
1978	35.79	17.87	15.15		15.90			
1979	44.00	18.03	15.29		21.93			
1980	62.55	26.25	21.93		30.06			
1981	84.52	34.11	28.82		37.65			
1982	102.80	38.51	32.08		41.14	0.43		9.95
1983	227.68	173.94	166.56	3.67	33.90	1.15		4.20
1984	261.69	198.40	190.65	4.64	37.37	1.51		4.80
1985	295.98	202.10	191.46	6.16	51.96	3.59	2.18	7.41
1986	313.28	216.22	205.03	5.87	50.76	4.72	3.14	8.81
1987	345.50	220.20	207.80	6.57	68.46	5.56	5.40	10.25
1988	403.17	236.01	222.16	7.75	94.10	7.78	8.02	12.32
1989	434.56	253.94	240.19	8.13	102.23	7.35	8.71	13.50
1990	518.55	344.59	330.11	7.53	96.81	7.11	9.15	12.18
1991	523.59	338.70	323.53	8.48	105.18	8.19	8.56	11.90
1992	561.57	354.52	337.91	9.60	113.88	8.86	9.34	14.81
1993	678.48	448.05	438.48	2.63	96.54	9.16	7.94	18.22
1994	881.86	610.45	590.42	2.90	112.32	10.96	10.83	25.18
1995	1125.79	799.44	775.12	13.52	127.81	15.69	13.63	34.53
1996	1362.45	955.08	924.40	16.13	158.56	17.52	19.84	44.74
1997	1472.72	976.15	943.01	19.37	203.47	20.98	24.48	53.47
1998	1466.00	962.76	927.25	18.67	188.53	22.44	27.32	52.78
1999	1448.36	918.27	882.09	21.58	174.30	24.80	29.95	61.18
2000	1427.27	833.93	783.64	22.44	207.35	26.95	52.67	46.73

年 份	7.交通运输业、邮电业纯收入	8.批发和零售贸易、餐饮业收入	9.社 会服务业纯收入	10.文 教卫生业纯收入	13.其 他纯收入	第一产业纯收入	第二产业纯收入	第三产业纯收入
1978					2.02	33.77		2.02
1979					4.05	39.95		4.05
1980					6.24	56.31		6.24
1981		0.76			12.00	71.76		12.76
1982		2.52			10.25	80.08	9.95	12.77
1983	5.37	2.84	1.37		1.25	212.65	4.20	10.83
1984	8.12	3.86	2.06		0.94	241.91	4.80	14.98
1985	8.47	6.13	3.27		4.71	263.81	9.59	22.58
1986	8.42	6.94	3.79		4.61	277.57	11.95	23.76
1987	10.38	8.95	4.37		5.36	300.79	15.65	29.06
1988	12.86	12.02	5.25		7.06	345.64	20.34	37.19
1989	13.97	12.91	6.20		7.62	371.65	22.21	40.70
1990	13.45	12.69	6.55		8.49	456.04	21.33	41.18
1991	13.60	12.63	6.70		9.65	460.55	20.46	42.58
1992	16.66	15.62	7.90		10.38	486.86	24.15	50.56
1993	16.52	19.47	11.11		48.84	556.38	26.16	95.94
1994	20.84	27.5	14.29		46.59	736.63	36.01	109.22
1995	27.76	34.26	17.18		41.97	956.46	48.16	121.17
1996	36.00	44.09	21.97		48.52	1147.29	64.58	150.58
1997	46.20	55.25	25.33		48.02	1219.97	77.95	174.80
1998	50.24	62.33	30.02		50.91	1192.40	80.10	193.50
1999	56.73	74.82	34.01		52.72	1138.95	91.13	218.28
2000	63.63	78.54	28.09	6.86	60.08	1090.67	99.40	237.20

2-26 农村居民家庭经营纯收入构成

单位:%

年 份	家庭经营纯收入	1.农 业纯收入	#种植业纯收入	2.林 业纯收入	3.牧 业纯收入	4.渔 业纯收入	5.工 业纯收入	6.建筑业纯收入
1978	100.00	49.92	42.33		44.43			
1979	100.00	40.97	34.75		49.83			
1980	100.00	41.97	35.06		48.06			
1981	100.00	40.36	34.10		44.55			
1982	100.00	37.46	31.21		40.02	0.42		9.68
1983	100.00	76.39	73.16	1.61	14.89	0.51		1.84
1984	100.00	75.81	72.85	1.77	14.28	0.58		1.83
1985	100.00	68.28	64.69	2.08	17.55	1.21	0.74	2.50
1986	100.00	69.02	65.45	1.87	16.20	1.51	1.00	2.81
1987	100.00	63.73	60.14	1.90	19.81	1.61	1.56	2.97
1988	100.00	58.54	55.10	1.92	23.34	1.93	1.99	3.06
1989	100.00	58.44	55.27	1.87	23.53	1.69	2.00	3.11
1990	100.00	66.45	63.66	1.45	18.67	1.37	1.76	2.35
1991	100.00	64.69	61.79	1.62	20.09	1.56	1.63	2.27
1992	100.00	63.13	60.17	1.71	20.28	1.58	1.66	2.64
1993	100.00	66.04	64.63	0.39	14.23	1.35	1.17	2.69
1994	100.00	69.22	66.95	0.33	12.74	1.24	1.23	2.86
1995	100.00	71.01	68.85	1.20	11.35	1.39	1.21	3.07
1996	100.00	70.10	67.85	1.18	11.64	1.29	1.46	3.28
1997	100.00	66.28	64.03	1.32	13.82	1.42	1.66	3.63
1998	100.00	65.67	63.25	1.27	12.86	1.53	1.86	3.60
1999	100.00	63.40	60.90	1.49	12.03	1.71	2.07	4.22
2000	100.00	58.43	54.90	1.57	14.53	1.89	3.69	3.27

年 份	7.交通运输业、邮电业纯收入	8.批发和零售贸易、餐饮业收入	9.社 会服务业纯收入	10.文 教卫生业纯收入	13.其 他纯收入	第一产业纯收入	第二产业纯收入	第三产业纯收入
1978					5.64	94.36		5.64
1979					9.20	90.80		9.20
1980					9.98	90.02		9.98
1981		0.90			14.20	84.90		15.10
1982		2.45			9.97	77.90	9.68	12.42
1983	2.36	1.25	0.60		0.55	93.40	1.84	4.76
1984	3.10	1.48	0.79		0.36	92.44	1.83	5.72
1985	2.86	2.07	1.10		1.59	89.13	3.24	7.63
1986	2.69	2.22	1.21		1.47	88.60	3.81	7.58
1987	3.00	2.59	1.26		1.55	87.06	4.53	8.41
1988	3.19	2.98	1.30		1.75	85.73	5.05	9.22
1989	3.21	2.97	1.43		1.75	85.52	5.11	9.37
1990	2.59	2.45	1.26		1.64	87.95	4.11	7.94
1991	2.60	2.41	1.28		1.84	87.96	3.91	8.13
1992	2.97	2.78	1.41		1.85	86.70	4.30	9.00
1993	2.43	2.87	1.64		7.20	82.00	3.86	14.14
1994	2.36	3.12	1.62		5.28	83.53	4.08	12.39
1995	2.47	3.04	1.53		3.73	84.96	4.28	10.76
1996	2.64	3.24	1.61		3.56	84.21	4.74	11.05
1997	3.14	3.75	1.72		3.26	82.84	5.29	11.87
1998	3.43	4.25	2.05		3.47	81.34	5.46	13.20
1999	3.92	5.17	2.35		3.64	78.64	6.29	15.07
2000	4.46	5.50	1.97	0.48	4.21	76.42	6.96	16.62

2-27 农村居民纯收入及指数

年 份	纯收入	扣除价格因素影响后的纯收入	指 数 1978年=100	以1978年为基年的年均增长率	基尼系数
	(元/人)	(元/人)	(%)	(%)	
1978	133.57	133.57	100.00		0.2124
1979	160.17	159.22	119.20	19.2	
1980	191.33	186.76	138.99	17.9	0.2407
1981	223.44	220.79	160.40	17.1	0.2406
1982	270.11	267.90	192.31	17.8	0.2317
1983	309.77	308.47	219.62	17.0	0.2461
1984	355.33	351.90	249.49	16.5	0.2439
1985	397.60	383.05	268.94	15.2	0.2267
1986	423.76	410.32	277.56	13.6	0.3042
1987	462.55	445.80	291.99	12.6	0.2889
1988	544.94	492.15	310.68	12.0	0.3053
1989	601.51	536.22	305.71	10.7	0.3185
1990	686.31	612.34	311.20	9.9	0.3099
1991	708.55	700.04	317.43	9.3	0.3072
1992	783.99	750.35	336.15	9.0	0.3134
1993	921.62	809.08	346.91	8.6	0.3292
1994	1220.98	967.98	364.36	8.4	0.3210
1995	1577.74	1285.69	383.67	8.2	0.3415
1996	1926.07	1719.74	418.20	8.3	0.3229
1997	2090.13	2054.73	437.44	8.2	0.3285
1998	2161.98	2180.10	456.21	8.0	0.3369
1999	2210.34	2244.14	473.54	7.8	0.3361
2000	2253.42	2256.76	483.48	7.5	0.3536

2-28 农村居民生活消费及生活质量

年 份	生活消费支 出	扣除价格因素影响后的生活消费支出	以1978年为基年的年均增长率	恩格尔系 数	摄取热量	摄取脂肪	摄取蛋白
	(元/人)	(元/人)	(%)		(千卡/人日)	(克/人日)	(克/人日)
1978	116.06	115.25		0.6771			
1979	134.51	131.87	7.0	0.6396			
1980	162.21	153.03	9.9	0.6177	2324.57	32.74	57.80
1981	190.81	186.34	12.8	0.5986	2332.87	34.89	57.31
1982	220.23	216.12	13.4	0.6067	2358.72	34.85	57.90
1983	248.29	244.62	13.4	0.5941	2430.93	37.05	59.45
1984	273.80	266.34	12.7	0.5917	2513.50	39.16	61.52
1985	317.42	295.00	12.5	0.5779	2454.63	39.79	59.62
1986	356.95	336.43	12.6	0.5636	2491.22	41.14	60.73
1987	398.29	375.04	12.5	0.5575	2518.60	42.57	61.02
1988	476.66	405.67	12.1	0.5399	2513.95	41.49	60.87
1989	535.37	448.76	12.0	0.5481	2543.37	42.08	61.73
1990	584.63	559.45	12.9	0.5880	2541.67	43.16	61.54
1991	619.79	605.86	12.6	0.5761	2506.42	45.06	60.39
1992	659.21	629.62	12.0	0.5755	2406.48	36.80	64.52
1993	769.65	676.91	11.7	0.5806	2555.96	41.24	69.40
1994	1016.81	824.00	12.3	0.5886	2455.70	38.79	66.36
1995	1310.36	1115.20	13.4	0.5862	2482.22	39.60	66.92
1996	1572.08	1456.98	14.3	0.5634	2510.41	42.77	67.33
1997	1617.15	1577.71	14.0	0.5505	2509.46	43.41	70.02
1998	1590.33	1606.39	13.4	0.5343	2528.26	44.19	69.15
1999	1577.42	1601.44	12.7	0.5256	2506.60	46.26	68.84
2000	1670.13	1674.25	12.3	0.5013	2605.14	49.56	71.26

2－29 农村居民总支出

单位:元/人

年 份	总支出	一、家庭经营费用支出	二、购置生产性固定资产支出	三、税费支出	四、生活消费支出	五、转移性和财产性支出
1978	135.82	16.79		0.24	116.06	2.73
1979	159.41	19.39		0.28	134.51	5.23
1980	196.23	25.32		0.28	162.21	8.42
1981	240.20	30.08	6.27	0.45	190.81	12.59
1982	282.13	35.58	11.69	0.59	220.23	14.04
1983	380.47	80.28	18.44	16.32	248.29	17.14
1984	421.70	95.67	16.89	17.49	273.80	17.85
1985	485.51	121.39	18.70	18.43	317.42	9.57
1986	535.82	132.65	16.66	19.87	356.95	9.69
1987	603.99	150.59	20.52	22.69	398.29	11.90
1988	737.26	194.57	25.14	25.91	476.66	14.98
1989	830.74	221.91	23.11	32.64	535.37	17.71
1990	903.47	241.09	20.29	38.66	584.63	18.80
1991	979.64	267.27	26.61	42.69	619.79	23.28
1992	1055.91	292.28	28.78	48.39	659.01	27.45
1993	1211.18	330.03	40.29	46.76	769.65	24.45
1994	1635.53	458.57	46.13	67.79	1016.81	46.23
1995	2138.33	621.71	62.33	88.65	1310.36	55.28
1996	2535.16	709.42	63.79	107.39	1572.08	82.48
1997	2536.79	706.27	59.98	108.02	1617.15	45.37
1998	2457.17	652.48	54.31	106.70	1590.33	53.35
1999	2390.37	599.72	57.63	99.98	1577.42	55.62
2000	2652.42	654.27	63.90	95.52	1670.13	168.60
"八五"年增长率%	18.7	20.9	25.2	18.1	17.5	13.4
"九五"年增长率%	3.8	1.0	0.5	1.5	5.0	9.8

注:1980年家庭经营费用支出包括"开发性生产投资"、"包产支出和赔款",表下同

2－30 农村居民总支出构成

单位:%

年 份	总支出	一、家庭经营费用支出	二、购置生产性固定资产支出	三、税费支出	四、生活消费支出	五、转移性和财产性支出
1978	100.00	12.36		0.18	85.45	2.01
1979	100.00	12.16		0.18	84.38	3.28
1980	100.00	12.90		0.14	82.66	4.29
1981	100.00	12.52	2.61	0.19	79.44	5.24
1982	100.00	12.61	4.14	0.21	78.06	4.98
1983	100.00	21.10	4.85	4.29	65.26	4.50
1984	100.00	22.69	4.01	4.15	64.93	4.23
1985	100.00	24.36	3.75	3.70	63.70	4.49
1986	100.00	23.99	3.01	3.59	64.55	4.85
1987	100.00	24.14	3.29	3.64	63.85	5.08
1988	100.00	25.55	3.30	3.41	62.59	5.16
1989	100.00	25.81	2.69	3.80	62.26	5.45
1990	100.00	25.80	2.17	4.14	62.57	5.32
1991	100.00	26.32	2.62	4.20	61.03	5.82
1992	100.00	26.77	2.64	4.43	60.36	5.80
1993	100.00	26.41	3.22	3.74	61.59	5.04
1994	100.00	27.23	2.74	4.03	60.39	5.61
1995	100.00	28.26	2.83	4.03	59.57	5.29
1996	100.00	27.16	2.44	4.11	60.19	6.10
1997	100.00	26.87	2.28	4.11	61.52	5.23
1998	100.00	25.58	2.13	4.18	62.35	5.75
1999	100.00	24.03	2.31	4.01	63.22	6.43
2000	100.00	24.67	2.41	3.60	62.97	6.35

2－31　农村居民家庭经营费用支出

单位:元/人

年　份	家庭经营费用支出	1.农　业支　出	#种植业支　出	2.林　业支　出	3.牧　业支　出	4.渔　业支　出	5.工　业支　出	6.建筑业支　出
1978	16.79	1.58	1.31		13.05			
1979	19.39	2.99	1.22		14.96			
1980	25.32	5.92	2.66		17.64			
1981	30.08	8.19	5.30		19.63			
1982	35.58	7.82	6.37		25.42	0.07		
1983	80.28	47.47	45.26	0.34	29.56	0.35		
1984	95.67	56.71	53.81	0.67	34.05	0.52		
1985	121.39	59.52	55.95	0.95	48.37	1.90	1.71	0.29
1986	132.65	67.79	63.65	0.79	50.55	2.17	2.13	0.25
1987	150.59	79.66	75.49	0.80	54.14	2.54	3.51	0.21
1988	194.57	96.05	91.54	0.86	76.21	3.65	5.03	0.32
1989	221.91	116.95	112.13	0.83	81.41	3.42	5.24	0.35
1990	241.09	130.40	126.49	0.95	88.91	3.12	4.08	0.47
1991	267.27	142.88	138.35	1.28	99.36	3.27	4.71	0.49
1992	292.28	150.95	146.48	1.71	112.35	4.60	5.53	0.64
1993	330.03	165.34	159.89	2.02	126.11	5.83	6.96	2.01
1994	458.57	229.86	223.32	2.34	183.18	8.23	7.64	2.01
1995	621.71	321.49	314.65	2.48	242.36	9.24	10.98	3.32
1996	709.42	378.21	368.00	2.42	257.81	11.59	13.78	4.73
1997	706.27	348.88	340.41	2.08	284.39	10.96	13.68	5.16
1998	652.48	317.63	311.46	1.94	257.12	12.91	13.96	4.18
1999	599.72	304.05	298.31	2.35	224.48	13.80	11.16	3.93
2000	654.27	315.83	312.88	4.33	234.61	16.92	21.39	5.85

年　份	7.交通运输、邮电业支　出	8.批发和零售贸易、餐饮业支出	9.社　会服务业支　出	10.文　教卫生业支　出	11.其　他支　出	第一产业支　出	第二产业支　出	第三产业支　出
1978					2.16	14.63		2.16
1979					1.44	17.95		1.44
1980					1.76	23.56		1.76
1981					2.26	27.82		2.26
1982					2.27	33.31		2.27
1983					2.56	77.72		2.56
1984					3.72	91.95		3.72
1985	3.64	2.27	0.55		2.19	110.74	2.00	8.65
1986	4.66	1.89	0.66		1.76	121.30	2.38	8.97
1987	5.30	2.10	0.63		1.70	137.14	3.72	9.73
1988	6.81	2.73	0.86		2.05	176.77	5.35	12.45
1989	7.76	2.80	0.94		2.21	202.61	5.59	13.71
1990	7.76	2.12	0.94		2.34	223.38	4.55	13.16
1991	7.87	3.29	1.14		2.98	246.79	5.20	15.28
1992	9.31	3.30	1.28		2.61	269.61	6.17	16.50
1993	11.88	4.87	1.57		3.44	299.30	8.97	21.76
1994	13.07	6.25	2.27		3.72	423.61	9.65	25.31
1995	16.43	7.84	2.58		4.99	575.56	14.30	31.84
1996	20.77	9.80	3.36		6.95	650.03	18.51	40.88
1997	19.28	12.52	3.02		6.30	646.31	18.84	41.12
1998	17.41	15.84	3.11		8.38	589.60	18.14	44.74
1999	18.67	10.31	2.73		8.24	544.68	15.09	39.95
2000	26.21	14.02	3.85	1.14	10.12	571.69	27.24	55.34

2－32 农村居民家庭经营费用支出构成

单位：%

年份	家庭经营费用支出	1. 农业支出	#种植业支出	2. 林业支出	3. 牧业支出	4. 渔业支出	5. 工业支出	6. 建筑业支出
1978	100.00	9.41	7.80		77.72			
1979	100.00	15.42	6.29		77.15			
1980	100.00	23.38	10.51		69.67			
1981	100.00	27.23	17.62		65.26			
1982	100.00	21.98	17.90		71.44	0.20		
1983	100.00	59.13	56.38	0.42	36.82	0.44		
1984	100.00	59.28	56.25	0.70	35.59	0.54		
1985	100.00	49.03	46.09	0.78	39.85	1.57	1.41	0.24
1986	100.00	51.10	47.98	0.60	38.11	1.64	1.61	0.19
1987	100.00	52.90	50.13	0.53	35.95	1.69	2.33	0.14
1988	100.00	49.37	47.05	0.44	39.17	1.88	2.59	0.16
1989	100.00	52.70	50.53	0.37	36.69	1.54	2.36	0.16
1990	100.00	54.09	52.47	0.39	36.88	1.29	1.69	0.19
1991	100.00	53.46	51.76	0.48	37.18	1.22	1.76	0.18
1992	100.00	51.65	50.12	0.59	38.44	1.57	1.89	0.22
1993	100.00	50.10	48.45	0.61	38.21	1.77	2.11	0.61
1994	100.00	50.13	48.70	0.51	39.95	1.79	1.67	0.44
1995	100.00	51.71	50.61	0.40	38.98	1.49	1.77	0.53
1996	100.00	53.31	51.87	0.34	36.34	1.63	1.94	0.67
1997	100.00	49.40	48.20	0.29	40.27	1.55	1.94	0.73
1998	100.00	48.68	47.73	0.30	39.41	1.98	2.14	0.64
1999	100.00	50.70	49.74	0.39	37.43	2.30	1.86	0.66
2000	100.00	48.27	47.82	0.66	35.86	2.59	3.27	0.89

年份	7. 交通运输、邮电业支出	8. 批发和零售贸易、餐饮业支出	9. 社会服务业支出	10. 文教卫生业支出	11. 其他支出	第一产业支出	第二产业支出	第三产业支出
1978					12.86	87.14		12.86
1979					7.43	92.57		7.43
1980					6.95	93.05		6.95
1981					7.51	92.49		7.51
1982					6.38	93.62		6.38
1983					3.19	96.81		3.19
1984					3.89	96.11		3.89
1985	3.00	1.87	0.45		1.80	91.23	1.65	7.13
1986	3.51	1.42	0.50		1.33	91.44	1.79	6.76
1987	3.52	1.39	0.42		1.13	91.07	2.47	6.46
1988	3.50	1.40	0.44		1.05	90.85	2.75	6.40
1989	3.50	1.26	0.42		1.00	91.30	2.52	6.18
1990	3.22	0.88	0.39		0.97	92.65	1.89	5.46
1991	2.94	1.23	0.43		1.11	92.34	1.95	5.72
1992	3.19	1.13	0.44		0.89	92.24	2.11	5.65
1993	3.60	1.48	0.48		1.04	90.69	2.72	6.59
1994	2.85	1.36	0.50		0.81	92.38	2.10	5.52
1995	2.64	1.26	0.41		0.80	92.58	2.30	5.12
1996	2.93	1.38	0.47		0.98	91.63	2.61	5.76
1997	2.73	1.77	0.43		0.89	91.51	2.67	5.82
1998	2.67	2.43	0.48		1.28	90.36	2.78	6.86
1999	3.11	1.72	0.46		1.37	90.82	2.52	6.66
2000	4.01	2.14	0.59	0.17	1.55	87.38	4.16	8.46

2-33 农村居民生活消费支出

单位:元/人

年 份	生活消费支出	一、食品支出	二、衣着支出	三、居住支出	四、家庭设备用品及服务	五、医疗保健支出	六、交通通讯支出	七、文教娱乐用品及服务	八、其他支出
1978	116.06	78.58	14.74	11.95					
1979	134.51	86.03	17.64	16.00					
1980	162.21	100.19	19.99	22.46	4.14	3.42	0.59	8.25	3.17
1981	190.81	114.09	23.83	31.61	4.16	4.22	0.58	10.12	2.20
1982	220.23	133.47	25.04	35.56	9.39	4.69	0.62	7.45	4.01
1983	248.29	147.59	27.99	42.03	14.03	4.40	3.55	5.72	2.98
1984	273.80	162.34	28.89	48.36	14.82	5.04	3.42	8.24	2.69
1985	317.42	183.43	30.77	57.87	16.19	7.67	5.58	12.36	3.55
1986	356.95	201.50	32.99	70.28	19.56	8.74	6.19	14.43	3.26
1987	398.29	222.05	34.19	79.77	21.52	10.65	8.21	18.48	3.42
1988	476.66	257.37	41.11	96.34	29.96	13.38	8.89	25.69	3.92
1989	535.37	293.44	44.49	105.23	32.36	16.44	8.53	30.61	4.27
1990	584.63	343.76	45.44	101.37	30.90	19.02	8.42	31.38	4.34
1991	619.79	357.06	51.05	102.30	35.27	22.31	10.32	36.44	5.04
1992	659.01	379.26	52.51	104.89	36.67	24.15	12.23	43.77	5.53
1993	769.65	446.83	55.33	106.79	44.67	27.17	17.41	58.38	13.07
1994	1016.81	598.47	70.32	142.34	55.46	32.07	24.02	75.11	19.02
1995	1310.36	768.19	89.79	182.21	68.48	42.48	33.76	102.39	23.06
1996	1572.08	885.49	113.77	219.06	84.22	58.26	47.08	132.46	31.74
1997	1617.15	890.28	109.41	233.23	85.41	62.45	53.92	148.18	34.27
1998	1590.33	849.64	98.06	239.62	81.92	68.13	60.68	159.41	32.87
1999	1577.42	829.02	92.04	232.69	82.27	70.02	68.73	168.33	34.32
2000	1670.13	820.52	95.95	258.34	75.45	87.57	93.13	186.71	52.46

注:1979 年以前生活消费支出中的各细项均为其中项

2-34 农村居民生活消费支出构成

单位:%

年 份	生活消费支出	一、食品支出	二、衣着支出	三、居住支出	四、家庭设备用品及服务	五、医疗保健支出	六、交通通讯支出	七、文教娱乐用品及服务	八、其他支出
1978	100.00	67.71	12.70	10.30					
1979	100.00	63.96	13.11	11.90					
1980	100.00	61.77	12.32	13.85	2.55	2.11	0.36	5.09	1.95
1981	100.00	59.79	12.49	16.57	2.18	2.21	0.30	5.30	1.15
1982	100.00	60.60	11.37	16.15	4.26	2.13	0.28	3.38	1.82
1983	100.00	59.44	11.27	16.93	5.65	1.77	1.43	2.30	1.20
1984	100.00	59.29	10.55	17.66	5.41	1.84	1.25	3.01	0.98
1985	100.00	57.79	9.69	18.23	5.10	2.42	1.76	3.89	1.12
1986	100.00	56.45	9.24	19.69	5.48	2.45	1.73	4.04	0.91
1987	100.00	55.75	8.58	20.03	5.40	2.67	2.06	4.64	0.86
1988	100.00	53.99	8.62	20.21	6.29	2.81	1.87	5.39	0.82
1989	100.00	54.81	8.31	19.66	6.04	3.07	1.59	5.72	0.80
1990	100.00	58.80	7.77	17.34	5.29	3.25	1.44	5.37	0.74
1991	100.00	57.61	8.24	16.51	5.69	3.60	1.67	5.88	0.81
1992	100.00	57.55	7.97	15.92	5.56	3.66	1.86	6.64	0.84
1993	100.00	58.06	7.19	13.88	5.80	3.53	2.26	7.59	1.70
1994	100.00	58.86	6.92	14.00	5.45	3.15	2.36	7.39	1.87
1995	100.00	58.62	6.85	13.91	5.23	3.24	2.58	7.81	1.76
1996	100.00	56.33	7.24	13.93	5.36	3.71	2.99	8.43	2.02
1997	100.00	55.05	6.77	14.42	5.28	3.86	3.33	9.16	2.12
1998	100.00	53.43	6.17	15.07	5.15	4.28	3.82	10.02	2.07
1999	100.00	52.56	5.83	14.75	5.22	4.44	4.36	10.67	2.18
2000	100.00	49.13	5.75	15.47	4.52	5.24	5.58	11.18	3.13

注:1979 年以前生活消费支出中的各细项均为其中项

2－35 农村居民现金支出

单位:元/人

年 份	现金支出	一、家庭经营费用支出	二、购买生产性固定资产	三、税费支出	四、生活消费支出	五、转移性和财产性支出
1978	60.81	7.43		0.23	47.64	5.51
1979	80.01	9.13		0.28	61.76	8.84
1980	107.02	13.81		0.24	83.83	9.14
1981	149.92	22.41	6.14	0.43	108.87	12.07
1982	172.65	20.90	11.50	0.55	126.43	13.27
1983	244.55	50.58	18.23	10.92	148.30	16.52
1984	272.13	61.13	16.65	13.70	163.18	17.47
1985	331.23	79.99	18.94	16.35	194.68	21.27
1986	375.61	86.93	16.95	17.74	228.19	25.80
1987	436.35	100.96	20.66	20.40	263.84	30.49
1988	555.42	137.75	25.57	23.63	330.90	37.57
1989	637.26	160.41	23.57	29.70	378.50	45.08
1990	639.06	162.90	20.46	33.37	374.74	47.59
1991	713.40	188.39	26.70	36.19	404.74	57.38
1992	769.21	206.46	29.75	41.09	431.37	60.54
1993	869.48	241.16	34.52	42.06	490.14	61.60
1994	1156.00	327.82	46.05	59.16	648.19	74.78
1995	1545.81	454.74	62.32	76.96	859.43	92.36
1996	1887.49	523.97	63.79	94.45	1076.22	129.06
1997	1959.75	539.93	59.98	97.81	1126.28	135.75
1998	1930.98	511.66	54.31	98.00	1128.16	138.85
1999	1917.23	470.73	57.63	93.06	1144.61	151.20
2000	2140.37	544.49	63.91	89.81	1284.74	157.42
"八五"年增长率%	19.3	22.8	25.0	18.2	18.1	11.2
"九五"年增长率%	6.7	3.7	0.5	3.1	8.4	12.8

2－36 农村居民现金支出构成

年 份	现金支出	一、家庭经营费用支出	二、购买生产性固定资产	三、税费支出	四、生活消费支出	五、转移性和财产性支出
1978	100.00	12.22		0.38	78.34	9.06
1979	100.00	11.41		0.35	77.19	11.05
1980	100.00	12.29		0.22	78.33	8.54
1981	100.00	14.95	4.10	0.29	72.62	8.05
1982	100.00	12.11	6.66	0.32	73.23	7.69
1983	100.00	20.68	7.45	4.47	60.64	6.76
1984	100.00	22.46	6.12	5.03	59.96	6.42
1985	100.00	24.15	5.72	4.94	58.77	6.42
1986	100.00	23.14	4.51	4.72	60.75	6.87
1987	100.00	23.14	4.73	4.68	60.47	6.99
1988	100.00	24.80	4.60	4.25	59.58	6.76
1989	100.00	25.17	3.70	4.66	59.39	7.07
1990	100.00	25.49	3.20	5.22	58.64	7.45
1991	100.00	26.41	3.74	5.07	56.73	8.04
1992	100.00	26.84	3.87	5.34	56.08	7.87
1993	100.00	27.74	3.97	4.84	56.37	5.99
1994	100.00	28.36	3.98	5.12	56.07	5.61
1995	100.00	29.42	4.03	4.98	55.60	5.24
1996	100.00	27.76	3.38	5.00	57.02	5.96
1997	100.00	27.55	3.06	4.99	57.47	6.11
1998	100.00	26.50	2.81	5.08	58.42	6.33
1999	100.00	24.55	3.01	4.85	59.70	7.03
2000	100.00	25.44	2.99	4.20	60.02	7.35

2-37　农村居民家庭经营费用现金支出

单位：元/人

年　份	家庭经营费用现金支出	1.农　业支　出	#种植业支　出	2.林　业支　出	3.牧　业支　出	4.渔　业支　出	5.工　业支　出	6.建筑业支　出
1978	7.43							
1979	9.13							
1980	14.05							
1981	22.41							
1982	20.90							
1983	50.58	33.93	31.91	0.24	13.90	0.32		
1984	61.13	39.68	36.87	0.62	16.87	0.49		
1985	79.99	43.09	39.66	0.86	24.18	1.72	1.73	0.28
1986	86.93	49.42	45.51	0.67	23.96	2.04	2.04	0.23
1987	100.96	59.10	55.18	0.67	25.93	2.41	3.40	0.19
1988	137.75	72.75	68.67	0.73	44.22	3.49	4.51	0.31
1989	160.41	92.17	87.62	0.67	46.06	3.27	4.97	0.31
1990	162.90	99.46	95.86	0.76	43.18	3.02	3.81	0.42
1991	188.39	112.84	108.57	1.06	52.07	3.14	4.60	0.46
1992	206.46	118.75	114.48	1.04	61.01	4.17	5.33	0.58
1993	241.16	133.11	127.77	1.78	70.71	5.66	6.87	1.97
1994	327.82	182.75	176.87	1.97	101.83	7.85	7.54	1.93
1995	454.74	261.41	254.81	2.12	138.30	8.82	10.60	3.22
1996	523.97	313.69	303.84	2.09	141.59	11.06	13.29	4.51
1997	539.93	298.41	290.04	1.93	172.32	10.42	13.47	5.08
1998	511.66	277.42	271.30	1.83	159.82	12.50	13.35	4.14
1999	470.73	269.07	263.38	2.28	132.81	13.45	11.12	3.88
2000	544.49	286.54	283.94	4.16	155.66	16.53	21.27	5.77

年　份	7.交通运输、邮电业支出	8.批发和零售贸易、餐饮业支出	9.社　会服务业支　出	10.文　教卫生业支　出	10.其　他支　出	第一产业支　出	第二产业支　出	第三产业支　出
1978								
1979								
1980								
1981								
1982								
1983					2.19	48.39		2.19
1984					3.47	57.66		3.47
1985	3.44	2.17	0.53		1.99	69.85	2.01	8.13
1986	4.48	1.84	0.65		1.60	76.09	2.27	8.57
1987	5.14	2.02	0.62		1.48	88.11	3.59	9.26
1988	6.42	2.68	0.86		1.78	121.19	4.82	11.74
1989	7.42	2.70	0.91		1.93	142.17	5.28	12.96
1990	7.46	2.01	0.90		1.88	146.42	4.23	12.25
1991	7.67	3.09	1.05		2.41	169.11	5.06	14.22
1992	8.86	3.12	1.14		2.46	184.97	5.91	15.58
1993	11.80	4.75	1.52		2.99	211.26	8.84	21.06
1994	12.94	6.07	2.07		2.87	294.40	9.47	23.95
1995	16.26	7.38	2.47		4.16	410.65	13.82	30.27
1996	20.38	9.63	3.28		4.45	468.43	17.80	37.74
1997	19.20	12.37	2.96		3.77	483.08	18.55	38.30
1998	17.37	15.78	3.05		6.40	451.57	17.49	42.60
1999	18.65	10.25	2.72		6.50	417.61	15.00	38.12
2000	26.18	13.92	3.83	1.14	9.49	462.89	27.04	54.56

2－38 农村居民家庭经营费用现金支出构成

单位：%

年 份	家庭经营费用支出	1.农 业 支 出	#种植业 支 出	2.林 业 支 出	3.牧 业 支 出	4.渔 业 支 出	5.工 业 支 出	6.建筑业 支 出
1978	100.00							
1979	100.00							
1980	100.00							
1981	100.00							
1982	100.00							
1983	100.00	67.08	63.09	0.47	27.48	0.63		
1984	100.00	64.91	60.31	1.01	27.60	0.80		
1985	100.00	53.87	49.58	1.08	30.23	2.15	2.16	0.35
1986	100.00	56.85	52.35	0.77	27.56	2.35	2.35	0.26
1987	100.00	58.54	54.66	0.66	25.68	2.39	3.37	0.19
1988	100.00	52.81	49.85	0.53	32.10	2.53	3.27	0.23
1989	100.00	57.46	54.62	0.42	28.71	2.04	3.10	0.19
1990	100.00	61.06	58.85	0.47	26.51	1.85	2.34	0.26
1991	100.00	59.90	57.63	0.56	27.64	1.67	2.44	0.24
1992	100.00	57.52	55.45	0.50	29.55	2.02	2.58	0.28
1993	100.00	55.20	52.98	0.74	29.32	2.35	2.85	0.82
1994	100.00	55.75	53.95	0.60	31.06	2.39	2.30	0.59
1995	100.00	57.49	56.03	0.47	30.41	1.94	2.33	0.71
1996	100.00	59.87	57.99	0.40	27.02	2.11	2.54	0.86
1997	100.00	55.27	53.72	0.36	31.92	1.93	2.49	0.94
1998	100.00	54.22	53.02	0.36	31.24	2.44	2.61	0.81
1999	100.00	57.16	55.95	0.48	28.21	2.86	2.36	0.82
2000	100.00	52.62	52.15	0.76	28.59	3.04	3.91	1.06

年 份	7.交通运输、邮电业支出	8.批发和零售贸易、餐饮业支出	9.社 会 服务业 支 出	10.文 教 卫生业 支 出	10.其 他 支 出	第一产业 支 出	第二产业 支 出	第三产业 支 出
1978								
1979								
1980								
1981								
1982								
1983					4.33	95.67		4.33
1984					5.68	94.32		5.68
1985	4.30	2.71	0.66		2.49	87.32	2.51	10.16
1986	5.15	2.12	0.75		1.84	87.53	2.61	9.86
1987	5.09	2.00	0.61		1.47	87.27	3.56	9.17
1988	4.66	1.95	0.62		1.29	87.98	3.50	8.52
1989	4.63	1.68	0.57		1.20	88.63	3.29	8.08
1990	4.58	1.23	0.55		1.15	89.88	2.60	7.52
1991	4.07	1.64	0.56		1.28	89.77	2.69	7.55
1992	4.29	1.51	0.55		1.19	89.59	2.86	7.55
1993	4.89	1.97	0.63		1.24	87.60	3.67	8.73
1994	3.95	1.85	0.63		0.88	89.81	2.89	7.31
1995	3.58	1.62	0.54		0.91	90.30	3.04	6.66
1996	3.89	1.84	0.63		0.85	89.40	3.40	7.20
1997	3.56	2.29	0.55		0.70	89.47	3.44	7.09
1998	3.39	3.08	0.60		1.25	88.26	3.42	8.33
1999	3.96	2.18	0.58		1.38	88.72	3.19	8.10
2000	4.81	2.56	0.70	0.21	1.74	85.01	4.97	10.02

2－39 农村居民生活消费现金支出

单位：元/人

年 份	生活消费现金支出	一、食品支出	二、衣着支出	三、居住支出	四、家庭设备用品及服务	五、医疗保健支出	六、交通通讯支出	七、文教娱乐用品及服务	八、其他商品及服务支出
1978	47.64								
1979	61.76								
1980	83.83	31.36	19.84	14.48	3.18	3.30	0.58	8.01	3.08
1981	108.87	41.95	23.50	20.82	4.08	4.14	0.57	9.92	3.89
1982	126.43	53.88	24.63	25.11	4.86	4.99	0.61	7.35	5.00
1983	148.30	59.82	27.82	30.91	14.04	3.99	3.25	5.68	2.79
1984	163.18	64.67	27.97	36.11	14.58	5.68	4.08	7.10	2.99
1985	194.68	76.56	30.13	42.83	16.06	7.65	5.59	12.34	3.52
1986	228.19	88.94	32.36	54.88	19.44	8.72	6.18	14.41	3.26
1987	263.84	104.27	33.52	63.98	21.41	10.65	8.16	18.44	3.41
1988	330.90	129.63	40.33	79.47	29.76	13.36	8.88	25.60	3.87
1989	378.50	155.37	43.46	87.72	32.16	16.43	8.53	30.59	4.24
1990	374.74	155.85	44.03	81.15	30.74	18.98	8.41	31.33	4.25
1991	404.74	164.40	49.69	81.81	34.83	22.31	10.32	36.31	5.07
1992	431.37	175.73	51.18	82.80	36.22	24.11	12.15	43.71	5.47
1993	490.14	198.02	54.75	78.20	44.35	26.12	17.40	58.25	13.05
1994	648.19	264.01	69.67	109.24	55.09	32.06	24.01	75.09	19.02
1995	859.43	353.22	88.66	147.86	68.08	42.47	33.73	102.35	23.06
1996	1076.22	423.80	112.70	186.24	83.96	58.26	47.07	132.46	31.73
1997	1126.28	435.74	108.31	198.25	85.16	62.45	53.92	148.18	34.27
1998	1128.16	428.90	97.04	199.35	81.77	68.13	60.68	159.41	32.88
1999	1144.61	425.98	91.48	203.60	82.14	70.02	68.73	168.33	34.33
2000	1284.74	464.26	95.18	231.06	74.37	87.57	93.13	186.71	52.46

2－40 农村居民生活消费现金支出构成

单位：%

年 份	生活消费现金支出	一、食品支出	二、衣着支出	三、居住支出	四、家庭设备用品及服务	五、医疗保健支出	六、交通通讯支出	七、文教娱乐用品及服务	八、其他商品及服务支出
1978	100.00								
1979	100.00								
1980	100.00	37.41	23.67	17.27	3.79	3.94	0.69	9.56	3.67
1981	100.00	38.53	21.59	19.12	3.75	3.80	0.52	9.11	3.57
1982	100.00	42.62	19.48	19.86	3.84	3.95	0.48	5.81	3.95
1983	100.00	40.34	18.76	20.84	9.47	2.69	2.19	3.83	1.88
1984	100.00	39.63	17.14	22.13	8.93	3.48	2.50	4.35	1.83
1985	100.00	39.33	15.48	22.00	8.25	3.93	2.87	6.34	1.81
1986	100.00	38.98	14.18	24.05	8.52	3.82	2.71	6.31	1.43
1987	100.00	39.52	12.70	24.25	8.11	4.04	3.09	6.99	1.29
1988	100.00	39.17	12.19	24.02	8.99	4.04	2.68	7.74	1.17
1989	100.00	41.05	11.48	23.18	8.50	4.34	2.25	8.08	1.12
1990	100.00	41.59	11.75	21.66	8.20	5.06	2.24	8.36	1.13
1991	100.00	40.62	12.28	20.21	8.61	5.51	2.55	8.97	1.25
1992	100.00	40.74	11.86	19.19	8.40	5.59	2.82	10.13	1.27
1993	100.00	40.40	11.17	15.95	9.05	5.33	3.55	11.88	2.66
1994	100.00	40.73	10.75	16.85	8.50	4.95	3.70	11.58	2.93
1995	100.00	41.10	10.32	17.20	7.92	4.94	3.92	11.91	2.68
1996	100.00	39.38	10.47	17.31	7.80	5.41	4.37	12.31	2.95
1997	100.00	38.69	9.62	17.60	7.56	5.54	4.79	13.16	3.04
1998	100.00	38.02	8.60	17.67	7.25	6.04	5.38	14.13	2.91
1999	100.00	37.22	7.99	17.79	7.18	6.12	6.00	14.71	3.00
2000	100.00	36.14	7.41	17.98	5.79	6.82	7.25	14.53	4.08

2-41 1978-2000年农村居民极端贫困状况

	贫困线(元/人)	贫困发生率(%)	贫困规模(万人)
1978	100	30.7	25000
1984	200	15.1	12800
1985	206	14.8	12500
1986	213	15.5	13100
1987	227	14.3	12200
1988	236	11.1	9600
1989	259	11.6	10200
1990	300	9.4	8500
1992	317	8.8	8000
1994	440	7.7	7000
1995	530	7.1	6540
1997	640	5.4	4962
1998	635	4.6	4210
1999	625	3.7	3412
2000	625	3.4	3209

第三部分

主要年份分组资料

3－1　1980 年农村居民家庭基本情况

指　　标	单　位	60 元以下	60－80 元	80－100 元	100－150 元	150－200 元
一、农户所占比重	%	0.94	2.55	5.72	25.60	24.98
二、常住人口	人/户	5.60	6.26	6.16	5.98	5.65
三、整、半劳动力	人/户	2.65	2.80	2.32	2.75	2.61
整、半劳动力负担人口	人/劳动力	2.11	2.24	2.66	2.17	2.16
四、经营耕地面积	亩/人	0.27	0.27	0.23	0.20	0.18
#自留地	亩/人	0.14	0.18	0.16	0.14	0.13
五、年末使用房屋面积	平方米/人	8.81	8.40	9.25	10.24	11.34
六、总收入	元/人	64.82	86.91	108.47	146.86	198.88
#家庭副业收入	元/人	30.71	40.73	50.33	66.32	85.92
七、纯收入	元/人	52.66	72.68	91.84	126.35	174.00
八、现金收入	元/人	34.22	38.64	47.59	68.40	98.25
九、总支出	元/人	93.56	100.77	113.41	143.26	183.63
#生产费用支出	元/人	12.04	14.13	16.47	20.29	24.58
生活消费支出	元/人	79.08	84.03	93.96	118.11	151.51
十、现金支出	元/人	41.67	44.50	50.09	68.78	94.33
#生产费用现金支出	元/人	6.91	7.46	8.61	10.74	13.52
生活消费现金支出	元/人	32.31	33.93	38.28	53.08	73.34
十一、主要食品消费量						
粮　食	公斤/人	185.85	203.12	218.78	248.55	273.30
蔬　菜	公斤/人	65.23	78.66	91.66	110.52	128.09
食用油	公斤/人	1.03	1.26	1.57	2.09	2.79
猪牛羊肉	公斤/人	2.99	3.44	4.12	5.64	7.47
家　禽	公斤/人	0.21	0.26	0.32	0.43	0.61
禽　蛋	公斤/人	0.49	0.55	0.56	0.72	1.00
食　糖	公斤/人	0.39	0.45	0.53	0.70	0.95
酒	公斤/人	0.49	0.63	0.98	1.37	1.85

注：1980 年、1985 年生产费用支出和生产费用现金支出中包括“开发性投资”。

3－1续表

指　　标	单　位	200－250元	250－300元	300－500元	500元以上
一、农户所占比重	%	17.33	9.96	11.30	1.62
二、常住人口	人/户	5.30	5.07	4.67	4.10
三、整、半劳动力	人/户	2.64	2.68	2.71	2.64
整、半劳动力负担人口	人/劳动力	2.01	1.89	1.72	1.55
四、经营耕地面积	亩/人	0.18	0.18	0.18	0.18
#自留地	亩/人	0.13	0.14	0.14	0.15
五、年末使用房屋面积	平方米/人	12.51	13.43	15.00	17.15
六、总收入	元/人	254.44	304.98	402.48	641.34
#家庭副业收入	元/人	106.14	115.42	133.64	147.94
七、纯收入	元/人	223.44	271.88	365.27	600.42
八、现金收入	元/人	134.39	168.10	241.59	408.96
九、总支出	元/人	226.45	265.64	331.75	475.44
#生产费用支出	元/人	30.70	32.74	36.87	40.61
生活消费支出	元/人	185.14	218.90	273.48	395.20
十、现金支出	元/人	125.21	157.61	212.30	340.08
#生产费用现金支出	元/人	17.27	18.38	21.02	25.08
生活消费现金支出	元/人	97.15	124.33	169.76	275.66
十一、主要食品消费量					
粮　食	公斤/人	299.90	308.96	312.36	327.78
蔬　菜	公斤/人	143.10	154.59	163.34	181.35
食用油	公斤/人	3.25	4.05	4.38	5.14
猪牛羊肉	公斤/人	8.90	10.60	12.66	16.15
家　禽	公斤/人	0.84	0.97	1.15	1.40
禽　蛋	公斤/人	1.28	1.95	2.21	2.78
食　糖	公斤/人	1.26	1.49	2.14	3.33
酒	公斤/人	2.23	2.68	3.38	4.83

3-2 1985年农村居民家庭基本情况

指　标	单　位	100元以下	100-150元	150-200元	200-300元
一、农户所占比重	%	0.95	3.35	7.85	25.64
二、常住人口	人/户	5.24	5.47	5.55	5.41
三、整、半劳动力	人/户	2.60	2.80	2.93	2.98
整、半劳动力负担人口	人/劳动力	2.02	1.95	1.89	1.82
四、经营耕地面积	亩/人	3.11	2.40	2.07	1.95
#承包耕地面积	亩/人	2.68	2.11	1.81	1.71
五、年内新建房屋面积	平方米/人	0.76	0.42	0.51	0.66
六、年末住房面积	平方米/人	10.08	10.19	11.11	12.77
#砖木结构面积	平方米/人	3.13	3.17	3.73	5.15
七、年末使用房屋价值	元/平方米	20.09	19.06	19.73	21.62
八、年末生产性					
固定资产原值	元/户	921.24	639.85	609.71	638.32
九、总收入	元/人	229.74	232.30	281.85	372.78
十、纯收入	元/人	72.23	133.28	179.79	252.36
十一、现金收入	元/人	143.91	123.18	153.84	215.59
十二、总支出	元/人	351.02	270.21	294.80	360.11
#生产费用支出	元/人	147.43	84.63	86.48	103.81
生活消费支出	元/人	179.15	169.90	191.13	236.17
十三、现金支出	元/人	222.19	148.89	166.87	216.12
#生产费用支出	元/人	103.42	51.29	53.24	66.37
生活消费支出	元/人	91.71	80.10	92.78	123.37
十四、主要食品消费量					
粮　食	公斤/人	213.14	209.13	222.93	243.94
蔬　菜	公斤/人	88.03	87.27	95.25	116.73
食用油	公斤/人	2.63	2.41	2.66	3.28
猪牛羊肉	公斤/人	4.89	5.65	6.81	8.92
家　禽	公斤/人	0.29	0.38	0.50	0.69
禽　蛋	公斤/人	1.22	0.90	1.04	1.38
食　糖	公斤/人	0.50	0.56	0.76	1.03
酒	公斤/人	1.65	1.61	2.15	2.84

3－2 续表 1

指　　标	单　位	300－400 元	400－500 元	500－600 元	600－800 元
一、农户所占比重	%	24.10	15.94	9.13	7.99
二、常住人口	人/户	5.24	4.97	4.77	4.53
三、整、半劳动力	人/户	2.99	2.95	2.94	2.89
整、半劳动力负担人口	人/劳动力	1.75	1.68	1.62	1.57
四、经营耕地面积	亩/人	1.95	2.08	2.17	2.24
#承包耕地面积	亩/人	1.74	1.85	1.92	1.97
五、年内新建房屋面积	平方米/人	1.04	1.25	1.52	2.00
六、年末住房面积	平方米/人	14.62	16.12	17.31	19.13
#砖木结构面积	平方米/人	7.18	9.02	10.27	12.41
七、年末使用房屋价值	元/平方米	24.82	27.98	32.04	35.18
八、年末生产性					
固定资产原值	元/户	711.96	807.10	900.05	919.46
九、总收入	元/人	492.88	614.52	735.57	907.21
十、纯收入	元/人	347.67	444.23	542.39	680.55
十一、现金收入	元/人	308.30	412.30	518.85	681.39
十二、总支出	元/人	450.71	541.91	631.64	757.15
#生产费用支出	元/人	127.35	152.58	174.70	210.62
生活消费支出	元/人	297.26	357.01	419.79	502.27
十三、现金支出	元/人	292.89	375.49	461.94	586.90
#生产费用支出	元/人	86.59	107.75	128.02	160.32
生活消费支出	元/人	170.58	222.19	280.31	363.74
十四、主要食品消费量					
粮　食	公斤/人	265.58	275.73	279.01	275.24
蔬　菜	公斤/人	133.70	146.09	153.13	157.07
食用油	公斤/人	4.08	4.64	5.07	5.38
猪牛羊肉	公斤/人	10.83	12.28	13.87	14.86
家　禽	公斤/人	0.99	1.20	1.39	1.69
禽　蛋	公斤/人	1.90	2.49	2.89	3.43
食　糖	公斤/人	1.36	1.66	1.88	2.30
酒	公斤/人	3.66	4.66	5.60	7.01

3－2 续表 2

指　　标	单　位	800－1000 元	1000－1500 元	1500－2000 元	2000 元以上
一、农户所占比重	%	2.85	1.76	0.29	0.15
二、常住人口	人/户	4.25	4.14	4.27	3.72
三、整、半劳动力	人/户	2.81	2.84	2.93	2.58
整、半劳动力负担人口	人/劳动力	1.51	1.46	1.46	1.44
四、经营耕地面积	亩/人	2.32	2.25	1.78	1.35
#承包耕地面积	亩/人	2.07	2.00	1.47	1.07
五、年内新建房屋面积	平方米/人	2.42	3.09	4.38	4.38
六、年末住房面积	平方米/人	20.76	22.78	22.77	27.84
#砖木结构面积	平方米/人	14.73	17.16	17.24	19.85
七、年末使用房屋价值	元/平方米	40.52	46.54	56.28	66.52
八、年末生产性					
固定资产原值	元/户	1108.10	1768.32	2245.90	2776.44
九、总收入	元/人	1143.84	1536.90	2276.65	3077.84
十、纯收入	元/人	878.86	1157.21	1686.62	2538.17
十一、现金收入	元/人	905.12	1281.10	2035.76	2863.48
十二、总支出	元/人	932.15	1242.16	1845.75	2448.55
#生产费用支出	元/人	263.68	416.62	669.48	870.23
生活消费支出	元/人	614.79	756.29	1080.91	1461.72
十三、现金支出	元/人	757.79	1068.65	1681.66	2412.89
#生产费用支出	元/人	212.86	358.39	617.56	879.31
生活消费支出	元/人	472.65	619.06	940.86	1345.24
十四、主要食品消费量					
粮　食	公斤/人	278.34	276.92	263.58	242.44
蔬　菜	公斤/人	157.74	158.17	160.84	171.32
食用油	公斤/人	5.64	5.97	6.07	6.00
猪牛羊肉	公斤/人	16.72	18.28	19.22	22.66
家　禽	公斤/人	2.02	2.77	3.92	6.97
禽　蛋	公斤/人	4.24	4.67	5.29	4.96
食　糖	公斤/人	2.69	3.26	3.51	6.33
酒	公斤/人	9.33	10.93	13.46	24.27

3－3 1990年农村居民家庭基本情况

指　　标	单　位	100元以下	100－150元	150－200元	200－300元
一、农户所占比重	%	0.30	0.49	1.29	6.56
二、常住人口	人/户	3.47	5.02	5.12	5.35
三、整、半劳动力	人/户	2.05	2.66	2.76	3.00
整、半劳动力负担人口	人/劳动力	1.69	1.89	1.86	1.78
四、经营耕地面积	亩/人	3.28	2.36	1.98	1.87
#承包耕地面积	亩/人	2.99	2.10	1.74	1.64
五、年内新建房屋面积	平方米/人	0.82	0.15	0.16	0.37
六、年末住房面积	平方米/人	13.55	12.53	11.76	12.61
#砖木结构面积	平方米/人	4.93	4.65	4.00	5.05
七、年末使用房屋价值	元/平方米	36.75	30.09	28.50	28.70
八、年末生产性					
固定资产原值	元/户	1484.12	1416.38	950.84	1051.46
九、总收入	元/人	447.43	378.00	368.17	444.77
十、纯收入	元/人	66.13	133.10	181.22	257.69
十一、现金收入	元/人	263.74	221.08	197.65	241.71
十二、总支出	元/人	744.50	534.62	448.90	498.07
#生产费用支出	元/人	324.44	190.74	145.56	154.52
生活消费支出	元/人	363.67	295.09	269.21	311.24
十三、现金支出	元/人	520.86	330.29	261.66	290.46
#生产费用支出	元/人	236.46	120.76	87.78	93.05
生活消费支出	元/人	220.66	157.20	135.00	158.42
十四、主要食品消费量					
粮　食	公斤/人	220.36	217.12	208.91	224.99
蔬　菜	公斤/人	105.12	87.07	81.76	91.12
食用油	公斤/人	4.15	3.29	3.00	3.25
猪牛羊肉	公斤/人	1.75	0.99	1.08	1.64
家　禽	公斤/人	0.49	0.37	0.43	0.47
禽　蛋	公斤/人	1.65	1.30	1.27	1.17
食　糖	公斤/人	0.80	0.68	0.74	0.80
酒	公斤/人	3.46	3.01	2.13	2.47

3－3 续表 1

指　　标	单　位	300－400 元	400－500 元	500－600 元	600－800 元
一、农户所占比重	%	12.04	14.37	13.94	20.80
二、常住人口	人/户	5.25	5.04	4.93	4.79
三、整、半劳动力	人/户	2.99	2.97	2.96	2.92
整、半劳动力负担人口	人/劳动力	1.76	1.70	1.67	1.64
四、经营耕地面积	亩/人	1.71	1.76	1.75	1.84
#承包耕地面积	亩/人	1.49	1.55	1.54	1.62
五、年内新建房屋面积	平方米/人	0.40	0.50	0.60	0.77
六、年末住房面积	平方米/人	13.89	15.48	16.87	18.56
#砖木结构面积	平方米/人	6.19	7.55	8.84	10.52
七、年末使用房屋价值	元/平方米	30.32	33.01	44.66	36.75
八、年末生产性					
固定资产原值	元/户	1007.19	1053.47	1125.18	1233.33
九、总收入	元/人	561.29	688.75	814.03	1000.57
十、纯收入	元/人	351.91	450.07	548.15	691.94
十一、现金收入	元/人	313.77	405.24	507.46	662.23
十二、总支出	元/人	573.42	672.06	774.30	910.58
#生产费用支出	元/人	172.77	199.07	224.97	261.81
生活消费支出	元/人	363.52	429.63	500.93	590.65
十三、现金支出	元/人	342.21	418.95	507.67	628.54
#生产费用支出	元/人	106.83	125.76	149.24	178.72
生活消费支出	元/人	188.77	236.74	291.53	367.10
十四、主要食品消费量					
粮　食	公斤/人	241.08	259.09	272.82	284.59
蔬　菜	公斤/人	106.91	121.11	130.71	144.45
食用油	公斤/人	3.75	4.42	4.87	5.56
猪牛羊肉	公斤/人	1.79	1.59	1.51	1.85
家　禽	公斤/人	0.62	0.84	1.03	1.30
禽　蛋	公斤/人	1.43	1.78	1.96	2.51
食　糖	公斤/人	0.93	1.14	1.32	1.59
酒	公斤/人	3.20	4.02	5.19	6.76

3－3 续表 2

指　　标	单　位	800－1000 元	1000－1500 元	1500－2000 元	2000 元以上
一、农户所占比重	%	12.49	12.25	3.48	1.99
二、常住人口	人/户	4.55	4.27	4.04	3.78
三、整、半劳动力	人/户	2.86	2.82	2.79	2.72
整、半劳动力负担人口	人/劳动力	1.59	1.51	1.45	1.39
四、经营耕地面积	亩/人	1.98	2.15	2.28	2.28
#承包耕地面积	亩/人	1.76	1.92	2.04	2.07
五、年内新建房屋面积	平方米/人	1.12	1.51	2.36	3.20
六、年末住房面积	平方米/人	20.33	22.94	27.38	32.83
#砖木结构面积	平方米/人	12.29	14.84	18.39	23.88
七、年末使用房屋价值	元/平方米	30.09	28.50	28.70	30.32
八、年末生产性					
固定资产原值	元/户	1349.96	1599.58	2019.11	2362.30
九、总收入	元/人	1254.18	1637.08	2293.27	3397.65
十、纯收入	元/人	889.36	1195.78	1714.42	2611.61
十一、现金收入	元/人	886.46	1236.24	1881.58	2952.71
十二、总支出	元/人	1112.26	1381.35	1887.23	2656.42
#生产费用支出	元/人	318.25	389.83	531.33	745.02
生活消费支出	元/人	723.20	902.50	1240.14	1754.46
十三、现金支出	元/人	820.61	1084.66	1598.83	2362.16
#生产费用支出	元/人	228.64	297.16	444.21	656.33
生活消费支出	元/人	485.59	654.16	978.97	1461.34
十四、主要食品消费量					
粮　食	公斤/人	291.04	288.07	282.96	287.24
蔬　菜	公斤/人	157.29	162.81	164.46	164.55
食用油	公斤/人	6.30	6.96	7.54	7.97
猪牛羊肉	公斤/人	2.05	2.52	1.55	2.97
家　禽	公斤/人	1.61	2.09	3.18	4.57
禽　蛋	公斤/人	3.03	4.01	4.93	6.38
食　糖	公斤/人	1.95	2.22	2.75	3.37
酒	公斤/人	8.14	10.39	13.07	15.86

3－4　1995年农村居民家庭基本情况

指　　标	单　位	100元以下	100－200元	200－300元	300－400元	400－500元
一、农户所占比重	%	0.21	0.36	0.78	1.47	2.30
二、常住人口	人/户	4.82	5.19	5.21	5.29	5.13
三、整、半劳动力	人/户	2.84	3.08	3.04	3.10	2.99
整、半劳动力负担人口	人/劳动力	1.70	1.69	1.71	1.71	1.72
四、经营耕地面积	亩/人	5.24	3.92	3.25	2.75	2.42
#承包耕地面积	亩/人	4.42	3.15	2.41	2.33	2.05
五、年内新建房屋面积	平方米/人	0.82	0.29	0.42	0.42	0.22
六、年末住房面积	平方米/人	16.16	17.85	14.22	14.39	15.38
#砖木结构面积	平方米/人	6.74	4.92	5.49	5.10	6.01
七、年末住房价值	元/平方米	122.85	53.80	64.71	60.35	60.60
八、年末生产性						
固定资产原值	元/户	6695.34	5119.31	3506.17	2885.46	2654.76
九、总收入	元/人	1367.43	939.76	865.00	989.23	954.73
十、纯收入	元/人	－77.21	152.98	258.66	353.39	451.59
十一、现金收入	元/人	1081.58	627.63	537.01	524.39	545.11
十二、总支出	元/人	2743.70	1546.24	1367.59	1226.57	1214.05
#生产费用支出	元/人	1263.26	68.62	561.46	473.96	430.75
生活消费支出	元/人	1150.96	732.08	702.17	672.89	708.55
十三、现金支出	元/人	2059.01	1087.92	903.31	752.88	713.49
#生产费用支出	元/人	1099.31	540.18	417.98	331.51	286.38
生活消费支出	元/人	675.51	416.10	384.69	339.08	353.32
十四、主要食品消费量						
粮　食	公斤/人	287.42	218.35	209.43	211.57	214.67
蔬　菜	公斤/人	83.28	59.30	58.93	62.48	70.51
食用油	公斤/人	5.35	4.47	4.07	4.27	3.93
猪牛羊肉	公斤/人	7.28	5.62	6.37	7.42	7.86
家　禽	公斤/人	0.75	0.51	0.66	0.58	0.62
禽　蛋	公斤/人	2.56	1.67	1.51	1.25	1.31
食　糖	公斤/人	1.06	0.97	0.90	0.85	0.96
酒	公斤/人	6.23	3.97	3.47	2.99	3.09

3-4 续表 1

指　　标	单　　位	500-600 元	600-800 元	800-1000 元	1000-1200 元	1200-1300 元
一、农户所占比重	%	3.37	9.54	11.63	11.83	5.38
二、常住人口	人/户	5.05	4.91	4.75	4.63	4.54
三、整、半劳动力	人/户	3.02	3.00	2.96	2.92	2.90
整、半劳动力负担人口	人/劳动力	1.67	1.64	1.60	1.59	1.57
四、经营耕地面积	亩/人	1.19	2.18	2.07	2.11	2.03
#承包耕地面积	亩/人	1.91	1.87	1.85	1.91	1.84
五、年内新建房屋面积	平方米/人	0.42	0.59	0.59	0.60	0.67
六、年末住房面积	平方米/人	16.06	17.21	18.07	19.43	19.80
#砖木结构面积	平方米/人	6.30	8.07	9.25	10.97	12.05
七、年末住房价值	元/平方米	57.72	62.01	70.40	73.76	83.19
八、年末生产性						
固定资产原值	元/户	2411.36	2440.61	2398.33	2377.51	2434.94
九、总收入	元/人	1064.76	1242.54	1491.25	1739.62	1917.82
十、纯收入	元/人	550.98	704.74	902.15	1097.03	1248.25
十一、现金收入	元/人	604.14	710.56	862.94	1044.33	1165.48
十二、总支出	元/人	1286.62	1399.36	1528.74	1696.34	1809.53
#生产费用支出	元/人	447.97	468.31	510.68	557.08	582.51
生活消费支出	元/人	745.37	832.34	909.91	1019.75	1106.61
十三、现金支出	元/人	766.87	826.18	954.09	1099.15	1204.19
#生产费用支出	元/人	299.20	308.66	342.87	384.81	414.65
生活消费支出	元/人	382.73	424.30	498.48	586.35	651.23
十四、主要食品消费量						
粮　食	公斤/人	223.46	228.31	239.81	252.20	262.90
蔬　菜	公斤/人	74.48	82.92	92.05	99.44	105.38
食用油	公斤/人	4.15	4.40	4.98	5.36	5.61
猪牛羊肉	公斤/人	8.45	9.41	9.99	10.24	10.22
家　禽	公斤/人	0.84	0.84	1.03	1.26	1.47
禽　蛋	公斤/人	1.48	1.79	2.14	2.50	2.88
食　糖	公斤/人	1.00	0.90	1.00	1.16	1.25
酒	公斤/人	3.55	3.84	4.27	4.99	5.59

3-4 续表2

指　　标	单　　位	1300-1500元	1500-1700元	1700-2000元	2000-2500元	2500-3000元
一、农户所占比重	%	9.74	7.92	9.39	10.29	5.89
二、常住人口	人/户	4.51	4.40	4.31	4.19	4.05
三、整、半劳动力	人/户	2.90	2.84	2.84	2.79	2.76
整、半劳动力负担人口	人/劳动力	1.56	1.55	1.52	1.50	1.47
四、经营耕地面积	亩/人	2.00	2.21	2.11	2.24	2.16
#承包耕地面积	亩/人	1.80	2.03	1.92	2.05	1.98
五、年内新建房屋面积	平方米/人	0.65	0.76	0.90	0.98	1.25
六、年末住房面积	平方米/人	20.30	22.06	22.22	23.95	26.44
#砖木结构面积	平方米/人	12.05	13.43	13.83	14.86	16.35
七、年末住房价值	元/平方米	84.44	84.07	104.49	121.54	138.96
八、年末生产性						
固定资产原值	元/户	2530.25	2643.71	2799.74	2966.62	3137.98
九、总收入	元/人	2112.53	2396.31	2691.32	3165.30	3733.04
十、纯收入	元/人	1396.76	1596.02	1839.23	2228.63	2723.07
十一、现金收入	元/人	1334.86	1578.28	1820.15	2244.78	2779.56
十二、总支出	元/人	1947.95	2167.06	2443.58	772.06	835.40
#生产费用支出	元/人	631.40	707.85	772.80	480.01	510.55
生活消费支出	元/人	1175.29	1301.92	1501.90	1662.18	1937.67
十三、现金支出	元/人	1327.56	1535.31	1747.04	2071.05	2472.02
#生产费用支出	元/人	455.53	524.30	587.61	681.89	766.46
生活消费支出	元/人	713.70	831.16	964.26	1168.87	1438.97
十四、主要食品消费量						
粮　食	公斤/人	264.19	268.99	272.89	274.86	274.56
蔬　菜	公斤/人	110.22	117.33	120.78	125.73	128.47
食用油	公斤/人	5.97	6.12	6.52	6.98	7.39
猪牛羊肉	公斤/人	11.24	11.52	12.24	13.07	14.16
家　禽	公斤/人	1.61	1.80	2.28	2.53	3.17
禽　蛋	公斤/人	3.12	3.51	4.06	4.72	5.00
食　糖	公斤/人	1.25	1.37	1.44	1.62	1.68
酒	公斤/人	5.88	6.53	7.49	8.55	10.49

3－4 续表 3

指　　标	单　　位	3000－3500 元	3500－4000 元	4000－4500 元	4500－5000 元	5000 元以上
一、农户所占比重	%	3.49	1.95	1.34	0.86	2.26
二、常住人口	人/户	3.97	3.83	3.73	3.61	3.52
三、整、半劳动力	人/户	2.75	2.75	2.68	2.65	2.64
整、半劳动力负担人口	人/劳动力	1.44	1.39	1.39	1.36	1.33
四、经营耕地面积	亩/人	2.12	1.99	3.01	2.52	13.52
#承包耕地面积	亩/人	1.89	1.80	2.88	2.36	2.14
五、年内新建房屋面积	平方米/人	1.34	1.60	1.19	2.07	2.35
六、年末住房面积	平方米/人	27.35	30.07	31.05	34.17	38.82
#砖木结构面积	平方米/人	16.57	18.13	19.05	20.23	23.70
七、年末住房价值	元/平方米	165.10	185.29	183.34	211.74	219.95
八、年末生产性						
固定资产原值	元/户	3357.98	3571.49	3790.24	3480.29	5712.43
九、总收入	元/人	4277.65	4807.92	5603.63	6269.24	8646.85
十、纯收入	元/人	3223.40	3726.78	4233.57	4740.43	6833.26
十一、现金收入	元/人	3279.24	4145.72	4567.61	5331.19	7487.03
十二、总支出	元/人	875.78	902.96	1167.95	1313.97	1540.17
#生产费用支出	元/人	508.66	543.04	560.71	556.70	749.14
生活消费支出	元/人	2223.12	2487.94	2867.76	3310.35	4292.22
十三、现金支出	元/人	2846.42	3213.20	3888.37	4531.12	6169.22
#生产费用支出	元/人	825.40	904.65	1147.57	1294.86	1826.44
生活消费支出	元/人	1727.63	1996.60	2355.23	2819.10	3794.05
十四、主要食品消费量						
粮　食	公斤/人	272.01	280.78	282.47	274.66	274.46
蔬　菜	公斤/人	128.01	124.00	126.66	122.86	123.38
食用油	公斤/人	7.56	7.62	8.12	7.65	8.23
猪牛羊肉	公斤/人	15.07	15.74	17.32	18.72	19.93
家　禽	公斤/人	3.69	4.35	5.06	5.82	6.70
禽　蛋	公斤/人	5.54	5.80	6.25	6.17	6.97
食　糖	公斤/人	1.92	2.07	2.05	2.28	2.73
酒	公斤/人	12.17	13.12	15.15	16.41	19.57

3－5　1999年农村居民家庭基本情况

指　　标	单　位	100元以下	100－200元	200－300元	300－400元	400－500元
一、农户所占比重	%	0.17	0.13	0.24	0.48	0.86
二、常住人口	人/户	3.87	4.38	4.88	4.99	5.00
三、整、半劳动力	人/户	2.58	2.63	2.90	2.93	2.86
整、半劳动力负担人口	人/劳动力	1.50	1.67	1.68	1.70	1.75
四、经营耕地面积	亩/人	4.93	3.08	3.36	2.58	2.56
#承包耕地面积	亩/人	4.62	2.93	3.13	2.35	2.29
五、年内新建房屋面积	平方米/人	3.45	2.25	0.94	0.85	0.34
六、年末住房面积	平方米/人	20.54	18.24	15.63	14.35	14.88
#砖木结构面积	平方米/人	10.57	8.35	5.82	5.42	5.25
七、年末住房价值	元/平方米	166.27	143.99	114.22	112.05	107.98
八、年末生产性						
固定资产原值	元/户	12387.59	7339.42	5705.58	4576.17	4618.07
九、总收入	元/人	1847.60	1241.05	1012.27	967.45	1024.88
十、纯收入	元/人	－300.40	156.76	250.26	354.07	453.51
十一、现金收入	元/人	1726.78	964.09	681.74	606.11	640.35
十二、总支出	元/人	3866.61	1997.10	1520.39	1309.56	1301.84
#生产费用支出	元/人	2203.21	841.35	622.28	505.43	452.68
生活消费支出	元/人	1413.40	994.34	790.51	706.87	752.22
十三、现金支出	元/人	3305.35	1572.41	1105.64	905.54	878.92
#生产费用支出	元/人	1963.03	706.18	489.97	402.31	326.55
生活消费支出	元/人	1068.04	681.55	491.56	397.56	444.55
十四、主要食品消费量						
粮　食	公斤/人	235.92	219.18	213.67	206.17	202.26
蔬　菜	公斤/人	91.56	72.35	55.59	59.51	57.76
食用油	公斤/人	5.72	5.75	4.33	4.06	4.03
猪牛羊肉	公斤/人	11.50	8.12	8.75	7.55	7.84
家　禽	公斤/人	0.83	0.77	0.53	0.46	0.53
禽　蛋	公斤/人	4.35	2.11	2.02	1.95	1.66
食　糖	公斤/人	1.06	0.95	0.64	0.67	0.72
酒	公斤/人	13.77	5.16	4.55	3.69	2.98

3－5续表1

指　　标	单　　位	500－600元	600－800元	800－1000元	1000－1200元	1200－1300元
一、农户所占比重	%	1.35	3.99	5.77	7.04	3.80
二、常住人口	人/户	4.94	4.94	4.81	4.66	4.51
三、整、半劳动力	人/户	2.98	2.97	2.94	2.89	2.81
整、半劳动力负担人口	人/劳动力	1.66	1.67	1.63	1.61	1.61
四、经营耕地面积	亩/人	2.43	2.22	2.04	2.01	1.99
#承包耕地面积	亩/人	2.25	2.04	1.88	1.85	1.84
五、年内新建房屋面积	平方米/人	0.67	0.70	2.27	0.72	0.80
六、年末住房面积	平方米/人	16.03	16.31	18.53	18.86	20.09
#砖木结构面积	平方米/人	5.39	6.19	7.61	8.88	9.36
七、年末住房价值	元/平方米	97.17	95.90	96.76	109.87	113.61
八、年末生产性						
固定资产原值	元/户	4006.67	3542.67	3333.79	3417.85	3376.57
九、总收入	元/人	1110.14	1209.78	1418.25	1679.00	1849.75
十、纯收入	元/人	552.70	707.57	904.20	1101.97	1250.86
十一、现金收入	元/人	680.39	711.77	836.27	1026.83	1147.80
十二、总支出	元/人	1331.11	1321.98	1412.56	1581.92	1677.22
#生产费用支出	元/人	452.10	401.94	410.55	467.83	482.50
生活消费支出	元/人	785.99	829.74	907.83	1004.36	1079.63
十三、现金支出	元/人	893.54	857.14	932.06	1078.80	1162.80
#生产费用支出	元/人	331.60	277.48	286.85	333.70	352.85
生活消费支出	元/人	451.05	468.92	521.90	596.25	658.61
十四、主要食品消费量						
粮　食	公斤/人	210.33	216.57	223.68	232.33	239.68
蔬　菜	公斤/人	67.24	67.51	79.95	90.77	97.17
食用油	公斤/人	4.27	4.58	4.96	5.09	5.19
猪牛羊肉	公斤/人	9.55	10.41	11.35	12.40	12.48
家　禽	公斤/人	0.64	0.72	0.87	1.32	1.44
禽　蛋	公斤/人	1.65	1.72	2.20	2.62	3.10
食　糖	公斤/人	0.82	0.94	1.03	1.16	1.26
酒	公斤/人	4.71	5.38	5.43	5.61	5.80

3－5 续表 2

指　　标	单　　位	1300－1500 元	1500－1700 元	1700－2000 元	2000－2500 元	2500－3000 元
一、农户所占比重	%	8.08	8.05	11.15	15.18	10.33
二、常住人口	人/户	4.46	4.38	4.27	4.17	4.04
三、整、半劳动力	人/户	2.80	2.79	2.76	2.73	2.73
整、半劳动力负担人口	人/劳动力	1.59	1.57	1.55	1.53	1.48
四、经营耕地面积	亩/人	2.06	1.98	1.99	2.04	2.13
#承包耕地面积	亩/人	1.91	1.84	1.84	1.90	1.98
五、年内新建房屋面积	平方米/人	0.82	1.05	1.01	1.20	1.52
六、年末住房面积	平方米/人	21.47	22.47	23.53	24.86	26.81
#砖木结构面积	平方米/人	10.60	11.67	12.61	13.88	14.69
七、年末住房价值	元/平方米	117.75	127.57	132.23	147.92	160.87
八、年末生产性						
固定资产原值	元/户	3447.79	3583.51	3519.41	3806.39	4217.97
九、总收入	元/人	2035.18	2269.28	2552.60	3020.55	3596.15
十、纯收入	元/人	1400.31	1598.28	1845.90	2234.76	2729.32
十一、现金收入	元/人	1294.64	1496.43	1739.44	1153.25	2691.72
十二、总支出	元/人	1792.51	1939.29	2081.05	2350.71	2711.02
#生产费用支出	元/人	518.31	877.53	585.81	663.39	730.65
生活消费支出	元/人	1151.35	1264.55	1355.03	1535.01	1802.10
十三、现金支出	元/人	1279.84	1420.76	1563.24	1845.94	2227.76
#生产费用支出	元/人	379.98	408.25	445.98	526.26	540.18
生活消费支出	元/人	723.50	822.93	906.11	1079.14	1337.14
十四、主要食品消费量						
粮　食	公斤/人	241.78	248.93	252.48	257.41	262.37
蔬　菜	公斤/人	103.15	109.65	113.80	118.58	126.21
食用油	公斤/人	5.59	5.96	6.06	6.56	6.84
猪牛羊肉	公斤/人	12.79	12.98	13.57	13.84	15.03
家　禽	公斤/人	1.63	1.92	2.18	2.61	3.11
禽　蛋	公斤/人	3.26	3.60	4.07	4.84	5.54
食　糖	公斤/人	1.26	1.39	1.42	1.50	1.62
酒	公斤/人	5.78	6.40	6.60	7.47	8.45

3－5 续表 3

项　目	单　位	3000－3500 元	3500－4000 元	4000－4500 元	4500－5000 元	5000 元以上
一、农户所占比重	%	7.05	4.67	3.18	2.13	6.35
二、常住人口	人/户	3.93	3.83	3.70	3.63	3.53
三、整、半劳动力	人/户	2.69	2.70	2.64	2.61	2.59
整、半劳动力负担人口	人/劳动力	1.46	1.42	1.40	1.39	1.36
四、经营耕地面积	亩/人	2.10	2.08	2.10	2.00	1.87
#承包耕地面积	亩/人	1.97	1.92	1.97	1.86	1.70
五、年内新建房屋面积	平方米/人	1.92	1.89	1.73	8.43	2.57
六、年末住房面积	平方米/人	28.61	30.56	33.25	37.32	39.92
#砖木结构面积	平方米/人	15.50	15.99	17.31	16.47	18.25
七、年末住房价值	元/平方米	180.02	201.46	212.03	217.52	283.39
八、年末生产性						
固定资产原值	元/户	4159.12	4839.23	4818.10	4603.89	6911.63
九、总收入	元/人	4147.64	4680.38	5268.22	5831.02	8888.70
十、纯收入	元/人	3229.14	3727.85	4232.53	4732.21	7247.73
十一、现金收入	元/人	3209.91	3718.89	4345.99	4932.21	8002.34
十二、总支出	元/人	3088.70	3342.69	3660.08	4206.31	5852.26
#生产费用支出	元/人	712.32	813.26	873.23	954.74	1557.14
生活消费支出	元/人	2096.21	2322.54	2570.92	2978.08	3945.84
十三、现金支出	元/人	2631.51	2920.18	3270.53	3810.53	5634.60
#生产费用支出	元/人	585.72	616.56	702.23	770.04	1246.53
生活消费支出	元/人	1632.29	1857.12	2106.46	2531.18	3518.23
十四、主要食品消费量						
粮　食	公斤/人	261.74	264.21	261.35	257.71	257.50
蔬　菜	公斤/人	128.10	128.73	131.20	133.42	126.71
食用油	公斤/人	7.31	7.48	7.71	7.64	8.12
猪牛羊肉	公斤/人	16.11	16.94	18.01	18.68	19.55
家　禽	公斤/人	3.59	4.04	4.40	5.22	6.65
禽　蛋	公斤/人	5.81	6.19	6.47	7.62	7.60
食　糖	公斤/人	1.85	1.81	1.97	2.15	2.45
酒	公斤/人	9.95	10.61	11.63	13.17	15.33

3－6 2000年农村居民家庭基本情况

指 标	单 位	100元以下	100－200元	200－300元	300－400元	400－500元
一、农户所占比重	%	0.31	0.20	0.43	0.69	1.01
二、常住人口	人/户	4.08	4.67	5.01	4.96	4.83
三、整、半劳动力	人/户	2.70	2.79	2.96	2.99	2.89
整、半劳动力负担人口	人/劳动力	1.51	1.67	1.70	1.66	1.67
四、经营耕地面积	亩/人	3.59	2.89	2.72	2.51	2.54
#自留地面积	亩/人	0.13	0.17	0.15	0.11	0.12
五、年内新建房屋面积	平方米/人	0.74	1.06	0.67	0.36	0.82
六、年末住房面积	平方米/人	22.53	15.81	15.04	15.68	16.39
#砖木结构面积	平方米/人	11.20	7.17	6.41	7.21	6.82
七、年末住房价值	元/平方米	172.32	135.47	135.11	124.57	123.27
八、年末生产性						
固定资产原值	元/户	15997.34	3918.33	6204.01	4813.93	4453.34
九、总收入	元/人	2356.04	890.60	914.79	970.49	1032.68
十、纯收入	元/人	－561.64	155.33	253.31	352.89	454.42
十一、现金收入	元/人	2153.26	671.72	638.24	677.43	673.09
十二、总支出	元/人	4502.96	1743.13	1460.70	1444.75	1447.72
#生产费用支出	元/人	2625.15	620.64	526.00	479.91	465.90
生活消费支出	元/人	1605.60	987.20	815.76	850.20	883.38
十三、现金支出	元/人	3964.57	1353.97	1084.32	1080.91	1072.56
#生产费用支出	元/人	2340.43	467.77	409.23	378.11	363.06
生活消费支出	元/人	1293.62	724.80	542.64	569.52	585.31
十四、主要食品消费量						
粮 食	公斤/人	239.20	207.44	210.69	215.12	216.17
蔬 菜	公斤/人	90.50	63.83	50.68	58.19	71.10
食用油	公斤/人	6.70	3.92	4.64	4.74	4.91
猪牛羊肉	公斤/人	13.24	9.48	8.57	8.38	9.35
家 禽	公斤/人	2.18	0.63	0.86	0.89	0.91
禽 蛋	公斤/人	5.62	2.85	2.15	2.09	2.12
食 糖	公斤/人	1.14	0.60	0.75	0.75	0.73
酒	公斤/人	10.15	5.90	4.29	4.25	3.65

3－6 续表 1

指　　标	单　　位	500－600 元	600－800 元	800－1000 元	1000－2000 元	1200－1300 元
一、农户所占比重	%	1.37	4.44	5.72	6.75	3.75
二、常住人口	人/户	4.90	4.84	4.74	4.63	4.53
三、整、半劳动力	人/户	2.91	2.89	2.91	2.88	2.86
整、半劳动力负担人口	人/劳动力	1.68	1.67	1.63	1.61	1.58
四、经营耕地面积	亩/人	2.02	1.99	1.97	1.97	1.91
#自留地面积	亩/人	0.10	0.10	0.10	0.10	0.09
五、年内新建房屋面积	平方米/人	0.32	0.42	0.55	0.50	0.54
六、年末住房面积	平方米/人	16.83	17.20	18.65	20.06	21.09
#砖木结构面积	平方米/人	7.02	7.84	8.89	10.22	11.50
七、年末住房价值	元/平方米	120.13	120.99	125.97	130.72	136.27
八、年末生产性						
固定资产原值	元/户	4447.78	4100.49	3748.27	4003.75	3969.41
九、总收入	元/人	1131.45	1251.49	1510.75	1726.14	1894.36
十、纯收入	元/人	552.11	705.18	902.77	1101.55	1249.95
十一、现金收入	元/人	720.31	794.72	991.98	1140.56	1264.39
十二、总支出	元/人	1383.62	1434.34	1581.10	1693.78	1761.18
#生产费用支出	元/人	466.58	443.01	501.00	496.75	513.99
生活消费支出	元/人	831.92	901.17	982.26	1091.91	1132.76
十三、现金支出	元/人	999.19	1025.79	1157.74	1234.34	1327.46
#生产费用支出	元/人	355.19	332.82	385.25	382.66	401.82
生活消费支出	元/人	530.05	573.83	635.24	697.13	755.66
十四、主要食品消费量						
粮　食	公斤/人	213.17	222.96	231.60	235.61	240.89
蔬　菜	公斤/人	70.66	78.11	84.74	93.04	99.54
食用油	公斤/人	4.75	5.35	5.43	5.86	6.27
猪牛羊肉	公斤/人	10.04	10.85	11.65	12.64	12.77
家　禽	公斤/人	0.97	1.06	1.34	1.45	1.73
禽　蛋	公斤/人	2.19	2.36	3.11	3.18	3.50
食　糖	公斤/人	0.81	0.82	0.99	1.09	1.09
酒	公斤/人	3.68	3.98	4.46	4.89	4.96

3－6续表2

指　　标	单　　位	1300－1500元	1500－1700元	1700－2000元	2000－2500元	2500－3000元
一、农户所占比重	%	7.42	7.48	10.45	14.53	10.29
二、常住人口	人/户	4.48	4.36	4.25	4.14	4.02
三、整、半劳动力	人/户	2.83	2.79	2.78	2.75	2.72
整、半劳动力负担人口	人/劳动力	1.58	1.56	1.53	1.50	1.47
四、经营耕地面积	亩/人	1.91	1.96	1.91	1.98	2.01
#自留地面积	亩/人	0.08	0.12	0.09	0.08	0.08
五、年内新建房屋面积	平方米/人	0.67	0.78	0.71	0.90	0.98
六、年末住房面积	平方米/人	21.67	22.88	23.68	25.05	26.71
#砖木结构面积	平方米/人	11.74	12.79	13.69	14.69	15.69
七、年末住房价值	元/平方米	138.65	147.61	154.22	167.30	178.77
八、年末生产性						
固定资产原值	元/户	3924.64	3928.69	3935.42	4163.57	4607.59
九、总收入	元/人	2073.47	2320.78	2599.13	3068.10	3639.17
十、纯收入	元/人	1400.58	1598.33	1846.39	2236.31	2735.98
十一、现金收入	元/人	1425.50	1632.54	1896.01	2312.67	2833.45
十二、总支出	元/人	1871.68	2029.65	2174.99	2186.53	2685.52
#生产费用支出	元/人	547.21	587.91	618.64	695.36	759.06
生活消费支出	元/人	1209.46	1315.95	1425.54	1621.86	1843.11
十三、现金支出	元/人	1441.26	1596.97	1753.61	2057.13	2365.64
#生产费用支出	元/人	431.44	470.58	509.05	587.02	653.40
生活消费支出	元/人	831.06	925.75	1032.01	1224.43	1436.99
十四、主要食品消费量						
粮　食	公斤/人	242.97	247.65	254.59	256.95	264.64
蔬　菜	公斤/人	105.77	112.61	115.28	120.63	125.22
食用油	公斤/人	6.40	6.91	7.22	5.35	5.43
猪牛羊肉	公斤/人	13.31	13.78	13.97	14.57	15.85
家　禽	公斤/人	2.02	2.17	2.61	2.84	3.40
禽　蛋	公斤/人	3.93	4.29	4.72	5.41	6.08
食　糖	公斤/人	1.14	1.20	1.30	1.29	1.46
酒	公斤/人	5.42	5.73	6.45	7.03	7.90

3-6续表3

指　　标	单　　位	3000-3500元	3500-4000元	4000-4500元	4500-5000元	5000元以上
一、农户所占比重	%	7.11	4.76	3.44	2.40	7.45
二、常住人口	人/户	3.85	3.79	3.73	3.61	3.39
三、整、半劳动力	人/户	2.70	2.69	2.66	2.62	2.52
整、半劳动力负担人口	人/劳动力	1.42	1.41	1.40	1.38	1.35
四、经营耕地面积	亩/人	1.94	1.97	1.98	2.07	1.95
#自留地面积	亩/人	0.08	0.09	0.07	0.11	0.08
五、年内新建房屋面积	平方米/人	1.07	1.02	1.48	1.63	1.99
六、年末住房面积	平方米/人	28.95	30.66	32.79	35.48	41.25
#砖木结构面积	平方米/人	16.76	17.29	18.04	19.05	21.29
七、年末住房价值	元/平方米	198.14	214.60	224.54	240.49	297.90
八、年末生产性						
固定资产原值	元/户	4326.35	5839.16	5425.91	5947.67	8642.03
九、总收入	元/人	4195.77	4789.88	5311.56	5951.35	9269.53
十、纯收入	元/人	3233.75	3732.55	4234.33	4729.88	7394.58
十一、现金收入	元/人	3362.49	3933.78	4422.39	4983.76	8281.92
十二、总支出	元/人	3126.93	3478.77	3833.29	4120.87	6171.49
#生产费用支出	元/人	809.94	922.36	952.31	1015.43	1756.44
生活消费支出	元/人	2142.20	2377.72	2690.40	2883.05	4098.63
十三、现金支出	元/人	2751.18	3145.02	3507.00	3805.25	5973.86
#生产费用支出	元/人	701.60	823.95	862.01	921.43	1651.48
生活消费支出	元/人	1735.31	1972.82	2270.94	2465.05	3697.27
十四、主要食品消费量						
粮　食	公斤/人	261.89	260.95	268.13	266.57	262.79
蔬　菜	公斤/人	128.67	132.14	138.13	137.71	140.81
食用油	公斤/人	5.86	6.27	6.40	6.91	7.22
猪牛羊肉	公斤/人	16.70	18.01	18.86	19.62	22.26
家　禽	公斤/人	4.08	4.51	5.18	5.01	7.03
禽　蛋	公斤/人	6.73	6.63	7.06	7.63	9.06
食　糖	公斤/人	1.49	1.47	1.74	1.63	1.93
酒	公斤/人	9.54	9.69	11.23	12.11	13.78

3－7 1980年农村居民家庭基本情况

项 目	单 位	全 国	东部地区	中部地区	西部地区	西部12省、区
一、调查户数	户	15914	5658	5687	4569	5539
二、常住人口	人/户	5.54	5.50	5.64	5.46	5.57
四、劳动力人数	人/户	2.45	2.52	2.34	2.52	2.52
劳动力负担人口	人/劳动力	2.26	2.18	2.41	2.17	2.21
五、年末使用房屋面积	平方米/人	11.59	11.77	11.00	12.13	11.60
六、年末使用房屋价值	元/平方米	17.03	22.47	15.61	12.11	12.62
七、经营耕地面积	亩/人	0.19	0.14	0.23	0.20	0.23
#自留地面积	亩/人	0.15	0.10	0.17	0.15	0.14
八、总收入	元/人	216.93	262.86	202.27	199.00	200.43
(一)工资性收入	元/人	106.38	120.01	98.14	88.67	85.98
(二)家庭经营收入	元/人	87.44	101.97	79.33	89.11	93.34
(三)转移性和财产性收入	元/人	23.11	40.89	24.80	21.22	20.51
九、纯收入	元/人	191.33	232.24	180.98	171.63	172.67
(一)工资性收入	元/人	106.38	120.01	98.14	88.67	85.98
(二)家庭经营纯收入	元/人	62.55	71.82	59.22	62.24	66.68
(三)转移性和财产性纯收入	元/人	22.40	40.41	23.62	20.72	20.01
十、现金收入	元/人	113.12	141.14	102.45	91.70	104.87
(一)工资性现金收入	元/人	40.23	54.82	33.97	26.99	31.47
(二)家庭经营现金收入	元/人	57.38	64.21	50.72	47.56	53.57
(三)转移性和财产性现金收入	元/人	15.51	22.11	17.76	17.15	19.83
十一、总支出	元/人	196.23	221.29	184.62	179.38	184.37
(一)生产费用支出	元/人	25.32	28.51	20.93	26.98	27.83
(二)税费支出	元/人	0.28	0.15	0.31	0.39	0.42
(三)生活消费支出	元/人	162.21	182.00	156.25	145.17	149.38
(四)转移和财产性支出	元/人	8.42	10.63	7.13	6.84	6.74
十二、现金支出	元/人	107.02	123.07	97.03	88.50	89.40
(一)生产费用支出	元/人	13.81	14.28	12.07	14.83	14.84
(二)税费支出	元/人	0.24	0.15	0.22	0.35	0.33
(三)生活消费支出	元/人	83.83	97.46	76.92	66.82	67.88
(四)转移和财产性支出	元/人	9.14	11.18	7.81	6.50	6.35

注：1980年、1985年和1990年农村居民家庭生产费用支出包括“开发性投资”，下表同。

3－8　1985年农村居民家庭基本情况

指　　标	单　位	全　　国	东部地区	中部地区	西部地区	西部12省、区
一、调查户数	户	66642	25126	24660	16856	20996
二、常住人口	人/户	5.12	4.98	5.12	5.35	5.41
三、整、半劳动力	人/户	2.95	2.93	2.91	3.01	3.03
劳动力负担人口	人/劳动力	1.74	1.70	1.76	1.78	1.79
四、劳动力文化状况(每百个劳动力中)						
1.不识字或识字很少	%	27.87	22.12	25.42	39.68	35.93
2.小学程度	%	37.13	38.92	37.16	34.50	36.11
3.初中程度	%	27.69	30.35	29.44	21.33	22.76
4.高中程度	%	6.96	8.18	9.39	12.86	4.93
5.中专程度	%	0.29	0.34	0.40	0.52	0.24
6.大专及以上	%	0.06	0.09	0.08	0.10	0.03
五、年末生产性						
固定资产原值	元/户	792.53	634.66	897.63	874.11	831.28
六、年内新建房屋面积	平方米/人	1.08	1.22	1.12	0.84	0.81
#砖木结构面积	平方米/人	0.70	0.92	0.79	0.28	0.29
#生活用房面积	平方米/人	0.91	1.09	0.92	0.65	0.63
七、年内新建房屋价值	元/平方米	40.17	51.70	35.94	24.86	26.32
八、年末住房面积	平方米/人	14.70	15.83	14.54	13.37	13.14
#砖木结构面积	平方米/人	7.47	10.76	7.33	3.10	3.09
九、年末使用房屋价值	元/平方米	26.76	35.42	24.34	17.81	18.15
十、经营耕地面积	亩/人	2.07	1.49	2.66	2.03	2.31
#自留地面积	亩/人	0.20	0.13	0.23	0.23	0.25
十一、经营山地面积	亩/人	0.52	0.33	0.63	0.62	0.59
十二、主要食品消费量						
粮　食	公斤/人	257.45	250.43	278.62	237.51	241.88
蔬　菜	公斤/人	131.13	129.11	142.08	118.57	120.21
棉　花	公斤/人	0.42	0.51	0.46	0.25	0.26
食用油	公斤/人	4.04	3.91	4.53	3.53	3.57
食　糖	公斤/人	1.46	1.97	1.19	1.11	1.11
卷　烟	盒/人	23.72	26.04	25.81	17.58	16.93
水　果	公斤/人	3.39	3.64	2.64	4.1	3.76
猪　肉	公斤/人	10.32	9.86	9.94	11.49	11.66
牛羊肉	公斤/人	0.65	0.33	0.34	1.51	1.34
牛羊奶	公斤/人	0.75	0.05	0.24	2.44	2.16
家　禽	公斤/人	1.03	1.44	0.97	0.55	0.76
禽　蛋	公斤/人	2.05	2.57	2.10	1.23	1.22
水产品*	公斤/人	1.64	3.12	1.20	0.17	0.34

注:1990年以前水产品消费量为鱼虾消费量。

3-8 续表

单位:元/人

指　　标	全　　国	东部地区	中部地区	西部地区	西部12省、区
一、总收入	547.31	617.30	530.68	437.16	449.23
(一)工资性收入	72.15	112.45	52.33	40.32	39.08
(二)家庭经营收入	445.25	476.15	456.41	373.83	389.11
(三)转移性和财产性收入	29.91	28.70	21.94	23.01	21.04
二、纯收入	397.60	452.16	377.83	313.42	316.18
(一)工资性收入	72.15	112.45	52.33	40.32	39.08
(二)家庭经营纯收入	295.98	310.81	303.55	250.10	257.02
(三)转移性和财产性纯收入	29.47	28.90	21.95	23.00	20.08
三、现金收入	357.39	445.26	340.77	258.19	263.80
(一)工资性现金收入	68.89	108.75	50.48	40.35	38.38
(二)家庭经营现金收入	251.68	296.41	254.15	184.68	193.58
(三)转移性和财产性现金收入	36.82	40.10	36.14	33.16	31.84
四、总支出	485.51	555.68	481.20	393.36	406.25
(一)家庭经营费用支出	121.39	138.73	118.22	101.43	105.08
(二)购置生产性固定资产支出	18.70	16.76	22.89	15.20	16.16
(三)税费支出	18.43	17.97	24.02	11.23	11.44
(四)生活消费支出	317.42	370.80	306.57	258.45	266.72
(五)转移和财产性支出	9.57	11.42	9.50	7.05	6.85
五、现金支出	331.23	412.07	319.23	235.43	241.04
(一)家庭经营费用支出	79.99	100.25	75.04	58.47	59.56
(二)购买生产性固定资产支出	18.94	16.97	23.28	15.25	16.02
(三)税费支出	16.35	14.84	22.29	10.11	10.29
(四)生活消费支出	194.68	256.26	175.46	136.46	139.64
(五)转移和财产性支出	21.27	23.75	23.16	15.14	15.53

注:1985年购置生产性固定资产支出中包括“开发性生产投资”。

3－9 1990年农村居民家庭基本情况

指　　标	单　位	全　　国	东部地区	中部地区	西部地区	西部12省、区
一、调查户数	户	66960	25520	24510	16930	21070
二、常住人口	人/户	4.80	4.68	4.76	5.04	5.10
三、整、半劳动力	人/户	2.92	2.89	2.88	3.02	3.02
劳动力负担人口	人/劳动力	1.64	1.62	1.65	1.67	1.69
四、劳动力文化状况(每百个劳动力中:)						
1.不识字或识字很少	%	20.73	15.61	17.94	32.76	28.63
2.小学程度	%	38.86	39.34	38.70	39.61	39.67
3.初中程度	%	32.84	36.13	35.21	25.75	26.34
4.高中程度	%	6.96	8.07	8.89	4.75	5.00
5.中专程度	%	0.51	0.69	0.61	0.32	0.32
6.大专及以上	%	0.10	0.15	0.10	0.05	0.07
五、年末生产性						
固定资产原值	元/户	1258.06	1124.97	1323.71	1363.62	1405.33
六、年内新建房屋面积	平方米/人	0.82	0.97	0.83	0.60	0.57
#砖木结构面积	平方米/人	0.47	0.61	0.51	0.23	0.22
#生活用房面积	平方米/人	0.69	0.89	0.69	0.49	0.47
七、年内新建房屋价值	元/平方米	92.32	121.42	77.95	54.09	57.39
八、年末住房面积	平方米/人	17.83	19.61	17.59	15.67	15.37
#砖木结构面积	平方米/人	9.84	13.35	10.33	4.25	4.29
九、年末使用房屋价值	元/平方米	44.60	62.05	39.50	25.01	25.32
十、经营耕地面积	亩/人	2.10	1.45	2.72	2.16	2.42
#自留地面积	亩/人	0.18	0.11	0.21	0.22	0.22
十一、经营山地面积	亩/人	0.42	0.34	0.45	0.48	0.49
十二、主要食品消费量						
粮　食	公斤/人	262.08	250.24	287.19	244.32	244.06
蔬　菜	公斤/人	134.00	131.19	147.77	119.11	122.77
棉　花	公斤/人	1.47	1.92	1.49	0.74	0.66
食用油	公斤/人	5.17	5.13	5.70	4.51	4.55
食　糖	公斤/人	1.50	1.94	1.34	1.10	1.11
卷　烟	盒/人	27.98	29.99	29.95	22.49	20.99
水　果	公斤/人	5.89	6.98	4.25	6.62	5.98
猪　肉	公斤/人	10.54	9.85	9.91	12.36	12.32
牛羊肉	公斤/人	0.80	0.48	0.52	1.65	1.51
牛羊奶	公斤/人	1.08	0.09	0.29	3.55	3.11
家　禽	公斤/人	1.25	1.86	1.04	0.73	0.96
禽　蛋	公斤/人	2.41	3.01	2.53	1.42	1.42
水产品*	公斤/人	2.13	4.17	1.42	0.24	0.39

注:1990年以前消费水产品数量为消费鱼虾量。

3－9续表

单位:元/人

指　　标	全　　国	东部地区	中部地区	西部地区	西部12省、区
一、总收入	990.38	1176.23	951.77	783.29	810.91
(一)工资性收入	138.80	236.95	85.73	74.03	70.50
(二)家庭经营收入	815.79	892.81	838.14	677.60	708.99
(三)转移性和财产性收入	35.79	46.47	27.90	31.65	31.42
二、纯收入	686.31	847.63	632.88	533.76	552.70
(一)工资性收入	138.80	236.95	85.73	74.03	70.50
(二)家庭经营纯收入	518.55	572.05	525.68	434.04	457.50
(三)转移性和财产性纯收入	28.96	38.63	21.47	25.69	24.70
三、现金收入	676.67	867.42	625.52	479.86	494.68
(一)工资性现金收入	136.43	232.86	83.61	73.75	70.17
(二)家庭经营现金收入	481.19	566.22	487.17	354.13	373.40
(三)转移性和财产性现金收入	59.05	68.34	54.74	51.98	51.11
四、总支出	903.47	1038.72	874.01	724.13	742.33
(一)家庭经营费用支出	241.09	261.70	242.66	202.50	210.39
(二)购置生产性固定资产支出	20.29	19.40	20.41	20.84	20.58
(三)税费支出	38.66	37.23	51.21	23.02	23.01
(四)生活消费支出	584.63	696.60	543.23	463.99	475.17
(五)转移和财产性支出	18.80	23.79	16.50	13.78	13.18
五、现金支出	639.06	810.73	601.09	450.90	461.86
(一)家庭经营费用支出	162.90	198.89	156.87	120.82	126.65
(二)购买生产性固定资产支出*	20.46	20.20	20.35	20.92	20.66
(三)税费支出	33.37	30.96	45.08	20.73	20.74
(四)生活消费支出	374.74	503.82	328.01	258.12	263.12
(五)转移和财产性支出	47.59	56.86	50.78	30.31	30.69

3－10 1995年农村居民家庭基本情况

指　　标	单　位	全　　国	东部地区	中部地区	西部地区	西部12省、区
一、调查户数	户	67340	25600	24350	17390	21450
二、常住人口	人/户	4.48	4.38	4.38	4.78	4.80
三、整、半劳动力	人/户	2.88	2.85	2.83	3.30	2.99
劳动力负担人口	人/劳动力	1.56	1.54	1.55	1.45	1.61
四、劳动力文化状况(每百个劳动力中:)						
1.不识字或识字很少	%	13.47	9.18	11.05	22.66	20.21
2.小学程度	%	36.62	35.13	36.27	39.17	39.43
3.初中程度	%	40.10	43.97	42.47	31.57	33.20
4.高中程度	%	8.61	9.95	9.21	5.93	6.47
5.中专程度	%	0.96	1.40	0.78	0.56	0.59
6.大专及以上	%	0.24	0.37	0.21	0.11	0.10
五、年末生产性						
固定资产原值	元/户	2774.27	2693.39	2732.72	2951.53	2972.87
六、年内新建房屋面积	平方米/人	0.78	0.87	0.79	0.66	0.67
#砖木结构面积	平方米/人	0.37	0.35	0.43	0.30	0.32
#生活用房面积	平方米/人	0.68	0.77	0.69	0.54	0.55
七、年内新建房屋价值	元/平方米	200.30	255.97	165.69	154.55	158.57
八、年末住房面积	平方米/人	21.01	23.52	20.27	18.59	18.29
#砖木结构面积	平方米/人	11.91	15.46	12.84	5.92	6.12
九、年末使用房屋价值	元/平方米	101.64	146.29	81.56	55.18	57.13
十、经营耕地面积	亩/人	2.17	1.42	2.88	2.27	2.54
#自留地面积	亩/人	0.16	0.10	0.18	0.20	0.21
十一、经营山地面积	亩/人	0.44	0.31	0.38	0.69	0.62
十二、主要食品消费量						
粮　食	公斤/人	258.92	247.78	282.07	244.24	245.53
蔬　菜	公斤/人	104.62	107.09	110.31	94.00	103.01
食用油	公斤/人	5.80	5.67	6.38	5.23	5.09
食　糖	公斤/人	1.28	1.52	1.20	1.06	1.06
卷　烟	盒/人	24.60	25.02	26.27	21.88	20.94
水　果	公斤/人	13.01	15.83	12.50	9.87	9.62
猪　肉	公斤/人	10.58	10.23	9.44	12.53	12.40
牛羊肉	公斤/人	0.71	0.48	0.35	1.47	1.27
牛羊奶	公斤/人	0.64	0.20	0.16	1.86	1.55
家　禽	公斤/人	1.83	2.91	1.38	0.97	1.25
禽　蛋	公斤/人	3.22	4.36	3.34	1.52	1.58
水产品*	公斤/人	3.36	6.10	2.73	0.47	0.69

注:1990年以前消费水产品数量为消费鱼虾量。

3-10续表

单位:元/人

指 标	全 国	东部地区	中部地区	西部地区	西部12省、区
一、总收入	2337.87	2944.29	2182.26	1719.00	1789.26
(一)工资性收入	353.70	635.10	219.01	146.69	149.37
(二)家庭经营收入	1877.42	2165.06	1878.38	1487.94	1554.18
(三)转移性收入	65.77	93.23	45.57	54.64	56.15
(四)财产性收入	40.98	50.90	39.30	29.73	29.56
二、纯收入	1577.74	2127.23	1402.69	1060.69	1116.78
(一)工资性收入	353.70	635.10	219.01	146.69	149.37
(二)家庭经营纯收入	1125.79	1358.78	1105.84	836.92	889.55
(三)转移性纯收入	57.27	82.44	38.53	47.36	48.30
(四)财产性纯收入	40.98	50.91	39.31	29.72	29.56
三、现金收入	1595.56	2152.90	1407.24	1084.94	1147.50
(一)工资性现金收入	352.88	633.56	218.54	146.41	149.12
(二)家庭经营现金收入	1116.73	1359.02	1081.60	834.77	891.79
(三)转移性现金收入	87.76	117.36	70.63	69.78	71.59
(四)财产性现金收入	38.19	42.96	36.47	33.98	35.00
四、总支出	2138.33	2571.25	2031.68	1690.83	1745.51
(一)家庭经营费用支出	621.71	677.56	618.02	551.06	564.32
(二)购置生产性固定资产支出	62.33	59.89	65.46	61.60	62.60
(三)税费支出	88.65	87.74	112.91	58.74	59.01
(四)生活消费支出	1310.36	1670.77	1187.19	981.96	1022.95
(五)转移性和财产性支出	55.28	75.29	48.10	37.47	36.63
五、现金支出	1545.81	1969.58	1459.76	1084.24	1144.43
(一)家庭经营费用支出	454.74	522.67	452.19	366.31	385.96
(二)购买生产性固定资产支出*	62.32	59.89	65.46	61.60	62.60
(三)税费支出	76.96	66.62	107.05	52.32	52.52
(四)生活消费支出	859.43	1201.18	742.07	548.74	586.90
(五)转移性和财产性支出	92.36	119.22	92.99	55.27	56.45

3－11　1999年农村居民家庭基本情况

指　　标	单　位	全　　国	东部地区	中部地区	西部地区	西部12省、区
一、调查户数	户	67430	25680	24410	17340	21710
二、常住人口	人/户	4.25	4.15	4.15	4.53	4.52
三、整、半劳动力	人/户	2.77	2.77	2.71	2.84	2.84
劳动力负担人口	人/劳动力	1.53	1.50	1.53	1.60	1.59
四、劳动力文化状况(每百个劳动力中:)						
1.不识字或识字很少	%	8.96	5.48	6.21	17.68	15.59
2.小学程度	%	33.66	31.11	33.01	38.20	37.65
3.初中程度	%	46.05	49.40	49.58	36.50	38.32
4.高中程度	%	9.37	11.19	9.50	6.57	7.27
5.中专程度	%	1.57	2.23	1.38	0.86	0.96
6.大专及以上	%	0.39	0.59	0.33	0.18	0.21
五、年末生产性						
固定资产原值	元/户	4045.48	4248.01	3871.18	4119.85	4240.71
六、年内新建房屋面积	平方米/人	0.83	0.94	0.85	0.66	0.70
#砖木结构面积	平方米/人	0.29	0.30	0.31	0.26	0.27
#生活用房面积	平方米/人	0.74	0.86	0.77	0.54	0.58
七、年内新建房屋价值	元/平方米	239.49	285.47	191.12	173.44	177.94
八、年末住房面积	平方米/人	24.23	27.40	23.95	20.30	20.32
#砖木结构面积	平方米/人	12.28	15.16	13.87	6.33	6.67
九、年末使用房屋价值	元/平方米	157.57	212.20	129.64	99.93	102.15
十、经营耕地面积	亩/人	2.07	1.41	2.79	2.02	2.38
#自留地面积	亩/人	0.09	0.07	0.09	0.13	0.12
十一、经营山地面积	亩/人	0.47	0.31	0.46	0.69	0.75
#自留山面积	亩/人	0.13	0.13	0.14	0.13	0.13
十二、主要食品消费情况						
粮　食	公斤/人	247.45	240.74	261.11	238.95	240.07
蔬　菜	公斤/人	108.89	107.68	120.03	96.19	97.99
食用油	公斤/人	6.17	5.97	6.63	5.85	5.50
食　糖	公斤/人	1.46	1.76	1.31	1.26	1.29
卷　烟	盒/人	23.09	23.41	24.39	20.98	20.22
水　果	公斤/人	18.35	20.20	18.77	15.28	14.99
猪　肉	公斤/人	12.70	11.86	11.49	15.40	15.33
牛羊肉	公斤/人	1.17	0.73	0.87	2.18	2.19
牛羊奶	公斤/人	0.96	0.38	0.81	1.95	2.27
家　禽	公斤/人	2.48	3.95	1.77	1.26	1.78
禽　蛋	公斤/人	4.28	5.68	4.69	1.87	1.88
水产品*	公斤/人	3.82	6.71	3.14	0.74	1.04

3－11 续表

单位:元/人

指 标	全 国	东部地区	中部地区	西部地区	西部12省、区
一、总收入	2987.44	3762.20	2766.47	2220.19	2396.95
(一)工资性收入	630.25	1046.33	442.38	295.41	332.89
(二)家庭经营收入	2211.57	2499.56	2224.08	1816.33	1955.04
(三)转移性收入	114.08	161.46	82.47	90.50	92.08
(四)财产性收入	31.54	54.85	17.54	17.95	16.94
二、纯收入	2210.34	2929.28	2002.85	1501.51	1578.18
(一)工资性收入	630.26	1043.23	443.45	298.61	277.09
(二)家庭经营纯收入	1448.36	1688.70	1470.14	1105.55	1203.73
(三)转移性纯收入	100.17	142.50	71.72	79.40	80.43
(四)财产性纯收入	31.55	54.85	17.54	17.95	16.93
三、现金收入	2206.69	3113.94	1946.03	1478.11	1609.75
(一)工资性现金收入	628.43	1105.81	486.45	331.51	332.54
(二)家庭经营现金收入	1380.23	1739.69	1300.90	993.46	1123.75
(三)转移性现金收入	154.57	205.94	127.92	119.18	120.04
(四)财产性现金收入	43.46	62.50	30.75	33.96	33.42
四、总支出	2390.37	2872.80	2230.98	1941.45	2044.08
(一)家庭经营费用支出	599.72	655.89	560.23	574.68	606.40
(二)购置生产性固定资产支出	57.63	61.22	53.83	57.66	62.53
(三)税费支出	99.98	86.74	132.95	75.41	82.41
(四)生活消费支出	1577.42	1990.88	1437.43	1196.87	1255.80
(五)转移性和财产性支出	55.62	78.07	46.54	36.83	36.94
五、现金支出	1917.23	2493.62	1739.32	1365.60	1462.25
(一)家庭经营费用支出	470.73	553.43	435.42	404.27	434.57
(二)购买生产性固定资产支出 *	57.63	61.22	53.83	57.66	62.53
(三)税费支出	93.06	74.67	130.74	69.42	76.14
(四)生活消费支出	1144.61	1603.38	972.68	744.75	798.51
(五)转移性支出	134.71	176.71	133.11	79.72	80.71
(六)财产性支出	16.49	24.21	13.54	9.78	9.79

3－12 2000年农村居民家庭基本情况

指　　标	单　位	全　国	东部地区	中部地区	西部地区	西部12省、区
一、调查户数	户	68116	25750	24726	17640	21986
二、常住人口	人/户	4.20	4.09	4.11	4.49	4.49
三、整、半劳动力	人/户	2.76	2.74	2.76	2.81	2.83
劳动力负担人口	人/劳动力	1.52	1.49	1.49	1.60	1.58
四、劳动力文化状况(每百个劳动力中:)						
1.不识字或识字很少	%	8.09	4.75	5.88	15.91	13.97
2.小学程度	%	32.22	29.51	30.48	38.47	37.57
3.初中程度	%	48.07	51.68	51.92	37.62	39.69
4.高中程度	%	9.31	11.05	9.57	6.47	7.08
5.中专程度	%	1.83	2.39	1.72	1.19	1.36
6.大专及以上	%	0.48	0.63	0.43	0.33	0.33
五、年末生产性						
固定资产原值	元/户	4673.06	5149.15	4219.55	4613.78	4750.36
六、年内新建房屋面积	平方米/人	0.87	1.02	0.81	0.74	0.78
#砖木结构面积	平方米/人	0.36	0.43	0.33	0.28	0.32
#生活用房面积	平方米/人					
七、年内新建房屋价值	元/平方米	260.23	321.60	224.50	198.98	205.65
八、年末住房面积	平方米/人	24.82	27.67	24.17	21.87	21.62
#砖木结构面积	平方米/人	13.61	16.77	14.52	8.23	8.30
九、年末使用房屋价值	元/平方米	187.41	249.03	156.39	127.75	128.03
十、经营耕地面积	亩/人	1.98	1.31	2.8	1.83	2.23
#自留地面积	亩/人	0.09	0.06	0.09	0.13	0.12
十一、经营山地面积	亩/人	0.28	0.23	0.29	0.35	0.38
十二、主要食品消费情况						
粮　食	公斤/人	249.49	237.09	269.28	240.57	240.55
蔬　菜	公斤/人	111.98	108.37	108.03	102.93	103.02
食用油	公斤/人	7.06	7.82	6.96	5.86	5.42
食　糖	公斤/人	1.28	1.39	1.23	1.20	1.20
卷　烟	盒/人	26.36	24.32	24.71	22.17	21.13
水　果	公斤/人	18.31	21.65	17.63	14.74	14.79
猪　肉	公斤/人	13.28	12.12	13.82	13.73	12.52
牛羊肉	公斤/人	1.13	0.64	0.69	2.22	1.86
牛羊奶	公斤/人	1.06	0.57	0.72	2.14	2.30
家　禽	公斤/人	2.81	3.19	3.53	1.32	1.45
禽　蛋	公斤/人	4.77	6.08	5.45	1.88	2.21
水产品＊	公斤/人	3.92	7.02	3.16	0.77	1.07

3-12 续表

单位:元/人

指　　标	全　　国	东部地区	中部地区	西部地区	西部12省、区
一、总收入	3146.21	3967.83	2926.24	2336.53	2455.53
(一)工资性收入	702.30	1157.00	506.01	349.86	350.04
(二)家庭经营收入	2251.28	2539.41	2262.83	1853.53	1976.01
(三)转移性收入	147.59	201.23	129.91	98.99	98.25
(四)财产性收入	45.04	70.19	27.49	34.15	31.23
二、纯收入	2253.42	2993.65	2029.87	1556.47	1623.28
(一)工资性收入	702.30	1138.16	516.23	361.78	363.79
(二)家庭经营纯收入	1427.27	1652.11	1439.55	1112.71	1182.43
(三)转移性纯收入	78.81	133.20	46.60	47.83	45.83
(四)财产性纯收入	45.04	70.18	27.49	34.15	31.22
三、现金收入	2381.60	3268.60	2090.97	1575.67	1685.42
(一)工资性现金收入	700.41	1147.40	507.92	353.32	353.23
(二)家庭经营现金收入	1498.81	1861.65	1435.86	1097.38	1210.64
(三)转移性现金收入	143.49	195.34	127.24	95.44	95.37
(四)财产性现金收入	38.89	64.21	19.95	29.53	26.18
四、总支出	2652.42	3198.97	2516.57	2100.36	2211.35
(一)家庭经营费用支出	654.27	725.30	621.13	602.37	643.57
(二)购置生产性固定资产支出	63.90	68.98	62.07	59.53	63.64
(三)税费支出	95.52	77.90	133.71	69.93	79.45
(四)生活消费支出	1670.13	2116.08	1518.04	1272.60	1325.85
(五)转移性支出	148.86	190.28	155.28	85.59	86.72
(六)财产性支出	19.73	20.43	26.34	10.34	12.12
五、现金支出	2140.37	2772.52	1971.08	1517.44	1621.29
(一)家庭经营费用支出	544.49	649.64	511.23	447.41	483.47
(二)购置生产性固定资产支出*	63.91	68.98	62.07	59.53	63.64
(三)税费支出	89.81	69.61	129.82	65.34	74.40
(四)生活消费支出	1284.74	1784.18	1103.21	853.89	907.03
(五)转移性支出	147.60	188.81	154.14	84.44	85.67
(六)财产性支出	9.82	11.30	10.61	6.83	7.08

第四部分

各地区农村居民主要年度收支情况

4－1　1980年各地区农村居民总收入

单位:元/人

地　区	总收入	一、工资性收入	二、家庭经营收入	三、转移性和财产性收入
全国总计	**216.93**	**106.38**	**87.44**	**23.11**
北　京	316.01	184.45	72.55	59.01
天　津	293.16	183.11	57.85	52.20
河　北	193.39	96.92	62.78	33.69
山　西	164.17	90.97	47.69	25.51
内蒙古	202.14	74.98	110.58	16.58
辽　宁	299.37	122.23	110.35	66.79
吉　林	263.29	113.23	122.20	27.86
黑龙江	225.86	134.66	73.16	18.04
上　海	430.47	196.05	84.19	150.23
江　苏	252.48	117.91	92.81	41.76
浙　江	249.66	125.11	93.16	31.39
安　徽	220.84	96.44	87.89	36.51
福　建	194.98	81.80	89.13	24.05
江　西	202.37	99.59	83.72	19.06
山　东	225.09	119.01	73.80	32.28
河　南	184.37	87.51	67.19	29.67
湖　北	182.81	94.52	66.30	21.99
湖　南	253.29	104.21	121.98	27.10
广　东	306.61	118.08	151.40	37.13
广　西	209.93	74.39	117.26	18.28
四　川	224.31	100.44	103.62	20.25
贵　州	189.46	66.60	101.87	20.99
云　南	170.69	77.11	76.10	17.48
西　藏				
陕　西	157.85	69.21	61.99	26.65
甘　肃	169.17	91.20	56.08	21.89
青　海				
宁　夏	186.79	81.84	76.27	28.68
新　疆	219.21	127.87	65.35	25.99

注:1980年尚未实施全国性联产承包现任制,“家庭经营收入”称“家庭经营副业收入”。

4－2　1980年各地区农村居民总收入构成

单位：%

地　　区	总收入	一、工资性收入	二、家庭经营收入	三、转移性和财产性收入
全国总计	**100.00**	**49.04**	**40.31**	**10.65**
北　　京	100.00	58.37	22.96	18.67
天　　津	100.00	62.46	19.73	17.81
河　　北	100.00	50.12	32.46	17.42
山　　西	100.00	55.41	29.05	15.54
内 蒙 古	100.00	37.09	54.70	8.20
辽　　宁	100.00	40.83	36.86	22.31
吉　　林	100.00	43.01	46.41	10.58
黑 龙 江	100.00	59.62	32.39	7.99
上　　海	100.00	45.54	19.56	34.90
江　　苏	100.00	46.70	36.76	16.54
浙　　江	100.00	50.11	37.31	12.57
安　　徽	100.00	43.67	39.80	16.53
福　　建	100.00	41.95	45.71	12.33
江　　西	100.00	49.21	41.37	9.42
山　　东	100.00	52.87	32.79	14.34
河　　南	100.00	47.46	36.44	16.09
湖　　北	100.00	51.70	36.27	12.03
湖　　南	100.00	41.14	48.16	10.70
广　　东	100.00	38.51	49.38	12.11
广　　西	100.00	35.44	55.86	8.71
四　　川	100.00	44.78	46.19	9.03
贵　　州	100.00	35.15	53.77	11.08
云　　南	100.00	45.18	44.58	10.24
西　　藏				
陕　　西	100.00	43.85	39.27	16.88
甘　　肃	100.00	53.91	33.15	12.94
青　　海				
宁　　夏	100.00	43.81	40.83	15.35
新　　疆	100.00	58.33	29.81	11.86

4-3　1980年各地区农村居民家庭经营副业收入

单位:元/人

地　区	家庭经营副业收入	1. 农、林业收入	2. 牧业收入	3. 其他家庭副业收入
全国总计	**87.44**	**30.46**	**48.41**	**8.57**
北　京	72.55	15.94	53.87	2.74
天　津	57.85	21.70	32.36	3.79
河　北	62.78	24.14	31.52	7.12
山　西	47.69	17.64	22.92	7.13
内蒙古	110.58	51.60	52.28	6.70
辽　宁	110.35	44.93	54.45	10.98
吉　林	122.20	58.95	57.63	5.63
黑龙江	73.16	28.65	42.03	2.49
上　海	84.19	23.36	58.35	2.48
江　苏	92.81	29.28	58.16	5.37
浙　江	93.16	30.98	47.33	14.85
安　徽	87.89	33.34	46.08	8.48
福　建	89.13	27.15	49.64	12.34
江　西	83.72	25.83	49.34	8.56
山　东	73.80	21.40	45.37	7.03
河　南	67.19	22.97	34.52	9.70
湖　北	66.30	18.75	41.74	5.81
湖　南	121.98	38.20	74.84	8.95
广　东	151.40	50.23	80.29	20.89
广　西	117.26	42.35	66.04	8.88
四　川	103.62	30.93	64.57	8.12
贵　州	101.87	38.09	47.73	16.05
云　南	76.10	23.68	46.18	6.25
西　藏				
陕　西	61.99	23.68	33.54	4.77
甘　肃	56.08	26.45	22.41	7.22
青　海				
宁　夏	76.27	41.79	21.51	12.97
新　疆	65.35	33.78	25.00	6.57

4－4　1980年各地区农村居民家庭经营副业收入构成

单位：%

地　　区	家庭经营副业收入	1. 农、林业收入	2. 牧业收入	3. 其他家庭副业收入
全国总计	**100.00**	**34.84**	**55.36**	**9.80**
北　　京	100.00	21.97	74.25	3.78
天　　津	100.00	37.51	55.94	6.55
河　　北	100.00	38.45	50.21	11.34
山　　西	100.00	36.99	48.06	14.95
内 蒙 古	100.00	46.66	47.28	6.06
辽　　宁	100.00	40.71	49.34	9.95
吉　　林	100.00	48.24	47.16	4.61
黑 龙 江	100.00	39.15	57.44	3.40
上　　海	100.00	27.74	69.31	2.95
江　　苏	100.00	31.55	62.67	5.79
浙　　江	100.00	33.25	50.81	15.94
安　　徽	100.00	37.93	52.42	9.65
福　　建	100.00	30.46	55.70	13.84
江　　西	100.00	30.85	58.93	10.22
山　　东	100.00	29.00	61.48	9.53
河　　南	100.00	34.19	51.37	14.44
湖　　北	100.00	28.28	62.96	8.76
湖　　南	100.00	31.31	61.35	7.34
广　　东	100.00	33.17	53.03	13.80
广　　西	100.00	36.11	56.32	7.57
四　　川	100.00	29.85	62.32	7.84
贵　　州	100.00	37.39	46.85	15.76
云　　南	100.00	31.11	60.68	8.21
西　　藏				
陕　　西	100.00	38.20	54.11	7.69
甘　　肃	100.00	47.16	39.96	12.87
青　　海				
宁　　夏	100.00	54.79	28.21	17.01
新　　疆	100.00	51.69	38.26	10.05

4-5 1980年各地区农村居民现金收入

单位:元/人

地　区	现金收入	一、工资性收入	二、家庭经营收入	三、转移性和财产性收入
全国总计	**113.12**	**40.23**	**57.38**	**15.51**
北　京	202.59	116.60	56.15	29.84
天　津	158.44	78.39	50.69	29.36
河　北	110.08	38.74	44.92	26.42
山　西	86.08	32.83	33.50	19.75
内蒙古	99.99	32.80	53.93	13.26
辽　宁	163.88	69.21	54.12	40.55
吉　林	112.00	32.87	59.42	19.71
黑龙江	115.29	52.38	50.25	12.66
上　海	274.71	169.11	63.82	41.78
江　苏	153.57	60.92	72.51	20.14
浙　江				
安　徽	113.51	32.84	63.08	17.59
福　建	111.88	38.87	59.26	13.75
江　西	91.98	32.07	47.49	12.42
山　东	141.15	60.61	60.97	19.57
河　南	110.60	31.69	54.89	24.02
湖　北	86.22	29.83	40.73	15.66
湖　南	115.59	27.00	68.33	20.26
广　东	186.03	66.69	95.54	23.80
广　西	101.24	18.18	70.91	12.15
四　川	103.08	28.46	58.40	16.22
贵　州	81.80	18.00	47.39	16.41
云　南	79.35	23.48	41.51	14.36
西　藏				
陕　西	67.11	16.71	29.18	21.22
甘　肃	85.76	34.06	29.46	22.24
青　海				
宁　夏	89.30	24.23	40.88	24.19
新　疆	112.84	66.55	32.51	13.78

4－6　1980年各地区农村居民现金收入构成

单位：%

地　区	现金收入	一、工资性收入	二、家庭经营收入	三、转移性和财产性收入
全国总计	**100.00**	**35.56**	**50.72**	**13.72**
北　京	100.00	57.55	27.72	14.73
天　津	100.00	49.48	31.99	18.53
河　北	100.00	35.19	40.81	24.00
山　西	100.00	38.14	38.92	22.94
内蒙古	100.00	32.80	53.94	13.26
辽　宁	100.00	42.23	33.02	24.74
吉　林	100.00	29.35	53.05	17.60
黑龙江	100.00	45.43	43.59	10.98
上　海	100.00	61.56	23.23	15.21
江　苏	100.00	39.67	47.22	13.11
浙　江				
安　徽	100.00	28.93	55.57	15.50
福　建	100.00	34.74	52.97	12.29
江　西	100.00	34.87	51.63	13.50
山　东	100.00	42.94	43.20	13.86
河　南	100.00	28.65	49.63	21.72
湖　北	100.00	34.60	47.24	18.16
湖　南	100.00	23.36	59.11	17.53
广　东	100.00	35.85	51.36	12.79
广　西	100.00	17.96	70.04	12.00
四　川	100.00	27.61	56.66	15.74
贵　州	100.00	22.00	57.93	20.06
云　南	100.00	29.59	52.31	18.10
西　藏				
陕　西	100.00	24.90	43.48	31.62
甘　肃	100.00	39.72	34.35	25.93
青　海				
宁　夏	100.00	27.13	45.78	27.09
新　疆	100.00	58.98	28.81	12.21

4－7 1980年各地区农村居民家庭经营副业现金收入

单位:元/人

地区	家庭经营副业现金收入	一、出售农副产品收入	三、其他家庭副业收入
全国总计	**57.38**	**48.61**	**8.77**
北京	56.15	54.53	1.62
天津	50.69	44.91	5.78
河北	44.92	38.66	6.26
山西	33.50	28.05	5.45
内蒙古	53.93	49.68	4.25
辽宁	54.12	45.99	8.13
吉林	59.42	57.08	2.34
黑龙江	50.25	49.12	1.13
上海	63.82	61.32	2.50
江苏	72.51	66.54	5.97
浙江			
安徽	63.08	57.89	5.19
福建	59.26	51.49	7.77
江西	47.49	41.66	5.83
山东	60.97	56.16	4.81
河南	54.89	48.80	6.09
湖北	40.73	36.26	4.47
湖南	68.33	61.36	6.97
广东	95.54	78.51	17.03
广西	70.91	64.17	6.74
四川	58.40	53.49	4.91
贵州	47.39	39.70	7.69
云南	41.51	37.62	3.89
西藏			
陕西	29.18	25.87	3.31
甘肃	29.46	23.33	6.13
青海			
宁夏	40.88	31.18	9.70
新疆	32.51	26.56	5.95

4－8 1980年各地区农村居民家庭经营副业现金收入构成

单位：%

地 区	家庭经营副业现金收入	一、出售农副产品收入	三、其他家庭副业收入
全国总计	**100.00**	**84.72**	**15.28**
北 京	100.00	97.11	2.89
天 津	100.00	88.60	11.40
河 北	100.00	86.06	13.94
山 西	100.00	83.73	16.27
内蒙古	100.00	92.12	7.88
辽 宁	100.00	84.98	15.02
吉 林	100.00	96.06	3.94
黑龙江	100.00	97.75	2.25
上 海	100.00	96.08	3.92
江 苏	100.00	91.77	8.23
浙 江			
安 徽	100.00	91.77	8.23
福 建	100.00	86.89	13.11
江 西	100.00	87.72	12.28
山 东	100.00	92.11	7.89
河 南	100.00	88.91	11.09
湖 北	100.00	89.03	10.97
湖 南	100.00	89.80	10.20
广 东	100.00	82.18	17.82
广 西	100.00	90.49	9.51
四 川	100.00	91.59	8.41
贵 州	100.00	83.77	16.23
云 南	100.00	90.63	9.37
西 藏			
陕 西	100.00	88.66	11.34
甘 肃	100.00	79.19	20.81
青 海			
宁 夏	100.00	76.27	23.73
新 疆	100.00	81.70	18.30

4－9　1980年各地区农村居民纯收入

单位：元/人

地　区	纯收入	一、工资性收入	二、家庭经营纯收入	三、转移性和财产性收入
全国总计	**191.33**	**106.38**	**62.55**	**22.40**
北　京	290.46	184.45	47.00	59.01
天　津	277.92	183.11	42.61	52.20
河　北	175.78	96.92	45.17	33.69
山　西	155.78	90.97	39.30	25.51
内蒙古	181.32	74.98	90.30	16.04
辽　宁	273.02	122.23	84.00	66.79
吉　林	236.30	113.23	95.21	27.86
黑龙江	205.38	134.66	52.79	17.93
上　海	397.35	196.05	51.07	150.23
江　苏	217.94	117.91	58.29	41.74
浙　江	219.18	125.11	62.78	31.29
安　徽	184.82	96.44	59.61	28.77
福　建	171.74	81.80	66.82	23.12
江　西	180.94	99.59	62.41	18.94
山　东	194.33	119.01	43.90	31.42
河　南	160.78	87.51	45.38	27.89
湖　北	169.88	94.42	53.51	21.95
湖　南	219.71	104.21	88.51	26.99
广　东	274.37	118.08	120.20	36.09
广　西	173.68	74.39	81.57	17.72
四　川	187.90	100.44	67.59	19.87
贵　州	161.46	66.90	75.11	19.45
云　南	150.12	77.11	55.56	17.45
西　藏				
陕　西	142.49	69.21	46.69	26.59
甘　肃	153.33	91.20	40.30	21.83
青　海	128.75			
宁　夏	178.06	81.84	67.61	28.61
新　疆	198.01	127.87	46.84	23.30

4－10 1980年各地区农村居民纯收入构成

单位：%

地区	纯收入	一、工资性收入	二、家庭经营纯收入	三、转移性和财产性收入
全国总计	**100.00**	**55.60**	**32.69**	**11.71**
北京	100.00	63.50	16.18	20.32
天津	100.00	65.89	15.33	18.78
河北	100.00	55.14	25.70	19.17
山西	100.00	58.40	25.23	16.38
内蒙古	100.00	41.35	49.80	8.85
辽宁	100.00	44.77	30.77	24.46
吉林	100.00	47.92	40.29	11.79
黑龙江	100.00	65.57	25.70	8.73
上海	100.00	49.34	12.85	37.81
江苏	100.00	54.10	26.75	19.15
浙江	100.00	57.08	28.64	14.28
安徽	100.00	52.18	32.25	15.57
福建	100.00	47.63	38.91	13.46
江西	100.00	55.04	34.49	10.47
山东	100.00	61.24	22.59	16.17
河南	100.00	54.43	28.22	17.35
湖北	100.00	55.58	31.50	12.92
湖南	100.00	47.43	40.28	12.28
广东	100.00	43.04	43.81	13.15
广西	100.00	42.83	46.97	10.20
四川	100.00	53.45	35.97	10.57
贵州	100.00	41.43	46.52	12.05
云南	100.00	51.37	37.01	11.62
西藏				
陕西	100.00	48.57	32.77	18.66
甘肃	100.00	59.48	26.28	14.24
青海				
宁夏	100.00	45.96	37.97	16.07
新疆	100.00	64.58	23.66	11.77

4-11　1980年各地区农村居民总支出

单位:元/人

地　区	总支出	一、家庭副业生产支出	二、税费支出	三、生活消费支出	四、转移性和财产性支出
全国总计	**196.23**	**25.32**	**0.28**	**162.21**	**8.42**
北　京	287.71	25.55		252.67	9.49
天　津	250.66	15.24		208.37	27.05
河　北	166.02	17.57	0.04	142.01	6.40
山　西	148.96	8.35	0.04	134.38	6.19
内蒙古	183.37	20.15	0.67	156.60	5.95
辽　宁	276.30	26.32	0.03	228.14	21.81
吉　林	253.24	26.16	0.01	216.25	10.82
黑龙江	193.73	20.37	0.10	164.13	9.13
上　海	375.15	33.03	0.09	321.83	20.20
江　苏	241.50	34.53	0.01	194.71	12.25
浙　江	233.64	30.45	0.03	191.88	11.28
安　徽	206.24	35.49	0.53	162.94	7.28
福　建	186.10	22.87	0.37	157.67	5.19
江　西	184.04	20.72	0.71	156.01	6.60
山　东	185.10	30.71	0.05	145.91	8.43
河　南	164.48	23.50	0.09	135.51	5.38
湖　北	172.83	12.52	0.41	152.74	7.16
湖　南	236.13	32.91	0.67	192.85	9.70
广　东	266.86	31.72	0.52	222.22	12.40
广　西	192.81	35.88	0.37	151.11	5.45
四　川	202.38	36.02	0.39	159.44	6.53
贵　州	174.98	27.23	0.77	139.25	7.73
云　南	152.55	20.27	0.30	124.56	7.42
西　藏					
陕　西	161.63	15.14	0.22	139.83	6.44
甘　肃	146.74	15.81	0.03	126.64	4.26
青　海					
宁　夏	151.95	8.69	0.04	135.45	7.77
新　疆	181.35	20.42	0.78	150.62	9.53

4－12 1980年各地区农村居民总支出构成

单位：%

地 区	总支出	一、家庭副业生产支出	二、税费支出	三、生活消费支 出	四、转移性和财产性支出
全国总计	**100.00**	**12.90**	**0.14**	**82.66**	**4.29**
北 京	100.00	8.88		87.82	3.30
天 津	100.00	6.08		83.13	10.79
河 北	100.00	10.58	0.02	85.54	3.85
山 西	100.00	5.61	0.03	90.21	4.16
内蒙古	100.00	10.99	0.37	85.40	3.24
辽 宁	100.00	9.53	0.01	82.57	7.89
吉 林	100.00	10.33	0.00	85.39	4.27
黑龙江	100.00	10.51	0.05	84.72	4.71
上 海	100.00	8.80	0.02	85.79	5.38
江 苏	100.00	14.30	0.00	80.63	5.07
浙 江	100.00	13.03	0.01	82.13	4.83
安 徽	100.00	17.21	0.26	79.01	3.53
福 建	100.00	12.29	0.20	84.72	2.79
江 西	100.00	11.26	0.39	84.77	3.59
山 东	100.00	16.59	0.03	78.83	4.55
河 南	100.00	14.29	0.05	82.39	3.27
湖 北	100.00	7.24	0.24	88.38	4.14
湖 南	100.00	13.94	0.28	81.67	4.11
广 东	100.00	11.89	0.19	83.27	4.65
广 西	100.00	18.61	0.19	78.37	2.83
四 川	100.00	17.80	0.19	78.78	3.23
贵 州	100.00	15.56	0.44	79.58	4.42
云 南	100.00	13.29	0.20	81.65	4.86
西 藏					
陕 西	100.00	9.37	0.14	86.51	3.98
甘 肃	100.00	10.77	0.02	86.30	2.90
青 海					
宁 夏	100.00	5.72	0.03	89.14	5.11
新 疆	100.00	11.26	0.43	83.05	5.26

4-13　1980年各地区农村居民家庭经营费用支出

单位:元/人

地　　区	家庭经营费用支出	一、农、林业支出	二、牧业支出	三、其他副业生产费用支出
全国总计	**25.32**	**5.92**	**17.64**	**1.76**
北　　京	25.55	1.15	20.29	4.11
天　　津	15.24	2.83	12.10	0.31
河　　北	17.57	3.81	12.89	0.87
山　　西	8.35	2.48	5.02	0.85
内 蒙 古	20.15	7.18	11.02	1.95
辽　　宁	26.32	4.10	21.22	1.00
吉　　林	26.16	4.38	20.32	1.46
黑 龙 江	20.37	5.13	14.01	1.23
上　　海	33.03	3.05	28.65	1.33
江　　苏	34.53	3.59	29.88	1.06
浙　　江	30.45	7.28	20.61	2.56
安　　徽	35.49	18.55	13.24	3.70
福　　建	22.87	7.60	13.44	1.83
江　　西	20.72	4.88	14.06	1.78
山　　东	30.71	7.42	22.37	0.92
河　　南	23.50	7.48	14.08	1.94
湖　　北	12.52	3.64	8.22	0.66
湖　　南	32.91	3.88	27.58	1.45
广　　东	31.72	9.38	19.97	2.37
广　　西	35.88	4.28	30.58	1.02
四　　川	36.02	5.52	26.36	4.14
贵　　州	27.23	9.03	17.02	1.18
云　　南	20.27	2.60	16.74	0.93
西　　藏				
陕　　西	15.14	5.04	9.00	1.10
甘　　肃	15.81	7.30	8.17	0.34
青　　海				
宁　　夏	8.69	4.72	3.53	0.44
新　　疆	20.42	9.26	8.88	2.28

4－14 1980年各地区农村居民家庭经营经费支出构成

单位：%

地　区	家庭经营费用支出	1. 农、林业支出	2. 牧业支出	3.其他副业生产费用收入
全国总计	**100.00**	**23.38**	**69.67**	**6.95**
北　京	100.00	4.50	79.41	16.09
天　津	100.00	18.57	79.40	2.03
河　北	100.00	21.68	73.36	4.95
山　西	100.00	29.70	60.12	10.18
内蒙古	100.00	35.63	54.69	9.68
辽　宁	100.00	15.58	80.62	3.80
吉　林	100.00	16.74	77.68	5.58
黑龙江	100.00	25.18	68.78	6.04
上　海	100.00	9.23	86.74	4.03
江　苏	100.00	10.40	86.53	3.07
浙　江	100.00	23.91	67.68	8.41
安　徽	100.00	52.27	37.31	10.43
福　建	100.00	33.23	58.77	8.00
江　西	100.00	23.55	67.86	8.59
山　东	100.00	24.16	72.84	3.00
河　南	100.00	31.83	59.91	8.26
湖　北	100.00	29.07	65.65	5.27
湖　南	100.00	11.79	83.80	4.41
广　东	100.00	29.57	62.96	7.47
广　西	100.00	11.93	85.23	2.84
四　川	100.00	15.32	73.18	11.49
贵　州	100.00	33.16	62.50	4.33
云　南	100.00	12.83	82.59	4.59
西　藏				
陕　西	100.00	33.29	59.45	7.27
甘　肃	100.00	46.17	51.68	2.15
青　海				
宁　夏	100.00	54.32	40.62	5.06
新　疆	100.00	45.35	43.49	11.17

4－15 1980年各地区农村居民生活消费支出

单位:元/人

地区	生活消费支出	一、食品支出	二、衣着支出	三、居住支出	四、家庭设备用品及服务支出	五、医疗保健支出	六、交通和通讯支出	七、文化教育用品及服务支出	八、其他商品及服务支出
全国总计	**162.21**	**100.19**	**19.99**	**22.46**	**4.14**	**3.42**	**0.59**	**8.25**	**3.17**
北京	252.67	135.84	32.65	38.66	8.25	8.48	1.12	19.64	8.03
天津	208.37	118.91	31.67	30.95	4.84	4.98	0.69	11.63	4.70
河北	142.01	79.80	19.88	22.95	3.54	3.63	0.44	8.32	3.45
山西	134.38	80.62	20.95	15.59	3.17	3.24	0.36	7.34	3.11
内蒙古	156.60	102.60	21.74	11.62	3.70	3.81	0.57	8.99	3.57
辽宁	228.14	128.93	30.85	33.03	6.30	6.50	1.01	15.43	6.09
吉林	216.25	140.17	27.71	24.86	4.52	4.57	0.25	9.72	4.45
黑龙江	164.13	95.76	27.57	18.34	4.05	4.16	0.59	9.74	3.92
上海	321.83	170.24	36.68	72.07	7.97	8.13	0.78	18.14	7.82
江苏	194.71	113.19	24.70	33.40	4.09	4.25	0.78	10.36	3.94
浙江	191.88	109.30	22.86	38.25	3.79	3.92	0.67	9.45	3.64
安徽	162.94	87.78	19.14	36.89	3.19	3.36	0.83	8.71	3.04
福建	157.67	99.73	16.31	25.15	2.73	2.88	0.74	7.54	2.59
江西	156.01	97.50	15.82	25.83	2.93	3.05	0.58	7.49	2.81
山东	145.91	80.14	24.00	21.45	3.73	3.82	0.44	8.70	3.63
河南	135.51	78.67	18.66	21.68	2.95	3.04	0.46	7.19	2.86
湖北	152.74	98.56	17.89	20.52	2.69	2.81	0.61	7.08	2.58
湖南	192.85	127.91	20.46	27.29	3.05	3.15	0.51	7.54	2.94
广东	222.22	134.49	19.94	40.24	4.82	5.00	0.91	12.19	4.63
广西	151.11	96.62	14.16	22.62	3.21	3.30	0.44	7.65	3.11
四川	159.44	111.91	17.70	15.13	2.45	2.58	0.64	6.71	2.32
贵州	139.25	96.74	14.73	16.46	1.72	1.86	0.72	5.45	1.57
云南	124.56	87.07	12.49	16.06	1.51	1.59	0.36	4.02	1.46
西藏									
陕西	139.83	83.75	18.19	22.18	2.81	2.90	0.44	6.85	2.71
甘肃	126.64	81.55	17.05	13.82	2.46	2.56	0.50	6.33	2.37
青海									
宁夏	135.45	86.12	19.48	14.67	2.68	2.77	0.47	6.68	2.58
新疆	150.62	90.80	31.44	13.19	2.66	2.76	0.50	6.72	2.55

4－16 1980年各地区农村居民生活消费支出构成

单位：%

地区	生活消费支出	一、食品支出	二、衣着支出	三、居住支出	四、家庭设备用品及服务支出	五、医疗保健支出	六、交通和通讯支出	七、文化教育用品及服务支出	八、其他商品及服务支出
全国总计	**100.00**	**61.77**	**12.32**	**13.85**	**2.55**	**2.11**	**0.36**	**5.09**	**1.95**
北京	100.00	53.76	12.92	15.30	3.27	3.36	0.44	7.77	3.18
天津	100.00	57.07	15.20	14.85	2.32	2.39	0.33	5.58	2.26
河北	100.00	56.19	14.00	16.16	2.49	2.56	0.31	5.86	2.43
山西	100.00	59.99	15.59	11.60	2.36	2.41	0.27	5.46	2.31
内蒙古	100.00	65.52	13.88	7.42	2.36	2.43	0.36	5.74	2.28
辽宁	100.00	56.51	13.52	14.48	2.76	2.85	0.44	6.76	2.67
吉林	100.00	64.82	12.81	11.50	2.09	2.11	0.12	4.49	2.06
黑龙江	100.00	58.34	16.80	11.17	2.47	2.53	0.36	5.93	2.39
上海	100.00	52.90	11.40	22.39	2.48	2.53	0.24	5.64	2.43
江苏	100.00	58.13	12.69	17.15	2.10	2.18	0.40	5.32	2.02
浙江	100.00	56.96	11.91	19.93	1.98	2.04	0.35	4.92	1.90
安徽	100.00	53.87	11.75	22.64	1.96	2.06	0.51	5.35	1.87
福建	100.00	63.25	10.34	15.95	1.73	1.83	0.47	4.78	1.64
江西	100.00	62.50	10.14	16.56	1.88	1.96	0.37	4.80	1.80
山东	100.00	54.92	16.45	14.70	2.56	2.62	0.30	5.96	2.49
河南	100.00	58.05	13.77	16.00	2.18	2.24	0.34	5.31	2.11
湖北	100.00	64.53	11.71	13.43	1.76	1.84	0.40	4.64	1.69
湖南	100.00	66.33	10.61	14.15	1.58	1.63	0.26	3.91	1.52
广东	100.00	60.52	8.97	18.11	2.17	2.25	0.41	5.49	2.08
广西	100.00	63.94	9.37	14.97	2.12	2.18	0.29	5.06	2.06
四川	100.00	70.19	11.10	9.49	1.54	1.62	0.40	4.21	1.46
贵州	100.00	69.47	10.58	11.82	1.24	1.34	0.52	3.91	1.13
云南	100.00	69.90	10.03	12.89	1.21	1.28	0.29	3.23	1.17
西藏									
陕西	100.00	59.89	13.01	15.86	2.01	2.07	0.31	4.90	1.94
甘肃	100.00	64.40	13.46	10.91	1.94	2.02	0.39	5.00	1.87
青海									
宁夏	100.00	63.58	14.38	10.83	1.98	2.05	0.35	4.93	1.90
新疆	100.00	60.28	20.87	8.76	1.77	1.83	0.33	4.46	1.69

4-17　1980年各地区农村居民现金支出

单位：元/人

地　区	现金支出	一、生产费用支　出	二、税费支出	三、生活消费现金支出	四、转移性和财产性支出
全国总计	**107.02**	**13.81**	**0.24**	**83.83**	**9.14**
北　京	203.46	14.16		179.67	9.63
天　津	155.19	6.31		122.31	26.57
河　北	99.39	6.01	0.04	80.79	12.55
山　西	81.22	4.54	0.04	71.27	5.37
内蒙古	87.87	11.83	0.07	69.58	6.39
辽　宁	164.15	10.91	0.03	131.97	21.24
吉　林	114.39	12.85	0.01	88.50	13.03
黑龙江	105.68	10.47	0.08	84.98	10.15
上　海	273.66	19.88	0.09	233.50	20.19
江　苏	152.19	19.84	0.01	119.94	12.40
浙　江					
安　徽	114.41	20.42	0.15	84.37	9.47
福　建	105.82	16.62	0.37	83.50	5.33
江　西	84.19	8.96	0.66	67.97	6.60
山　东	117.76	12.39	0.04	92.39	12.94
河　南	99.98	16.05	0.10	77.62	9.21
湖　北	87.46	7.32	0.40	71.30	8.44
湖　南	112.96	15.35	0.67	85.76	11.18
广　东	165.75	28.01	0.52	124.30	12.92
广　西	97.42	16.91	0.37	74.58	5.56
四　川	100.57	20.01	0.39	73.84	6.33
贵　州	79.75	14.75	0.51	57.78	6.71
云　南	73.21	10.58	0.30	55.19	7.14
西　藏					
陕　西	78.59	6.63	0.22	65.57	6.17
甘　肃	79.75	9.69	0.03	62.84	7.19
青　海					
宁　夏	78.39	3.89	0.04	66.71	7.75
新　疆	97.31	5.30	0.79	79.53	11.69

4－18 1980年各地区农村居民现金支出构成

单位：%

地区	现金支出	一、生产费用支出	二、税费支出	三、生活消费现金支出	四、转移性和财产性支出
全国总计	**100.00**	**12.90**	**0.22**	**78.33**	**8.54**
北京	100.00	6.96		88.31	4.73
天津	100.00	4.07		78.81	17.12
河北	100.00	6.05	0.04	81.29	12.63
山西	100.00	5.59	0.05	87.75	6.61
内蒙古	100.00	13.46	0.08	79.19	7.27
辽宁	100.00	6.65	0.02	80.40	12.94
吉林	100.00	11.23	0.01	77.37	11.39
黑龙江	100.00	9.91	0.08	80.41	9.60
上海	100.00	7.26	0.03	85.32	7.38
江苏	100.00	13.04	0.01	78.81	8.15
浙江					
安徽	100.00	17.85	0.13	73.74	8.28
福建	100.00	15.71	0.35	78.91	5.04
江西	100.00	10.64	0.78	80.73	7.84
山东	100.00	8.37	0.46	81.52	9.65
河南	103.00	16.05	0.10	77.64	9.21
湖北	100.00	8.37	0.46	81.52	9.65
湖南	100.00	13.59	0.59	75.92	9.90
广东	100.00	16.90	0.31	74.99	7.79
广西	100.00	17.36	0.38	76.56	5.71
四川	100.00	19.90	0.39	73.42	6.29
贵州	100.00	18.50	0.64	72.45	8.41
云南	100.00	14.45	0.41	75.39	9.75
西藏					
陕西	100.00	8.44	0.28	83.43	7.85
甘肃	100.00	12.15	0.04	78.80	9.02
青海					
宁夏	100.00	4.96	0.05	85.10	9.89
新疆	100.00	5.45	0.81	81.73	12.01

4－19　1980年各地区农村居民生活消费现金支出

单位:元/人

地　区	生活消费现金支出	一、食品支出	二、衣着支出	三、居住支出	四、家庭设备用品及服务支出	五、医疗保健支出	六、交通通讯支出	七、文化教育用品及服务支出	八、其他商品及服务支出
全国总计	**83.83**	**31.36**	**19.84**	**14.48**	**3.18**	**3.30**	**0.58**	**8.01**	**3.08**
北　京	179.67	69.55	32.26	35.86	7.55	7.77	1.12	18.24	7.32
天　津	122.31	49.77	30.76	17.39	4.35	4.49	0.69	10.65	4.21
河　北	80.79	26.55	19.23	17.02	3.26	3.35	0.44	7.77	3.17
山　西	71.27	22.36	20.11	11.94	3.10	3.17	0.36	7.20	3.03
内蒙古	69.58	20.34	21.73	6.43	3.79	3.90	0.57	9.16	3.66
辽　宁	131.97	46.30	30.75	20.32	6.15	6.36	1.01	15.14	5.94
吉　林	88.52	26.85	27.56	11.46	4.38	4.42	0.19	9.31	4.35
黑龙江	84.98	23.89	27.52	11.62	3.95	4.06	0.59	9.54	3.81
上　海	233.50	97.07	35.15	62.21	7.22	7.38	0.78	16.63	7.06
江　苏	119.94	47.65	24.44	25.24	3.97	4.11	0.73	9.98	3.82
浙　江									
安　徽	84.37	29.62	18.62	18.04	2.99	3.15	0.83	8.30	2.82
福　建	83.50	37.61	16.30	13.13	2.73	2.88	0.74	7.53	2.58
江　西	67.97	22.71	15.53	13.78	2.76	2.87	0.56	7.10	2.66
山　东	92.39	32.36	23.46	16.37	3.70	3.79	0.44	8.65	3.62
河　南	77.62	24.98	18.44	17.81	2.93	3.02	0.46	7.14	2.84
湖　北	71.30	25.67	17.52	12.87	2.58	2.71	0.61	6.87	2.47
湖　南	85.76	36.41	20.35	12.29	2.95	3.06	0.51	7.35	2.84
广　东	124.30	53.48	19.85	23.76	4.75	4.93	0.91	12.05	4.57
广　西	74.58	32.33	14.16	10.39	3.21	3.30	0.44	7.64	3.11
四　川	73.84	32.70	17.54	9.09	2.42	2.55	0.64	6.63	2.27
贵　州	57.78	24.85	14.38	8.01	1.56	1.71	0.72	5.14	1.41
云　南	55.19	26.60	12.36	7.45	1.48	1.56	0.36	3.96	1.42
西　藏									
陕　西	65.57	19.89	17.84	12.19	2.80	2.89	0.44	6.83	2.69
甘　肃	62.84	21.19	16.38	11.68	2.34	2.44	0.50	6.08	2.23
青　海									
宁　夏	66.71	20.69	19.43	11.79	2.60	2.70	0.47	6.52	2.51
新　疆	79.53	24.64	30.21	9.89	2.58	2.68	0.50	6.56	2.47

4－20 1980年各地区农村居民生活消费现金支出构成

单位：%

地区	生活消费现金支出	一、食品支出	二、衣着支出	三、居住支出	四、家庭设备用品及服务支出	五、医疗保健支出	六、交通通讯支出	七、文化教育用品及服务支出	八、其他商品及服务支出
全国总计	**100.00**	**37.41**	**23.67**	**17.27**	**3.79**	**3.94**	**0.69**	**9.56**	**3.67**
北京	100.00	38.71	17.96	19.96	4.20	4.32	0.62	10.15	4.07
天津	100.00	40.69	25.15	14.22	3.56	3.67	0.56	8.71	3.44
河北	100.00	32.86	23.80	21.07	4.04	4.15	0.54	9.62	3.92
山西	100.00	31.37	28.22	16.75	4.35	4.45	0.51	10.10	4.25
内蒙古	100.00	29.23	31.23	9.24	5.45	5.61	0.82	13.16	5.26
辽宁	100.00	35.08	23.30	15.40	4.66	4.82	0.77	11.47	4.50
吉林	100.00	30.33	31.13	12.95	4.95	4.99	0.21	10.52	4.91
黑龙江	100.00	28.11	32.38	13.67	4.65	4.78	0.69	11.23	4.48
上海	100.00	41.57	15.05	26.64	3.09	3.16	0.33	7.12	3.02
江苏	100.00	39.73	20.38	21.04	3.31	3.43	0.61	8.32	3.18
浙江									
安徽	100.00	35.11	22.07	21.38	3.54	3.73	0.98	9.84	3.34
福建	100.00	45.04	19.52	15.72	3.27	3.45	0.89	9.02	3.09
江西	100.00	33.41	22.85	20.27	4.06	4.22	0.82	10.45	3.91
山东	100.00	35.03	25.39	17.72	4.00	4.10	0.48	9.36	3.92
河南	100.00	32.18	23.76	22.95	3.77	3.89	0.59	9.20	3.66
湖北	100.00	36.00	24.57	18.05	3.62	3.80	0.86	9.64	3.46
湖南	100.00	42.46	23.73	14.33	3.44	3.57	0.59	8.57	3.31
广东	100.00	43.02	15.97	19.12	3.82	3.97	0.73	9.69	3.68
广西	100.00	43.35	18.99	13.93	4.30	4.42	0.59	10.24	4.17
四川	100.00	44.28	23.75	12.31	3.28	3.45	0.87	8.98	3.07
贵州	100.00	43.01	24.89	13.86	2.70	2.96	1.25	8.90	2.44
云南	100.00	48.20	22.40	13.50	2.68	2.83	0.65	7.18	2.57
西藏									
陕西	100.00	30.33	27.21	18.59	4.27	4.41	0.67	10.42	4.10
甘肃	100.00	33.72	26.07	18.59	3.72	3.88	0.80	9.68	3.55
青海									
宁夏	100.00	31.01	29.13	17.67	3.90	4.05	0.70	9.77	3.76
新疆	100.00	30.98	37.99	12.44	3.24	3.37	0.63	8.25	3.11

4－21 1985年各地区农村居民总收入

单位:元/人

地区	总收入	一、工资性收入	二、家庭经营收入	三、转移性和财产性收入
全国总计	**547.31**	**72.15**	**445.25**	**29.91**
北京	939.70	438.78	459.30	41.62
天津	721.99	210.17	466.00	45.82
河北	529.22	88.71	412.49	28.02
山西	463.69	110.18	330.09	23.42
内蒙古	518.25	36.68	472.26	9.31
辽宁	685.44	143.22	522.44	19.78
吉林	645.60	53.18	572.23	20.19
黑龙江	623.94	52.82	559.57	11.55
上海	1036.24	430.38	553.17	52.69
江苏	676.59	135.09	502.90	38.60
浙江	711.13	162.60	523.05	25.48
安徽	526.63	35.76	460.94	29.93
福建	542.42	73.73	442.45	26.24
江西	494.17	52.75	418.67	22.75
山东	587.93	80.94	489.01	17.98
河南	455.75	44.55	390.00	21.20
湖北	565.49	50.36	479.20	35.93
湖南	553.70	53.89	484.68	15.13
广东	671.44	77.44	549.35	44.65
广西	420.28	27.49	379.24	13.55
四川	455.79	47.23	389.61	18.95
贵州	394.14	27.25	351.41	15.48
云南	446.52	36.21	378.36	31.95
西藏	463.77	20.58	414.41	28.78
陕西	399.92	38.69	339.35	21.88
甘肃	358.25	40.10	290.85	27.30
青海	463.98	58.57	381.44	23.97
宁夏	438.38	65.00	348.05	25.33
新疆	594.15	38.26	530.09	25.80

4－22 1985年各地区农村居民总收入构成

单位：%

地　区	总收入	一、工资性收入	二、家庭经营收入	三、转移性和财产性收入
全国总计	**100.00**	**13.18**	**81.35**	**5.46**
北　京	100.00	46.69	48.88	4.43
天　津	100.00	29.11	64.54	6.35
河　北	100.00	16.76	77.94	5.29
山　西	100.00	23.76	71.19	5.05
内蒙古	100.00	7.08	91.13	1.80
辽　宁	100.00	20.89	76.22	2.89
吉　林	100.00	8.24	88.64	3.13
黑龙江	100.00	8.47	89.68	1.85
上　海	100.00	41.53	53.38	5.08
江　苏	100.00	19.97	74.33	5.71
浙　江	100.00	22.87	73.55	3.58
安　徽	100.00	6.79	87.53	5.68
福　建	100.00	13.59	81.57	4.84
江　西	100.00	10.67	84.72	4.60
山　东	100.00	13.77	83.17	3.06
河　南	100.00	9.78	85.57	4.65
湖　北	100.00	8.91	84.74	6.35
湖　南	100.00	9.73	87.53	2.73
广　东	100.00	11.53	81.82	6.65
广　西	100.00	6.54	90.24	3.22
四　川	100.00	10.36	85.48	4.16
贵　州	100.00	6.91	89.16	3.93
云　南	100.00	8.11	84.74	7.16
西　藏	100.00	4.44	89.36	6.21
陕　西	100.00	9.67	84.85	5.47
甘　肃	100.00	11.19	81.19	7.62
青　海	100.00	12.62	82.21	5.17
宁　夏	100.00	14.83	79.39	5.78
新　疆	100.00	6.44	89.22	4.34

4－23 1985年各地区农村居民家庭经营收入

单位：元/人

地区	家庭经营收入	1.农业收入	#种植业收入	2.林业收入	3.牧业收入	4.渔业收入	5.工业收入	6.建筑业收入
全国合计	**445.25**	**283.45**	**268.74**	**7.39**	**104.03**	**5.70**	**4.25**	**8.00**
北京	459.30	231.39	223.20	6.80	126.29	0.93	5.62	13.00
天津	466.00	287.17	273.48	1.00	114.92	2.35	0.92	13.90
河北	412.49	298.57	279.24	2.37	67.23	0.97	4.45	8.96
山西	330.09	209.15	198.89	4.28	45.31	0.01	2.90	4.70
内蒙古	472.26	338.95	332.95	1.65	115.45	0.43	1.17	2.44
辽宁	522.44	333.44	318.57	2.56	114.99	7.49	7.63	12.34
吉林	572.23	419.70	409.72	1.86	105.47	1.09	1.19	5.12
黑龙江	559.57	420.48	411.69	0.73	88.21	9.45	1.57	1.94
上海	553.17	308.87	299.01	0.46	210.90	3.50		5.53
江苏	502.90	314.67	294.88	5.02	119.84	10.74	6.83	13.35
浙江	523.05	307.43	272.52	21.65	124.23	12.28	6.40	10.60
安徽	460.94	324.58	311.71	6.22	83.58	4.22	1.93	5.48
福建	442.45	244.57	229.44	12.29	122.39	7.55	6.26	7.07
江西	418.67	253.87	239.74	18.28	111.25	5.52	4.42	5.18
山东	489.01	336.48	318.35	5.45	91.59	2.45	3.15	9.26
河南	390.00	300.22	286.14	4.34	51.31	1.09	1.63	7.85
湖北	479.20	312.96	302.14	7.59	98.19	11.28	7.26	7.11
湖南	484.68	270.84	251.01	15.34	145.95	8.85	8.36	7.19
广东	549.35	272.19	251.12	10.81	165.64	35.15	4.67	18.47
广西	379.24	188.89	174.18	8.60	133.31	4.23	9.39	5.13
四川	389.61	228.74	219.21	6.56	122.35	1.21	3.46	6.80
贵州	351.41	204.37	192.18	7.16	102.31	0.97	3.11	4.88
云南	378.36	212.59	200.85	8.31	117.11	2.02	5.14	7.98
西藏	414.41	246.05	219.83	11.56	99.79	0.04	0.07	18.83
陕西	339.35	234.57	223.44	5.01	65.70	0.12	1.20	8.04
甘肃	290.85	199.06	192.03	4.53	54.14		1.96	8.03
青海	381.44	202.73	197.28	2.08	125.56	0.06	4.48	3.85
宁夏	348.05	251.96	244.42	6.51	58.68	1.01	2.38	5.54
新疆	530.09	387.59	372.99	7.93	92.82	0.15	2.14	4.56

4-23 续表　　　　单位:元/人

地　区	7.交通运输业、邮电业收入	8.批发和零售贸易、餐饮业收入	9.社会服务业收入	10.其他家庭经营收入	第一产业收入	第二产业收入	第三产业收入
全国合计	**12.58**	**8.72**	**3.95**	**7.19**	**400.56**	**12.25**	**32.44**
北　京	56.43	5.13	4.54	9.18	365.40	18.62	75.28
天　津	20.35	12.16	4.77	8.46	405.44	14.82	45.74
河　北	10.17	9.53	3.99	6.25	369.14	13.41	29.94
山　西	42.38	7.41	4.52	9.43	258.75	7.60	63.74
内蒙古	5.22	3.09	2.13	1.74	456.47	3.61	12.18
辽　宁	22.81	9.24	3.57	8.37	458.48	19.97	43.99
吉　林	14.28	6.76	2.62	14.15	528.11	6.31	37.81
黑龙江	16.82	6.61	2.37	11.39	518.87	3.51	37.19
上　海	8.10	4.07	2.74	9.00	523.73	5.53	23.91
江　苏	12.26	6.67	5.47	8.06	450.26	20.18	32.46
浙　江	14.56	10.28	6.05	9.57	465.59	17.00	40.46
安　徽	11.35	13.44	4.09	6.05	418.60	7.41	34.93
福　建	15.81	10.80	6.81	8.91	386.79	13.33	42.33
江　西	6.98	5.24	3.09	4.84	388.92	9.60	20.15
山　东	12.00	13.20	4.92	10.51	435.97	12.41	40.63
河　南	9.42	5.63	2.85	5.67	356.95	9.48	23.57
湖　北	11.88	15.00	4.09	3.84	430.02	14.37	34.81
湖　南	9.37	11.67	3.20	3.91	440.98	15.55	28.15
广　东	12.25	12.21	6.13	11.83	483.79	23.14	42.42
广　西	7.12	9.42	2.71	10.44	335.03	14.52	29.69
四　川	7.65	5.05	3.73	4.06	358.86	10.26	20.49
贵　州	10.03	8.74	3.49	6.36	314.80	7.99	28.62
云　南	6.85	7.96	4.97	5.43	340.03	13.12	25.21
西　藏	24.01	2.33	1.59	10.14	357.44	18.90	38.07
陕　西	12.06	5.70	2.22	4.73	305.40	9.24	24.71
甘　肃	8.05	4.74	2.25	8.09	257.73	9.99	23.13
青　海	19.86	9.60	5.28	7.95	330.42	8.33	42.69
宁　夏	15.17	2.61	2.61	1.58	318.16	7.92	21.97
新　疆	15.85	10.19	4.03	4.83	488.49	6.70	34.90

4-24 1985年各地区农村居民家庭经营收入构成

单位：%

地区	家庭经营收入	1.农业收入	#种植业收入	2.林业收入	3.牧业收入	4.渔业收入	5.工业收入	6.建筑业收入
全国合计	**100.00**	**63.66**	**60.36**	**1.66**	**23.36**	**1.28**	**0.95**	**1.80**
北京	100.00	50.38	48.60	1.48	27.50	0.20	1.22	2.83
天津	100.00	61.62	58.69	0.21	24.66	0.50	0.20	2.98
河北	100.00	72.38	67.70	0.57	16.30	0.24	1.08	2.17
山西	100.00	63.36	60.25	1.30	13.73	0.00	0.88	1.42
内蒙古	100.00	71.77	70.50	0.35	24.45	0.09	0.25	0.52
辽宁	100.00	63.82	60.98	0.49	22.01	1.43	1.46	2.36
吉林	100.00	73.34	71.60	0.33	18.43	0.19	0.21	0.89
黑龙江	100.00	75.14	73.57	0.13	15.76	1.69	0.28	0.35
上海	100.00	55.84	54.05	0.08	38.13	0.63	0.00	1.00
江苏	100.00	62.57	58.64	1.00	23.83	2.14	1.36	2.65
浙江	100.00	58.78	52.10	4.14	23.75	2.35	1.22	2.03
安徽	100.00	70.42	67.62	1.35	18.13	0.92	0.42	1.19
福建	100.00	55.28	51.86	2.78	27.66	1.71	1.41	1.60
江西	100.00	60.64	57.26	4.37	26.57	1.32	1.06	1.24
山东	100.00	68.81	65.10	1.11	18.73	0.50	0.64	1.89
河南	100.00	76.98	73.37	1.11	13.16	0.28	0.42	2.01
湖北	100.00	65.31	63.05	1.58	20.49	2.35	1.52	1.48
湖南	100.00	55.88	51.79	3.16	30.11	1.83	1.72	1.48
广东	100.00	49.55	45.71	1.97	30.15	6.40	0.85	3.36
广西	100.00	49.81	45.93	2.27	35.15	1.12	2.48	1.35
四川	100.00	58.71	56.26	1.68	31.40	0.31	0.89	1.75
贵州	100.00	58.16	54.69	2.04	29.11	0.28	0.89	1.39
云南	100.00	56.19	53.08	2.20	30.95	0.53	1.36	2.11
西藏	100.00	59.37	53.05	2.79	24.08	0.01	0.02	4.54
陕西	100.00	69.12	65.84	1.48	19.36	0.04	0.35	2.37
甘肃	100.00	68.44	66.02	1.56	18.62	0.00	0.67	2.76
青海	100.00	53.15	51.72	0.55	32.92	0.02	1.17	1.01
宁夏	100.00	72.39	70.23	1.87	16.86	0.29	0.68	1.59
新疆	100.00	73.12	70.36	1.50	17.51	0.03	0.40	0.86

4-24 续表

单位：%

地　区	7.交通运输业、邮电业收入	8.批发和零售贸易、餐饮业收入	9.社会服务业收入	10.其他家庭经营收入	第一产业收入	第二产业收入	第三产业收入
全国合计	**2.83**	**1.96**	**0.89**	**1.61**	**89.96**	**2.75**	**7.29**
北　京	12.29	1.12	0.99	2.00	79.56	4.05	16.39
天　津	4.37	2.61	1.02	1.82	87.00	3.18	9.82
河　北	2.47	2.31	0.97	1.52	89.49	3.25	7.26
山　西	12.84	2.24	1.37	2.86	78.39	2.30	19.31
内蒙古	1.11	0.65	0.45	0.37	96.66	0.76	2.58
辽　宁	4.37	1.77	0.68	1.60	87.76	3.82	8.42
吉　林	2.50	1.18	0.46	2.47	92.29	1.10	6.61
黑龙江	3.01	1.18	0.42	2.04	92.73	0.63	6.65
上　海	1.46	0.74	0.50	1.63	94.68	1.00	4.32
江　苏	2.44	1.33	1.09	1.60	89.53	4.01	6.45
浙　江	2.78	1.97	1.16	1.83	89.01	3.25	7.74
安　徽	2.46	2.92	0.89	1.31	90.81	1.61	7.58
福　建	3.57	2.44	1.54	2.01	87.42	3.01	9.57
江　西	1.67	1.25	0.74	1.16	92.89	2.29	4.81
山　东	2.45	2.70	1.01	2.15	89.15	2.54	8.31
河　南	2.42	1.44	0.73	1.45	91.53	2.43	6.04
湖　北	2.48	3.13	0.85	0.80	89.74	3.00	7.26
湖　南	1.93	2.41	0.66	0.81	90.98	3.21	5.81
广　东	2.23	2.22	1.12	2.15	88.07	4.21	7.72
广　西	1.88	2.48	0.71	2.75	88.34	3.83	7.83
四　川	1.96	1.30	0.96	1.04	92.11	2.63	5.26
贵　州	2.85	2.49	0.99	1.81	89.58	2.27	8.14
云　南	1.81	2.10	1.31	1.44	89.87	3.47	6.66
西　藏	5.79	0.56	0.38	2.45	86.25	4.56	9.19
陕　西	3.55	1.68	0.65	1.39	90.00	2.72	7.28
甘　肃	2.77	1.63	0.77	2.78	88.61	3.43	7.95
青　海	5.21	2.52	1.38	2.08	86.62	2.18	11.19
宁　夏	4.36	0.75	0.75	0.45	91.41	2.28	6.31
新　疆	2.99	1.92	0.76	0.91	92.15	1.26	6.58

4－25　1985年各地区农村居民现金收入

单位：元/人

地　区	现金收入	一、工资性收入	二、家庭经营收入	三、转移性和财产性收入
全国总计	**357.39**	**68.89**	**251.68**	**36.82**
北　京	736.03	399.52	281.26	55.25
天　津	562.07	205.26	295.68	61.13
河　北	351.51	85.86	236.54	29.11
山　西	336.42	104.76	187.71	43.95
内蒙古	289.94	35.55	230.81	23.58
辽　宁	486.20	128.46	321.17	36.57
吉　林	454.78	52.66	360.40	41.72
黑龙江	414.77	49.80	321.85	43.12
上　海	859.74	420.93	361.91	76.90
江　苏	483.11	132.95	312.64	37.52
浙　江	555.51	161.73	345.92	47.86
安　徽	339.38	35.55	272.45	31.38
福　建	394.78	73.14	278.61	43.03
江　西	307.03	51.60	231.11	24.32
山　东	405.50	77.82	296.27	31.41
河　南	292.88	43.35	214.04	35.49
湖　北	347.43	46.25	267.16	34.02
湖　南	351.50	53.13	250.18	48.19
广　东	500.36	76.97	366.42	56.97
广　西	282.18	27.48	225.74	28.96
四　川	274.89	46.93	194.65	33.31
贵　州	218.22	26.94	161.36	29.92
云　南	254.13	37.10	182.70	34.33
西　藏	199.02	20.05	147.24	31.73
陕　西	234.87	38.79	159.04	37.04
甘　肃	198.35	39.19	129.75	29.41
青　海	278.91	58.04	182.30	38.57
宁　夏	294.57	64.38	190.14	40.05
新　疆	413.95	40.64	342.75	30.56

4-26 1985年各地区农村居民现金收入构成

单位：%

地 区	现金收入	一、工资性收入	二、家庭经营收入	三、转移性和财产性收入
全国总计	**100.00**	**19.28**	**70.42**	**10.30**
北 京	100.00	54.28	38.21	7.51
天 津	100.00	36.52	52.61	10.88
河 北	100.00	24.43	67.29	8.28
山 西	100.00	31.14	55.80	13.06
内蒙古	100.00	12.26	79.61	8.13
辽 宁	100.00	26.42	66.06	7.52
吉 林	100.00	11.58	79.25	9.17
黑龙江	100.00	12.01	77.60	10.40
上 海	100.00	48.96	42.10	8.94
江 苏	100.00	27.52	64.71	7.77
浙 江	100.00	29.11	62.27	8.62
安 徽	100.00	10.47	80.28	9.25
福 建	100.00	18.53	70.57	10.90
江 西	100.00	16.81	75.27	7.92
山 东	100.00	19.19	73.06	7.75
河 南	100.00	14.80	73.08	12.12
湖 北	100.00	13.31	76.90	9.79
湖 南	100.00	15.12	71.17	13.71
广 东	100.00	15.38	73.23	11.39
广 西	100.00	9.74	80.00	10.26
四 川	100.00	17.07	70.81	12.12
贵 州	100.00	12.35	73.94	13.71
云 南	100.00	14.60	71.89	13.51
西 藏	100.00	10.07	73.98	15.94
陕 西	100.00	16.52	67.71	15.77
甘 肃	100.00	19.76	65.41	14.83
青 海	100.00	20.81	65.36	13.83
宁 夏	100.00	21.86	64.55	13.60
新 疆	100.00	9.82	82.80	7.38

4－27 1985年各地区农村居民家庭经营现金收入

单位:元/人

地区	家庭经营现金收入	1.出售产品收入	#农业产品收入	##种植业收入	#牧业收入	2.建筑业收入	3.交通运输业、邮电业收入
全国合计	**251.68**	**213.56**	**122.79**	**111.25**	**75.22**	**7.67**	**12.13**
北京	281.26	208.82	90.08	83.17	102.64	11.27	49.63
天津	295.68	237.65	125.25	111.98	107.60	13.65	20.35
河北	236.54	200.17	135.13	116.74	57.01	8.82	9.32
山西	187.71	125.94	84.91	75.60	34.22	4.48	38.67
内蒙古	230.81	216.94	150.61	146.71	62.95	2.34	5.19
辽宁	321.17	271.68	178.71	166.15	77.29	9.99	20.78
吉林	360.40	323.54	246.44	239.04	67.92	5.10	14.28
黑龙江	321.85	284.45	210.02	202.60	63.40	1.59	16.66
上海	361.91	339.48	140.79	131.80	193.40	5.30	7.84
江苏	312.64	268.64	146.03	126.32	2.29	12.89	12.24
浙江	345.92	277.69	142.78	127.91	98.32	10.60	14.56
安徽	272.45	234.73	154.96	143.21	67.97	5.42	11.25
福建	278.61	232.45	106.81	96.09	99.46	6.96	15.61
江西	231.11	207.48	104.87	96.28	79.21	4.99	6.90
山东	296.27	250.87	160.21	143.03	79.11	8.84	11.47
河南	214.04	185.44	133.48	119.91	45.04	7.41	9.34
湖北	267.16	228.45	149.56	141.36	59.41	6.23	11.00
湖南	250.18	215.80	90.09	74.16	102.37	6.98	9.37
广东	366.42	308.56	127.90	111.20	135.26	18.32	12.16
广西	225.74	194.31	74.46	66.17	98.40	5.13	7.12
四川	194.65	168.60	76.05	68.88	82.49	6.74	7.57
贵州	161.36	130.04	64.34	55.86	55.16	4.96	10.04
云南	182.70	150.54	78.50	71.10	58.01	7.92	6.80
西藏	147.24	93.95	50.82	34.45	34.28	18.69	23.89
陕西	159.04	127.82	76.29	67.13	44.80	8.05	12.00
甘肃	129.75	100.61	57.10	50.85	37.77	7.73	7.87
青海	182.30	139.80	49.49	44.89	82.34	3.85	18.92
宁夏	190.14	163.02	110.61	103.24	42.59	5.54	15.15
新疆	342.75	304.92	226.85	213.10	68.26	4.59	15.86

4－27续表

单位:元/人

地　　区	4. 批发和零售贸易、餐饮业收入	5. 社会服务业收入	6. 其他家庭经营收入	第一产业收　　入	第二产业收　　入	第三产业收　　入
全国合计	**8.50**	**3.87**	**5.95**	**213.56**	**7.67**	**30.45**
北　　京	3.81	4.32	3.41	208.82	11.27	61.17
天　　津	12.05	4.77	7.21	237.65	13.65	44.38
河　　北	9.36	3.97	4.90	200.17	8.82	27.55
山　　西	7.20	4.48	6.94	125.94	4.48	57.29
内 蒙 古	3.06	2.13	1.15	216.94	2.34	11.53
辽　　宁	8.79	3.30	6.63	271.68	9.99	39.50
吉　　林	6.76	2.62	8.10	323.54	5.10	31.76
黑 龙 江	6.60	2.32	10.23	284.45	1.59	35.81
上　　海	2.68	2.74	3.87	339.48	5.30	17.13
江　　苏	6.58	5.44	6.85	268.64	12.89	31.11
浙　　江	10.28	6.03	26.76	277.69	10.60	57.63
安　　徽	13.29	4.00	3.76	234.73	5.42	32.30
福　　建	10.67	6.77	6.15	232.45	6.96	39.20
江　　西	5.23	3.02	3.49	207.48	4.99	18.64
山　　东	12.96	4.73	7.40	250.87	8.84	36.56
河　　南	5.24	2.79	3.82	185.44	7.41	21.19
湖　　北	14.69	3.78	3.01	228.45	6.23	32.48
湖　　南	11.57	3.19	3.27	215.80	6.98	27.40
广　　东	12.21	6.13	9.04	308.56	18.32	39.54
广　　西	9.42	2.71	7.05	194.31	5.13	26.30
四　　川	4.99	3.73	3.02	168.60	6.74	19.31
贵　　州	8.00	3.48	4.84	130.04	4.96	26.36
云　　南	7.95	4.97	4.52	150.54	7.92	24.24
西　　藏	1.66	1.19	7.86	93.95	18.69	34.60
陕　　西	5.77	2.22	3.18	127.82	8.05	23.17
甘　　肃	4.70	2.28	6.56	100.61	7.73	21.41
青　　海	9.60	5.20	4.93	139.80	3.85	38.65
宁　　夏	2.61	2.61	1.21	163.02	5.54	21.58
新　　疆	10.09	3.96	3.33	304.92	4.59	33.24

4－28　1985年各地区农村居民家庭经营现金收入构成

单位：%

地　区	家庭经营现金收入	1.出售产品收　入	#农业产品收　入	##种植业收　入	#牧　业收　入	2.建筑业收　入	3.交通运输业、邮电业收入
全国合计	**100.00**	**84.85**	**48.79**	**44.20**	**29.89**	**3.05**	**4.82**
北　京	100.00	74.24	32.03	29.57	36.49	4.01	17.65
天　津	100.00	80.37	42.36	37.87	36.39	4.62	6.88
河　北	100.00	84.62	57.13	49.35	24.10	3.73	3.94
山　西	100.00	67.09	45.23	40.27	18.23	2.39	20.60
内蒙古	100.00	93.99	65.25	63.56	27.27	1.01	2.25
辽　宁	100.00	84.59	55.64	51.73	24.07	3.11	6.47
吉　林	100.00	89.77	68.38	66.33	18.85	1.42	3.96
黑龙江	100.00	88.38	65.25	62.95	19.70	0.49	5.18
上　海	100.00	93.80	38.90	36.42	53.44	1.46	2.17
江　苏	100.00	85.93	46.71	40.40	0.73	4.12	3.92
浙　江	100.00	80.28	41.28	36.98	28.42	3.06	4.21
安　徽	100.00	86.16	56.88	52.56	24.95	1.99	4.13
福　建	100.00	83.43	38.34	34.49	35.70	2.50	5.60
江　西	100.00	89.78	45.38	41.66	34.27	2.16	2.99
山　东	100.00	84.68	54.07	48.28	26.70	2.98	3.87
河　南	100.00	86.64	62.36	56.02	21.04	3.46	4.36
湖　北	100.00	85.51	55.98	52.91	22.24	2.33	4.12
湖　南	100.00	86.26	36.01	29.64	40.92	2.79	3.75
广　东	100.00	84.21	34.91	30.35	36.91	5.00	3.32
广　西	100.00	86.08	32.98	29.31	43.59	2.27	3.15
四　川	100.00	86.62	39.07	35.39	42.38	3.46	3.89
贵　州	100.00	80.59	39.88	34.62	34.18	3.07	6.22
云　南	100.00	82.40	42.96	38.92	31.75	4.33	3.72
西　藏	100.00	63.81	34.51	23.40	23.28	12.69	16.23
陕　西	100.00	80.37	47.97	42.21	28.17	5.06	7.55
甘　肃	100.00	77.54	44.01	39.19	29.11	5.96	6.07
青　海	100.00	76.69	27.14	24.62	45.16	2.11	10.38
宁　夏	100.00	85.74	58.17	54.30	22.40	2.91	7.97
新　疆	100.00	88.96	66.19	62.17	19.92	1.34	4.63

4－28续表　　　　单位：%

地　区	4. 批发和零售贸易、餐饮业收入	5. 社会服务业收入	6. 其他家庭经营收入	第一产业收　入	第二产业收　入	第三产业收　入
全国合计	**3.38**	**1.54**	**2.36**	**84.85**	**3.05**	**12.10**
北　京	1.35	1.54	1.21	74.24	4.01	21.75
天　津	4.08	1.61	2.44	80.37	4.62	15.01
河　北	3.96	1.68	2.07	84.62	3.73	11.65
山　西	3.84	2.39	3.70	67.09	2.39	30.52
内蒙古	1.33	0.92	0.50	93.99	1.01	5.00
辽　宁	2.74	1.03	2.06	84.59	3.11	12.30
吉　林	1.88	0.73	2.25	89.77	1.42	8.81
黑龙江	2.05	0.72	3.18	88.38	0.49	11.13
上　海	0.74	0.76	1.07	93.80	1.46	4.73
江　苏	2.10	1.74	2.19	85.93	4.12	9.95
浙　江	2.97	1.74	7.74	80.28	3.06	16.66
安　徽	4.88	1.47	1.38	86.16	1.99	11.86
福　建	3.83	2.43	2.21	83.43	2.50	14.07
江　西	2.26	1.31	1.51	89.78	2.16	8.07
山　东	4.37	1.60	2.50	84.68	2.98	12.34
河　南	2.45	1.30	1.78	86.64	3.46	9.90
湖　北	5.50	1.41	1.13	85.51	2.33	12.16
湖　南	4.62	1.28	1.31	86.26	2.79	10.95
广　东	3.33	1.67	2.47	84.21	5.00	10.79
广　西	4.17	1.20	3.12	86.08	2.27	11.65
四　川	2.56	1.92	1.55	86.62	3.46	9.92
贵　州	4.96	2.16	3.00	80.59	3.07	16.34
云　南	4.35	2.72	2.47	82.40	4.33	13.27
西　藏	1.13	0.81	5.34	63.81	12.69	23.50
陕　西	3.63	1.40	2.00	80.37	5.06	14.57
甘　肃	3.62	1.76	5.06	77.54	5.96	16.50
青　海	5.27	2.85	2.70	76.69	2.11	21.20
宁　夏	1.37	1.37	0.64	85.74	2.91	11.35
新　疆	2.94	1.16	0.97	88.96	1.34	9.70

4-29 1985年各地区农村居民纯收入

单位:元/人

地区	纯收入	1.工资性收入	2.家庭经营纯收入	3.转移性和财产性收入
全国	**397.60**	**72.15**	**295.98**	**29.47**
北京	775.08	438.78	294.68	41.62
天津	564.55	210.17	308.56	45.82
河北	385.23	88.71	268.50	28.02
山西	358.32	110.18	224.72	23.42
内蒙古	360.41	36.68	314.42	9.31
辽宁	467.84	143.22	304.84	19.78
吉林	413.74	53.18	340.37	20.19
黑龙江	397.84	52.82	333.47	11.55
上海	805.92	430.38	322.85	52.69
江苏	492.60	135.09	318.91	38.60
浙江	548.60	162.60	360.52	25.48
安徽	369.41	35.76	303.72	29.93
福建	396.45	73.73	296.48	26.24
江西	377.31	52.75	301.81	22.75
山东	408.12	80.94	309.20	17.98
河南	329.37	44.55	263.62	21.20
湖北	421.24	50.36	334.95	35.93
湖南	395.26	53.89	326.24	15.13
广东	495.31	77.44	373.22	44.65
广西	302.96	27.49	261.92	13.55
四川	315.07	47.23	248.89	18.95
贵州	287.83	27.25	245.10	15.48
云南	338.34	36.21	270.18	31.95
西藏	352.97	20.58	303.61	28.78
陕西	295.26	38.69	234.69	21.88
甘肃	255.22	40.10	187.82	27.30
青海	342.95	58.57	260.41	23.97
宁夏	321.17	65.00	230.84	25.33
新疆	394.30	38.26	330.24	25.80

4－30 1985年各地区农村居民纯收入构成

单位：%

地　区	纯收入	1.工资性收入	2.家庭经营纯收入	3.转移性和财产性收入
全　国	**100.00**	**18.15**	**74.44**	**7.41**
北　京	100.00	56.61	38.02	5.37
天　津	100.00	37.23	54.66	8.12
河　北	100.00	23.03	69.70	7.27
山　西	100.00	30.75	62.71	6.54
内蒙古	100.00	10.18	87.24	2.58
辽　宁	100.00	30.61	65.16	4.23
吉　林	100.00	12.85	82.27	4.88
黑龙江	100.00	13.28	83.82	2.90
上　海	100.00	53.40	40.06	6.54
江　苏	100.00	27.42	64.74	7.84
浙　江	100.00	29.64	65.72	4.64
安　徽	100.00	9.68	82.22	8.10
福　建	100.00	18.60	74.78	6.62
江　西	100.00	13.98	79.99	6.03
山　东	100.00	19.83	75.76	4.41
河　南	100.00	13.53	80.04	6.44
湖　北	100.00	11.96	79.52	8.53
湖　南	100.00	13.63	82.54	3.83
广　东	100.00	15.63	75.35	9.01
广　西	100.00	9.07	86.45	4.47
四　川	100.00	14.99	79.00	6.01
贵　州	100.00	9.47	85.15	5.38
云　南	100.00	10.70	79.85	9.44
西　藏	100.00	5.83	86.02	8.15
陕　西	100.00	13.10	79.49	7.41
甘　肃	100.00	15.71	73.59	10.70
青　海	100.00	17.08	75.93	6.99
宁　夏	100.00	20.24	71.87	7.89
新　疆	100.00	9.70	83.75	6.54

4－31 1985年各地区农村居民总支出

单位:元/人

地区	总支出	一、家庭经营费用支出	二、购置生产性固定资产支出	三、税费支出	四、生活消费支出	五、转移性和财产性支出
全国总计	**485.51**	**121.39**	**18.70**	**18.43**	**317.42**	**9.57**
北京	726.32	143.87	37.99	15.04	510.03	19.39
天津	611.78	138.19	16.66	11.43	426.10	19.40
河北	461.18	117.88	19.88	16.61	297.72	9.09
山西	407.85	77.10	30.80	16.43	272.74	10.78
内蒙古	465.54	121.04	26.12	20.75	291.28	6.35
辽宁	643.61	174.82	24.80	30.66	401.63	11.70
吉林	649.30	174.66	47.70	39.77	364.47	22.70
黑龙江	576.53	157.17	47.30	52.08	306.62	13.36
上海	1025.61	185.50	4.51	37.23	778.42	19.95
江苏	610.51	152.22	10.61	25.39	415.61	6.68
浙江	662.17	141.74	17.51	12.23	473.81	16.88
安徽	476.02	127.99	19.99	19.80	299.02	9.22
福建	514.55	129.05	9.81	10.09	350.57	15.03
江西	433.06	93.39	10.20	16.34	303.14	9.99
山东	523.15	144.79	18.71	26.72	321.98	10.95
河南	403.53	97.13	18.77	19.48	259.64	8.51
湖北	493.16	108.49	15.55	28.43	334.64	6.05
湖南	519.85	134.53	14.30	16.17	348.45	6.40
广东	585.45	151.70	16.34	15.80	388.00	13.61
广西	395.29	103.85	13.23	4.78	268.31	5.12
四川	421.52	117.61	7.45	15.15	276.26	5.05
贵州	366.82	91.26	7.43	6.57	254.58	6.98
云南	387.58	89.48	16.90	7.39	267.01	6.80
西藏	387.81	73.27	36.68	0.02	269.60	8.24
陕西	353.79	86.60	17.73	10.02	233.42	6.02
甘肃	325.51	85.84	18.19	6.95	204.61	9.92
青海	409.57	85.51	28.67	12.49	274.68	8.22
宁夏	401.53	95.73	25.46	9.68	265.19	5.47
新疆	513.58	155.40	28.20	27.02	290.38	12.58

4－32 1985年各地区农村居民总支出构成

单位：%

地 区	总支出	一、家庭经营费用支出	二、购置生产性固定资产支出	三、税费支出	四、生活消费支出	五、转移性和财产性支出
全国总计	**100.00**	**25.00**	**3.85**	**3.80**	**65.38**	**1.97**
北 京	100.00	19.81	5.23	2.07	70.22	2.67
天 津	100.00	22.59	2.72	1.87	69.65	3.17
河 北	100.00	25.56	4.31	3.60	64.56	1.97
山 西	100.00	18.90	7.55	4.03	66.87	2.64
内蒙古	100.00	26.00	5.61	4.46	62.57	1.36
辽 宁	100.00	27.16	3.85	4.76	62.40	1.82
吉 林	100.00	26.90	7.35	6.13	56.13	3.50
黑龙江	100.00	27.26	8.20	9.03	53.18	2.32
上 海	100.00	18.09	0.44	3.63	75.90	1.95
江 苏	100.00	24.93	1.74	4.16	68.08	1.09
浙 江	100.00	21.41	2.64	1.85	71.55	2.55
安 徽	100.00	26.89	4.20	4.16	62.82	1.94
福 建	100.00	25.08	1.91	1.96	68.13	2.92
江 西	100.00	21.57	2.36	3.77	70.00	2.31
山 东	100.00	27.68	3.58	5.11	61.55	2.09
河 南	100.00	24.07	4.65	4.83	64.34	2.11
湖 北	100.00	22.00	3.15	5.76	67.86	1.23
湖 南	100.00	25.88	2.75	3.11	67.03	1.23
广 东	100.00	25.91	2.79	2.70	66.27	2.32
广 西	100.00	26.27	3.35	1.21	67.88	1.30
四 川	100.00	27.90	1.77	3.59	65.54	1.20
贵 州	100.00	24.88	2.03	1.79	69.40	1.90
云 南	100.00	23.09	4.36	1.91	68.89	1.75
西 藏	100.00	18.89	9.46	0.01	69.52	2.12
陕 西	100.00	24.48	5.01	2.83	65.98	1.70
甘 肃	100.00	26.37	5.59	2.14	62.86	3.05
青 海	100.00	20.88	7.00	3.05	67.07	2.01
宁 夏	100.00	23.84	6.34	2.41	66.04	1.36
新 疆	100.00	30.26	5.49	5.26	56.54	2.45

4－33　1985年农村居民家庭经营费用支出

单位:元/人

地　区	家庭经营费用支出	1.农业支出	#种植业支出	2.林业支出	3.牧业支出	4.渔业支出	5.工业支出	6.建筑业支出
全　国	**121.39**	**59.52**	**55.95**	**0.95**	**48.37**	**1.90**	**1.71**	**0.29**
北　京	143.87	43.40	41.62	0.20	75.56	0.24	2.67	0.18
天　津	138.19	61.71	56.35	0.46	67.85	0.75		0.01
河　北	117.88	69.44	62.95	0.74	36.55	0.24	1.87	0.46
山　西	77.10	42.41	39.37	0.53	14.57		0.67	0.02
内蒙古	121.04	76.67	76.04	0.56	38.24	0.12	0.74	0.23
辽　宁	174.82	84.91	81.34	1.22	69.83	1.54	4.18	0.57
吉　林	174.66	103.52	101.02	0.71	56.27	0.55	1.27	0.35
黑龙江	157.17	97.57	95.28	0.35	44.32	3.13	0.91	0.01
上　海	185.50	66.12	65.95	0.62	111.08	1.40		0.01
江　苏	152.22	70.38	63.23	1.08	65.96	3.21	4.88	0.36
浙　江	141.74	62.85	56.80	4.33	59.73	4.59	3.42	0.17
安　徽	127.99	77.84	73.56	0.51	37.66	1.15	0.85	0.58
福　建	129.05	53.34	50.67	1.22	56.30	3.05	2.34	0.49
江　西	93.39	45.96	43.97	1.38	37.58	1.59	1.49	0.11
山　东	144.79	71.60	65.90	1.97	55.11	0.95	1.24	0.75
河　南	97.13	63.64	58.91	1.03	26.71	0.36	0.41	0.35
湖　北	108.49	53.02	51.18	0.73	37.68	4.60	2.29	0.19
湖　南	134.53	52.44	48.15	0.45	68.45	2.13	2.43	0.07
广　东	151.70	61.86	57.04	0.61	66.10	12.54	1.74	0.24
广　西	103.85	37.38	34.76	0.66	55.03	1.00	1.54	0.06
四　川	117.61	37.93	35.62	0.42	71.54	0.52	1.63	0.16
贵　州	91.26	36.10	33.37	0.44	45.35	0.24	1.00	0.60
云　南	89.48	31.06	29.50	0.55	46.99	0.68	3.09	0.36
西　藏	73.27	32.45	28.67	0.26	24.19			0.58
陕　西	86.60	53.29	50.78	1.03	24.52	0.05	0.33	0.08
甘　肃	85.84	52.01	50.18	0.61	25.62	0.02	0.68	0.29
青　海	85.51	47.19	46.78	0.27	29.42		1.20	0.14
宁　夏	95.73	67.63	65.36	1.02	18.96	0.82	0.98	
新　疆	155.40	93.21	89.92	2.53	44.89	0.34	0.74	0.34

4－33 续表

单位:元/人

地　区	7.交通运输、邮电业支出	8.批发和零售贸易、餐饮业支出	9.社会服务业支出	10.其他家庭经营支出	第一产业支出	第二产业支出	第三产业支出
全　国	**3.64**	**2.27**	**0.55**	**2.19**	**110.74**	**2.00**	**8.65**
北　京	17.39	1.29	0.56	2.38	119.40	2.85	21.62
天　津	2.22	2.66	0.30	2.23	130.77	0.01	7.41
河　北	2.82	2.91	0.79	2.06	106.97	2.33	8.58
山　西	14.99	2.02	0.45	1.44	57.51	0.69	18.90
内蒙古	1.92	0.50	0.39	1.67	115.59	0.97	4.48
辽　宁	7.06	1.88	0.57	3.06	157.50	4.75	12.57
吉　林	4.69	3.85	0.55	2.90	161.05	1.62	11.99
黑龙江	3.34	2.20	0.21	5.12	145.37	0.92	10.87
上　海	1.05	2.28	0.03	2.91	179.22	0.01	6.27
江　苏	3.23	0.77	0.55	1.80	140.63	5.24	6.35
浙　江	1.99	0.59	0.49	3.58	131.50	3.59	6.65
安　徽	3.21	3.83	0.65	1.71	117.16	1.43	9.40
福　建	5.01	3.32	1.13	2.85	113.91	2.83	12.31
江　西	2.18	0.63	0.13	2.34	86.51	1.60	5.28
山　东	3.48	5.75	0.66	3.28	129.63	1.99	13.17
河　南	2.38	0.51	0.29	1.45	91.74	0.76	4.63
湖　北	3.43	4.62	0.47	1.46	96.03	2.48	9.98
湖　南	3.28	4.21	0.27	0.80	123.47	2.50	8.56
广　东	2.69	2.99	0.91	2.02	141.11	1.98	8.61
广　西	2.33	2.48	0.60	2.77	94.07	1.60	8.18
四　川	2.66	1.10	0.71	0.94	110.39	1.79	5.41
贵　州	3.25	1.79	0.38	2.11	84.13	1.60	7.53
云　南	1.53	2.04	1.15	2.03	79.28	3.45	6.75
西　藏	9.01		0.19	6.59	56.90	0.58	15.79
陕　西	4.86	0.39	0.42	1.63	78.89	0.41	7.30
甘　肃	2.46	0.64	0.11	3.40	78.26	0.97	6.61
青　海	5.46	0.22	0.38	1.23	76.88	1.34	7.29
宁　夏	5.38	0.10	0.11	0.73	88.43	0.98	6.32
新　疆	6.27	3.24	1.18	2.66	140.97	1.08	13.35

4-34 1985年农村居民家庭经营费用支出构成

单位：%

地区	家庭经营费用支出	1.农业支出	#种植业支出	2.林业支出	3.牧业支出	4.渔业支出	5.工业支出	6.建筑业支出
全国	**100.00**	**49.03**	**46.09**	**0.78**	**39.85**	**1.57**	**1.41**	**0.24**
北京	100.00	30.17	28.93	0.14	52.52	0.17	1.86	0.13
天津	100.00	44.66	40.78	0.33	49.10	0.54	0.00	0.01
河北	100.00	58.91	53.40	0.63	31.01	0.20	1.59	0.39
山西	100.00	55.01	51.06	0.69	18.90	0.00	0.87	0.03
内蒙古	100.00	63.34	62.82	0.46	31.59	0.10	0.61	0.19
辽宁	100.00	48.57	46.53	0.70	39.94	0.88	2.39	0.33
吉林	100.00	59.27	57.84	0.41	32.22	0.31	0.73	0.20
黑龙江	100.00	62.08	60.62	0.22	28.20	1.99	0.58	0.01
上海	100.00	35.64	35.55	0.33	59.88	0.75	0.00	0.01
江苏	100.00	46.24	41.54	0.71	43.33	2.11	3.21	0.24
浙江	100.00	44.34	40.07	3.05	42.14	3.24	2.41	0.12
安徽	100.00	60.82	57.47	0.40	29.42	0.90	0.66	0.45
福建	100.00	41.33	39.26	0.95	43.63	2.36	1.81	0.38
江西	100.00	49.21	47.08	1.48	40.24	1.70	1.60	0.12
山东	100.00	49.45	45.51	1.36	38.06	0.66	0.86	0.52
河南	100.00	65.52	60.65	1.06	27.50	0.37	0.42	0.36
湖北	100.00	48.87	47.17	0.67	34.73	4.24	2.11	0.18
湖南	100.00	38.98	35.79	0.33	50.88	1.58	1.81	0.05
广东	100.00	40.78	37.60	0.40	43.57	8.27	1.15	0.16
广西	100.00	35.99	33.47	0.64	52.99	0.96	1.48	0.06
四川	100.00	32.25	30.29	0.36	60.83	0.44	1.39	0.14
贵州	100.00	39.56	36.57	0.48	49.69	0.26	1.10	0.66
云南	100.00	34.71	32.97	0.61	52.51	0.76	3.45	0.40
西藏	100.00	44.29	39.13	0.35	33.01	0.00	0.00	0.79
陕西	100.00	61.54	58.64	1.19	28.31	0.06	0.38	0.09
甘肃	100.00	60.59	58.46	0.71	29.85	0.02	0.79	0.34
青海	100.00	55.19	54.71	0.32	34.41	0.00	1.40	0.16
宁夏	100.00	70.65	68.28	1.07	19.81	0.86	1.02	0.00
新疆	100.00	59.98	57.86	1.63	28.89	0.22	0.48	0.22

4－34 续表

单位：%

地　　区	7.交通运输、邮电业支出	8.批发和零售贸易、餐饮业支出	9.社会服务业支出	10.其他家庭经营支出	第一产业支出	第二产业支出	第三产业支出
全　　国	**3.00**	**1.87**	**0.45**	**1.80**	**91.22**	**1.65**	**7.13**
北　　京	12.09	0.90	0.39	1.65	82.99	1.98	15.03
天　　津	1.61	1.92	0.22	1.61	94.63	0.01	5.36
河　　北	2.39	2.47	0.67	1.75	90.74	1.98	7.28
山　　西	19.44	2.62	0.58	1.87	74.59	0.89	24.51
内 蒙 古	1.59	0.41	0.32	1.38	95.50	0.80	3.70
辽　　宁	4.04	1.08	0.33	1.75	90.09	2.72	7.19
吉　　林	2.69	2.20	0.31	1.66	92.21	0.93	6.86
黑 龙 江	2.13	1.40	0.13	3.26	92.49	0.59	6.92
上　　海	0.57	1.23	0.02	1.57	96.61	0.01	3.38
江　　苏	2.12	0.51	0.36	1.18	92.39	3.44	4.17
浙　　江	1.40	0.42	0.35	2.53	92.78	2.53	4.69
安　　徽	2.51	2.99	0.51	1.34	91.54	1.12	7.34
福　　建	3.88	2.57	0.88	2.21	88.27	2.19	9.54
江　　西	2.33	0.67	0.14	2.51	92.63	1.71	5.65
山　　东	2.40	3.97	0.46	2.27	89.53	1.37	9.10
河　　南	2.45	0.53	0.30	1.49	94.45	0.78	4.77
湖　　北	3.16	4.26	0.43	1.35	88.52	2.29	9.20
湖　　南	2.44	3.13	0.20	0.59	91.78	1.86	6.36
广　　东	1.77	1.97	0.60	1.33	93.02	1.31	5.68
广　　西	2.24	2.39	0.58	2.67	90.58	1.54	7.88
四　　川	2.26	0.94	0.60	0.80	93.86	1.52	4.60
贵　　州	3.56	1.96	0.42	2.31	92.19	1.75	8.25
云　　南	1.71	2.28	1.29	2.27	88.60	3.86	7.54
西　　藏	12.30	0.00	0.26	8.99	77.66	0.79	21.55
陕　　西	5.61	0.45	0.48	1.88	91.10	0.47	8.43
甘　　肃	2.87	0.75	0.13	3.96	91.17	1.13	7.70
青　　海	6.39	0.26	0.44	1.44	89.91	1.57	8.53
宁　　夏	5.62	0.10	0.11	0.76	92.37	1.02	6.60
新　　疆	4.03	2.08	0.76	1.71	90.71	0.69	8.59

4-35 1985年各地区村居民生活消费支出

单位：元/人

地区	生活消费支出	一、食品支出	二、衣着支出	三、居住支出	四、家庭设备用品及服务支出	五、医疗保健支出	六、交通和通讯支出	七、文化教育用品及服务支出	八、其他商品及服务支出
全国	**317.42**	**183.43**	**30.77**	**57.87**	**16.19**	**7.67**	**5.58**	**12.36**	**3.55**
北京	510.03	240.12	52.46	106.81	44.87	10.48	10.03	40.24	5.02
天津	426.10	202.24	48.63	89.85	31.60	8.84	9.16	30.49	5.29
河北	297.72	149.04	31.88	66.39	17.89	8.34	6.67	14.15	3.36
山西	272.74	148.18	39.54	37.78	16.10	7.37	5.66	14.43	3.68
内蒙古	291.28	183.58	29.56	35.98	13.55	8.59	5.29	11.81	2.92
辽宁	401.63	207.22	43.74	81.20	21.27	8.29	9.37	25.66	4.88
吉林	364.47	199.48	36.95	66.81	18.84	11.07	6.28	21.22	3.82
黑龙江	306.62	176.83	31.94	52.43	15.54	10.03	5.20	12.19	2.46
上海	778.42	341.48	64.77	254.49	52.06	8.11	14.88	35.80	6.83
江苏	415.61	216.96	36.80	101.66	24.16	7.82	8.58	15.11	4.52
浙江	473.81	247.31	41.92	110.46	32.70	9.25	11.74	14.78	5.65
安徽	299.02	174.86	28.54	57.96	13.82	6.48	5.09	8.99	3.28
福建	350.57	218.83	24.43	59.04	15.16	8.95	5.35	13.35	5.46
江西	303.14	185.35	26.38	52.91	11.94	6.99	5.08	11.60	2.89
山东	321.98	168.20	35.73	66.10	21.90	6.70	5.39	14.17	3.79
河南	259.64	145.48	28.55	51.86	12.21	8.06	3.97	7.13	2.38
湖北	334.64	197.95	33.40	55.27	17.11	8.00	5.05	14.30	3.56
湖南	348.45	219.57	32.77	50.96	15.69	7.49	6.63	11.92	3.42
广东	388.00	234.37	19.19	77.15	17.40	11.91	6.83	15.95	5.20
广西	268.31	166.87	19.08	45.78	12.76	6.58	4.82	8.73	3.69
四川	276.26	173.89	27.31	41.39	11.10	6.31	3.51	9.71	3.04
贵州	254.58	177.88	23.73	29.42	7.85	4.09	1.74	6.18	3.69
云南	267.01	177.98	22.88	38.93	9.83	5.58	3.09	6.16	2.56
西藏	269.60	184.33	33.28	34.57	12.94	0.05	0.96	0.99	2.48
陕西	233.42	134.10	25.20	41.84	11.64	7.52	3.95	6.71	2.46
甘肃	204.61	123.57	24.95	25.08	10.71	6.40	4.02	7.48	2.40
青海	274.68	176.16	36.86	30.96	8.59	6.32	4.99	7.47	3.33
宁夏	265.19	156.33	30.43	32.92	15.07	8.12	5.95	14.74	1.63
新疆	290.38	168.09	46.64	33.23	14.64	7.84	5.57	11.19	3.18

4－36 1985年各地区村居民生活消费支出构成

单位：%

地区	生活消费支出	一、食品支出	二、衣着支出	三、居住支出	四、家庭设备用品及服务支出	五、医疗保健支出	六、交通和通讯支出	七、文化教育用品及服务支出	八、其他商品及服务支出
全　国	**100.00**	**57.79**	**9.69**	**18.23**	**5.10**	**2.42**	**1.76**	**3.89**	**1.12**
北　京	100.00	47.08	10.29	20.94	8.80	2.05	1.97	7.89	0.98
天　津	100.00	47.46	11.41	21.09	7.42	2.07	2.15	7.16	1.24
河　北	100.00	50.06	10.71	22.30	6.01	2.80	2.24	4.75	1.13
山　西	100.00	54.33	14.50	13.85	5.90	2.70	2.08	5.29	1.35
内蒙古	100.00	63.03	10.15	12.35	4.65	2.95	1.82	4.05	1.00
辽　宁	100.00	51.59	10.89	20.22	5.30	2.06	2.33	6.39	1.22
吉　林	100.00	54.73	10.14	18.33	5.17	3.04	1.72	5.82	1.05
黑龙江	100.00	57.67	10.42	17.10	5.07	3.27	1.70	3.98	0.80
上　海	100.00	43.87	8.32	32.69	6.69	1.04	1.91	4.60	0.88
江　苏	100.00	52.20	8.85	24.46	5.81	1.88	2.06	3.64	1.09
浙　江	100.00	52.20	8.85	23.31	6.90	1.95	2.48	3.12	1.19
安　徽	100.00	58.48	9.54	19.38	4.62	2.17	1.70	3.01	1.10
福　建	100.00	62.42	6.97	16.84	4.32	2.55	1.53	3.81	1.56
江　西	100.00	61.14	8.70	17.45	3.94	2.31	1.68	3.83	0.95
山　东	100.00	52.24	11.10	20.53	6.80	2.08	1.67	4.40	1.18
河　南	100.00	56.03	11.00	19.97	4.70	3.10	1.53	2.75	0.92
湖　北	100.00	59.15	9.98	16.52	5.11	2.39	1.51	4.27	1.06
湖　南	100.00	63.01	9.40	14.62	4.50	2.15	1.90	3.42	0.98
广　东	100.00	60.40	4.95	19.88	4.48	3.07	1.76	4.11	1.34
广　西	100.00	62.19	7.11	17.06	4.76	2.45	1.80	3.25	1.38
四　川	100.00	62.94	9.89	14.98	4.02	2.28	1.27	3.51	1.01
贵　州	100.00	69.87	9.32	11.56	3.08	1.61	0.68	2.43	1.45
云　南	100.00	66.66	8.57	14.58	3.68	2.09	1.16	2.31	0.96
西　藏	100.00	68.37	12.34	12.82	4.80	0.02	0.36	0.37	0.92
陕　西	100.00	57.45	10.80	17.92	4.99	3.22	1.69	2.87	1.05
甘　肃	100.00	60.39	12.19	12.26	5.23	3.13	1.96	3.66	1.17
青　海	100.00	64.13	13.42	11.27	3.13	2.30	1.82	2.72	1.21
宁　夏	100.00	58.95	11.47	12.41	5.68	3.06	2.24	5.56	0.63
新　疆	100.00	57.89	16.06	11.44	5.04	2.70	1.92	3.85	1.10

4－37　1985年各地区农村居民现金支出

单位：元/人

地　　区	现金支出	一、家庭经营费用支出	二、购置生产性固定资产支出	三、税费支出	四、生活消费支　　出	五、转移性和财产性支出
全国总计	**331.23**	**79.99**	**18.94**	**16.35**	**194.68**	**21.27**
北　　京	619.88	103.95	37.91	10.68	438.80	28.54
天　　津	497.80	104.81	16.66	5.64	338.37	32.32
河　　北	327.54	78.47	19.90	14.26	198.49	16.42
山　　西	307.20	57.99	31.05	15.56	183.67	18.93
内 蒙 古	259.09	53.85	26.55	20.09	141.41	17.19
辽　　宁	471.71	120.56	25.26	23.99	270.37	31.53
吉　　林	452.56	108.48	50.80	39.11	219.93	34.24
黑 龙 江	390.04	96.73	47.57	45.49	178.25	22.00
上　　海	839.99	135.53	3.51	6.48	651.74	42.73
江　　苏	458.40	108.89	10.67	24.58	286.75	27.51
浙　　江	511.88	107.33	18.07	12.14	342.77	31.57
安　　徽	317.49	82.78	20.28	19.62	173.14	21.67
福　　建	374.13	99.27	10.77	7.93	226.10	30.06
江　　西	279.01	64.73	10.52	14.04	166.50	23.22
山　　东	379.48	98.68	18.54	23.82	218.77	19.67
河　　南	268.08	64.11	18.86	17.66	152.49	14.96
湖　　北	332.43	74.97	15.58	26.35	189.17	26.36
湖　　南	336.15	81.36	14.34	15.44	191.99	33.02
广　　东	437.67	123.09	16.56	10.50	266.35	21.17
广　　西	265.14	70.71	13.65	4.59	159.30	16.89
四　　川	258.02	65.40	7.52	14.89	154.32	15.89
贵　　州	198.14	48.59	7.61	5.75	117.83	18.36
云　　南	225.04	55.01	17.34	4.12	135.53	13.04
西　　藏	168.79	35.84	31.20	0.02	97.12	4.61
陕　　西	223.35	51.85	18.58	9.73	129.81	13.38
甘　　肃	184.95	44.41	17.82	5.98	101.85	14.89
青　　海	237.88	42.06	28.64	11.80	140.95	14.43
宁　　夏	260.41	60.25	26.17	7.41	149.34	17.24
新　　疆	358.73	108.27	28.50	24.77	179.64	17.55

4－38　1985年各地区农村居民现金支出构成

单位：%

地　　区	现金支出	一、家庭经营费用支出	二、购置生产性固定资产支出	三、税费支出	四、生活消费支出	五、转移性和财产性支出
全国总计	**100.00**	**24.15**	**5.72**	**4.94**	**58.77**	**6.42**
北　　京	100.00	16.77	6.12	1.72	70.79	4.60
天　　津	100.00	21.05	3.35	1.13	67.97	6.49
河　　北	100.00	23.96	6.08	4.35	60.60	5.01
山　　西	100.00	18.88	10.11	5.07	59.79	6.16
内 蒙 古	100.00	20.78	10.25	7.75	54.58	6.63
辽　　宁	100.00	25.56	5.35	5.09	57.32	6.68
吉　　林	100.00	23.97	11.23	8.64	48.60	7.57
黑 龙 江	100.00	24.80	12.20	11.66	45.70	5.64
上　　海	100.00	16.13	0.42	0.77	77.59	5.09
江　　苏	100.00	23.75	2.33	5.36	62.55	6.00
浙　　江	100.00	20.97	3.53	2.37	66.96	6.17
安　　徽	100.00	26.07	6.39	6.18	54.53	6.83
福　　建	100.00	26.53	2.88	2.12	60.43	8.03
江　　西	100.00	23.20	3.77	5.03	59.68	8.32
山　　东	100.00	26.00	4.89	6.28	57.65	5.18
河　　南	100.00	23.91	7.04	6.59	56.88	5.58
湖　　北	100.00	22.55	4.68	7.93	56.91	7.93
湖　　南	100.00	24.20	4.27	4.59	57.11	9.82
广　　东	100.00	28.12	3.78	2.40	60.86	4.84
广　　西	100.00	26.67	5.15	1.73	60.08	6.37
四　　川	100.00	25.35	2.91	5.77	59.81	6.16
贵　　州	100.00	24.52	3.84	2.90	59.47	9.27
云　　南	100.00	24.44	7.71	1.83	60.22	5.79
西　　藏	100.00	21.23	18.48	0.01	57.54	2.73
陕　　西	100.00	23.21	8.32	4.36	58.12	5.99
甘　　肃	100.00	24.01	9.64	3.23	55.07	8.05
青　　海	100.00	17.68	12.04	4.96	59.25	6.07
宁　　夏	100.00	23.14	10.05	2.85	57.35	6.62
新　　疆	100.00	30.18	7.94	6.90	50.08	4.89

4－39 1985年各地区农村居民经营费用现金支出

单位：元/人

地　区	家庭经营费用现金支出	1.农业支出	#种植业支出	2.林业支出	3.牧业支出	4.渔业支出	5.工业支出	6.建筑业支出
全国总计	**79.99**	**43.09**	**39.66**	**0.86**	**24.18**	**1.72**	**1.73**	**0.28**
北　京	103.95	34.10	32.46	0.19	49.92	0.17	2.67	0.16
天　津	104.81	48.24	42.90	0.46	48.14	0.75		0.01
河　北	78.47	50.81	44.49	0.70	16.74	0.19	1.77	0.44
山　西	57.99	29.62	26.80	0.46	8.71		0.72	0.03
内蒙古	53.85	33.57	32.99	0.55	14.24	0.12	0.73	0.23
辽　宁	120.56	64.76	61.15	0.87	37.74	1.42	4.15	0.58
吉　林	108.48	65.56	63.08	0.71	28.63	0.55	1.27	0.35
黑龙江	96.73	56.37	54.30	0.29	26.69	3.09	0.79	0.01
上　海	135.53	38.73	38.56	0.58	89.53	1.21		0.01
江　苏	108.89	57.67	50.42	1.05	35.92	2.84	4.86	0.42
浙　江	107.33	54.56	48.78	4.32	31.08	4.36	6.03	0.17
安　徽	82.78	52.80	48.61	0.48	18.59	0.97	0.85	0.48
福　建	99.27	46.82	44.31	1.05	33.66	2.99	2.31	0.49
江　西	64.73	37.55	35.61	1.24	18.36	1.42	1.38	0.08
山　东	98.68	55.28	49.82	1.84	26.69	0.69	1.17	0.73
河　南	62.11	41.97	37.67	0.89	13.76	0.33	0.37	0.33
湖　北	74.79	40.50	38.80	0.66	19.17	2.87	2.00	0.19
湖　南	81.36	41.54	37.67	0.40	26.64	1.99	2.32	0.11
广　东	123.09	55.60	50.78	0.59	44.35	12.17	1.64	0.24
广　西	70.71	32.79	30.23	0.55	26.76	0.98	1.40	0.06
四　川	65.40	29.46	27.18	0.32	28.05	0.52	1.55	0.15
贵　州	48.59	22.65	19.85	0.31	17.85	0.22	0.95	0.48
云　南	55.01	23.30	21.79	0.36	20.96	0.63	2.94	0.36
西　藏	35.86	12.49	10.18	0.24	8.68			0.42
陕　西	51.85	32.61	38.23	0.93	10.70	0.05	0.35	0.01
甘　肃	44.41	28.83	27.11	0.58	8.73	0.02	0.63	0.25
青　海	42.06	19.33	18.99	0.27	14.13		1.20	0.14
宁　夏	60.25	40.70	38.66	1.02	10.58	0.82	0.98	
新　疆	108.27	64.27	61.07	2.36	27.32	0.30	0.51	0.30

4－39 续表 单位:元/人

地　　区	7.交通运输、邮电业支出	8.批发和零售贸易、餐饮业支出	9.社会服务业支出	10.其他家庭经营支出	第一产业支出	第二产业支出	第三产业支出
全国总计	**3.44**	**2.17**	**0.53**	**1.99**	**69.85**	**2.01**	**8.13**
北　　京	14.00	0.23	0.49	2.02	84.38	2.83	16.74
天　　津	2.04	2.66	0.03	2.48	97.59	0.01	7.21
河　　北	2.23	2.82	0.78	1.99	68.44	2.21	7.82
山　　西	14.80	2.01	0.42	1.22	38.79	0.75	18.45
内 蒙 古	1.90	0.47	0.38	1.66	48.48	0.96	4.41
辽　　宁	6.19	1.77	0.56	2.52	104.79	4.73	11.04
吉　　林	4.69	3.85	0.55	2.32	95.45	1.62	11.41
黑 龙 江	2.66	2.17	0.22	4.44	86.44	0.80	9.49
上　　海	0.99	2.28	0.03	2.17	130.05	0.01	5.47
江　　苏	3.17	0.77	0.54	1.65	97.48	5.28	6.13
浙　　江	2.03	0.61	0.42	3.75	94.32	6.20	6.81
安　　徽	2.82	3.73	0.43	1.63	72.84	1.33	8.61
福　　建	5.00	3.18	1.13	2.64	84.52	2.80	11.95
江　　西	1.94	0.61	0.13	2.02	58.57	1.46	4.70
山　　东	3.16	5.73	0.63	2.76	84.50	1.90	12.28
河　　南	2.38	0.46	0.29	1.33	56.95	0.70	4.46
湖　　北	3.27	4.32	0.44	1.37	63.20	2.19	9.40
湖　　南	3.23	4.09	0.27	0.77	70.57	2.43	8.36
广　　东	2.69	2.98	0.91	1.92	112.71	1.88	8.50
广　　西	2.33	2.47	0.60	2.77	61.08	1.46	8.17
四　　川	2.66	1.10	0.71	0.88	58.35	1.70	5.35
贵　　州	2.95	0.90	0.37	1.91	41.03	1.43	6.13
云　　南	1.51	1.98	1.15	1.82	45.25	3.30	6.46
西　　藏	8.18		0.19	5.66	21.41	0.42	14.03
陕　　西	4.90	0.35	0.41	1.54	44.29	0.36	7.20
甘　　肃	2.04	0.59	0.12	2.62	38.16	0.88	5.37
青　　海	5.20	0.21	0.36	1.22	33.73	1.34	6.99
宁　　夏	5.19	0.11	0.12	0.73	53.12	0.98	6.15
新　　疆	6.26	3.28	1.02	2.65	94.25	0.81	13.21

4-40 1985年各地区农村居民经营费用现金支出构成

单位：%

地　区	家庭经营费用现金支出	1.农业支出	#种植业支出	2.林业支出	3.牧业支出	4.渔业支出	5.工业支出	6.建筑业支出
全国总计	**100.00**	**53.87**	**49.58**	**1.08**	**30.23**	**2.15**	**2.16**	**0.35**
北　京	100.00	32.80	31.23	0.18	48.02	0.16	2.57	0.15
天　津	100.00	46.03	40.93	0.44	45.93	0.72	0.00	0.01
河　北	100.00	64.75	56.70	0.89	21.33	0.24	2.26	0.56
山　西	100.00	51.08	46.21	0.79	15.02	0.00	1.24	0.05
内蒙古	100.00	62.34	61.26	1.02	26.44	0.22	1.36	0.43
辽　宁	100.00	53.72	50.72	0.72	31.30	1.18	3.44	0.48
吉　林	100.00	60.44	58.15	0.65	26.39	0.51	1.17	0.32
黑龙江	100.00	58.28	56.14	0.30	27.59	3.19	0.82	0.01
上　海	100.00	28.58	28.45	0.43	66.06	0.89	0.00	0.01
江　苏	100.00	52.96	46.30	0.96	32.99	2.61	4.46	0.39
浙　江	100.00	50.83	45.45	4.02	28.96	4.06	5.62	0.16
安　徽	100.00	63.78	58.72	0.58	22.46	1.17	1.03	0.58
福　建	100.00	47.16	44.64	1.06	33.91	3.01	2.33	0.49
江　西	100.00	58.01	55.01	1.92	28.36	2.19	2.13	0.12
山　东	100.00	56.02	50.49	1.86	27.05	0.70	1.19	0.74
河　南	100.00	67.57	60.65	1.43	22.15	0.53	0.60	0.53
湖　北	100.00	54.15	51.88	0.88	25.63	3.84	2.67	0.25
湖　南	100.00	51.06	46.30	0.49	32.74	2.45	2.85	0.14
广　东	100.00	45.17	41.25	0.48	36.03	9.89	1.33	0.19
广　西	100.00	46.37	42.75	0.78	37.84	1.39	1.98	0.08
四　川	100.00	45.05	41.56	0.49	42.89	0.80	2.37	0.23
贵　州	100.00	46.61	40.85	0.64	36.74	0.45	1.96	0.99
云　南	100.00	42.36	39.61	0.65	38.10	1.15	5.34	0.65
西　藏	100.00	34.83	28.39	0.67	24.21	0.00	0.00	1.17
陕　西	100.00	62.89	73.73	1.79	20.64	0.10	0.68	0.02
甘　肃	100.00	64.92	61.04	1.31	19.66	0.05	1.42	0.56
青　海	100.00	45.96	45.15	0.64	33.59	0.00	2.85	0.33
宁　夏	100.00	67.55	64.17	1.69	17.56	1.36	1.63	0.00
新　疆	100.00	59.36	56.41	2.18	25.23	0.28	0.47	0.28

4－40 续表 单位：%

地　　区	7.交通运输、邮电业支出	8.批发和零售贸易、餐饮业支出	9.社会服务业支出	10.其他家庭经营支出	第一产业支出	第二产业支出	第三产业支出
全国总计	**4.30**	**2.71**	**0.66**	**2.49**	**87.32**	**2.51**	**10.16**
北　京	13.47	0.22	0.47	1.94	81.17	2.72	16.10
天　津	1.95	2.54	0.03	2.37	93.11	0.01	6.88
河　北	2.84	3.59	0.99	2.54	87.22	2.82	9.97
山　西	25.52	3.47	0.72	2.10	66.89	1.29	31.82
内蒙古	3.53	0.87	0.71	3.08	90.03	1.78	8.19
辽　宁	5.13	1.47	0.46	2.09	86.92	3.92	9.16
吉　林	4.32	3.55	0.51	2.14	87.99	1.49	10.52
黑龙江	2.75	2.24	0.23	4.59	89.36	0.83	9.81
上　海	0.73	1.68	0.02	1.60	95.96	0.01	4.04
江　苏	2.91	0.71	0.50	1.52	89.52	4.85	5.63
浙　江	1.89	0.57	0.39	3.49	87.88	5.78	6.34
安　徽	3.41	4.51	0.52	1.97	87.99	1.61	10.40
福　建	5.04	3.20	1.14	2.66	85.14	2.82	12.04
江　西	3.00	0.94	0.20	3.12	90.48	2.26	7.26
山　东	3.20	5.81	0.64	2.80	85.63	1.93	12.44
河　南	3.83	0.74	0.47	2.14	91.69	1.13	7.18
湖　北	4.37	5.78	0.59	1.83	84.50	2.93	12.57
湖　南	3.97	5.03	0.33	0.95	86.74	2.99	10.28
广　东	2.19	2.42	0.74	1.56	91.57	1.53	6.91
广　西	3.30	3.49	0.85	3.92	86.38	2.06	11.55
四　川	4.07	1.68	1.09	1.35	89.22	2.60	8.18
贵　州	6.07	1.85	0.76	3.93	84.44	2.94	12.62
云　南	2.74	3.60	2.09	3.31	82.26	6.00	11.74
西　藏	22.81	0.00	0.53	15.78	59.70	1.17	39.12
陕　西	9.45	0.68	0.79	2.97	85.42	0.69	13.89
甘　肃	4.59	1.33	0.27	5.90	85.93	1.98	12.09
青　海	12.36	0.50	0.86	2.90	80.19	3.19	16.62
宁　夏	8.61	0.18	0.20	1.21	88.17	1.63	10.21
新　疆	5.78	3.03	0.94	2.45	87.05	0.75	12.20

4-41　1985年各地区农村居民生活消费现金支出

单位:元/人

地　　区	生活消费现金支出	一、食品支出	二、衣着支出	三、居住支出	四、家庭设备用品及服务支出	五、医疗保健支出	六、交通和通讯支出	七、文化教育用品及服务支出	八、其他商品及服务支出
全国总计	**194.68**	**76.56**	**30.13**	**42.83**	**16.06**	**7.65**	**5.59**	**12.34**	**3.52**
北　京	438.80	176.60	52.42	99.23	44.79	10.47	10.03	40.24	5.02
天　津	338.37	128.34	48.38	76.30	31.60	8.82	9.16	30.48	5.29
河　北	198.49	62.13	30.04	55.97	17.88	8.33	6.67	14.14	3.33
山　西	183.67	63.82	38.94	34.19	15.83	7.35	5.66	14.25	3.63
内蒙古	141.41	48.48	29.55	21.26	13.53	8.58	5.28	11.81	2.92
辽　宁	270.37	99.64	43.44	57.97	21.24	8.12	9.57	25.63	4.76
吉　林	219.93	77.28	36.95	44.47	18.84	11.07	6.28	21.22	3.82
黑龙江	178.25	68.99	31.89	32.04	15.51	10.01	5.20	12.18	2.43
上　海	651.74	233.21	63.39	238.45	51.75	7.55	14.88	35.76	6.75
江　苏	286.75	108.00	35.85	83.12	23.76	7.82	8.58	15.10	4.52
浙　江	342.77	137.03	41.18	91.06	32.21	9.21	11.80	14.71	5.57
安　徽	173.14	69.34	27.97	38.41	13.63	6.45	5.09	8.98	3.27
福　建	266.10	150.10	24.41	43.37	15.13	8.95	5.35	13.35	5.44
江　西	166.50	69.46	26.03	32.80	11.76	6.97	5.08	11.57	2.83
山　东	218.77	81.21	34.46	51.33	21.78	6.68	5.39	14.16	3.76
河　南	152.49	51.68	27.47	39.83	12.05	8.05	3.97	7.08	2.36
湖　北	189.17	70.27	32.16	38.90	16.97	7.99	5.05	14.30	3.53
湖　南	191.99	77.98	32.54	36.44	15.57	7.49	6.63	11.92	3.42
广　东	266.35	133.69	19.08	56.31	17.37	11.91	6.83	15.96	5.20
广　西	159.30	76.11	19.07	27.54	12.76	6.58	4.82	8.73	3.69
四　川	154.32	66.00	26.73	28.10	11.01	6.29	3.51	9.69	2.99
贵　州	117.83	50.68	23.70	19.96	7.83	4.06	1.74	6.18	3.68
云　南	135.53	60.03	22.82	25.50	9.81	5.57	3.09	6.16	2.55
西　藏	97.12	48.27	26.49	6.48	12.15	0.20	1.11	0.42	2.00
陕　西	129.81	42.05	24.68	30.84	11.56	7.52	3.95	6.74	2.47
甘　肃	101.85	30.84	24.77	15.59	10.57	6.36	4.02	7.40	2.30
青　海	140.95	55.27	36.21	18.80	8.59	6.32	4.99	7.47	3.30
宁　夏	149.34	46.04	30.36	27.43	15.07	8.12	5.95	14.74	1.63
新　疆	179.65	65.37	45.58	26.49	14.57	7.96	5.20	11.19	3.29

4－42　1985年各地区农村居民生活消费现金支出构成

单位：%

地　　区	生活消费现金支出	一、食品支出	二、衣着支出	三、居住支出	四、家庭设备用品及服务支出	五、医疗保健支出	六、交通和通讯支出	七、文化教育用品及服务支出	八、其他商品及服务支出
全国总计	**100.00**	**39.33**	**15.48**	**22.00**	**8.25**	**3.93**	**2.87**	**6.34**	**1.81**
北　京	100.00	40.25	11.95	22.61	10.21	2.39	2.29	9.17	1.14
天　津	100.00	37.93	14.30	22.55	9.34	2.61	2.71	9.01	1.56
河　北	100.00	31.30	15.13	28.20	9.01	4.20	3.36	7.12	1.68
山　西	100.00	34.75	21.20	18.61	8.62	4.00	3.08	7.76	1.98
内蒙古	100.00	34.28	20.90	15.03	9.57	6.07	3.73	8.35	2.06
辽　宁	100.00	36.85	16.07	21.44	7.86	3.00	3.54	9.48	1.76
吉　林	100.00	35.14	16.80	20.22	8.57	5.03	2.86	9.65	1.74
黑龙江	100.00	38.70	17.89	17.97	8.70	5.62	2.92	6.83	1.36
上　海	100.00	35.78	9.73	36.59	7.94	1.16	2.28	5.49	1.04
江　苏	100.00	37.66	12.50	28.99	8.29	2.73	2.99	5.27	1.58
浙　江	100.00	39.98	12.01	26.57	9.40	2.69	3.44	4.29	1.62
安　徽	100.00	40.05	16.15	22.18	7.87	3.73	2.94	5.19	1.89
福　建	100.00	56.41	9.17	16.30	5.69	3.36	2.01	5.02	2.04
江　西	100.00	41.72	15.63	19.70	7.06	4.19	3.05	6.95	1.70
山　东	100.00	37.12	15.75	23.46	9.96	3.05	2.46	6.47	1.72
河　南	100.00	33.89	18.01	26.12	7.90	5.28	2.60	4.64	1.55
湖　北	100.00	37.15	17.00	20.56	8.97	4.22	2.67	7.56	1.87
湖　南	100.00	40.62	16.95	18.98	8.11	3.90	3.45	6.21	1.78
广　东	100.00	50.19	7.16	21.14	6.52	4.47	2.56	5.99	1.95
广　西	100.00	47.78	11.97	17.29	8.01	4.13	3.03	5.48	2.32
四　川	100.00	42.77	17.32	18.21	7.13	4.08	2.27	6.28	1.94
贵　州	100.00	43.01	20.11	16.94	6.65	3.45	1.48	5.24	3.12
云　南	100.00	44.29	16.84	18.82	7.24	4.11	2.28	4.55	1.88
西　藏	100.00	49.70	27.28	6.67	12.51	0.21	1.14	0.43	2.06
陕　西	100.00	32.39	19.01	23.76	8.91	5.79	3.04	5.19	1.90
甘　肃	100.00	30.28	24.32	15.31	10.38	6.24	3.95	7.27	2.26
青　海	100.00	39.21	25.69	13.34	6.09	4.48	3.54	5.30	2.34
宁　夏	100.00	30.83	20.33	18.37	10.09	5.44	3.98	9.87	1.09
新　疆	100.00	36.39	25.37	14.75	8.11	4.43	2.89	6.23	1.83

4-43 1990年各地区农村居民总收入

单位：元/人

地　区	总收入	一、工资性收入	二、家庭经营收入	三、转移性和财产性收入
全国总计	**990.38**	**138.80**	**815.79**	**35.79**
北　京	1649.17	704.74	857.91	86.52
天　津	1371.45	464.14	837.36	69.95
河　北	894.82	171.42	691.32	32.08
山　西	824.95	165.32	623.56	36.07
内蒙古	947.19	52.31	871.13	23.75
辽　宁	1235.94	260.61	951.08	24.25
吉　林	1312.79	75.71	1207.33	29.75
黑龙江	1329.57	77.06	1233.74	18.77
上　海	2232.05	1065.59	1092.64	73.82
江　苏	1273.34	300.55	938.40	34.39
浙　江	1445.70	354.09	1029.14	62.47
安　徽	837.26	77.13	734.90	25.23
福　建	1112.06	156.64	888.15	67.27
江　西	940.90	87.22	822.45	31.23
山　东	994.36	167.80	794.95	31.61
河　南	764.42	79.21	655.23	29.98
湖　北	957.01	82.42	849.94	24.65
湖　南	975.59	85.11	859.81	30.67
广　东	1488.92	235.52	1181.51	71.89
广　西	898.53	59.78	803.51	35.24
海　南	949.26	60.83	827.17	61.26
四　川	846.69	83.62	727.60	35.47
贵　州	628.97	46.98	554.64	27.35
云　南	774.99	76.97	662.63	35.39
西　藏	869.80	45.62	790.55	33.63
陕　西	734.96	87.92	613.62	33.42
甘　肃	614.67	80.91	508.57	25.19
青　海	782.66	81.67	664.15	36.84
宁　夏	835.05	80.37	725.44	29.24
新　疆	1112.01	54.02	1034.69	23.30

4－44　1990年各地区农村居民总收入构成

单位：%

地　区	总收入	一、工资性收入	二、家庭经营收入	三、转移性和财产性收入
全国合计	**100.00**	**14.01**	**82.37**	**3.61**
北　京	100.00	42.73	52.02	5.25
天　津	100.00	33.84	61.06	5.10
河　北	100.00	19.16	77.26	3.59
山　西	100.00	20.04	75.59	4.37
内蒙古	100.00	5.52	91.97	2.51
辽　宁	100.00	21.09	76.95	1.96
吉　林	100.00	5.77	91.97	2.27
黑龙江	100.00	5.80	92.79	1.41
上　海	100.00	47.74	48.95	3.31
江　苏	100.00	23.60	73.70	2.70
浙　江	100.00	24.49	71.19	4.32
安　徽	100.00	9.21	87.77	3.01
福　建	100.00	14.09	79.87	6.05
江　西	100.00	9.27	87.41	3.32
山　东	100.00	16.88	79.95	3.18
河　南	100.00	10.36	85.72	3.92
湖　北	100.00	8.61	88.81	2.58
湖　南	100.00	8.72	88.13	3.14
广　东	100.00	15.82	79.35	4.83
广　西	100.00	6.65	89.42	3.92
海　南	100.00	6.41	87.14	6.45
四　川	100.00	9.88	85.93	4.19
贵　州	100.00	7.47	88.18	4.35
云　南	100.00	9.93	85.50	4.57
西　藏	100.00	5.24	90.89	3.87
陕　西	100.00	11.96	83.49	4.55
甘　肃	100.00	13.16	82.74	4.10
青　海	100.00	10.43	84.86	4.71
宁　夏	100.00	9.62	86.87	3.50
新　疆	100.00	4.86	93.05	2.10

4-45　1990年各地区农村居民家庭经营总收入

单位:元/人

地　区	家庭经营收入	1.农业收入	#种植业收入	2.林业收入	3.牧业收入	4.渔业收入	5.工业收入	6.建筑业收入
全国合计	**815.79**	**531.14**	**512.75**	**8.48**	**185.72**	**10.23**	**13.23**	**12.65**
北　京	857.91	486.46	482.91	18.31	185.45	3.71	15.96	19.43
天　津	837.36	538.74	525.58	1.83	159.57	6.71	5.34	14.54
河　北	691.32	513.55	490.35	2.93	108.83	2.25	14.72	10.67
山　西	623.56	430.47	422.50	7.01	80.19		10.24	5.56
内蒙古	871.13	677.82	669.77	2.03	164.52	0.77	6.26	1.47
辽　宁	951.08	659.97	647.09	1.18	199.62	9.63	8.12	13.35
吉　林	1207.33	1011.02	1002.22	1.86	153.02	0.51	5.95	3.08
黑龙江	1233.74	998.87	993.42	0.68	146.98	4.76	9.32	2.33
上　海	1092.64	762.30	758.58	11.37	272.82	5.35	0.27	7.69
江　苏	938.40	567.73	547.78	8.72	235.51	18.68	14.30	26.77
浙　江	1029.14	528.30	462.80	8.57	277.94	24.85	33.79	22.25
安　徽	734.90	522.86	511.49	7.07	134.45	8.18	9.62	9.39
福　建	888.15	456.00	434.25	24.00	273.94	16.38	18.94	15.45
江　西	822.45	511.60	490.88	16.32	219.27	13.73	13.41	7.81
山　东	794.95	570.99	549.24	7.16	138.06	0.87	10.52	17.19
河　南	655.23	486.60	468.51	8.65	91.23	1.17	12.03	12.16
湖　北	849.94	593.11	579.13	7.33	175.82	10.91	9.65	6.43
湖　南	859.81	476.52	450.98	13.49	271.74	13.60	19.65	20.43
广　东	1181.51	598.77	570.48	6.56	322.17	68.36	28.82	39.09
广　西	803.51	443.70	420.54	12.23	256.97	10.56	27.13	9.41
海　南	827.17	372.61	358.22	35.16	190.75	105.15	13.88	20.31
四　川	727.60	397.62	384.68	7.92	258.72	4.23	10.83	16.14
贵　州	554.64	320.56	304.20	7.31	176.84	1.50	8.53	5.67
云　南	662.63	392.99	380.03	7.37	203.88	3.06	9.07	5.88
西　藏	790.55	508.52	465.54	16.10	211.52		1.22	10.13
陕　西	613.62	450.79	439.52	7.96	99.85	0.55	9.80	7.14
甘　肃	508.57	379.79	373.28	6.15	79.18	0.06	7.08	6.52
青　海	664.15	387.78	361.87	2.68	205.80	0.46	7.28	4.62
宁　夏	725.44	540.67	534.80	5.42	126.22	0.90	9.27	5.24
新　疆	1034.69	823.13	804.91	14.07	129.30	0.01	2.70	2.89

4－45 续表

单位:元/人

地　　区	7.交通运输、邮电业收入	8.批发和零售贸易、餐饮业收入	9.社会服务业收入	10.其他家庭经营收入	第一产业收入	第二产业收入	第三产业收入
全国合计	**21.21**	**14.81**	**7.71**	**10.61**	**735.57**	**25.88**	**54.34**
北　　京	76.19	15.98	17.23	19.2	693.92	35.39	128.60
天　　津	34.13	45.17	13.40	17.93	706.85	19.88	110.63
河　　北	12.55	12.56	6.53	6.73	627.56	25.39	38.37
山　　西	64.72	10.06	6.73	8.59	517.66	15.80	90.10
内 蒙 古	8.87	4.31	2.74	2.34	845.14	7.73	18.26
辽　　宁	33.30	14.07	4.81	7.03	870.40	21.47	59.21
吉　　林	16.13	5.03	2.19	8.54	1166.41	9.03	31.89
黑 龙 江	18.72	6.82	4.57	40.69	1151.29	11.65	70.80
上　　海	10.44	3.84	8.97	9.59	1051.84	7.96	32.84
江　　苏	21.51	17.54	12.43	15.21	830.64	41.07	66.69
浙　　江	55.43	30.62	23.59	23.80	839.66	56.04	133.44
安　　徽	13.28	17.39	5.85	6.81	672.56	19.01	43.33
福　　建	26.10	16.33	14.37	26.64	770.32	34.39	83.44
江　　西	15.06	13.43	6.72	5.11	760.91	21.22	40.32
山　　东	17.58	13.71	6.14	12.73	717.08	27.71	50.16
河　　南	18.82	8.94	5.68	9.96	587.64	24.19	43.40
湖　　北	16.06	20.36	7.36	2.92	787.16	16.08	46.70
湖　　南	11.81	20.28	7.92	4.37	775.35	40.08	44.38
广　　东	37.10	38.14	18.23	24.28	995.85	67.91	117.75
广　　西	15.62	17.76	3.96	6.18	723.45	36.54	43.52
海　　南	35.18	14.09	5.62	34.42	703.67	34.19	89.31
四　　川	11.52	8.74	7.88	4.01	668.48	26.97	32.15
贵　　州	10.27	11.65	5.03	7.28	506.21	14.20	34.23
云　　南	16.70	10.11	5.58	8.00	607.29	14.95	40.39
西　　藏	23.83	11.44	1.31	6.48	736.14	11.35	43.06
陕　　西	16.37	11.12	4.23	5.81	559.15	16.94	37.53
甘　　肃	11.83	7.69	4.23	6.04	465.18	13.60	29.79
青　　海	30.04	11.52	7.88	6.09	596.72	11.90	55.53
宁　　夏	27.07	7.69	1.46	1.50	673.21	14.51	37.72
新　　疆	30.69	18.12	6.83	6.95	966.51	5.59	62.59

4-46 1990年各地区农村居民家庭经营总收入构成

单位:%

地 区	家庭经营收入	1.农业收入	#种植业收入	2.林业收入	3.牧业收入	4.渔业收入	5.工业收入	6.建筑业收入
全国合计	**100.00**	**65.11**	**62.85**	**1.04**	**22.77**	**1.25**	**1.62**	**1.55**
北 京	100.00	56.70	56.29	2.13	21.62	0.43	1.86	2.26
天 津	100.00	64.34	62.77	0.22	19.06	0.80	0.64	1.74
河 北	100.00	74.29	70.93	0.42	15.74	0.33	2.13	1.54
山 西	100.00	69.03	67.76	1.12	12.86	0.00	1.64	0.89
内蒙古	100.00	77.81	76.89	0.23	18.89	0.09	0.72	0.17
辽 宁	100.00	69.39	68.04	0.12	20.99	1.01	0.85	1.40
吉 林	100.00	83.74	83.01	0.15	12.67	0.04	0.49	0.26
黑龙江	100.00	80.96	80.52	0.06	11.91	0.39	0.76	0.19
上 海	100.00	69.77	69.43	1.04	24.97	0.49	0.02	0.70
江 苏	100.00	60.50	58.37	0.93	25.10	1.99	1.52	2.85
浙 江	100.00	51.33	44.97	0.83	27.01	2.41	3.28	2.16
安 徽	100.00	71.15	69.60	0.96	18.30	1.11	1.31	1.28
福 建	100.00	51.34	48.89	2.70	30.84	1.84	2.13	1.74
江 西	100.00	62.20	59.69	1.98	26.66	1.67	1.63	0.95
山 东	100.00	71.83	69.09	0.90	17.37	0.11	1.32	2.16
河 南	100.00	74.26	71.50	1.32	13.92	0.18	1.84	1.86
湖 北	100.00	69.78	68.14	0.86	20.69	1.28	1.14	0.76
湖 南	100.00	55.42	52.45	1.57	31.60	1.58	2.29	2.38
广 东	100.00	50.68	48.28	0.56	27.27	5.79	2.44	3.31
广 西	100.00	55.22	52.34	1.52	31.98	1.31	3.38	1.17
海 南	100.00	45.05	43.31	4.25	23.06	12.71	1.68	2.46
四 川	100.00	54.65	52.87	1.09	35.56	0.58	1.49	2.22
贵 州	100.00	57.80	54.85	1.32	31.88	0.27	1.54	1.02
云 南	100.00	59.31	57.35	1.11	30.77	0.46	1.37	0.89
西 藏	100.00	64.33	58.89	2.04	26.76	0.00	0.15	1.28
陕 西	100.00	73.46	71.63	1.30	16.27	0.09	1.60	1.16
甘 肃	100.00	74.68	73.40	1.21	15.57	0.01	1.39	1.28
青 海	100.00	58.39	54.49	0.40	30.99	0.07	1.10	0.70
宁 夏	100.00	74.53	73.72	0.75	17.40	0.12	1.28	0.72
新 疆	100.00	79.55	77.79	1.36	12.50	0.00	0.26	0.28

4－46 续表

单位：%

地　区	7.交通运输业、邮电业收入	8.批发和零售贸易、餐饮业收入	9.社会服务业收入	10.其他家庭经营收入	第一产业收入	第二产业收入	第三产业收入
全国合计	**2.60**	**1.82**	**0.95**	**1.30**	**90.17**	**3.17**	**6.66**
北　京	8.88	1.86	2.01	2.24	80.88	4.13	14.99
天　津	4.08	5.39	1.60	2.14	84.41	2.37	13.21
河　北	1.82	1.82	0.94	0.97	90.78	3.67	5.55
山　西	10.38	1.61	1.08	1.38	83.02	2.53	14.45
内蒙古	1.02	0.49	0.31	0.27	97.02	0.89	2.10
辽　宁	3.50	1.48	0.51	0.74	91.52	2.26	6.23
吉　林	1.34	0.42	0.18	0.71	96.61	0.75	2.64
黑龙江	1.52	0.55	0.37	3.30	93.32	0.94	5.74
上　海	0.96	0.35	0.82	0.88	96.27	0.73	3.01
江　苏	2.29	1.87	1.32	1.62	88.52	4.38	7.11
浙　江	5.39	2.98	2.29	2.31	81.59	5.45	12.97
安　徽	1.81	2.37	0.80	0.93	91.52	2.59	5.90
福　建	2.94	1.84	1.62	3.00	86.73	3.87	9.39
江　西	1.83	1.63	0.82	0.62	92.52	2.58	4.90
山　东	2.21	1.72	0.77	1.60	90.20	3.49	6.31
河　南	2.87	1.36	0.87	1.52	89.68	3.69	6.62
湖　北	1.89	2.40	0.87	0.34	92.61	1.89	5.49
湖　南	1.37	2.36	0.92	0.51	90.18	4.66	5.16
广　东	3.14	3.23	1.54	2.05	84.29	5.75	9.97
广　西	1.94	2.21	0.49	0.77	90.04	4.55	5.42
海　南	4.25	1.70	0.68	4.16	85.07	4.13	10.80
四　川	1.58	1.20	1.08	0.55	91.87	3.71	4.42
贵　州	1.85	2.10	0.91	1.31	91.27	2.56	6.17
云　南	2.52	1.53	0.84	1.21	91.65	2.26	6.10
西　藏	3.01	1.45	0.17	0.82	93.12	1.44	5.45
陕　西	2.67	1.81	0.69	0.95	91.12	2.76	6.12
甘　肃	2.33	1.51	0.83	1.19	91.47	2.67	5.86
青　海	4.52	1.73	1.19	0.92	89.85	1.79	8.36
宁　夏	3.73	1.06	0.20	0.21	92.80	2.00	5.20
新　疆	2.97	1.75	0.66	0.67	93.41	0.54	6.05

4－47 1990年各地区农村居民现金收入

单位:元/人

地　　区	现金收入	一、工资性收入	二、家庭经营收入	三、转移性和财产性收入
全国合计	**676.67**	**136.43**	**481.19**	**59.05**
北　　京	1330.58	686.52	547.26	96.80
天　　津	1024.25	460.54	487.00	76.71
河　　北	610.83	166.72	397.69	46.42
山　　西	586.82	163.45	366.13	57.24
内 蒙 古	527.03	51.15	431.82	44.06
辽　　宁	874.76	249.84	579.75	45.17
吉　　林	926.72	75.55	787.54	63.63
黑 龙 江	871.71	69.75	757.34	44.62
上　　海	1740.04	1056.61	555.48	127.95
江　　苏	914.11	298.62	551.72	63.77
浙　　江	1203.60	352.79	754.48	96.33
安　　徽	583.01	76.46	462.57	43.98
福　　建	849.42	156.01	605.91	87.50
江　　西	577.36	85.52	446.79	45.05
山　　东	686.87	158.54	482.61	45.72
河　　南	512.92	78.25	386.20	48.47
湖　　北	618.05	77.60	476.31	64.14
湖　　南	638.52	84.13	475.86	78.53
广　　东	1177.66	235.17	832.22	110.27
广　　西	569.50	59.76	459.55	50.19
海　　南	715.17	59.11	598.41	57.65
四　　川	520.54	83.58	380.36	56.60
贵　　州	356.52	46.42	265.21	44.89
云　　南	479.72	76.88	346.34	56.50
西　　藏	292.94	45.56	213.51	33.87
陕　　西	454.37	87.87	307.73	58.77
甘　　肃	326.88	80.80	212.90	33.18
青　　海	471.07	80.20	333.17	57.70
宁　　夏	560.28	79.64	423.53	57.11
新　　疆	862.12	53.00	750.34	58.78

4－48 1990年各地区农村居民现金收入构成

单位：%

地 区	现金收入	一、工资性收入	二、家庭经营收入	三、转移性和财产性收入
全国合计	**100.00**	**20.16**	**71.11**	**8.73**
北 京	100.00	51.60	41.13	7.28
天 津	100.00	44.96	47.55	7.49
河 北	100.00	27.29	65.11	7.60
山 西	100.00	27.85	62.39	9.75
内蒙古	100.00	9.71	81.93	8.36
辽 宁	100.00	28.56	66.28	5.16
吉 林	100.00	8.15	84.98	6.87
黑龙江	100.00	8.00	86.88	5.12
上 海	100.00	60.72	31.92	7.35
江 苏	100.00	32.67	60.36	6.98
浙 江	100.00	29.31	62.69	8.00
安 徽	100.00	13.11	79.34	7.54
福 建	100.00	18.37	71.33	10.30
江 西	100.00	14.81	77.38	7.80
山 东	100.00	23.08	70.26	6.66
河 南	100.00	15.26	75.29	9.45
湖 北	100.00	12.56	77.07	10.38
湖 南	100.00	13.18	74.53	12.30
广 东	100.00	19.97	70.67	9.36
广 西	100.00	10.49	80.69	8.81
海 南	100.00	8.27	83.67	8.06
四 川	100.00	16.06	73.07	10.87
贵 州	100.00	13.02	74.39	12.59
云 南	100.00	16.03	72.20	11.78
西 藏	100.00	15.55	72.89	11.56
陕 西	100.00	19.34	67.73	12.93
甘 肃	100.00	24.72	65.13	10.15
青 海	100.00	17.03	70.73	12.25
宁 夏	100.00	14.21	75.59	10.19
新 疆	100.00	6.15	87.03	6.82

4－49　1990年各地区农村居民家庭经营现金收入

单位:元/人

地　区	家庭经营现金收入	1.出售产品收入	#农业产品收入	##种植业收入	##牧业收入	2.工业加工费收入	3.建筑业收入
全国合计	**481.19**	**408.49**	**248.63**	**235.20**	**137.26**	**6.93**	**12.46**
北　京	547.26	404.26	220.95	217.85	152.50	5.31	18.76
天　津	487.00	362.56	206.09	193.55	147.53	5.17	14.25
河　北	397.69	345.03	245.33	222.58	88.35	6.45	10.61
山　西	366.13	266.28	190.40	182.83	63.83	6.77	5.56
内蒙古	431.82	408.77	317.78	313.60	86.46	3.87	1.47
辽　宁	579.75	508.75	356.27	345.30	138.94	5.24	11.27
吉　林	787.54	748.14	641.63	634.53	102.74	5.44	3.08
黑龙江	757.34	695.74	578.70	574.51	106.04	6.00	2.32
上　海	555.48	514.77	297.76	294.04	204.56	0.21	7.69
江　苏	551.72	450.46	242.23	222.57	181.67	10.10	26.77
浙　江	754.48	534.98	243.96	228.30	243.83	18.53	22.25
安　徽	462.57	408.60	281.80	271.76	107.32	3.48	9.18
福　建	605.91	503.61	228.93	215.13	225.07	10.95	15.31
江　西	446.79	394.90	196.98	183.70	168.37	5.18	7.60
山　东	482.61	416.17	285.22	264.11	116.57	4.13	16.55
河　南	386.20	326.93	234.15	217.80	78.01	5.44	12.03
湖　北	476.31	421.87	303.14	292.09	100.62	5.22	5.36
湖　南	475.86	403.66	165.01	145.00	209.77	8.27	20.43
广　东	832.22	656.66	308.23	285.75	271.70	21.37	39.09
广　西	459.55	400.23	167.50	155.28	193.81	6.95	9.41
海　南	598.41	486.91	193.86	185.63	149.03	4.02	20.24
四　川	380.36	327.10	135.24	126.75	176.77	5.59	16.14
贵　州	265.21	221.67	111.18	99.56	99.17	5.25	5.59
云　南	346.34	297.74	160.73	152.65	123.51	4.73	5.66
西　藏	213.51	162.34	88.93	58.84	57.82	0.46	10.00
陕　西	307.73	258.73	179.96	170.52	67.18	5.96	7.14
甘　肃	212.90	173.26	117.91	112.22	47.34	5.00	6.51
青　海	333.17	270.00	137.05	111.29	127.20	4.22	4.62
宁　夏	423.53	371.58	273.90	268.12	91.28	9.08	5.24
新　疆	750.34	684.49	571.59	555.10	103.21	2.32	2.90

4－49 续表　　　　　　　　　　　　　　　　　　　　　　　　　　　　　　　　单位:元/人

地　区	4.交通运输业、邮电业收入	5.批发和零售贸易、餐饮业收入	6.社会服务业收入	7.其他家庭经营收入	第一产业收入	第二产业收入	第三产业收入
全国合计	**20.89**	**14.65**	**7.64**	**10.13**	**408.49**	**19.39**	**53.31**
北　京	69.43	15.90	16.89	16.71	404.26	24.07	118.93
天　津	33.73	45.17	13.40	12.72	362.56	19.42	105.02
河　北	11.42	12.32	6.51	5.35	345.03	17.06	35.60
山　西	64.60	10.06	6.72	6.14	266.28	12.33	87.52
内蒙古	8.72	4.09	2.74	2.16	408.77	5.34	17.71
辽　宁	30.19	14.24	4.50	5.56	508.75	16.51	54.49
吉　林	16.13	5.03	2.19	7.53	748.14	8.52	30.88
黑龙江	18.55	6.73	4.47	23.53	695.74	8.32	53.28
上　海	10.44	3.83	8.97	9.57	514.77	7.90	32.81
江　苏	21.51	17.54	12.42	12.92	450.46	36.87	64.39
浙　江	55.43	30.62	23.59	69.08	534.98	40.78	178.72
安　徽	13.28	17.28	5.80	4.95	408.60	12.66	41.31
福　建	26.06	16.28	14.33	19.37	503.61	26.26	76.04
江　西	15.06	13.18	6.72	4.15	394.90	12.78	39.11
山　东	16.84	13.19	6.00	9.73	416.17	20.68	45.76
河　南	18.76	8.93	5.66	8.45	326.93	17.47	41.80
湖　北	15.35	19.40	6.96	2.15	421.87	10.58	43.86
湖　南	11.81	20.27	7.95	3.47	403.66	28.70	43.50
广　东	37.10	37.50	18.11	22.39	656.66	60.46	115.10
广　西	15.62	17.76	3.96	5.62	400.23	16.36	42.96
海　南	35.18	13.84	5.62	32.60	486.91	24.26	87.24
四　川	11.50	8.71	7.87	3.45	327.10	21.73	31.53
贵　州	10.25	11.63	5.02	5.80	221.67	10.84	32.70
云　南	16.58	9.99	5.58	6.06	297.74	10.39	38.21
西　藏	23.83	11.36	1.31	4.21	162.34	10.46	40.71
陕　西	16.36	11.12	4.22	4.20	258.73	13.10	35.90
甘　肃	11.83	7.68	3.99	4.63	173.26	11.51	28.13
青　海	30.04	11.52	7.88	4.89	270.00	8.84	54.33
宁　夏	27.07	7.60	1.46	1.50	371.58	14.32	37.63
新　疆	30.10	18.04	6.81	5.68	684.49	5.22	60.63

4-50 1990年各地区农村居民家庭经营现金收入构成

单位：%

地 区	家庭经营现金收入	1.出售产品收 入	#农业产品收 入	##种植业收 入	#牧 业收 入	2.工业加工费收入	3.建筑业收 入
全国合计	**100.00**	**84.89**	**51.67**	**48.88**	**28.52**	**1.44**	**2.59**
北 京	100.00	73.87	40.37	39.81	27.87	0.97	3.43
天 津	100.00	74.45	42.32	39.74	30.29	1.06	2.93
河 北	100.00	86.76	61.69	55.97	22.21	1.62	2.67
山 西	100.00	72.73	52.00	49.94	17.43	1.85	1.52
内蒙古	100.00	94.66	73.59	72.62	20.02	0.90	0.34
辽 宁	100.00	87.75	61.45	59.56	23.96	0.90	1.94
吉 林	100.00	95.00	81.47	80.57	13.05	0.69	0.39
黑龙江	100.00	91.87	76.41	75.86	14.00	0.79	0.31
上 海	100.00	92.67	53.60	52.93	36.83	0.04	1.38
江 苏	100.00	81.65	43.90	40.34	32.93	1.83	4.85
浙 江	100.00	70.91	32.33	30.26	32.32	2.46	2.95
安 徽	100.00	88.33	60.92	58.75	23.20	0.75	1.98
福 建	100.00	83.12	37.78	35.51	37.14	1.81	2.53
江 西	100.00	88.39	44.09	41.12	37.68	1.16	1.70
山 东	100.00	86.23	59.10	54.73	24.15	0.86	3.43
河 南	100.00	84.65	60.63	56.40	20.20	1.41	3.11
湖 北	100.00	88.57	63.64	61.32	21.12	1.10	1.13
湖 南	100.00	84.83	34.68	30.47	44.08	1.74	4.29
广 东	100.00	78.90	37.04	34.34	32.65	2.57	4.70
广 西	100.00	87.09	36.45	33.79	42.17	1.51	2.05
海 南	100.00	81.37	32.40	31.02	24.90	0.67	3.38
四 川	100.00	86.00	35.55	33.32	46.47	1.47	4.24
贵 州	100.00	83.58	41.92	37.54	37.39	1.98	2.11
云 南	100.00	85.97	46.41	44.08	35.66	1.37	1.63
西 藏	100.00	76.03	41.65	27.56	27.08	0.22	4.68
陕 西	100.00	84.08	58.48	55.41	21.83	1.94	2.32
甘 肃	100.00	81.38	55.38	52.71	22.23	2.35	3.06
青 海	100.00	81.04	41.13	33.40	38.18	1.27	1.39
宁 夏	100.00	87.73	64.67	63.31	21.55	2.14	1.24
新 疆	100.00	91.22	76.18	73.98	13.75	0.31	0.39

4－50 续表

单位：%

地　区	4.交通运输业、邮电业收入	5.批发和零售贸易、餐饮业收入	6.社会服务业收入	7.其他家庭经营收入	第一产业收入	第二产业收入	第三产业收入
全国合计	**4.34**	**3.04**	**1.59**	**2.11**	**84.89**	**4.03**	**11.08**
北　京	12.69	2.91	3.09	3.05	73.87	4.40	21.73
天　津	6.93	9.28	2.75	2.61	74.45	3.99	21.56
河　北	2.87	3.10	1.64	1.35	86.76	4.29	8.95
山　西	17.64	2.75	1.84	1.68	72.73	3.37	23.90
内蒙古	2.02	0.95	0.63	0.50	94.66	1.24	4.10
辽　宁	5.21	2.46	0.78	0.96	87.75	2.85	9.40
吉　林	2.05	0.64	0.28	0.96	95.00	1.08	3.92
黑龙江	2.45	0.89	0.59	3.11	91.87	1.10	7.04
上　海	1.88	0.69	1.61	1.72	92.67	1.42	5.91
江　苏	3.90	3.18	2.25	2.34	81.65	6.68	11.67
浙　江	7.35	4.06	3.13	9.16	70.91	5.41	23.69
安　徽	2.87	3.74	1.25	1.07	88.33	2.74	8.93
福　建	4.30	2.69	2.37	3.20	83.12	4.33	12.55
江　西	3.37	2.95	1.50	0.93	88.39	2.86	8.75
山　东	3.49	2.73	1.24	2.02	86.23	4.29	9.48
河　南	4.86	2.31	1.47	2.19	84.65	4.52	10.82
湖　北	3.22	4.07	1.46	0.45	88.57	2.22	9.21
湖　南	2.48	4.26	1.67	0.73	84.83	6.03	9.14
广　东	4.46	4.51	2.18	2.69	78.90	7.26	13.83
广　西	3.40	3.86	0.86	1.22	87.09	3.56	9.35
海　南	5.88	2.31	0.94	5.45	81.37	4.05	14.58
四　川	3.02	2.29	2.07	0.91	86.00	5.71	8.29
贵　州	3.86	4.39	1.89	2.19	83.58	4.09	12.33
云　南	4.79	2.88	1.61	1.75	85.97	3.00	11.03
西　藏	11.16	5.32	0.61	1.97	76.03	4.90	19.07
陕　西	5.32	3.61	1.37	1.36	84.08	4.26	11.67
甘　肃	5.56	3.61	1.87	2.17	81.38	5.41	13.21
青　海	9.02	3.46	2.37	1.47	81.04	2.65	16.31
宁　夏	6.39	1.79	0.34	0.35	87.73	3.38	8.88
新　疆	4.01	2.40	0.91	0.76	91.22	0.70	8.08

4-51 1990年各地区农村居民纯收入

单位:元/人

地 区	纯收入	一、工资性收入	二、家庭经营净收入	三、转移和财产性纯收入
全 国	**686.31**	**138.80**	**518.55**	**28.96**
北 京	1297.05	704.74	520.86	71.45
天 津	1069.04	464.14	545.87	59.03
河 北	621.67	171.42	422.89	27.36
山 西	603.51	165.32	407.88	30.31
内蒙古	607.15	52.31	542.45	12.39
辽 宁	836.17	260.61	557.24	18.32
吉 林	803.52	75.71	702.11	25.70
黑龙江	759.86	77.06	670.80	12.00
上 海	1907.32	1065.59	781.84	59.89
江 苏	959.06	300.55	631.49	27.02
浙 江	1099.04	354.09	690.18	54.77
安 徽	539.16	77.13	442.00	20.03
福 建	764.41	156.64	554.22	53.55
江 西	669.90	87.22	557.86	24.82
山 东	680.18	167.80	486.02	26.36
河 南	526.95	79.21	423.21	24.53
湖 北	670.80	82.42	568.76	19.62
湖 南	664.24	85.11	557.10	22.03
广 东	1043.03	235.52	745.35	62.16
广 西	639.45	59.78	552.96	26.71
海 南	696.22	60.83	579.75	55.64
四 川	557.76	83.62	445.58	28.56
贵 州	435.14	46.98	365.29	22.87
云 南	540.86	76.97	433.96	29.93
西 藏	649.71	45.62	580.72	23.37
陕 西	530.80	87.92	414.76	28.12
甘 肃	430.98	80.91	329.77	20.30
青 海	559.78	81.67	448.75	29.36
宁 夏	578.13	80.37	474.32	23.44
新 疆	683.47	54.02	612.70	16.75

4－52 1990年各地区农村居民纯收入构成

单位：%

地　　区	纯收入	一、工资性收入	二、家庭经营净收入	三、转移和财产性纯收入
全　　国	**100.00**	**20.22**	**75.56**	**4.22**
北　　京	100.00	54.33	40.16	5.51
天　　津	100.00	43.42	51.06	5.52
河　　北	100.00	27.57	68.02	4.40
山　　西	100.00	27.39	67.58	5.02
内 蒙 古	100.00	8.62	89.34	2.04
辽　　宁	100.00	31.17	66.64	2.19
吉　　林	100.00	9.42	87.38	3.20
黑 龙 江	100.00	10.14	88.28	1.58
上　　海	100.00	55.87	40.99	3.14
江　　苏	100.00	31.34	65.84	2.82
浙　　江	100.00	32.22	62.80	4.98
安　　徽	100.00	14.31	81.98	3.72
福　　建	100.00	20.49	72.50	7.01
江　　西	100.00	13.02	83.28	3.71
山　　东	100.00	24.67	71.45	3.88
河　　南	100.00	15.03	80.31	4.66
湖　　北	100.00	12.29	84.79	2.92
湖　　南	100.00	12.81	83.87	3.32
广　　东	100.00	22.58	71.46	5.96
广　　西	100.00	9.35	86.47	4.18
海　　南	100.00	8.74	83.27	7.99
四　　川	100.00	14.99	79.89	5.12
贵　　州	100.00	10.80	83.95	5.26
云　　南	100.00	14.23	80.24	5.53
西　　藏	100.00	7.02	89.38	3.60
陕　　西	100.00	16.56	78.14	5.30
甘　　肃	100.00	18.77	76.52	4.71
青　　海	100.00	14.59	80.17	5.24
宁　　夏	100.00	13.90	82.04	4.05
新　　疆	100.00	7.90	89.65	2.45

4－53　1990年各地区农村居民总支出

单位：元/人

地　区	总支出	一、家庭经营费用支出	二、购置生产性固定资产支出	三、税费支出	四、生活消费支出	五、转移性和财产性支出
全国总计	**903.47**	**241.09**	**20.29**	**38.66**	**584.63**	**18.80**
北　京	1371.64	276.93	17.26	50.91	980.66	45.88
天　津	1062.45	248.87	17.82	28.22	732.87	34.67
河　北	775.67	219.12	23.08	32.70	485.70	15.07
山　西	730.13	160.53	27.82	34.91	487.65	19.22
内蒙古	827.65	261.82	21.77	40.74	491.88	11.44
辽　宁	1090.95	295.94	20.94	78.18	679.11	16.78
吉　林	1176.55	368.28	43.40	99.93	632.91	32.03
黑龙江	1168.30	411.01	32.84	117.17	585.78	21.50
上　海	1834.34	257.97	5.00	36.16	1505.05	30.16
江　苏	1166.74	250.56	13.03	42.80	842.78	17.57
浙　江	1337.76	296.23	32.96	20.68	945.97	41.92
安　徽	822.37	231.59	16.98	44.99	514.93	13.88
福　建	1082.91	300.62	10.92	17.82	707.97	45.58
江　西	858.63	224.15	9.68	28.76	577.17	18.87
山　东	878.27	237.33	18.14	57.63	547.05	18.12
河　南	688.18	174.82	19.43	41.34	437.73	14.86
湖　北	902.30	210.48	12.88	58.40	607.58	12.96
湖　南	930.23	258.50	17.25	32.19	608.73	13.56
广　东	1410.21	373.64	24.87	46.16	932.63	32.91
广　西	803.08	226.92	18.07	10.84	536.97	10.28
海　南	834.26	208.29	14.56	13.61	565.84	31.96
四　川	801.75	239.18	9.18	31.03	509.16	13.20
贵　州	607.95	165.59	12.80	11.04	403.28	15.24
云　南	730.28	196.60	21.38	14.06	485.47	12.77
西　藏	667.95	144.61	22.10	0.45	490.84	9.95
陕　西	699.16	167.49	23.89	17.71	477.07	13.00
甘　肃	530.08	147.93	16.60	15.68	339.25	10.62
青　海	723.45	161.03	40.44	23.55	474.75	23.68
宁　夏	766.72	206.52	40.72	22.39	483.69	13.40
新　疆	971.46	325.97	57.71	62.07	506.82	18.89

4－54 1990年各地区农村居民总支出构成

单位：%

地　区	总支出	一、家庭经营费用支出	二、购置生产性固定资产支出	三、税费支出	四、生活消费支出	五、转移性和财产性支出
全国总计	**100.00**	**26.68**	**2.25**	**4.28**	**64.71**	**2.08**
北　京	100.00	20.19	1.26	3.71	71.50	3.34
天　津	100.00	23.42	1.68	2.66	68.98	3.26
河　北	100.00	28.25	2.98	4.22	62.62	1.94
山　西	100.00	21.99	3.81	4.78	66.79	2.63
内蒙古	100.00	31.63	2.63	4.92	59.43	1.38
辽　宁	100.00	27.13	1.92	7.17	62.25	1.54
吉　林	100.00	31.30	3.69	8.49	53.79	2.72
黑龙江	100.00	35.18	2.81	10.03	50.14	1.84
上　海	100.00	14.06	0.27	1.97	82.05	1.64
江　苏	100.00	21.48	1.12	3.67	72.23	1.51
浙　江	100.00	22.14	2.46	1.55	70.71	3.13
安　徽	100.00	28.16	2.06	5.47	62.62	1.69
福　建	100.00	27.76	1.01	1.65	65.38	4.21
江　西	100.00	26.11	1.13	3.35	67.22	2.20
山　东	100.00	27.02	2.07	6.56	62.29	2.06
河　南	100.00	25.40	2.82	6.01	63.61	2.16
湖　北	100.00	23.33	1.43	6.47	67.34	1.44
湖　南	100.00	27.79	1.85	3.46	65.44	1.46
广　东	100.00	26.50	1.76	3.27	66.13	2.33
广　西	100.00	28.26	2.25	1.35	66.86	1.28
海　南	100.00	24.97	1.75	1.63	67.83	3.83
四　川	100.00	29.83	1.14	3.87	63.51	1.65
贵　州	100.00	27.24	2.11	1.82	66.33	2.51
云　南	100.00	26.92	2.93	1.93	66.48	1.75
西　藏	100.00	21.65	3.31	0.07	73.48	1.49
陕　西	100.00	23.96	3.42	2.53	68.23	1.86
甘　肃	100.00	27.91	3.13	2.96	64.00	2.00
青　海	100.00	22.26	5.59	3.26	65.62	3.27
宁　夏	100.00	26.94	5.31	2.92	63.09	1.75
新　疆	100.00	33.55	5.94	6.39	52.17	1.94

4－55　1990年各地区农村居民家庭经营费用支出

单位：元/人

地　　区	家庭经营费用支出	1.农业支出	#种植业支出	2.林业支出	3.牧业支出	4.渔业支出	5.工业支出	6.建筑业支出
全国总计	**241.09**	**130.40**	**126.49**	**0.95**	**88.91**	**3.12**	**4.08**	**0.47**
北　　京	276.93	124.34	123.52	2.30	110.82	0.46	5.20	0.25
天　　津	248.87	122.55	120.02	1.56	93.79	0.72	0.51	
河　　北	219.12	154.33	145.03	0.36	52.81	0.39	4.06	0.30
山　　西	160.53	95.33	93.12	0.41	28.56		3.04	0.64
内 蒙 古	261.82	179.17	176.85	0.22	73.93	0.24	3.13	0.02
辽　　宁	295.94	180.67	177.89	0.58	94.20	1.69	2.85	0.52
吉　　林	368.28	272.17	271.31	0.51	80.26	0.23	2.05	0.32
黑 龙 江	411.01	310.91	309.86	0.51	76.14	1.78	3.32	0.26
上　　海	257.97	96.48	95.63	3.29	146.07	3.26		0.98
江　　苏	250.56	121.67	116.31	0.96	108.84	3.33	6.16	0.28
浙　　江	296.23	123.77	108.72	0.73	127.14	6.64	9.06	0.29
安　　徽	231.59	153.96	150.99	0.58	59.09	1.75	3.72	0.29
福　　建	300.62	128.00	125.17	4.05	132.99	6.12	5.34	5.71
江　　西	224.15	112.86	110.04	0.86	89.12	2.60	4.80	0.23
山　　东	237.33	157.13	150.65	2.06	66.42	0.34	2.94	0.16
河　　南	174.82	118.42	112.93	0.79	40.58	0.13	4.94	0.38
湖　　北	210.48	125.39	123.42	0.94	67.28	1.34	2.46	0.27
湖　　南	258.50	99.18	94.95	0.61	143.34	2.60	4.54	0.16
广　　东	373.64	156.15	150.97	0.79	160.86	29.28	6.19	0.59
广　　西	226.92	82.80	80.02	0.71	121.39	1.66	10.21	0.04
海　　南	208.29	69.43	68.53	4.45	67.79	40.49	3.81	1.03
四　　川	239.18	75.87	74.08	0.16	148.66	1.59	3.79	0.20
贵　　州	165.59	70.85	67.88	0.69	80.75	0.37	2.65	0.78
云　　南	196.60	75.34	73.62	0.71	103.20	0.80	2.36	0.09
西　　藏	144.61	72.64	63.76	0.33	53.42			0.39
陕　　西	167.49	111.38	109.73	1.01	43.57	0.10	2.75	0.66
甘　　肃	147.93	103.63	103.20	0.46	32.88	0.02	1.76	0.03
青　　海	161.03	95.19	92.70	0.71	49.22	0.12	1.17	0.04
宁　　夏	206.52	139.61	138.90	0.04	52.05	1.79	2.53	0.40
新　　疆	325.97	211.71	207.37	3.96	85.06	0.04	1.41	0.13

4－55 续表　　　　单位:元/人

地　　区	7.交通运输、邮电业支出	8.批发和零售贸易、餐饮业支出	9.社会服务业支出	10.其他家庭经营支出	第一产业支出	第二产业支出	第三产业支出
全国总计	**7.76**	**2.12**	**0.94**	**2.34**	**223.38**	**4.55**	**13.16**
北　京	26.28	1.61	3.38	2.29	237.92	5.45	33.56
天　津	8.60	15.89	1.58	3.67	218.62	0.51	29.74
河　北	3.71	1.19	0.68	1.29	207.89	4.36	6.87
山　西	26.09	1.50	1.07	3.89	124.30	3.68	32.55
内蒙古	2.60	0.24	0.43	1.84	253.56	3.15	5.11
辽　宁	11.07	1.32	0.39	2.65	277.14	3.37	15.43
吉　林	7.48	1.26	0.37	3.63	353.17	2.37	12.74
黑龙江	6.52	0.58	0.69	10.30	389.34	3.58	18.09
上　海	3.50	0.56	0.78	3.05	249.10	0.98	7.89
江　苏	5.41	2.15	0.77	0.99	234.80	6.44	9.32
浙　江	18.14	4.19	2.33	3.94	258.28	9.35	28.60
安　徽	4.68	4.36	1.07	2.09	215.38	4.01	12.20
福　建	10.48	1.23	2.06	4.64	271.16	11.05	18.41
江　西	7.64	3.84	0.75	1.45	205.44	5.03	13.68
山　东	5.32	1.24	0.51	1.21	225.95	3.10	8.28
河　南	5.74	0.45	0.72	2.67	159.92	5.32	9.58
湖　北	7.72	3.17	0.95	0.96	194.95	2.73	12.80
湖　南	3.20	3.14	1.16	0.57	245.73	4.70	8.07
广　东	12.52	2.94	1.31	3.01	347.08	6.78	19.78
广　西	5.72	3.37	0.34	0.68	206.56	10.25	10.11
海　南	13.26	1.99	0.12	5.92	182.16	4.84	21.29
四　川	5.45	1.14	1.34	0.98	226.28	3.99	8.91
贵　州	4.19	2.57	0.76	1.98	152.66	3.43	9.50
云　南	8.42	3.00	0.92	1.76	180.05	2.45	14.10
西　藏	12.04	1.64	0.01	4.14	126.39	0.39	17.83
陕　西	5.86	1.11	0.29	0.76	156.06	3.41	8.02
甘　肃	4.10	0.56	0.35	4.14	136.99	1.79	9.15
青　海	8.08	1.04	2.05	3.41	145.24	1.21	14.58
宁　夏	9.24	0.50	0.18	0.18	193.49	2.93	10.10
新　疆	15.55	2.29	2.02	3.80	300.77	1.54	23.66

4-56 1990年各地区农村居民家庭经营费用支出构成

单位：%

地 区	家庭经营费用支出	1.农业支出	#种植业支出	2.林业支出	3.牧业支出	4.渔业支出	5.工业支出	6.建筑业支出
全国总计	**100.00**	**54.09**	**52.47**	**0.39**	**36.88**	**1.29**	**1.69**	**0.19**
北 京	100.00	44.90	44.60	0.83	40.02	0.17	1.88	0.09
天 津	100.00	49.24	48.23	0.63	37.69	0.29	0.20	0.00
河 北	100.00	70.43	66.19	0.16	24.10	0.18	1.85	0.14
山 西	100.00	59.38	58.01	0.26	17.79	0.00	1.89	0.40
内蒙古	100.00	68.43	67.55	0.08	28.24	0.09	1.20	0.01
辽 宁	100.00	61.05	60.11	0.20	31.83	0.57	0.96	0.18
吉 林	100.00	73.90	73.67	0.14	21.79	0.06	0.56	0.09
黑龙江	100.00	75.65	75.39	0.12	18.53	0.43	0.81	0.06
上 海	100.00	37.40	37.07	1.28	56.62	1.26	0.00	0.38
江 苏	100.00	48.56	46.42	0.38	43.44	1.33	2.46	0.11
浙 江	100.00	41.78	36.70	0.25	42.92	2.24	3.06	0.10
安 徽	100.00	66.48	65.20	0.25	25.51	0.76	1.61	0.13
福 建	100.00	42.58	41.64	1.35	44.24	2.04	1.78	1.90
江 西	100.00	50.35	49.09	0.38	39.76	1.16	2.14	0.10
山 东	100.00	66.21	63.48	0.87	27.99	0.14	1.24	0.07
河 南	100.00	67.74	64.60	0.45	23.21	0.07	2.83	0.22
湖 北	100.00	59.57	58.64	0.45	31.97	0.64	1.17	0.13
湖 南	100.00	38.37	36.73	0.24	55.45	1.01	1.76	0.06
广 东	100.00	41.79	40.41	0.21	43.05	7.84	1.66	0.16
广 西	100.00	36.49	35.26	0.31	53.49	0.73	4.50	0.02
海 南	100.00	33.33	32.90	2.14	32.55	19.44	1.83	0.49
四 川	100.00	31.72	30.97	0.07	62.15	0.66	1.58	0.08
贵 州	100.00	42.79	40.99	0.42	48.77	0.22	1.60	0.47
云 南	100.00	38.32	37.45	0.36	52.49	0.41	1.20	0.05
西 藏	100.00	50.23	44.09	0.23	36.94	0.00	0.00	0.27
陕 西	100.00	66.50	65.51	0.60	26.01	0.06	1.64	0.39
甘 肃	100.00	70.05	69.76	0.31	22.23	0.01	1.19	0.02
青 海	100.00	59.11	57.57	0.44	30.57	0.07	0.73	0.02
宁 夏	100.00	67.60	67.26	0.02	25.20	0.87	1.23	0.19
新 疆	100.00	64.95	63.62	1.21	26.09	0.01	0.43	0.04

4－56 续表

单位：%

地　区	7.交通运输、邮电业支出	8.批发和零售贸易、餐饮业支出	9.社会服务业支出	10.其他家庭经营支出	第一产业支出	第二产业支出	第三产业支出
全国总计	**3.22**	**0.88**	**0.39**	**0.97**	**92.65**	**1.89**	**5.46**
北　京	9.49	0.58	1.22	0.83	85.91	1.97	12.12
天　津	3.46	6.38	0.63	1.47	87.85	0.20	11.95
河　北	1.69	0.54	0.31	0.59	94.87	1.99	3.14
山　西	16.25	0.93	0.67	2.42	77.43	2.29	20.28
内蒙古	0.99	0.09	0.16	0.70	96.85	1.20	1.95
辽　宁	3.74	0.45	0.13	0.90	93.65	1.14	5.21
吉　林	2.03	0.34	0.10	0.99	95.90	0.64	3.46
黑龙江	1.59	0.14	0.17	2.51	94.73	0.87	4.40
上　海	1.36	0.22	0.30	1.18	96.56	0.38	3.06
江　苏	2.16	0.86	0.31	0.40	93.71	2.57	3.72
浙　江	6.12	1.41	0.79	1.33	87.19	3.16	9.65
安　徽	2.02	1.88	0.46	0.90	93.00	1.73	5.27
福　建	3.49	0.41	0.69	1.54	90.20	3.68	6.12
江　西	3.41	1.71	0.33	0.65	91.65	2.24	6.10
山　东	2.24	0.52	0.21	0.51	95.20	1.31	3.49
河　南	3.28	0.26	0.41	1.53	91.48	3.04	5.48
湖　北	3.67	1.51	0.45	0.46	92.62	1.30	6.08
湖　南	1.24	1.21	0.45	0.22	95.06	1.82	3.12
广　东	3.35	0.79	0.35	0.81	92.89	1.81	5.29
广　西	2.52	1.49	0.15	0.30	91.03	4.52	4.46
海　南	6.37	0.96	0.06	2.84	87.45	2.32	10.22
四　川	2.28	0.48	0.56	0.41	94.61	1.67	3.73
贵　州	2.53	1.55	0.46	1.20	92.19	2.07	5.74
云　南	4.28	1.53	0.47	0.90	91.58	1.25	7.17
西　藏	8.33	1.13	0.01	2.86	87.40	0.27	12.33
陕　西	3.50	0.66	0.17	0.45	93.18	2.04	4.79
甘　肃	2.77	0.38	0.24	2.80	92.60	1.21	6.19
青　海	5.02	0.65	1.27	2.12	90.19	0.75	9.05
宁　夏	4.47	0.24	0.09	0.09	93.69	1.42	4.89
新　疆	4.77	0.70	0.62	1.17	92.27	0.47	7.26

4－57　1990年各地区农村居民生活消费支出

单位：元/人

地　区	生活消费支出	一、食品支出	二、衣着支出	三、居住支出	四、家庭设备用品及服务支出	五、医疗保健支出	六、交通和通讯支出	七、文化教育用品及服务支出	八、其他商品及服务支出
全国总计	**584.63**	**343.76**	**45.44**	**101.37**	**30.90**	**19.02**	**8.42**	**31.38**	**4.34**
北　京	980.66	496.75	91.85	180.99	79.05	39.27	19.87	65.00	7.88
天　津	732.87	396.41	70.16	126.38	56.55	25.09	10.79	45.58	1.91
河　北	485.70	253.81	46.91	102.21	30.16	19.13	6.64	24.24	2.60
山　西	487.65	257.87	59.78	76.01	30.73	20.14	6.57	32.83	3.72
内蒙古	491.88	302.71	38.03	65.07	23.26	19.27	8.64	33.24	1.66
辽　宁	679.11	367.63	68.98	125.96	34.94	24.84	12.47	39.24	5.05
吉　林	632.91	385.39	53.97	99.85	26.06	27.47	10.07	26.42	3.68
黑龙江	585.78	331.65	58.74	102.16	24.66	28.71	9.15	28.31	2.40
上　海	1505.05	807.71	132.65	285.82	125.61	40.27	23.94	59.27	29.78
江　苏	842.78	465.55	57.87	195.02	53.24	22.68	10.02	34.74	3.66
浙　江	945.97	503.06	58.97	225.84	61.51	28.41	16.68	41.98	9.52
安　徽	514.93	300.14	38.93	99.06	25.76	14.67	6.75	25.65	3.97
福　建	707.97	429.20	38.90	121.69	34.82	20.08	13.78	39.15	10.35
江　西	577.17	372.80	36.28	85.42	24.64	16.13	6.13	32.27	3.50
山　东	547.05	297.11	52.83	105.73	32.84	17.13	6.35	32.72	2.34
河　南	437.73	240.92	43.22	80.68	23.86	18.02	5.60	22.29	3.14
湖　北	607.58	376.18	42.83	89.99	33.79	17.56	7.67	35.93	3.63
湖　南	608.73	390.73	37.29	82.75	28.62	18.29	8.83	39.18	3.04
广　东	932.63	538.18	38.35	176.10	50.19	34.13	16.06	66.97	12.65
广　西	536.97	349.96	26.18	81.62	21.78	12.52	7.69	31.81	5.41
海　南	565.84	362.48	36.46	69.28	20.52	19.70	11.82	40.24	5.34
四　川	509.16	329.97	35.64	72.70	22.32	14.27	6.39	24.74	3.13
贵　州	403.28	282.84	30.17	43.43	13.76	7.87	3.87	16.92	4.42
云　南	485.47	310.40	35.77	76.16	21.77	13.74	5.32	19.44	2.87
西　藏	490.84	362.30	42.51	63.65	14.03	1.43	2.65	1.65	2.62
陕　西	477.07	278.92	38.08	85.33	23.35	18.18	6.00	23.93	3.28
甘　肃	339.25	208.74	30.12	46.03	14.93	13.85	4.49	18.87	2.22
青　海	474.75	282.63	60.32	59.78	29.00	18.49	6.69	16.53	1.31
宁　夏	483.69	277.43	47.93	67.56	27.56	17.18	12.48	31.77	1.78
新　疆	506.82	272.14	76.85	69.42	30.39	16.43	11.35	26.95	3.29

4－58 1990年各地区农村居民生活消费支出构成

单位：%

地 区	生活消费支出	一、食品支出	二、衣着支出	三、居住支出	四、家庭设备用品及服务支出	五、医疗保健支出	六、交通和通讯支出	七、文化教育用品及服务支出	八、其他商品及服务支出
全国总计	**100.00**	**58.80**	**7.77**	**17.34**	**5.29**	**3.25**	**1.44**	**5.37**	**0.74**
北 京	100.00	50.65	9.37	18.46	8.06	4.00	2.03	6.63	0.80
天 津	100.00	54.09	9.57	17.24	7.72	3.42	1.47	6.22	0.26
河 北	100.00	52.26	9.66	21.04	6.21	3.94	1.37	4.99	0.54
山 西	100.00	52.88	12.26	15.59	6.30	4.13	1.35	6.73	0.76
内蒙古	100.00	61.54	7.73	13.23	4.73	3.92	1.76	6.76	0.34
辽 宁	100.00	54.13	10.16	18.55	5.14	3.66	1.84	5.78	0.74
吉 林	100.00	60.89	8.53	15.78	4.12	4.34	1.59	4.17	0.58
黑龙江	100.00	56.62	10.03	17.44	4.21	4.90	1.56	4.83	0.41
上 海	100.00	53.67	8.81	18.99	8.35	2.68	1.59	3.94	1.98
江 苏	100.00	55.24	6.87	23.14	6.32	2.69	1.19	4.12	0.43
浙 江	100.00	53.18	6.23	23.87	6.50	3.00	1.76	4.44	1.01
安 徽	100.00	58.29	7.56	19.24	5.00	2.85	1.31	4.98	0.77
福 建	100.00	60.62	5.49	17.19	4.92	2.84	1.95	5.53	1.46
江 西	100.00	64.59	6.29	14.80	4.27	2.79	1.06	5.59	0.61
山 东	100.00	54.31	9.66	19.33	6.00	3.13	1.16	5.98	0.43
河 南	100.00	55.04	9.87	18.43	5.45	4.12	1.28	5.09	0.72
湖 北	100.00	61.91	7.05	14.81	5.56	2.89	1.26	5.91	0.60
湖 南	100.00	64.19	6.13	13.59	4.70	3.00	1.45	6.44	0.50
广 东	100.00	57.71	4.11	18.88	5.38	3.66	1.72	7.18	1.36
广 西	100.00	65.17	4.88	15.20	4.06	2.33	1.43	5.92	1.01
海 南	100.00	64.06	6.44	12.24	3.63	3.48	2.09	7.11	0.94
四 川	100.00	64.81	7.00	14.28	4.38	2.80	1.26	4.86	0.61
贵 州	100.00	70.13	7.48	10.77	3.41	1.95	0.96	4.20	1.10
云 南	100.00	63.94	7.37	15.69	4.48	2.83	1.10	4.00	0.59
西 藏	100.00	73.81	8.66	12.97	2.86	0.29	0.54	0.34	0.53
陕 西	100.00	58.47	7.98	17.89	4.89	3.81	1.26	5.02	0.69
甘 肃	100.00	61.53	8.88	13.57	4.40	4.08	1.32	5.56	0.65
青 海	100.00	59.53	12.71	12.59	6.11	3.89	1.41	3.48	0.28
宁 夏	100.00	57.36	9.91	13.97	5.70	3.55	2.58	6.57	0.37
新 疆	100.00	53.70	15.16	13.70	6.00	3.24	2.24	5.32	0.65

4－59 1990年各地区农村居民现金支出

单位：元/人

地 区	现金支出	一、家庭经营费用支出	二、购买生产性固定资产支出	三、税费支出	四、生活消费支出	五、转移性和财性产支出
全国总计	**639.06**	**162.90**	**20.46**	**33.37**	**374.74**	**47.59**
北 京	1183.59	210.48	16.85	48.01	844.23	64.02
天 津	846.02	194.04	17.50	10.14	558.68	65.66
河 北	561.19	144.59	23.82	27.52	329.79	35.47
山 西	563.41	119.93	27.68	26.76	346.13	42.91
内蒙古	500.60	135.88	21.75	35.91	271.21	35.85
辽 宁	829.64	197.11	20.91	64.30	481.75	65.57
吉 林	866.94	261.22	43.57	99.47	389.72	72.96
黑龙江	806.61	255.86	32.37	95.58	368.43	54.37
上 海	1568.80	250.95	5.84	36.16	1146.10	129.75
江 苏	895.94	195.65	12.87	42.78	569.65	74.99
浙 江	1132.93	238.72	33.27	20.68	746.59	93.67
安 徽	578.23	150.96	16.98	43.39	323.01	43.89
福 建	848.63	243.42	10.47	14.17	500.82	79.75
江 西	553.20	156.12	9.63	23.95	317.26	46.24
山 东	646.81	158.74	18.76	51.20	379.60	38.51
河 南	488.51	120.06	19.43	37.14	280.70	31.18
湖 北	603.36	134.15	12.81	48.30	343.99	64.11
湖 南	628.10	154.66	17.26	29.90	352.71	73.57
广 东	1089.39	297.40	26.70	22.74	686.43	56.12
广 西	507.05	158.50	18.23	10.42	290.33	29.57
海 南	618.78	165.40	14.73	5.00	399.37	34.28
四 川	502.30	142.46	9.16	30.80	285.05	34.83
贵 州	350.52	92.90	13.09	9.75	199.30	35.48
云 南	447.73	107.06	21.63	6.75	285.28	27.01
西 藏	245.44	40.73	21.77	0.46	173.13	9.35
陕 西	444.89	105.83	23.96	15.90	270.28	28.92
甘 肃	308.67	85.72	16.57	12.43	174.27	19.68
青 海	446.25	86.17	40.59	23.30	256.58	39.61
宁 夏	534.22	136.40	40.72	22.14	297.27	37.69
新 疆	716.73	236.36	57.76	58.19	333.88	30.54

4－60　1990年各地区农村居民现金支出构成

单位：%

地　区	现金支出	一、家庭经营费用支出	二、购买生产性固定资产支出	三、税费支出	四、生活消费支出	五、转移性和财产性支出
全国总计	**100.00**	**25.49**	**3.20**	**5.22**	**58.64**	**7.45**
北　京	100.00	17.78	1.42	4.06	71.33	5.41
天　津	100.00	22.94	2.07	1.20	66.04	7.76
河　北	100.00	25.76	4.24	4.90	58.77	6.32
山　西	100.00	21.29	4.91	4.75	61.43	7.62
内蒙古	100.00	27.14	4.34	7.17	54.18	7.16
辽　宁	100.00	23.76	2.52	7.75	58.07	7.90
吉　林	100.00	30.13	5.03	11.47	44.95	8.42
黑龙江	100.00	31.72	4.01	11.85	45.68	6.74
上　海	100.00	16.00	0.37	2.30	73.06	8.27
江　苏	100.00	21.84	1.44	4.77	63.58	8.37
浙　江	100.00	21.07	2.94	1.83	65.90	8.27
安　徽	100.00	26.11	2.94	7.50	55.86	7.59
福　建	100.00	28.68	1.23	1.67	59.02	9.40
江　西	100.00	28.22	1.74	4.33	57.35	8.36
山　东	100.00	24.54	2.90	7.92	58.69	5.95
河　南	100.00	24.58	3.98	7.60	57.46	6.38
湖　北	100.00	22.23	2.12	8.01	57.01	10.63
湖　南	100.00	24.62	2.75	4.76	56.16	11.71
广　东	100.00	27.30	2.45	2.09	63.01	5.15
广　西	100.00	31.26	3.60	2.06	57.26	5.83
海　南	100.00	26.73	2.38	0.81	64.54	5.54
四　川	100.00	28.36	1.82	6.13	56.75	6.93
贵　州	100.00	26.50	3.73	2.78	56.86	10.12
云　南	100.00	23.91	4.83	1.51	63.72	6.03
西　藏	100.00	16.59	8.87	0.19	70.54	3.81
陕　西	100.00	23.79	5.39	3.57	60.75	6.50
甘　肃	100.00	27.77	5.37	4.03	56.46	6.38
青　海	100.00	19.31	9.10	5.22	57.50	8.88
宁　夏	100.00	25.53	7.62	4.14	55.65	7.06
新　疆	100.00	32.98	8.06	8.12	46.58	4.26

4-61 1990年各地区农村居民经营费用现金支出

单位:元/人

地 区	家庭经营费用现金支出	1.农业支出	#种植业支出	2.林业支出	3.牧业支出	4.渔业支出	5.工业支出	6.建筑业支出
全国总计	**162.90**	**99.46**	**95.86**	**0.76**	**43.18**	**3.02**	**3.81**	**0.42**
北 京	210.48	102.45	101.76	0.64	71.11	0.43	5.20	0.16
天 津	194.04	98.98	96.45	1.55	64.89	0.67	0.49	
河 北	144.59	114.08	105.05	0.32	21.43	0.35	2.42	0.12
山 西	119.93	72.88	70.67	0.35	14.89		2.87	0.64
内蒙古	135.88	105.08	103.45	0.15	23.54	0.20	2.50	0.02
辽 宁	197.11	139.59	138.56	0.23	39.51	1.61	2.80	0.52
吉 林	261.22	216.38	215.52	0.51	29.26	0.22	2.05	0.32
黑龙江	255.86	194.27	193.41	0.40	39.53	1.75	2.91	0.25
上 海	250.95	95.08	94.23	3.16	140.59	3.26		0.98
江 苏	195.65	111.18	105.84	0.96	64.49	3.25	6.16	0.28
浙 江	238.72	115.39	100.63	0.47	78.78	6.47	8.99	0.27
安 徽	150.96	106.90	104.13	0.52	26.70	1.67	3.51	0.28
福 建	243.42	112.77	110.13	3.82	93.25	5.91	5.07	5.37
江 西	156.12	95.27	92.45	0.63	39.47	2.39	4.77	0.22
山 东	158.74	121.75	115.73	1.74	25.08	0.32	1.83	0.15
河 南	120.06	88.29	83.64	0.67	16.63	0.10	4.72	0.38
湖 北	134.15	90.21	88.68	0.59	28.96	1.09	2.24	0.08
湖 南	154.66	81.55	77.91	0.58	57.45	2.47	4.42	0.16
广 东	297.40	132.66	127.82	0.37	109.50	28.68	6.07	0.58
广 西	158.50	76.28	73.51	0.71	59.51	1.66	10.20	0.04
海 南	165.40	59.12	58.22	4.21	37.56	40.49	3.71	0.65
四 川	142.46	63.50	61.78	0.14	64.55	1.56	3.75	0.20
贵 州	92.90	47.12	44.27	0.24	33.52	0.32	2.65	0.35
云 南	107.06	52.02	50.38	0.66	38.24	0.61	2.34	0.06
西 藏	40.73	21.23	16.11	0.10	8.08			0.37
陕 西	105.83	77.93	76.67	1.01	15.44	0.10	2.75	0.65
甘 肃	85.72	67.47	67.04	0.44	10.07	0.02	1.68	0.03
青 海	86.17	48.69	46.19	0.68	20.99	0.12	1.17	0.04
宁 夏	136.40	93.93	93.22	0.04	27.61	1.79	2.53	0.40
新 疆	236.36	168.79	164.48	1.90	42.29	0.04	1.40	0.11

4－61 续表

单位:元/人

地　　区	7.交通运输、邮电业支出	8.批发和零售贸易、餐饮业支出	9.社会服务业支出	10.其他家庭经营支出	第一产业支出	第二产业支出	第三产业支出
全国总计	**7.46**	**2.01**	**0.90**	**1.88**	**146.42**	**4.23**	**12.25**
北　　京	23.33	1.59	3.29	2.28	174.63	5.36	30.49
天　　津	8.20	15.89	1.58	1.79	166.09	0.49	27.46
河　　北	2.84	1.17	0.63	1.23	136.18	2.54	5.87
山　　西	24.37	1.37	1.07	1.49	88.12	3.51	28.30
内 蒙 古	2.44	0.22	0.43	1.30	128.97	2.52	4.39
辽　　宁	10.21	0.76	0.32	1.56	180.94	3.32	12.85
吉　　林	7.48	1.26	0.37	3.37	246.37	2.37	12.48
黑 龙 江	6.00	0.56	0.68	9.51	235.95	3.16	16.75
上　　海	3.50	0.55	0.78	3.05	242.09	0.98	7.88
江　　苏	5.42	2.15	0.77	0.99	179.88	6.44	9.33
浙　　江	18.06	4.19	2.33	3.77	201.11	9.26	28.35
安　　徽	4.50	4.01	1.06	1.81	135.79	3.79	11.38
福　　建	10.32	1.21	1.69	4.01	215.75	10.44	17.23
江　　西	7.64	3.81	0.72	1.20	137.76	4.99	13.37
山　　东	5.17	1.23	0.48	0.99	148.89	1.98	7.87
河　　南	5.64	0.44	0.66	2.53	105.69	5.10	9.27
湖　　北	6.72	2.58	0.90	0.78	120.85	2.32	10.98
湖　　南	3.25	3.08	1.14	0.56	142.05	4.58	8.03
广　　东	12.48	2.79	1.30	2.97	271.21	6.65	19.54
广　　西	5.72	3.37	0.34	0.67	138.16	10.24	10.10
海　　南	12.61	2.00	0.12	4.93	141.38	4.36	19.66
四　　川	5.45	1.14	1.33	0.84	129.75	3.95	8.76
贵　　州	3.90	2.55	0.72	1.54	81.20	3.00	8.71
云　　南	8.28	2.69	0.92	1.24	91.53	2.40	13.13
西　　藏	9.31	0.36		1.28	29.41	0.37	10.95
陕　　西	5.84	1.11	0.29	0.71	94.48	3.40	7.95
甘　　肃	4.03	0.37	0.15	1.46	78.00	1.71	6.01
青　　海	8.08	1.04	2.06	3.30	70.48	1.21	14.48
宁　　夏	9.24	0.50	0.18	0.19	123.36	2.93	10.11
新　　疆	15.55	2.29	2.02	1.97	213.02	1.51	21.83

4-62 1990年各地区农村居民经营费用现金支出构成

单位：%

地 区	家庭经营费用现金支出	1.农业支出	#种植业支出	2.林业支出	3.牧业支出	4.渔业支出	5.工业支出	6.建筑业支出
全国总计	**100.00**	**61.06**	**58.85**	**0.47**	**26.51**	**1.85**	**2.34**	**0.26**
北 京	100.00	48.67	48.35	0.30	33.78	0.20	2.47	0.08
天 津	100.00	51.01	49.71	0.80	33.44	0.35	0.25	0.00
河 北	100.00	78.90	72.65	0.22	14.82	0.24	1.67	0.08
山 西	100.00	60.77	58.93	0.29	12.42	0.00	2.39	0.53
内蒙古	100.00	77.33	76.13	0.11	17.32	0.15	1.84	0.01
辽 宁	100.00	70.82	70.30	0.12	20.04	0.82	1.42	0.26
吉 林	100.00	82.83	82.51	0.20	11.20	0.08	0.78	0.12
黑龙江	100.00	75.93	75.59	0.16	15.45	0.68	1.14	0.10
上 海	100.00	37.89	37.55	1.26	56.02	1.30	0.00	0.39
江 苏	100.00	56.83	54.10	0.49	32.96	1.66	3.15	0.14
浙 江	100.00	48.34	42.15	0.20	33.00	2.71	3.77	0.11
安 徽	100.00	70.81	68.98	0.34	17.69	1.11	2.33	0.19
福 建	100.00	46.33	45.24	1.57	38.31	2.43	2.08	2.21
江 西	100.00	61.02	59.22	0.40	25.28	1.53	3.06	0.14
山 东	100.00	76.70	72.91	1.10	15.80	0.20	1.15	0.09
河 南	100.00	73.54	69.67	0.56	13.85	0.08	3.93	0.32
湖 北	100.00	67.25	66.11	0.44	21.59	0.81	1.67	0.06
湖 南	100.00	52.73	50.38	0.38	37.15	1.60	2.86	0.10
广 东	100.00	44.61	42.98	0.12	36.82	9.64	2.04	0.20
广 西	100.00	48.13	46.38	0.45	37.55	1.05	6.44	0.03
海 南	100.00	35.74	35.20	2.55	22.71	24.48	2.24	0.39
四 川	100.00	44.57	43.37	0.10	45.31	1.10	2.63	0.14
贵 州	100.00	50.72	47.65	0.26	36.08	0.34	2.85	0.37
云 南	100.00	48.59	47.06	0.62	35.72	0.57	2.19	0.06
西 藏	100.00	52.12	39.55	0.25	19.84	0.00	0.00	0.91
陕 西	100.00	73.64	72.45	0.95	14.59	0.09	2.60	0.61
甘 肃	100.00	78.71	78.21	0.51	11.75	0.02	1.96	0.03
青 海	100.00	56.50	53.60	0.79	24.36	0.14	1.36	0.05
宁 夏	100.00	68.86	68.34	0.03	20.24	1.31	1.85	0.29
新 疆	100.00	71.41	69.59	0.80	17.89	0.02	0.59	0.05

4－62 续表　　单位：%

地　区	7.交通运输、邮电业支出	8.批发和零售贸易、餐饮业支出	9.社会服务业支出	10.其他家庭经营支出	第一产业支出	第二产业支出	第三产业支出
全国总计	**4.58**	**1.23**	**0.55**	**1.15**	**89.88**	**2.60**	**7.52**
北　京	11.08	0.76	1.56	1.08	82.97	2.55	14.49
天　津	4.23	8.19	0.81	0.92	85.60	0.25	14.15
河　北	1.96	0.81	0.44	0.85	94.18	1.76	4.06
山　西	20.32	1.14	0.89	1.24	73.48	2.93	23.60
内蒙古	1.80	0.16	0.32	0.96	94.91	1.85	3.23
辽　宁	5.18	0.39	0.16	0.79	91.80	1.68	6.52
吉　林	2.86	0.48	0.14	1.29	94.32	0.91	4.78
黑龙江	2.35	0.22	0.27	3.72	92.22	1.24	6.55
上　海	1.39	0.22	0.31	1.22	96.47	0.39	3.14
江　苏	2.77	1.10	0.39	0.51	91.94	3.29	4.77
浙　江	7.57	1.76	0.98	1.58	84.25	3.88	11.88
安　徽	2.98	2.66	0.70	1.20	89.95	2.51	7.54
福　建	4.24	0.50	0.69	1.65	88.63	4.29	7.08
江　西	4.89	2.44	0.46	0.77	88.24	3.20	8.56
山　东	3.26	0.77	0.30	0.62	93.79	1.25	4.96
河　南	4.70	0.37	0.55	2.11	88.03	4.25	7.72
湖　北	5.01	1.92	0.67	0.58	90.09	1.73	8.18
湖　南	2.10	1.99	0.74	0.36	91.85	2.96	5.19
广　东	4.20	0.94	0.44	1.00	91.19	2.24	6.57
广　西	3.61	2.13	0.21	0.42	87.17	6.46	6.37
海　南	7.62	1.21	0.07	2.98	85.48	2.64	11.89
四　川	3.83	0.80	0.93	0.59	91.08	2.77	6.15
贵　州	4.20	2.74	0.78	1.66	87.41	3.23	9.38
云　南	7.73	2.51	0.86	1.16	85.49	2.24	12.26
西　藏	22.86	0.88	0.00	3.14	72.21	0.91	26.88
陕　西	5.52	1.05	0.27	0.67	89.28	3.21	7.51
甘　肃	4.70	0.43	0.17	1.70	90.99	1.99	7.01
青　海	9.38	1.21	2.39	3.83	81.79	1.40	16.80
宁　夏	6.77	0.37	0.13	0.14	90.44	2.15	7.41
新　疆	6.58	0.97	0.85	0.83	90.13	0.64	9.24

4－63　1990年各地区农村居民生活消费现金支出

单位：元/人

地　区	生活消费现金支出	一、食品支出	二、衣着支出	三、居住支出	四、家庭设备用品及服务支出	五、医疗保健支出	六、交通和通讯支出	七、文化教育用品及服务支出	八、其他商品及服务支出
全国总计	**374.74**	**155.85**	**44.03**	**81.15**	**30.74**	**18.98**	**8.41**	**31.33**	**4.25**
北　京	844.23	367.72	91.81	182.18	78.86	36.80	17.28	64.18	5.40
天　津	558.68	241.53	69.47	107.77	56.56	25.10	10.74	45.58	1.93
河　北	329.79	116.59	43.20	87.27	30.15	19.11	6.64	24.24	2.59
山　西	346.13	122.38	58.90	71.23	30.42	20.13	6.57	32.72	3.78
内蒙古	271.21	94.70	44.02	46.55	23.22	19.27	8.64	33.23	1.58
辽　宁	481.75	200.63	68.87	96.42	34.52	24.71	12.45	39.12	5.03
吉　林	389.72	164.42	53.97	77.63	26.06	27.47	10.07	26.42	3.68
黑龙江	368.43	148.46	58.65	68.19	24.63	28.63	9.15	28.29	2.43
上　海	1146.10	497.29	106.82	274.11	125.61	40.27	23.94	59.27	18.79
江　苏	569.65	224.43	51.91	170.05	52.26	22.67	10.01	34.67	3.65
浙　江	746.59	324.62	56.61	207.39	61.39	28.41	16.68	41.96	9.53
安　徽	323.01	134.44	37.91	74.16	25.63	14.64	6.74	25.55	3.94
福　建	500.82	252.08	38.77	92.32	34.65	19.87	13.77	39.08	10.28
江　西	317.26	141.53	35.86	57.62	24.54	16.12	6.13	32.26	3.20
山　东	379.60	152.01	49.67	86.73	32.72	17.12	6.34	32.69	2.32
河　南	280.70	102.13	40.95	64.94	23.83	17.85	5.59	22.27	3.14
湖　北	343.99	138.85	41.83	64.83	33.73	17.54	7.67	35.90	3.64
湖　南	352.71	152.76	37.17	64.83	28.62	18.29	8.83	39.18	3.03
广　东	686.43	321.43	38.20	147.12	50.15	34.04	16.06	66.91	12.52
广　西	290.33	134.69	26.18	50.31	21.74	12.52	7.69	31.80	5.40
海　南	399.37	216.18	36.45	49.26	20.42	19.67	11.80	40.23	5.36
四　川	285.05	126.72	35.32	52.45	22.08	14.27	6.39	24.70	3.12
贵　州	199.30	90.10	30.06	32.54	13.70	7.83	3.83	16.85	4.39
云　南	285.28	124.59	35.66	62.42	21.25	13.74	5.32	19.42	2.88
西　藏	173.13	88.39	42.45	19.91	14.03	1.43	2.65	1.66	2.61
陕　西	270.28	87.71	37.04	70.80	23.34	18.18	6.00	23.93	3.28
甘　肃	174.27	56.09	30.10	33.89	14.87	13.81	4.44	18.81	2.26
青　海	256.58	89.58	54.57	41.35	28.06	18.49	6.69	16.53	1.31
宁　夏	297.27	95.68	47.93	62.90	27.55	17.18	12.48	31.86	1.69
新　疆	333.88	110.78	74.49	60.35	30.24	16.43	11.35	26.95	3.29

4－64 1990年各地区农村居民生活消费现金支出构成

单位：%

地　　区	生活消费现金支出	一、食品支出	二、衣着支出	三、居住支出	四、家庭设备用品及服务支出	五、医疗保健支出	六、交通和通讯支出	七、文化教育用品及服务支出	八、其他商品及服务支出
全国总计	**100.00**	**41.59**	**11.75**	**21.66**	**8.20**	**5.06**	**2.24**	**8.36**	**1.13**
北　京	100.00	43.56	10.87	21.58	9.34	4.36	2.05	7.60	0.64
天　津	100.00	43.23	12.43	19.29	10.12	4.49	1.92	8.16	0.35
河　北	100.00	35.35	13.10	26.46	9.14	5.79	2.01	7.35	0.79
山　西	100.00	35.36	17.02	20.58	8.79	5.82	1.90	9.45	1.09
内蒙古	100.00	34.92	16.23	17.16	8.56	7.11	3.19	12.25	0.58
辽　宁	100.00	41.65	14.30	20.01	7.17	5.13	2.58	8.12	1.04
吉　林	100.00	42.19	13.85	19.92	6.69	7.05	2.58	6.78	0.94
黑龙江	100.00	40.30	15.92	18.51	6.69	7.77	2.48	7.68	0.66
上　海	100.00	43.39	9.32	23.92	10.96	3.51	2.09	5.17	1.64
江　苏	100.00	39.40	9.11	29.85	9.17	3.98	1.76	6.09	0.64
浙　江	100.00	43.48	7.58	27.78	8.22	3.81	2.23	5.62	1.28
安　徽	100.00	41.62	11.74	22.96	7.93	4.53	2.09	7.91	1.22
福　建	100.00	50.33	7.74	18.43	6.92	3.97	2.75	7.80	2.05
江　西	100.00	44.61	11.30	18.16	7.73	5.08	1.93	10.17	1.01
山　东	100.00	40.04	13.08	22.85	8.62	4.51	1.67	8.61	0.61
河　南	100.00	36.38	14.59	23.14	8.49	6.36	1.99	7.93	1.12
湖　北	100.00	40.36	12.16	18.85	9.81	5.10	2.23	10.44	1.06
湖　南	100.00	43.31	10.54	18.38	8.11	5.19	2.50	11.11	0.86
广　东	100.00	46.83	5.57	21.43	7.31	4.96	2.34	9.75	1.82
广　西	100.00	46.39	9.02	17.33	7.49	4.31	2.65	10.95	1.86
海　南	100.00	54.13	9.13	12.33	5.11	4.93	2.95	10.07	1.34
四　川	100.00	44.46	12.39	18.40	7.75	5.01	2.24	8.67	1.09
贵　州	100.00	45.21	15.08	16.33	6.87	3.93	1.92	8.45	2.20
云　南	100.00	43.67	12.50	21.88	7.45	4.82	1.86	6.81	1.01
西　藏	100.00	51.05	24.52	11.50	8.10	0.83	1.53	0.96	1.51
陕　西	100.00	32.45	13.70	26.20	8.64	6.73	2.22	8.85	1.21
甘　肃	100.00	32.19	17.27	19.45	8.53	7.92	2.55	10.79	1.30
青　海	100.00	34.91	21.27	16.12	10.94	7.21	2.61	6.44	0.51
宁　夏	100.00	32.19	16.12	21.16	9.27	5.78	4.20	10.72	0.57
新　疆	100.00	33.18	22.31	18.08	9.06	4.92	3.40	8.07	0.99

4－65 1995年各地区农村居民总收入

单位：元/人

地 区	总收入	一、工资性收入	二、家庭经营收入	三、转移性收入	四、财产性收入
全国总计	**2337.87**	**353.70**	**1877.42**	**65.77**	**40.98**
北 京	3923.17	1715.04	1904.11	187.45	116.57
天 津	3373.65	1012.18	2253.31	52.89	55.27
河 北	2376.48	441.23	1851.38	42.95	40.92
山 西	1565.67	367.19	1131.68	43.92	22.88
内蒙古	2053.77	98.62	1871.46	28.87	54.82
辽 宁	2953.47	486.17	2350.57	46.13	70.60
吉 林	2819.54	165.59	2481.45	27.13	145.37
黑龙江	3159.28	130.27	2921.38	27.17	80.46
上 海	4860.55	2733.99	1776.28	195.46	154.82
江 苏	3290.90	821.85	2368.01	75.47	25.57
浙 江	3974.85	1109.76	2691.82	110.82	62.45
安 徽	2016.35	234.21	1688.53	58.22	35.39
福 建	2748.88	520.54	1977.91	131.49	118.94
江 西	2325.37	319.69	1940.62	50.54	14.52
山 东	2626.96	408.97	2135.17	54.03	28.79
河 南	1862.87	163.51	1630.97	39.95	28.44
湖 北	2184.20	192.37	1907.35	51.01	33.47
湖 南	2235.35	268.00	1892.40	59.85	15.10
广 东	3536.30	712.25	2579.07	194.93	50.05
广 西	2101.41	202.10	1802.88	84.99	11.44
海 南	1935.01	53.57	1716.18	90.95	74.31
四 川	1864.92	208.58	1558.59	76.40	21.35
贵 州	1574.38	146.34	1353.19	58.58	16.27
云 南	1709.47	120.84	1483.52	48.11	57.00
西 藏	1501.46	79.17	1313.27	63.01	46.01
陕 西	1440.13	186.04	1192.69	44.12	17.28
甘 肃	1368.45	91.68	1216.33	42.18	18.26
青 海	1382.19	96.71	1253.47	29.02	2.99
宁 夏	1825.05	188.78	1588.16	25.58	22.53
新 疆	2414.59	64.47	2238.71	46.11	65.30

4－66　1995年各地区农村居民总收入构成

单位：%

地　　区	总收入	一、工资性收入	二、家庭经营收入	三、转移性收入	四、财产性收入
全国总计	**100.00**	**15.13**	**80.31**	**2.81**	**1.75**
北　　京	100.00	43.72	48.53	4.78	2.97
天　　津	100.00	30.00	66.79	1.57	1.64
河　　北	100.00	18.57	77.90	1.81	1.72
山　　西	100.00	23.45	72.28	2.81	1.46
内 蒙 古	100.00	4.80	91.12	1.41	2.67
辽　　宁	100.00	16.46	79.59	1.56	2.39
吉　　林	100.00	5.87	88.01	0.96	5.16
黑 龙 江	100.00	4.12	92.47	0.86	2.55
上　　海	100.00	56.25	36.54	4.02	3.19
江　　苏	100.00	24.97	71.96	2.29	0.78
浙　　江	100.00	27.92	67.72	2.79	1.57
安　　徽	100.00	11.62	83.74	2.89	1.76
福　　建	100.00	18.94	71.95	4.78	4.33
江　　西	100.00	13.75	83.45	2.17	0.62
山　　东	100.00	15.57	81.28	2.06	1.10
河　　南	100.00	8.78	87.55	2.14	1.53
湖　　北	100.00	8.81	87.32	2.34	1.53
湖　　南	100.00	11.99	84.66	2.68	0.68
广　　东	100.00	20.14	72.93	5.51	1.42
广　　西	100.00	9.62	85.79	4.04	0.54
海　　南	100.00	2.77	88.69	4.70	3.84
四　　川	100.00	11.18	83.57	4.10	1.14
贵　　州	100.00	9.30	85.95	3.72	1.03
云　　南	100.00	7.07	86.78	2.81	3.33
西　　藏	100.00	5.27	87.47	4.20	3.06
陕　　西	100.00	12.92	82.82	3.06	1.20
甘　　肃	100.00	6.70	88.88	3.08	1.33
青　　海	100.00	7.00	90.69	2.10	0.22
宁　　夏	100.00	10.34	87.02	1.40	1.23
新　　疆	100.00	2.67	92.72	1.91	2.70

4-67 1995年农村居民家庭经营总收入

单位:元/人

地 区	家庭经营收 入	1.农业收入	#种植业收入	2.林业收入	3.牧业收入	4.渔业收入	5.工业收入	6.建筑业支出
全国合计	**1877.42**	**1188.11**	**1155.52**	**16.52**	**420.82**	**26.86**	**26.90**	**38.54**
北 京	1904.11	1128.67	1127.64	15.05	317.37	45.16	45.53	6.93
天 津	2253.31	1558.81	1534.07	2.13	470.62	7.83	32.04	30.22
河 北	1851.38	1355.28	1339.17	6.19	263.29	1.71	34.18	21.22
山 西	1131.68	768.46	747.56	8.52	155.53	0.35	23.54	23.80
内蒙古	1871.46	1402.08	1386.53	2.85	386.01	0.59	18.64	3.05
辽 宁	2350.57	1610.58	1593.77	4.64	520.61	34.11	14.03	18.60
吉 林	2481.45	2104.66	2057.34	3.10	281.26	1.68	12.67	13.76
黑龙江	2921.38	2388.62	2370.17	3.91	359.19	23.79	12.63	13.62
上 海	1776.28	1227.94	1186.56		373.70	6.84	6.64	14.73
江 苏	2368.01	1515.93	1452.51	12.73	485.09	44.58	31.59	99.94
浙 江	2691.82	1226.08	1113.85	14.62	581.53	78.24	206.18	92.64
安 徽	1688.53	1157.30	1134.04	18.92	348.08	23.44	7.03	24.23
福 建	1977.91	1107.45	1039.54	20.70	419.80	45.39	19.46	85.70
江 西	1940.62	1100.83	1058.60	25.08	620.02	51.16	15.67	13.98
山 东	2135.17	1553.41	1520.01	24.37	389.07	2.60	14.11	35.17
河 南	1630.97	1236.83	1218.99	15.60	225.35	4.22	7.45	28.21
湖 北	1907.35	1304.07	1279.19	20.56	401.91	35.85	17.90	20.35
湖 南	1892.40	974.43	929.22	15.22	618.24	40.89	49.86	59.85
广 东	2579.07	1154.87	1111.73	21.60	640.09	170.26	29.52	152.90
广 西	1802.88	853.16	814.06	27.52	658.68	27.16	34.91	50.01
海 南	1716.18	969.28	942.72	72.85	346.61	53.33	12.82	31.53
四 川	1558.59	822.08	799.16	15.18	579.14	12.57	12.40	33.49
贵 州	1353.19	783.41	748.28	12.15	410.09	3.69	22.82	16.76
云 南	1483.52	832.05	801.83	22.11	416.61	13.95	23.36	20.92
西 藏	1313.27	613.65	586.49	44.97	320.34		10.29	20.11
陕 西	1192.69	833.77	816.67	8.23	218.35	0.52	21.86	19.57
甘 肃	1216.33	841.85	831.01	11.44	205.49		6.85	29.87
青 海	1253.47	705.54	664.33	4.45	378.76		7.80	8.78
宁 夏	1588.16	1000.23	991.45	8.26	401.93	2.45	23.98	3.85
新 疆	2238.71	1630.08	1617.76	35.23	398.35	10.31	5.10	5.92

4-67 续表

单位:元/人

地区	7.交通运输业、邮电业收入	8.批发和零售贸易、餐饮业收入	9.社会服务业收入	10.其他家庭经营收入	第一产业收入	第二产业收入	第三产业收入
全国总计	**47.62**	**43.73**	**20.30**	**48.02**	**1652.31**	**65.44**	**159.67**
北京	243.07	24.91	14.17	63.26	1506.24	52.46	345.41
天津	31.80	48.04	30.71	41.12	2039.38	62.26	151.67
河北	51.23	70.76	14.21	33.31	1626.47	55.40	169.51
山西	79.42	28.63	18.54	24.89	932.86	47.34	151.48
内蒙古	13.42	13.41	5.43	25.98	1791.53	21.69	58.24
辽宁	42.76	50.92	13.54	40.78	2169.94	32.63	148.00
吉林	20.15	17.46	3.71	23.00	2390.70	26.43	64.32
黑龙江	46.49	11.43	12.54	49.17	2775.50	26.25	119.63
上海	44.25	7.61	28.72	65.85	1608.48	21.37	146.43
江苏	60.29	61.78	26.38	29.70	2058.33	131.53	178.15
浙江	153.03	146.85	69.86	122.79	1900.47	298.82	492.53
安徽	25.33	26.95	14.42	42.84	1547.73	31.26	109.54
福建	80.85	65.35	46.22	86.99	1593.34	105.16	279.41
江西	30.75	28.29	21.11	33.74	1797.08	29.65	113.89
山东	24.47	24.98	11.48	55.51	1969.45	49.28	116.44
河南	36.55	24.36	12.76	39.64	1482.00	35.66	113.31
湖北	20.57	42.92	15.37	27.85	1762.39	38.25	106.71
湖南	34.90	47.00	20.29	31.72	1648.78	109.71	133.91
广东	110.33	138.70	52.89	107.91	1986.82	182.42	409.83
广西	47.01	51.86	15.01	37.57	1566.51	84.92	151.45
海南	33.01	20.72	23.57	152.46	1442.07	44.35	229.76
四川	21.35	19.92	20.86	21.60	1428.97	45.89	83.73
贵州	17.79	35.68	21.00	29.80	1209.34	39.58	104.27
云南	55.09	24.83	7.55	67.05	1284.72	44.28	154.52
西藏	85.22	57.37	13.31	148.01	978.96	30.40	303.91
陕西	34.26	25.81	7.75	22.57	1060.87	41.43	90.39
甘肃	21.59	19.41	15.06	64.77	1058.78	36.72	120.83
青海	46.23	35.53	9.71	56.67	1088.75	16.58	148.14
宁夏	90.57	44.76	6.63	5.50	1412.87	27.83	147.46
新疆	38.44	32.20	27.35	55.74	2073.96	11.02	153.73

4－68 1995年农村居民家庭经营总收入构成

单位：%

地区	家庭经营收入	1.农业收入	#种植业收入	2.林业收入	3.牧业收入	4.渔业收入	5.工业收入	6.建筑业收入
全国合计	**100.00**	**63.28**	**61.55**	**0.88**	**22.41**	**1.43**	**1.43**	**2.05**
北京	100.00	59.28	59.22	0.79	16.67	2.37	2.39	0.36
天津	100.00	69.18	68.08	0.09	20.89	0.35	1.42	1.34
河北	100.00	73.20	72.33	0.33	14.22	0.09	1.85	1.15
山西	100.00	67.90	66.06	0.75	13.74	0.03	2.08	2.10
内蒙古	100.00	74.92	74.09	0.15	20.63	0.03	1.00	0.16
辽宁	100.00	68.52	67.80	0.20	22.15	1.45	0.60	0.79
吉林	100.00	84.82	82.91	0.12	11.33	0.07	0.51	0.55
黑龙江	100.00	81.76	81.13	0.13	12.30	0.81	0.43	0.47
上海	100.00	69.13	66.80	0.00	21.04	0.39	0.37	0.83
江苏	100.00	64.02	61.34	0.54	20.49	1.88	1.33	4.22
浙江	100.00	45.55	41.38	0.54	21.60	2.91	7.66	3.44
安徽	100.00	68.54	67.16	1.12	20.61	1.39	0.42	1.43
福建	100.00	55.99	52.56	1.05	21.22	2.29	0.98	4.33
江西	100.00	56.73	54.55	1.29	31.95	2.64	0.81	0.72
山东	100.00	72.75	71.19	1.14	18.22	0.12	0.66	1.65
河南	100.00	75.83	74.74	0.96	13.82	0.26	0.46	1.73
湖北	100.00	68.37	67.07	1.08	21.07	1.88	0.94	1.07
湖南	100.00	51.49	49.10	0.80	32.67	2.16	2.63	3.16
广东	100.00	44.78	43.11	0.84	24.82	6.60	1.14	5.93
广西	100.00	47.32	45.15	1.53	36.53	1.51	1.94	2.77
海南	100.00	56.48	54.93	4.24	20.20	3.11	0.75	1.84
四川	100.00	52.75	51.27	0.97	37.16	0.81	0.80	2.15
贵州	100.00	57.89	55.30	0.90	30.31	0.27	1.69	1.24
云南	100.00	56.09	54.05	1.49	28.08	0.94	1.57	1.41
西藏	100.00	46.73	44.66	3.42	24.39	0.00	0.78	1.53
陕西	100.00	69.91	68.47	0.69	18.31	0.04	1.83	1.64
甘肃	100.00	69.21	68.32	0.94	16.89	0.00	0.56	2.46
青海	100.00	56.29	53.00	0.36	30.22	0.00	0.62	0.70
宁夏	100.00	62.98	62.43	0.52	25.31	0.15	1.51	0.24
新疆	100.00	72.81	72.26	1.57	17.79	0.46	0.23	0.26

4－68 续表 单位：%

地　　区	7.交通运输业、邮电业收入	8.批发和零售贸易、餐饮业收入	9.社会服务业收入	10.其他家庭经营收入	第一产业收入	第二产业收入	第三产业收入
全国合计	**2.54**	**2.33**	**1.08**	**2.56**	**88.01**	**3.49**	**8.50**
北　　京	12.77	1.31	0.74	3.32	79.10	2.76	18.14
天　　津	1.41	2.13	1.36	1.82	90.51	2.76	6.73
河　　北	2.77	3.82	0.77	1.80	87.85	2.99	9.16
山　　西	7.02	2.53	1.64	2.20	82.43	4.18	13.39
内 蒙 古	0.72	0.72	0.29	1.39	95.73	1.16	3.11
辽　　宁	1.82	2.17	0.58	1.73	92.32	1.39	6.30
吉　　林	0.81	0.70	0.15	0.93	96.34	1.07	2.59
黑 龙 江	1.59	0.39	0.43	1.68	95.01	0.90	4.09
上　　海	2.49	0.43	1.62	3.71	90.55	1.20	8.24
江　　苏	2.55	2.61	1.11	1.25	86.92	5.55	7.52
浙　　江	5.69	5.46	2.60	4.56	70.60	11.10	18.30
安　　徽	1.50	1.60	0.85	2.54	91.66	1.85	6.49
福　　建	4.09	3.30	2.34	4.40	80.56	5.32	14.13
江　　西	1.58	1.46	1.09	1.74	92.60	1.53	5.87
山　　东	1.15	1.17	0.54	2.60	92.24	2.31	5.45
河　　南	2.24	1.49	0.78	2.43	90.87	2.19	6.95
湖　　北	1.08	2.25	0.81	1.46	92.40	2.01	5.59
湖　　南	1.84	2.48	1.07	1.68	87.13	5.80	7.08
广　　东	4.28	5.38	2.05	4.18	77.04	7.07	15.89
广　　西	2.61	2.88	0.83	2.08	86.89	4.71	8.40
海　　南	1.92	1.21	1.37	8.88	84.03	2.58	13.39
四　　川	1.37	1.28	1.34	1.39	91.68	2.94	5.37
贵　　州	1.31	2.64	1.55	2.20	89.37	2.92	7.71
云　　南	3.71	1.67	0.51	4.52	86.60	2.98	10.42
西　　藏	6.49	4.37	1.01	11.27	74.54	2.31	23.14
陕　　西	2.87	2.16	0.65	1.89	88.95	3.47	7.58
甘　　肃	1.78	1.60	1.24	5.33	87.05	3.02	9.93
青　　海	3.69	2.83	0.77	4.52	86.86	1.32	11.82
宁　　夏	5.70	2.82	0.42	0.35	88.96	1.75	9.28
新　　疆	1.72	1.44	1.22	2.49	92.64	0.49	6.87

4－69　1995年各地区农村居民现金收入

单位：元/人

地　区	现金收入	一、工资性收入	二、家庭经营收入	三、转移性收入	四、财产性收入
全国合计	**1595.56**	**352.88**	**1116.73**	**87.76**	**38.19**
北　京	3299.97	1707.81	1303.89	199.90	88.37
天　津	2275.36	1007.81	1181.13	57.23	29.19
河　北	1423.58	440.80	902.05	52.41	28.32
山　西	1088.23	366.34	631.53	68.84	21.52
内蒙古	1196.98	98.50	1004.28	45.68	48.52
辽　宁	1923.23	501.21	1307.62	71.34	43.06
吉　林	1853.88	165.32	1586.13	47.01	55.42
黑龙江	2195.13	130.00	1912.87	52.72	99.54
上　海	4272.37	2719.70	1178.88	252.88	120.91
江　苏	2323.04	814.99	1367.65	107.16	33.24
浙　江	3431.41	1105.97	2095.40	163.13	66.91
安　徽	1367.72	233.87	1041.42	71.48	20.93
福　建	2226.94	526.24	1502.67	160.49	37.52
江　西	1539.90	319.45	1126.44	69.59	24.42
山　东	1608.32	403.99	1097.91	65.68	40.74
河　南	1020.71	162.66	776.75	47.50	33.80
湖　北	1380.29	192.18	1076.16	92.96	18.99
湖　南	1515.28	267.35	1097.35	111.86	38.72
广　东	2891.32	708.89	1892.34	232.55	57.54
广　西	1550.22	201.92	1213.65	101.57	33.08
海　南	1363.26	53.43	1193.23	100.50	16.10
四　川	1129.08	208.32	802.57	99.36	18.83
贵　州	913.74	146.04	663.37	81.63	22.70
云　南	1209.74	120.27	984.20	65.23	40.04
西　藏	772.35	78.97	599.74	60.10	33.54
陕　西	881.10	185.76	571.87	52.47	71.00
甘　肃	674.27	91.49	515.53	51.38	15.87
青　海	733.19	96.48	573.92	41.67	21.12
宁　夏	1279.55	188.71	1019.66	36.38	34.80
新　疆	1876.61	64.41	1700.93	52.08	59.19

4－70 1995年各地区农村居民现金收入构成

单位：%

地　区	现金收入	一、工资性收入	二、家庭经营收入	三、转移性收入	四、财产性收入
全国合计	**100.00**	**22.12**	**69.99**	**5.50**	**2.39**
北　京	100.00	51.75	39.51	6.06	2.68
天　津	100.00	44.29	51.91	2.52	1.28
河　北	100.00	30.96	63.36	3.68	1.99
山　西	100.00	33.66	58.03	6.33	1.98
内蒙古	100.00	8.23	83.90	3.82	4.05
辽　宁	100.00	26.06	67.99	3.71	2.24
吉　林	100.00	8.92	85.56	2.54	2.99
黑龙江	100.00	5.92	87.14	2.40	4.53
上　海	100.00	63.66	27.59	5.92	2.83
江　苏	100.00	35.08	58.87	4.61	1.43
浙　江	100.00	32.23	61.07	4.75	1.95
安　徽	100.00	17.10	76.14	5.23	1.53
福　建	100.00	23.63	67.48	7.21	1.68
江　西	100.00	20.74	73.15	4.52	1.59
山　东	100.00	25.12	68.26	4.08	2.53
河　南	100.00	15.94	76.10	4.65	3.31
湖　北	100.00	13.92	77.97	6.73	1.38
湖　南	100.00	17.64	72.42	7.38	2.56
广　东	100.00	24.52	65.45	8.04	1.99
广　西	100.00	13.03	78.29	6.55	2.13
海　南	100.00	3.92	87.53	7.37	1.18
四　川	100.00	18.45	71.08	8.80	1.67
贵　州	100.00	15.98	72.60	8.93	2.48
云　南	100.00	9.94	81.36	5.39	3.31
西　藏	100.00	10.22	77.65	7.78	4.34
陕　西	100.00	21.08	64.90	5.96	8.06
甘　肃	100.00	13.57	76.46	7.62	2.35
青　海	100.00	13.16	78.28	5.68	2.88
宁　夏	100.00	14.75	79.69	2.84	2.72
新　疆	100.00	3.43	90.64	2.78	3.15

4－71 1995年农村居民家庭经营现金收入

单位:元/人

地区	家庭经营现金收入	1.出售产品收入	#农业产品收入	##种植业收入	##牧业收入	2.工业加工费收入	3.建筑业收入
全国合计	**1116.73**	**891.28**	**522.78**	**512.11**	**322.45**	**17.42**	**38.57**
北京	1303.89	919.99	605.96	605.72	245.02	33.96	6.93
天津	1181.13	974.71	506.87	487.79	448.90	32.04	30.22
河北	902.05	680.86	454.55	451.59	211.29	24.94	21.22
山西	631.53	427.80	289.40	288.63	116.60	10.74	23.80
内蒙古	1004.28	924.45	684.58	680.13	228.25	13.39	3.05
辽宁	1307.62	1123.55	707.04	703.29	387.78	15.66	20.10
吉林	1586.13	1488.48	1177.23	1143.25	302.13	12.58	13.76
黑龙江	1912.87	1763.94	1513.68	1510.43	227.54	8.95	13.62
上海	1178.88	989.83	682.08	681.88	301.94	6.64	14.73
江苏	1367.65	1040.74	577.99	548.74	401.66	16.41	99.94
浙江	2095.40	1308.69	602.27	590.22	515.21	119.53	92.64
安徽	1041.42	893.14	589.16	582.86	267.80	6.00	24.23
福建	1502.67	1071.69	583.06	578.31	413.46	18.48	85.70
江西	1126.44	978.23	414.89	395.92	499.18	12.89	13.98
山东	1097.91	931.06	620.76	612.54	293.12	13.14	35.09
河南	776.75	629.51	451.08	440.21	164.62	6.53	28.21
湖北	1076.16	931.09	640.74	634.34	251.35	8.94	20.35
湖南	1097.35	857.40	292.26	276.27	502.69	25.56	59.85
广东	1892.34	1271.06	564.04	557.61	538.21	28.98	152.90
广西	1213.65	1005.40	357.55	338.57	579.75	10.84	50.01
海南	1193.23	933.38	517.64	513.85	270.42	3.86	31.53
四川	802.57	677.13	246.07	235.09	404.86	7.85	33.49
贵州	663.39	528.31	253.12	231.88	253.18	11.90	16.76
云南	984.20	797.69	457.11	439.39	299.10	12.90	20.86
西藏	599.74	324.84	138.62	134.96	118.04	8.91	20.11
陕西	571.87	447.83	286.46	278.92	149.55	14.76	19.57
甘肃	515.53	360.09	255.10	249.83	97.15	6.67	29.87
青海	573.92	410.25	188.11	154.38	218.38	7.15	8.78
宁夏	1019.66	839.14	497.41	495.07	331.50	23.90	3.85
新疆	1700.93	1540.04	1213.88	1208.01	300.15	5.09	5.92

4－71 续表

单位：元/人

地　　区	4.交通运输业、邮电业收入	5.批发和零售贸易、餐饮业收入	6.社会服务业收入	7.其他家庭经营收入	第一产业收入	第二产业收入	第三产业收入
全国总计	**47.62**	**43.66**	**20.30**	**57.88**	**891.28**	**55.99**	**169.46**
北　　京	243.07	24.91	14.17	60.86	919.99	40.89	343.01
天　　津	31.80	48.04	30.71	33.61	974.71	62.26	144.16
河　　北	51.23	70.76	14.21	38.83	680.86	46.16	175.03
山　　西	79.42	28.63	18.54	42.60	427.80	34.54	169.19
内 蒙 古	13.42	13.41	5.43	31.13	924.45	16.44	63.39
辽　　宁	42.76	50.92	13.44	41.19	1123.55	35.76	148.31
吉　　林	20.15	17.46	3.71	29.99	1488.48	26.34	71.31
黑 龙 江	46.49	11.43	12.54	55.90	1763.94	22.57	126.36
上　　海	44.25	7.61	28.72	87.10	989.83	21.37	167.68
江　　苏	60.29	61.78	26.38	62.11	1040.74	116.35	210.56
浙　　江	153.03	146.85	69.86	204.80	1308.69	212.17	574.54
安　　徽	25.33	26.95	14.32	51.45	893.14	30.23	118.05
福　　建	80.85	65.35	46.22	134.38	1071.69	104.18	326.80
江　　西	30.75	28.29	21.11	41.19	978.23	26.87	121.34
山　　东	24.47	24.96	11.48	57.71	931.06	48.23	118.62
河　　南	36.55	24.36	12.76	38.83	629.51	34.74	112.50
湖　　北	20.57	42.92	15.37	36.92	931.09	29.29	115.78
湖　　南	34.90	47.00	20.29	52.35	857.40	85.41	154.54
广　　东	110.33	138.70	52.89	137.48	1271.06	181.88	439.40
广　　西	47.01	51.86	15.01	33.52	1005.40	60.85	147.40
海　　南	33.01	20.72	23.57	147.16	933.38	35.39	224.46
四　　川	21.35	19.92	20.86	21.97	677.13	41.34	84.10
贵　　州	17.79	35.68	21.08	31.87	528.31	28.66	106.42
云　　南	55.09	24.83	7.55	65.28	797.69	33.76	152.75
西　　藏	85.22	57.37	13.31	89.98	324.84	29.02	245.88
陕　　西	34.26	25.81	7.75	21.89	447.83	34.33	89.71
甘　　肃	21.59	19.41	15.06	62.84	360.09	36.54	118.90
青　　海	46.23	35.53	9.71	56.27	410.25	15.93	147.74
宁　　夏	90.57	44.76	6.63	10.81	839.14	27.75	152.77
新　　疆	38.44	29.90	27.35	54.19	1540.04	11.01	149.88

4－72　1995年农村居民家庭经营现金收入构成

单位：%

地　区	家庭经营现金收入	1.出售产品收　入	#农业产品收　入	##种植业收　入	#牧　业收　入	2.工业加工费收入	3.建筑业收　入
全国合计	**100.00**	**79.81**	**46.81**	**45.86**	**28.87**	**1.56**	**3.45**
北　京	100.00	70.56	46.47	46.45	18.79	2.60	0.53
天　津	100.00	82.52	42.91	41.30	38.01	2.71	2.56
河　北	100.00	75.48	50.39	50.06	23.42	2.76	2.35
山　西	100.00	67.74	45.83	45.70	18.46	1.70	3.77
内蒙古	100.00	92.05	68.17	67.72	22.73	1.33	0.30
辽　宁	100.00	85.92	54.07	53.78	29.66	1.20	1.54
吉　林	100.00	93.84	74.22	72.08	19.05	0.79	0.87
黑龙江	100.00	92.21	79.13	78.96	11.89	0.47	0.71
上　海	100.00	83.96	57.86	57.84	25.61	0.56	1.25
江　苏	100.00	76.10	42.26	40.12	29.37	1.20	7.31
浙　江	100.00	62.46	28.74	28.17	24.59	5.70	4.42
安　徽	100.00	85.76	56.57	55.97	25.71	0.58	2.33
福　建	100.00	71.32	38.80	38.49	27.52	1.23	5.70
江　西	100.00	86.84	36.83	35.15	44.31	1.14	1.24
山　东	100.00	84.80	56.54	55.79	26.70	1.20	3.20
河　南	100.00	81.04	58.07	56.67	21.19	0.84	3.63
湖　北	100.00	86.52	59.54	58.94	23.36	0.83	1.89
湖　南	100.00	78.13	26.63	25.18	45.81	2.33	5.45
广　东	100.00	67.17	29.81	29.47	28.44	1.53	8.08
广　西	100.00	82.84	29.46	27.90	47.77	0.89	4.12
海　南	100.00	78.22	43.38	43.06	22.66	0.32	2.64
四　川	100.00	84.37	30.66	29.29	50.44	0.98	4.17
贵　州	100.00	79.64	38.16	34.95	38.16	1.79	2.53
云　南	100.00	81.05	46.44	44.64	30.39	1.31	2.12
西　藏	100.00	54.16	23.11	22.50	19.68	1.49	3.35
陕　西	100.00	78.31	50.09	48.77	26.15	2.58	3.42
甘　肃	100.00	69.85	49.48	48.46	18.84	1.29	5.79
青　海	100.00	71.48	32.78	26.90	38.05	1.25	1.53
宁　夏	100.00	82.30	48.78	48.55	32.51	2.34	0.38
新　疆	100.00	90.54	71.37	71.02	17.65	0.30	0.35

4－72 续表

单位：%

地　区	4.交通运输业、邮电业收入	5.批发和零售贸易、餐饮业收入	6.社会服务业收入	7.其他家庭经营收入	第一产业收入	第二产业收入	第三产业收入
全国合计	**4.26**	**3.91**	**1.82**	**5.18**	**79.81**	**5.01**	**15.17**
北　京	18.64	1.91	1.09	4.67	70.56	3.14	26.31
天　津	2.69	4.07	2.60	2.85	82.52	5.27	12.21
河　北	5.68	7.84	1.58	4.30	75.48	5.12	19.40
山　西	12.58	4.53	2.94	6.75	67.74	5.47	26.79
内蒙古	1.34	1.34	0.54	3.10	92.05	1.64	6.31
辽　宁	3.27	3.89	1.03	3.15	85.92	2.73	11.34
吉　林	1.27	1.10	0.23	1.89	93.84	1.66	4.50
黑龙江	2.43	0.60	0.66	2.92	92.21	1.18	6.61
上　海	3.75	0.65	2.44	7.39	83.96	1.81	14.22
江　苏	4.41	4.52	1.93	4.54	76.10	8.51	15.40
浙　江	7.30	7.01	3.33	9.77	62.46	10.13	27.42
安　徽	2.43	2.59	1.38	4.94	85.76	2.90	11.34
福　建	5.38	4.35	3.08	8.94	71.32	6.93	21.75
江　西	2.73	2.51	1.87	3.66	86.84	2.39	10.77
山　东	2.23	2.27	1.05	5.26	84.80	4.39	10.80
河　南	4.71	3.14	1.64	5.00	81.04	4.47	14.48
湖　北	1.91	3.99	1.43	3.43	86.52	2.72	10.76
湖　南	3.18	4.28	1.85	4.77	78.13	7.78	14.08
广　东	5.83	7.33	2.79	7.27	67.17	9.61	23.22
广　西	3.87	4.27	1.24	2.76	82.84	5.01	12.15
海　南	2.77	1.74	1.98	12.33	78.22	2.97	18.81
四　川	2.66	2.48	2.60	2.74	84.37	5.15	10.48
贵　州	2.68	5.38	3.18	4.80	79.64	4.32	16.04
云　南	5.60	2.52	0.77	6.63	81.05	3.43	15.52
西　藏	14.21	9.57	2.22	15.00	54.16	4.84	41.00
陕　西	5.99	4.51	1.36	3.83	78.31	6.00	15.69
甘　肃	4.19	3.77	2.92	12.19	69.85	7.09	23.06
青　海	8.06	6.19	1.69	9.80	71.48	2.78	25.74
宁　夏	8.88	4.39	0.65	1.06	82.30	2.72	14.98
新　疆	2.26	1.76	1.61	3.19	90.54	0.65	8.81

4－73 1995年各地区农村居民纯收入

单位：元/人

地区	纯收入	一、工资性收入	二、家庭经营纯收入	三、转移性纯收入	四、财产性纯收入
全国合计	**1577.74**	**353.70**	**1125.79**	**57.27**	**40.98**
北京	3223.65	1715.04	1220.86	171.18	116.57
天津	2406.38	1012.18	1297.73	41.20	55.27
河北	1668.73	441.23	1149.75	36.82	40.93
山西	1208.30	367.19	780.84	37.40	22.87
内蒙古	1208.38	98.62	1035.96	18.97	54.83
辽宁	1756.50	486.17	1161.58	38.15	70.60
吉林	1609.60	165.59	1277.47	21.17	145.37
黑龙江	1766.27	130.27	1534.14	21.40	80.46
上海	4245.61	2733.99	1183.35	173.44	154.83
江苏	2456.86	821.85	1544.44	65.01	25.56
浙江	2966.19	1109.76	1696.61	97.37	62.45
安徽	1302.82	234.21	980.74	52.49	35.38
福建	2048.59	520.54	1295.96	113.16	118.93
江西	1537.36	319.69	1161.46	41.69	14.52
山东	1715.09	408.97	1230.56	46.77	28.79
河南	1231.97	163.51	1004.19	35.82	28.45
湖北	1511.22	192.37	1237.87	47.51	33.47
湖南	1425.16	268.00	1095.89	46.16	15.11
广东	2699.24	712.25	1756.64	180.30	50.05
广西	1446.14	202.10	1158.06	74.54	11.44
海南	1519.71	53.57	1307.86	83.97	74.31
四川	1158.29	208.58	860.44	67.92	21.35
贵州	1086.62	146.34	871.37	52.63	16.28
云南	1010.97	120.84	792.04	41.09	57.00
西藏	1200.31	79.17	1022.18	52.95	46.01
陕西	962.89	186.04	723.16	36.41	17.28
甘肃	880.34	91.68	734.00	36.40	18.26
青海	1029.77	96.71	908.23	21.85	2.98
宁夏	998.75	188.78	767.21	20.23	22.53
新疆	1136.45	64.47	967.59	39.09	65.30

4－74　1995年各地区农村居民纯收入构成

单位：%

地　　区	纯收入	一、工资性收入	二、家庭经营纯收入	三、转移性纯收入	四、财产性纯收入
全国合计	**100.00**	**22.42**	**71.35**	**3.63**	**2.60**
北　　京	100.00	53.20	37.87	5.31	3.62
天　　津	100.00	42.06	53.93	1.71	2.30
河　　北	100.00	26.44	68.90	2.21	2.45
山　　西	100.00	30.39	64.62	3.10	1.89
内 蒙 古	100.00	8.16	85.73	1.57	4.54
辽　　宁	100.00	27.68	66.13	2.17	4.02
吉　　林	100.00	10.29	79.37	1.32	9.03
黑 龙 江	100.00	7.38	86.86	1.21	4.56
上　　海	100.00	64.40	27.87	4.09	3.65
江　　苏	100.00	33.45	62.86	2.65	1.04
浙　　江	100.00	37.41	57.20	3.28	2.11
安　　徽	100.00	17.98	75.28	4.03	2.72
福　　建	100.00	25.41	63.26	5.52	5.81
江　　西	100.00	20.79	75.55	2.71	0.94
山　　东	100.00	23.85	71.75	2.73	1.68
河　　南	100.00	13.27	81.51	2.91	2.31
湖　　北	100.00	12.73	81.91	3.14	2.21
湖　　南	100.00	18.80	76.90	3.24	1.06
广　　东	100.00	26.39	65.08	6.68	1.85
广　　西	100.00	13.98	80.08	5.15	0.79
海　　南	100.00	3.53	86.06	5.53	4.89
四　　川	100.00	18.01	74.29	5.86	1.84
贵　　州	100.00	13.47	80.19	4.84	1.50
云　　南	100.00	11.95	78.34	4.06	5.64
西　　藏	100.00	6.60	85.16	4.41	3.83
陕　　西	100.00	19.32	75.10	3.78	1.79
甘　　肃	100.00	10.41	83.38	4.13	2.07
青　　海	100.00	9.39	88.20	2.12	0.29
宁　　夏	100.00	18.90	76.82	2.03	2.26
新　　疆	100.00	5.67	85.14	3.44	5.75

4－75　1995年各地区农村居民总支出

单位：元/人

地　区	总支出	一、家庭经营费用支出	二、购置生产性固定资产支出	三、税费支出	四、生活消费支出	五、转移性和财产性支出
全国合计	**2138.33**	**621.71**	**62.33**	**88.65**	**1310.36**	**55.28**
北　京	3103.22	547.12	48.70	64.49	2335.62	107.29
天　津	2597.32	825.93	48.79	84.84	1548.40	89.36
河　北	1882.72	574.84	68.93	84.24	1104.30	50.41
山　西	1298.12	278.86	30.64	45.06	927.99	15.57
内蒙古	2098.09	663.99	101.15	105.25	1180.46	47.24
辽　宁	2804.58	982.82	46.84	162.71	1471.93	140.28
吉　林	2864.23	975.76	156.47	153.10	1494.62	84.28
黑龙江	3073.72	1001.99	180.86	294.58	1479.84	116.45
上　海	4060.53	497.94	41.31	65.72	3387.04	68.52
江　苏	2861.57	675.19	51.54	117.73	1938.01	79.10
浙　江	3535.75	855.39	169.73	53.94	2378.38	78.31
安　徽	1855.83	568.97	66.06	97.10	1070.64	53.06
福　建	2659.96	599.24	41.94	51.57	1793.68	173.53
江　西	2083.93	678.67	36.22	73.81	1256.08	39.15
山　东	2301.31	722.76	56.70	145.98	1338.46	37.41
河　南	1604.77	505.63	55.73	80.12	929.39	33.90
湖　北	1971.58	510.24	26.40	132.21	1245.10	57.63
湖　南	2203.36	669.27	35.71	105.32	1367.30	25.76
广　东	3151.31	714.47	25.40	73.81	2255.01	82.62
广　西	1889.98	589.84	43.74	29.88	1202.91	23.61
海　南	1558.11	332.38	19.17	35.40	1080.46	90.70
四　川	1828.15	599.75	33.48	66.35	1092.91	35.66
贵　州	1438.61	422.74	28.63	27.87	930.59	28.78
云　南	1733.81	609.33	60.60	34.50	981.10	48.28
西　藏	1210.96	180.05	114.73	2.59	896.80	16.79
陕　西	1423.48	385.49	42.16	57.98	913.73	24.12
甘　肃	1469.83	423.30	65.11	30.86	915.25	35.31
青　海	1306.43	258.26	69.54	39.16	913.84	25.63
宁　夏	1990.62	704.15	141.47	46.00	1063.20	35.80
新　疆	2363.45	1035.08	144.33	173.36	941.58	69.10

4－76 1995年各地区农村居民总支出构成

单位：%

地　　区	总支出	一、家庭经营费用支出	二、购置生产性固定资产支出	三、税费支出	四、生活消费支出	五、转移性和财产性支出
全国合计	**100.00**	**29.07**	**2.91**	**4.15**	**61.28**	**2.59**
北　京	100.00	17.63	1.57	2.08	75.26	3.46
天　津	100.00	31.80	1.88	3.27	59.62	3.44
河　北	100.00	30.53	3.66	4.47	58.65	2.68
山　西	100.00	21.48	2.36	3.47	71.49	1.20
内蒙古	100.00	31.65	4.82	5.02	56.26	2.25
辽　宁	100.00	35.04	1.67	5.80	52.48	5.00
吉　林	100.00	34.07	5.46	5.35	52.18	2.94
黑龙江	100.00	32.60	5.88	9.58	48.14	3.79
上　海	100.00	12.26	1.02	1.62	83.41	1.69
江　苏	100.00	23.60	1.80	4.11	67.73	2.76
浙　江	100.00	24.19	4.80	1.53	67.27	2.21
安　徽	100.00	30.66	3.56	5.23	57.69	2.86
福　建	100.00	22.53	1.58	1.94	67.43	6.52
江　西	100.00	32.57	1.74	3.54	60.27	1.88
山　东	100.00	31.41	2.46	6.34	58.16	1.63
河　南	100.00	31.51	3.47	4.99	57.91	2.11
湖　北	100.00	25.88	1.34	6.71	63.15	2.92
湖　南	100.00	30.37	1.62	4.78	62.06	1.17
广　东	100.00	22.67	0.81	2.34	71.56	2.62
广　西	100.00	31.21	2.31	1.58	63.65	1.25
海　南	100.00	21.33	1.23	2.27	69.34	5.82
四　川	100.00	32.81	1.83	3.63	59.78	1.95
贵　州	100.00	29.39	1.99	1.94	64.69	2.00
云　南	100.00	35.14	3.50	1.99	56.59	2.78
西　藏	100.00	14.87	9.47	0.21	74.06	1.39
陕　西	100.00	27.08	2.96	4.07	64.19	1.69
甘　肃	100.00	28.80	4.43	2.10	62.27	2.40
青　海	100.00	19.77	5.32	3.00	69.95	1.96
宁　夏	100.00	35.37	7.11	2.31	53.41	1.80
新　疆	100.00	43.80	6.11	7.34	39.84	2.92

4－77 1995年各地区农村居民家庭经营费用支出

单位:元/人

地　区	家庭经营费用支出	1.农业支出	#种植业支出	2.林业支出	3.牧业支出	4.渔业支出	5.工业支出	6.建筑业支出
全国合计	**621.71**	**321.49**	**314.65**	**2.48**	**242.36**	**9.24**	**10.98**	**3.32**
北　京	547.12	218.57	217.04	2.69	127.33	29.83	22.80	9.52
天　津	825.93	417.94	411.03	4.02	360.93	0.73	19.36	5.33
河　北	574.84	355.14	352.00	1.56	173.07	0.62	11.96	1.18
山　西	278.86	182.83	180.47	1.82	55.40	0.17	7.82	2.18
内蒙古	663.99	448.90	444.51	0.88	194.24	0.05	8.29	0.47
辽　宁	982.82	534.48	532.47	2.62	388.81	17.98	3.60	1.75
吉　林	975.76	729.66	699.57	1.70	217.92	0.98	4.55	2.95
黑龙江	1001.99	771.51	764.90	1.13	182.65	13.78	2.25	1.70
上　海	497.94	221.35	219.78	1.96	244.54	4.22	0.42	8.40
江　苏	675.19	310.42	293.29	1.27	296.71	12.68	12.84	1.66
浙　江	855.39	273.66	250.91	3.63	326.79	42.53	97.33	11.34
安　徽	568.97	343.22	339.65	2.07	187.35	8.94	1.83	4.04
福　建	599.24	253.76	247.80	10.68	249.26	15.73	4.15	16.28
江　西	678.67	297.70	285.32	2.46	336.36	12.99	9.22	0.82
山　东	722.76	423.16	415.87	2.99	270.29	0.47	2.54	3.88
河　南	505.63	328.97	325.28	2.65	137.40	3.38	4.12	1.59
湖　北	510.24	287.73	284.45	2.08	186.34	6.47	7.40	2.22
湖　南	669.27	217.95	207.96	0.84	380.49	12.38	27.11	3.47
广　东	714.47	239.09	235.90	1.72	354.90	50.69	3.88	9.06
广　西	589.84	201.60	195.74	1.79	334.85	5.89	18.42	1.25
海　南	332.38	183.63	181.82	14.05	106.89	12.82	1.09	0.57
四　川	599.75	200.28	195.96	1.01	371.89	3.82	4.01	2.89
贵　州	422.74	159.04	149.87	1.94	225.16	0.32	6.48	2.14
云　南	609.33	261.84	254.44	4.32	277.72	6.52	11.00	4.19
西　藏	180.05	85.78	70.59	0.39	37.51	0.04	0.09	1.71
陕　西	385.49	230.64	226.61	2.17	124.87	0.12	9.34	1.15
甘　肃	423.30	301.28	300.47	2.98	85.30	0.03	1.63	1.64
青　海	258.26	161.40	159.04	0.49	69.01	0.03	1.06	0.15
宁　夏	704.15	359.58	357.40	0.32	286.68	2.75	7.95	0.04
新　疆	1035.08	768.21	765.25	3.80	208.43	5.73	3.83	0.98

4－77 续表 单位：元/人

地　区	7.交通运输、邮电业支出	8.批发和零售贸易、餐饮业支出	9.社会服务业支出	10.其他家庭经营支出	第一产业支出	第二产业支出	第三产业支出
全国合计	**16.43**	**7.84**	**2.58**	**4.99**	**575.56**	**14.30**	**31.85**
北　京	127.13	1.04	6.61	1.59	378.42	32.33	136.37
天　津	10.49	3.49	1.61	2.03	783.62	24.69	17.61
河　北	14.44	13.77	1.84	1.26	530.39	13.14	31.31
山　西	23.32	1.76	1.67	1.90	240.21	10.00	28.65
内蒙古	3.24	1.35	0.57	6.01	644.07	8.76	11.16
辽　宁	20.51	9.75	0.76	2.58	943.89	5.34	33.59
吉　林	7.92	5.61	1.39	3.06	950.27	7.51	17.98
黑龙江	17.08	3.30	2.41	6.18	969.07	3.96	28.96
上　海	10.86	0.76	4.59	0.85	472.07	8.81	17.05
江　苏	16.16	18.56	2.17	2.71	621.09	14.50	39.60
浙　江	46.24	29.04	12.23	12.59	646.60	108.68	100.10
安　徽	8.24	3.31	1.43	8.54	541.58	5.87	21.52
福　建	26.93	10.21	4.83	7.40	529.43	20.44	49.37
江　西	10.70	2.84	2.97	2.59	649.51	10.05	19.11
山　东	9.31	5.26	1.47	3.40	696.91	6.42	19.44
河　南	15.99	5.44	1.60	4.48	472.41	5.71	27.51
湖　北	5.51	8.53	1.67	2.30	482.61	9.62	18.01
湖　南	11.15	8.77	2.63	4.49	611.66	30.58	27.04
广　东	24.74	15.88	5.95	8.58	646.39	12.93	55.15
广　西	17.36	5.60	1.98	1.10	544.41	19.67	26.03
海　南	5.82	1.60	0.75	5.15	317.40	1.66	13.32
四　川	7.60	2.50	2.62	3.13	577.00	6.90	15.85
贵　州	5.91	12.27	4.22	5.27	386.46	8.62	27.67
云　南	25.97	5.80	2.71	9.27	550.39	15.19	43.74
西　藏	44.65	0.69	0.82	8.38	123.71	1.80	54.54
陕　西	10.19	5.20	1.07	0.74	357.80	10.50	17.19
甘　肃	7.82	1.87	0.85	19.91	389.59	3.26	30.45
青　海	17.89	5.08	2.21	0.94	230.94	1.21	26.12
宁　夏	39.15	4.39	1.36	1.94	649.32	7.98	46.85
新　疆	22.29	12.87	0.67	8.28	986.17	4.81	44.11

4-78 1995年各地区农村居民家庭经营费用支出构成

单位：%

地　　区	家庭经营费用支出	1.农业支出	#种植业支出	2.林业支出	3.牧业支出	4.渔业支出	5.工业支出	6.建筑业支出
全国合计	**100.00**	**51.71**	**50.61**	**0.40**	**38.98**	**1.49**	**1.77**	**0.53**
北　京	100.00	39.95	39.67	0.49	23.27	5.45	4.17	1.74
天　津	100.00	50.60	49.77	0.49	43.70	0.09	2.34	0.65
河　北	100.00	61.78	61.23	0.27	30.11	0.11	2.08	0.21
山　西	100.00	65.56	64.72	0.65	19.86	0.06	2.80	0.78
内蒙古	100.00	67.61	66.94	0.13	29.25	0.01	1.25	0.07
辽　宁	100.00	54.38	54.18	0.27	39.56	1.83	0.37	0.18
吉　林	100.00	74.78	71.70	0.17	22.33	0.10	0.47	0.30
黑龙江	100.00	77.00	76.34	0.11	18.23	1.38	0.23	0.17
上　海	100.00	44.45	44.14	0.39	49.11	0.85	0.08	1.69
江　苏	100.00	45.98	43.44	0.19	43.95	1.88	1.90	0.25
浙　江	100.00	31.99	29.33	0.42	38.20	4.97	11.38	1.33
安　徽	100.00	60.32	59.69	0.36	32.93	1.57	0.32	0.71
福　建	100.00	42.35	41.35	1.78	41.60	2.62	0.69	2.72
江　西	100.00	43.86	42.04	0.36	49.56	1.91	1.36	0.12
山　东	100.00	58.55	57.54	0.41	37.40	0.06	0.35	0.54
河　南	100.00	65.06	64.33	0.52	27.17	0.67	0.81	0.31
湖　北	100.00	56.39	55.75	0.41	36.52	1.27	1.45	0.43
湖　南	100.00	32.56	31.07	0.13	56.85	1.85	4.05	0.52
广　东	100.00	33.46	33.02	0.24	49.67	7.09	0.54	1.27
广　西	100.00	34.18	33.19	0.30	56.77	1.00	3.12	0.21
海　南	100.00	55.25	54.70	4.23	32.16	3.86	0.33	0.17
四　川	100.00	33.39	32.67	0.17	62.01	0.64	0.67	0.48
贵　州	100.00	37.62	35.45	0.46	53.26	0.07	1.53	0.51
云　南	100.00	42.97	41.76	0.71	45.58	1.07	1.81	0.69
西　藏	100.00	47.64	39.21	0.21	20.83	0.02	0.05	0.95
陕　西	100.00	59.83	58.78	0.56	32.39	0.03	2.42	0.30
甘　肃	100.00	71.17	70.98	0.70	20.15	0.01	0.38	0.39
青　海	100.00	62.50	61.58	0.19	26.72	0.01	0.41	0.06
宁　夏	100.00	51.07	50.76	0.05	40.71	0.39	1.13	0.01
新　疆	100.00	74.22	73.93	0.37	20.14	0.55	0.37	0.09

4－78 续表

单位：%

地区	7.交通运输、邮电业支出	8.批发和零售贸易、餐饮业支出	9.社会服务业支出	10.其他家庭经营支出	第一产业支出	第二产业支出	第三产业支出
全国合计	**2.64**	**1.26**	**0.42**	**0.80**	**92.58**	**2.30**	**5.12**
北京	23.24	0.19	1.21	0.29	69.17	5.91	24.92
天津	1.27	0.42	0.19	0.25	94.88	2.99	2.13
河北	2.51	2.40	0.32	0.22	92.27	2.29	5.45
山西	8.36	0.63	0.60	0.68	86.14	3.59	10.27
内蒙古	0.49	0.20	0.09	0.91	97.00	1.32	1.68
辽宁	2.09	0.99	0.08	0.26	96.04	0.54	3.42
吉林	0.81	0.58	0.14	0.31	97.39	0.77	1.84
黑龙江	1.70	0.33	0.24	0.62	96.71	0.40	2.89
上海	2.18	0.15	0.92	0.17	94.80	1.77	3.43
江苏	2.39	2.75	0.32	0.40	91.99	2.15	5.86
浙江	5.41	3.40	1.43	1.47	75.59	12.70	11.70
安徽	1.45	0.58	0.25	1.50	95.19	1.03	3.78
福建	4.49	1.70	0.81	1.23	88.35	3.41	8.24
江西	1.58	0.42	0.44	0.38	95.70	1.48	2.82
山东	1.29	0.73	0.20	0.47	96.42	0.89	2.69
河南	3.16	1.08	0.32	0.89	93.43	1.13	5.44
湖北	1.08	1.67	0.33	0.45	94.59	1.89	3.53
湖南	1.67	1.31	0.39	0.67	91.39	4.57	4.04
广东	3.46	2.22	0.83	1.20	90.47	1.81	7.72
广西	2.94	0.95	0.33	0.19	92.30	3.33	4.41
海南	1.75	0.48	0.23	1.55	95.49	0.50	4.01
四川	1.27	0.42	0.44	0.52	96.21	1.15	2.64
贵州	1.40	2.90	1.00	1.25	91.42	2.04	6.55
云南	4.26	0.95	0.44	1.52	90.33	2.49	7.18
西藏	24.80	0.38	0.46	4.65	68.71	1.00	30.29
陕西	2.64	1.35	0.28	0.19	92.82	2.72	4.46
甘肃	1.85	0.44	0.20	4.70	92.04	0.77	7.19
青海	6.93	1.97	0.86	0.37	89.42	0.47	10.11
宁夏	5.56	0.62	0.19	0.28	92.21	1.13	6.65
新疆	2.15	1.24	0.06	0.80	95.27	0.46	4.26

4-79 1995年各地区农村居民生活消费支出

单位:元/人

地区	生活消费支出	一、食品支出	二、衣着支出	三、居住支出	四、家庭设备用品及服务支出	五、医疗保健支出	六、交通和通讯支出	七、文教娱乐用品及服务支出	八、其他商品及服务支出
全国合计	**1310.36**	**768.19**	**89.79**	**182.21**	**68.48**	**42.48**	**33.76**	**102.39**	**23.06**
北京	2335.62	1183.39	229.50	224.96	196.24	107.27	91.65	246.33	56.28
天津	1548.40	911.43	129.53	212.46	66.45	62.10	37.29	97.84	31.30
河北	1104.30	627.43	89.62	165.41	58.15	40.93	33.47	73.04	16.27
山西	927.99	586.03	103.02	77.62	42.95	31.09	14.05	62.80	10.43
内蒙古	1180.46	704.70	86.16	157.02	50.01	48.49	22.39	97.45	14.23
辽宁	1471.93	887.11	138.38	169.88	60.12	48.57	35.58	107.23	25.01
吉林	1494.62	841.85	134.03	189.80	64.91	57.83	33.11	138.33	34.77
黑龙江	1479.84	813.40	139.64	228.97	56.44	74.84	34.15	113.71	18.69
上海	3387.04	1491.40	252.31	761.06	284.37	72.56	159.03	256.04	110.27
江苏	1938.01	1061.42	126.78	344.62	132.95	49.07	52.31	139.18	31.68
浙江	2378.38	1197.97	157.06	442.30	147.83	103.20	76.50	163.91	89.62
安徽	1070.64	625.42	70.56	165.63	57.23	34.07	21.29	79.45	17.00
福建	1793.68	1093.45	99.17	212.45	83.05	44.39	70.61	148.72	41.83
江西	1256.08	774.61	70.27	167.60	57.87	39.48	32.30	93.48	20.46
山东	1338.46	748.68	102.03	208.63	73.68	40.25	43.05	106.08	16.06
河南	929.39	544.26	77.07	131.94	43.76	34.43	17.37	63.53	17.04
湖北	1245.10	753.91	81.11	147.08	55.29	34.90	30.54	128.28	13.99
湖南	1367.30	823.91	73.51	192.42	68.79	35.78	26.29	128.84	17.75
广东	2255.01	1228.00	91.31	345.65	140.54	67.51	82.08	245.16	54.77
广西	1202.91	760.26	49.17	139.49	51.98	29.04	27.33	127.69	17.96
海南	1080.46	737.21	48.06	92.23	49.15	24.58	16.98	92.54	19.70
四川	1092.91	718.31	63.52	127.27	50.72	29.35	18.38	75.36	10.01
贵州	930.59	661.85	55.64	78.67	42.61	16.28	13.97	49.27	12.29
云南	981.10	602.92	60.77	133.94	54.29	32.04	21.49	58.07	17.58
西藏	896.80	667.08	92.72	44.98	61.61	6.41	8.49	6.37	9.14
陕西	913.73	542.02	61.82	136.91	41.59	41.30	15.11	65.14	9.84
甘肃	915.25	649.29	45.50	93.39	30.90	29.18	13.54	45.92	7.54
青海	913.84	593.90	85.49	88.76	34.29	34.70	22.49	33.74	20.47
宁夏	1063.20	617.67	84.43	144.86	59.76	41.50	28.39	72.44	14.15
新疆	941.58	471.54	119.90	121.22	56.26	47.96	35.69	64.90	24.10

4－80 1995年各地区农村居民生活消费支出构成

单位：%

地区	生活消费支出	一、食品支出	二、衣着支出	三、居住支出	四、家庭设备用品及服务支出	五、医疗保健支出	六、交通和通讯支出	七、文教娱乐用品及服务支出	八、其他商品及服务支出
全国合计	**100.00**	**58.62**	**6.85**	**13.91**	**5.23**	**3.24**	**2.58**	**7.81**	**1.76**
北京	100.00	50.67	9.83	9.63	8.40	4.59	3.92	10.55	2.41
天津	100.00	58.86	8.37	13.72	4.29	4.01	2.41	6.32	2.02
河北	100.00	56.82	8.12	14.98	5.27	3.71	3.03	6.61	1.47
山西	100.00	63.15	11.10	8.36	4.63	3.35	1.51	6.77	1.12
内蒙古	100.00	59.70	7.30	13.30	4.24	4.11	1.90	8.26	1.21
辽宁	100.00	60.27	9.40	11.54	4.08	3.30	2.42	7.28	1.70
吉林	100.00	56.33	8.97	12.70	4.34	3.87	2.22	9.26	2.33
黑龙江	100.00	54.97	9.44	15.47	3.81	5.06	2.31	7.68	1.26
上海	100.00	44.03	7.45	22.47	8.40	2.14	4.70	7.56	3.26
江苏	100.00	54.77	6.54	17.78	6.86	2.53	2.70	7.18	1.63
浙江	100.00	50.37	6.60	18.60	6.22	4.34	3.22	6.89	3.77
安徽	100.00	58.42	6.59	15.47	5.35	3.18	1.99	7.42	1.59
福建	100.00	60.96	5.53	11.84	4.63	2.47	3.94	8.29	2.33
江西	100.00	61.67	5.59	13.34	4.61	3.14	2.57	7.44	1.63
山东	100.00	55.94	7.62	15.59	5.50	3.01	3.22	7.93	1.20
河南	100.00	58.56	8.29	14.20	4.71	3.70	1.87	6.84	1.83
湖北	100.00	60.55	6.51	11.81	4.44	2.80	2.45	10.30	1.12
湖南	100.00	60.26	5.38	14.07	5.03	2.62	1.92	9.42	1.30
广东	100.00	54.46	4.05	15.33	6.23	2.99	3.64	10.87	2.43
广西	100.00	63.20	4.09	11.60	4.32	2.41	2.27	10.62	1.49
海南	100.00	68.23	4.45	8.54	4.55	2.27	1.57	8.56	1.82
四川	100.00	65.72	5.81	11.65	4.64	2.69	1.68	6.90	0.92
贵州	100.00	71.12	5.98	8.45	4.58	1.75	1.50	5.29	1.32
云南	100.00	61.45	6.19	13.65	5.53	3.27	2.19	5.92	1.79
西藏	100.00	74.38	10.34	5.02	6.87	0.71	0.95	0.71	1.02
陕西	100.00	59.32	6.77	14.98	4.55	4.52	1.65	7.13	1.08
甘肃	100.00	70.94	4.97	10.20	3.38	3.19	1.48	5.02	0.82
青海	100.00	64.99	9.36	9.71	3.75	3.80	2.46	3.69	2.24
宁夏	100.00	58.10	7.94	13.62	5.62	3.90	2.67	6.81	1.33
新疆	100.00	50.08	12.73	12.87	5.98	5.09	3.79	6.89	2.56

4－81　1995年各地区农村居民现金支出

单位：元/人

地区	现金支出	一、家庭经营费用现金支出	二、购买生产性固定资产支出	三、税费支出	四、生活消费支出	五、转移性和财产性支出
全国总计	**1545.81**	**454.74**	**62.32**	**76.96**	**859.43**	**92.36**
北京	2917.34	543.66	48.70	63.38	2073.57	188.03
天津	2041.11	732.25	48.79	47.19	1097.98	114.90
河北	1263.84	387.48	68.93	65.77	689.98	51.68
山西	896.33	206.68	30.64	42.22	563.98	52.81
内蒙古	1404.23	434.44	101.15	104.16	689.16	75.32
辽宁	1935.67	638.28	46.84	149.25	942.60	158.70
吉林	2310.63	779.63	156.47	150.32	1092.91	131.30
黑龙江	2561.74	861.78	180.86	294.55	1058.01	166.54
上海	3891.34	496.28	41.31	65.72	2933.53	354.50
江苏	2108.32	528.33	51.54	83.87	1285.75	158.83
浙江	3201.29	782.30	169.73	46.58	1986.80	215.88
安徽	1321.74	399.34	66.06	94.05	682.54	79.75
福建	2100.26	525.10	41.94	39.45	1310.99	182.78
江西	1470.16	504.44	36.22	59.77	776.12	93.61
山东	1514.63	422.82	56.70	117.75	851.91	65.45
河南	1042.95	336.90	55.73	68.85	533.78	47.69
湖北	1341.21	376.25	26.40	129.89	700.18	108.49
湖南	1593.00	462.85	35.71	97.74	875.11	121.59
广东	2609.02	630.21	25.40	38.04	1790.33	125.04
广西	1389.54	490.34	43.74	19.25	784.17	52.04
海南	976.64	239.28	19.17	7.48	654.58	56.13
四川	1111.88	352.88	33.48	57.10	605.14	63.28
贵州	815.88	237.60	28.63	24.10	456.35	69.20
云南	1144.16	375.96	60.60	17.20	630.02	60.38
西藏	652.01	108.56	114.73	2.59	413.38	12.75
陕西	922.73	255.10	42.16	57.98	527.65	39.84
甘肃	720.22	248.46	65.11	23.54	355.03	28.08
青海	779.79	165.60	69.54	38.76	458.69	47.20
宁夏	1394.02	472.02	141.47	44.57	662.21	73.75
新疆	2009.15	940.40	144.33	172.55	682.13	69.74

4-82 1995年各地区农村居民现金支出构成

单位：%

地　区	现金支出	一、家庭经营费用现金支出	二、购买生产性固定资产支出	三、税费支出	四、生活消费支出	五、转移性和财产性支出
全国合计	**100.00**	**29.42**	**4.03**	**4.98**	**55.60**	**5.97**
北　京	100.00	18.64	1.67	2.17	71.08	6.45
天　津	100.00	35.88	2.39	2.31	53.79	5.63
河　北	100.00	30.66	5.45	5.20	54.59	4.09
山　西	100.00	23.06	3.42	4.71	62.92	5.89
内蒙古	100.00	30.94	7.20	7.42	49.08	5.36
辽　宁	100.00	32.97	2.42	7.71	48.70	8.20
吉　林	100.00	33.74	6.77	6.51	47.30	5.68
黑龙江	100.00	33.64	7.06	11.50	41.30	6.50
上　海	100.00	12.75	1.06	1.69	75.39	9.11
江　苏	100.00	25.06	2.44	3.98	60.98	7.53
浙　江	100.00	24.44	5.30	1.46	62.06	6.74
安　徽	100.00	30.21	5.00	7.12	51.64	6.03
福　建	100.00	25.00	2.00	1.88	62.42	8.70
江　西	100.00	34.31	2.46	4.07	52.79	6.37
山　东	100.00	27.92	3.74	7.77	56.25	4.32
河　南	100.00	32.30	5.34	6.60	51.18	4.57
湖　北	100.00	28.05	1.97	9.68	52.21	8.09
湖　南	100.00	29.06	2.24	6.14	54.93	7.63
广　东	100.00	24.16	0.97	1.46	68.62	4.79
广　西	100.00	35.29	3.15	1.39	56.43	3.75
海　南	100.00	24.50	1.96	0.77	67.02	5.75
四　川	100.00	31.74	3.01	5.14	54.42	5.69
贵　州	100.00	29.12	3.51	2.95	55.93	8.48
云　南	100.00	32.86	5.30	1.50	55.06	5.28
西　藏	100.00	16.65	17.60	0.40	63.40	1.96
陕　西	100.00	27.65	4.57	6.28	57.18	4.32
甘　肃	100.00	34.50	9.04	3.27	49.29	3.90
青　海	100.00	21.24	8.92	4.97	58.82	6.05
宁　夏	100.00	33.86	10.15	3.20	47.50	5.29
新　疆	100.00	46.81	7.18	8.59	33.95	3.47

4－83 1995年各地区农村居民家庭经营费用现金支出

单位:元/人

地区	家庭经营费用现金支出	1.农业支出	#种植业支出	2.林业支出	3.牧业支出	4.渔业支出	5.工业支出	6.建筑业支出
全国合计	**454.74**	**261.41**	**254.81**	**2.12**	**138.30**	**8.82**	**10.60**	**3.22**
北京	543.66	216.92	215.39	2.69	125.53	29.83	22.80	9.52
天津	732.25	363.35	358.03	3.58	322.30	0.73	19.36	5.33
河北	387.48	262.28	259.13	1.48	81.39	0.62	10.67	1.18
山西	206.68	138.96	136.59	1.82	27.10	0.17	7.82	2.18
内蒙古	434.44	351.71	347.31	0.82	64.15	0.05	6.08	0.47
辽宁	638.28	383.31	381.30	0.50	199.50	17.97	3.38	1.20
吉林	779.63	650.36	620.27	1.70	101.34	0.74	4.55	2.95
黑龙江	861.78	689.92	685.06	1.12	125.29	12.60	2.24	1.70
上海	496.28	220.25	218.68	1.96	244.08	4.22	0.42	8.40
江苏	528.33	283.17	266.23	1.27	179.92	11.88	12.84	1.66
浙江	782.30	267.91	245.18	3.60	261.91	42.28	97.33	11.34
安徽	399.34	262.58	259.10	1.90	102.09	8.82	1.76	4.03
福建	525.10	231.15	225.20	10.60	197.86	15.73	4.15	16.28
江西	504.44	268.61	256.23	1.73	193.07	12.20	9.22	0.82
山东	422.82	278.46	271.42	2.92	121.45	0.41	2.23	3.35
河南	336.90	237.50	234.39	2.17	62.56	3.22	3.69	1.59
湖北	376.25	237.89	234.62	1.42	105.31	6.33	7.31	2.11
湖南	462.85	194.88	184.93	0.84	198.83	12.07	26.20	3.47
广东	630.21	220.12	216.96	1.57	294.76	46.61	3.87	8.68
广西	490.34	194.58	188.78	1.78	242.39	5.89	18.42	1.25
海南	239.28	163.30	161.49	8.01	41.46	12.82	1.09	0.57
四川	352.88	154.41	150.17	0.84	174.00	3.25	3.89	2.82
贵州	237.60	115.47	107.76	1.61	87.25	0.31	6.36	2.12
云南	375.96	184.18	176.95	3.56	129.44	5.65	10.63	4.17
西藏	108.56	46.20	31.02	0.39	5.80	0.04	0.09	1.71
陕西	255.10	180.98	177.82	2.17	47.41	0.12	6.16	1.15
甘肃	248.46	186.01	185.52	1.24	30.64	0.03	1.55	0.70
青海	165.60	103.62	101.25	0.49	34.28	0.03	1.06	0.15
宁夏	472.02	253.76	251.57	0.32	160.50	2.62	7.95	0.04
新疆	940.40	723.34	720.38	3.69	158.97	5.73	3.83	0.98

4－83 续表

单位:元/人

地区	7.交通运输、邮电业支出	8.批发和零售贸易、邮电业支出	9.社会服务业支出	10.其他家庭经营支出	第一产业支出	第二产业支出	第三产业支出
全国合计	**16.26**	**7.38**	**2.47**	**4.15**	**410.65**	**13.82**	**30.27**
北京	127.13	1.04	6.61	1.59	237.92	5.45	136.37
天津	10.47	3.49	1.61	2.03	218.62	0.51	17.60
河北	14.24	13.37	1.66	0.58	207.89	4.36	29.85
山西	23.32	1.76	1.67	1.90	124.30	3.68	28.65
内蒙古	3.24	1.35	0.57	6.01	253.56	3.15	11.16
辽宁	19.71	9.67	0.74	2.30	277.14	3.37	32.42
吉林	7.92	5.61	1.39	3.06	353.17	2.37	17.98
黑龙江	17.08	3.30	2.36	6.18	389.34	3.58	28.90
上海	10.86	0.76	4.49	0.85	249.10	0.98	16.96
江苏	16.16	16.77	2.17	2.50	234.80	6.44	37.59
浙江	46.10	28.29	12.23	11.30	258.28	9.35	97.93
安徽	8.23	3.27	1.35	5.31	215.38	4.01	18.17
福建	26.92	10.21	4.83	7.36	271.16	11.05	49.33
江西	10.70	2.84	2.97	2.27	205.44	5.03	18.79
山东	8.73	3.30	0.88	1.09	225.95	3.10	13.99
河南	15.79	4.31	1.60	4.47	159.92	5.32	26.17
湖北	5.48	7.82	1.54	1.05	194.95	2.73	15.89
湖南	10.76	8.76	2.60	4.46	245.73	4.70	26.57
广东	24.58	15.87	5.95	8.20	347.08	6.78	54.59
广西	17.36	5.60	1.98	1.10	206.56	10.25	26.03
海南	5.82	1.60	0.75	3.84	182.16	4.84	12.02
四川	7.54	1.86	2.09	2.17	226.28	3.99	13.65
贵州	5.54	11.66	4.04	3.23	152.66	3.43	24.48
云南	25.29	5.60	2.62	4.82	180.05	2.45	38.33
西藏	44.44	0.69	0.82	8.38	126.39	0.39	54.33
陕西	10.19	5.12	1.07	0.73	156.06	3.41	17.11
甘肃	7.39	1.30	0.69	18.93	136.99	1.79	28.30
青海	17.76	5.08	2.19	0.94	145.24	1.21	25.97
宁夏	39.15	4.39	1.36	1.94	193.49	2.93	46.85
新疆	22.29	12.87	0.67	8.02	300.77	1.54	43.85

4－84　1995年各地区农村居民家庭经营费用现金支出构成

单位：%

地　　区	家庭经营费用现金支　出	1.农　业支　出	#种植业支　出	2.林　业支　出	3.牧　业支　出	4.渔　业支　出	5.工　业支　出	6.建筑业支　出
全国合计	**100.00**	**57.49**	**56.03**	**0.47**	**30.41**	**1.94**	**2.33**	**0.71**
北　　京	100.00	39.90	39.62	0.50	23.09	5.49	4.19	1.75
天　　津	100.00	49.62	48.89	0.49	44.02	0.10	2.64	0.73
河　　北	100.00	67.69	66.88	0.38	21.01	0.16	2.75	0.30
山　　西	100.00	67.23	66.09	0.88	13.11	0.08	3.78	1.05
内 蒙 古	100.00	80.96	79.95	0.19	14.77	0.01	1.40	0.11
辽　　宁	100.00	60.05	59.74	0.08	31.26	2.82	0.53	0.19
吉　　林	100.00	83.42	79.56	0.22	13.00	0.10	0.58	0.38
黑 龙 江	100.00	80.06	79.49	0.13	14.54	1.46	0.26	0.20
上　　海	100.00	44.38	44.06	0.39	49.18	0.85	0.08	1.69
江　　苏	100.00	53.60	50.39	0.24	34.05	2.25	2.43	0.31
浙　　江	100.00	34.25	31.34	0.46	33.48	5.40	12.44	1.45
安　　徽	100.00	65.75	64.88	0.48	25.57	2.21	0.44	1.01
福　　建	100.00	44.02	42.89	2.02	37.68	3.00	0.79	3.10
江　　西	100.00	53.25	50.80	0.34	38.27	2.42	1.83	0.16
山　　东	100.00	65.86	64.19	0.69	28.72	0.10	0.53	0.79
河　　南	100.00	70.50	69.57	0.64	18.57	0.96	1.10	0.47
湖　　北	100.00	63.23	62.36	0.38	27.99	1.68	1.94	0.56
湖　　南	100.00	42.10	39.95	0.18	42.96	2.61	5.66	0.75
广　　东	100.00	34.93	34.43	0.25	46.77	7.40	0.61	1.38
广　　西	100.00	39.68	38.50	0.36	49.43	1.20	3.76	0.25
海　　南	100.00	68.25	67.49	3.35	17.33	5.36	0.46	0.24
四　　川	100.00	43.76	42.55	0.24	49.31	0.92	1.10	0.80
贵　　州	100.00	48.60	45.35	0.68	36.72	0.13	2.68	0.89
云　　南	100.00	48.99	47.07	0.95	34.43	1.50	2.83	1.11
西　　藏	100.00	42.56	28.57	0.35	5.35	0.04	0.08	1.58
陕　　西	100.00	70.95	69.71	0.85	18.58	0.05	2.41	0.45
甘　　肃	100.00	74.86	74.67	0.50	12.33	0.01	0.62	0.28
青　　海	100.00	62.57	61.14	0.29	20.70	0.02	0.64	0.09
宁　　夏	100.00	53.76	53.30	0.07	34.00	0.55	1.68	0.01
新　　疆	100.00	76.92	76.60	0.39	16.90	0.61	0.41	0.10

4－84 续表　　　　单位:元/人

地　　区	7.交通运输、邮电业支出	8.批发和零售贸易、邮电业支出	9.社会服务业支出	10.其他家庭经营支出	第一产业支出	第二产业支出	第三产业支出
全国合计	**3.58**	**1.63**	**0.54**	**0.91**	**90.30**	**3.04**	**6.66**
北　京	23.38	0.19	1.22	0.29	43.76	1.00	25.08
天　津	1.43	0.48	0.22	0.28	29.86	0.07	2.40
河　北	3.68	3.45	0.43	0.15	53.65	1.13	7.70
山　西	11.28	0.85	0.81	0.92	60.14	1.78	13.86
内蒙古	0.74	0.31	0.13	1.38	58.36	0.73	2.57
辽　宁	3.09	1.51	0.12	0.36	43.42	0.53	5.08
吉　林	1.02	0.72	0.18	0.39	45.30	0.30	2.31
黑龙江	1.98	0.38	0.27	0.72	45.18	0.42	3.35
上　海	2.19	0.15	0.90	0.17	50.19	0.20	3.42
江　苏	3.06	3.17	0.41	0.47	44.44	1.22	7.12
浙　江	5.89	3.62	1.56	1.44	33.02	1.20	12.52
安　徽	2.06	0.82	0.34	1.33	53.93	1.00	4.55
福　建	5.13	1.94	0.92	1.40	51.64	2.10	9.39
江　西	2.12	0.56	0.59	0.45	40.73	1.00	3.72
山　东	2.06	0.78	0.21	0.26	53.44	0.73	3.31
河　南	4.69	1.28	0.47	1.33	47.47	1.58	7.77
湖　北	1.46	2.08	0.41	0.28	51.81	0.73	4.22
湖　南	2.32	1.89	0.56	0.96	53.09	1.02	5.74
广　东	3.90	2.52	0.94	1.30	55.07	1.08	8.66
广　西	3.54	1.14	0.40	0.22	42.13	2.09	5.31
海　南	2.43	0.67	0.31	1.61	76.13	2.02	5.02
四　川	2.14	0.53	0.59	0.61	64.12	1.13	3.87
贵　州	2.33	4.91	1.70	1.36	64.25	1.44	10.30
云　南	6.73	1.49	0.70	1.28	47.89	0.65	10.20
西　藏	40.94	0.63	0.76	7.72	116.42	0.36	50.04
陕　西	4.00	2.01	0.42	0.29	61.18	1.34	6.71
甘　肃	2.97	0.52	0.28	7.62	55.14	0.72	11.39
青　海	10.72	3.07	1.32	0.57	87.71	0.73	15.68
宁　夏	8.29	0.93	0.29	0.41	40.99	0.62	9.92
新　疆	2.37	1.37	0.07	0.85	31.98	0.16	4.66

4-85 1995年各地区农村居民生活消费现金支出

单位:元/人

地区	生活消费现金支出	一、食品支出	二、衣着支出	三、居住支出	四、家庭设备用品及服务支出	五、医疗保健支出	六、交通和通讯支出	七、文教娱乐用品及服务支出	八、其他商品及服务支出
全国合计	**859.43**	**353.22**	**88.66**	**147.86**	**68.08**	**42.47**	**33.73**	**102.35**	**23.06**
北京	2073.57	922.39	229.17	224.85	195.63	107.27	91.65	246.33	56.28
天津	1097.98	486.38	129.38	187.35	66.34	62.10	37.29	97.84	31.30
河北	689.98	252.59	87.74	127.80	58.15	40.93	33.47	73.04	16.27
山西	563.98	228.80	102.53	71.54	42.74	31.09	14.05	62.80	10.43
内蒙古	689.16	232.90	85.74	137.94	50.01	48.49	22.39	97.45	14.23
辽宁	942.60	407.89	138.04	120.70	59.53	48.57	35.58	107.28	25.01
吉林	1092.91	482.44	134.02	147.58	64.83	57.83	33.11	138.33	34.77
黑龙江	1058.01	464.25	139.64	156.30	56.44	74.84	34.15	113.71	18.69
上海	2933.53	1065.06	232.88	754.06	283.63	72.56	159.03	256.04	110.27
江苏	1285.75	478.81	123.42	282.44	128.83	49.07	52.31	139.18	31.68
浙江	1986.80	821.18	156.95	427.79	147.67	103.20	76.50	163.91	89.62
安徽	682.54	285.09	69.87	118.54	57.23	34.07	21.29	79.45	17.00
福建	1310.99	652.75	99.01	170.79	82.90	44.39	70.61	148.72	41.83
江西	776.12	324.41	69.92	138.31	57.76	39.48	32.30	93.48	20.46
山东	851.91	330.19	99.55	144.72	73.64	40.09	42.44	105.23	16.05
河南	533.78	190.37	75.17	93.28	42.60	34.43	17.37	63.53	17.04
湖北	700.18	258.71	79.46	99.01	55.29	34.90	30.54	128.28	13.99
湖南	875.11	346.51	73.00	178.16	68.77	35.78	26.29	128.84	17.75
广东	1790.33	794.04	89.73	317.26	139.78	67.51	82.08	245.16	54.77
广西	784.18	369.14	49.17	112.22	51.65	29.04	27.33	127.69	17.93
海南	654.58	357.38	48.06	46.19	49.14	24.58	16.98	92.54	19.70
四川	605.14	266.46	63.10	91.94	50.54	29.35	18.38	75.36	10.01
贵州	456.35	198.09	55.60	68.24	42.60	16.28	13.97	49.27	12.29
云南	630.02	271.33	59.89	115.42	54.19	32.04	21.49	58.07	17.58
西藏	413.38	204.03	92.08	25.87	61.00	6.41	8.49	6.37	9.14
陕西	527.65	185.45	60.97	108.25	41.59	41.30	15.11	65.14	9.84
甘肃	355.03	129.71	45.29	53.08	30.77	29.18	13.54	45.92	7.54
青海	458.69	173.93	84.69	54.41	34.27	34.70	22.49	33.74	20.47
宁夏	662.21	225.27	84.32	136.36	59.76	41.50	28.39	72.44	14.15
新疆	682.13	233.37	116.85	103.49	55.78	47.96	35.67	64.90	24.10

4－86 1995年各地区农村居民生活消费现金支出构成

单位：%

地区	生活消费现金支出	一、食品支出	二、衣着支出	三、居住支出	四、家庭设备用品及服务支出	五、医疗保健支出	六、交通和通讯支出	七、文教娱乐用品及服务支出	八、其他商品及服务支出
全国合计	**100.00**	**41.11**	**10.32**	**17.20**	**7.92**	**4.94**	**3.92**	**11.91**	**2.68**
北京	100.00	44.48	11.05	10.84	9.43	5.17	4.42	11.88	2.71
天津	100.00	44.30	11.78	17.06	6.04	5.66	3.40	8.91	2.85
河北	100.00	36.61	12.72	18.52	8.43	5.93	4.85	10.59	2.36
山西	100.00	40.57	18.18	12.68	7.58	5.51	2.49	11.13	1.85
内蒙古	100.00	33.79	12.44	20.02	7.26	7.04	3.25	14.14	2.06
辽宁	100.00	43.27	14.64	12.81	6.32	5.15	3.77	11.38	2.65
吉林	100.00	44.14	12.26	13.50	5.93	5.29	3.03	12.66	3.18
黑龙江	100.00	43.88	13.20	14.77	5.33	7.07	3.23	10.75	1.77
上海	100.00	36.31	7.94	25.70	9.67	2.47	5.42	8.73	3.76
江苏	100.00	37.24	9.60	21.97	10.02	3.82	4.07	10.83	2.46
浙江	100.00	41.33	7.90	21.53	7.43	5.19	3.85	8.25	4.51
安徽	100.00	41.77	10.24	17.37	8.38	4.99	3.12	11.64	2.49
福建	100.00	49.79	7.55	13.03	6.32	3.39	5.39	11.34	3.19
江西	100.00	41.80	9.01	17.82	7.44	5.09	4.16	12.05	2.64
山东	100.00	38.76	11.69	16.99	8.64	4.71	4.98	12.35	1.88
河南	100.00	35.66	14.08	17.48	7.98	6.45	3.25	11.90	3.19
湖北	100.00	36.95	11.35	14.14	7.90	4.98	4.36	18.32	2.00
湖南	100.00	39.60	8.34	20.36	7.86	4.09	3.00	14.72	2.03
广东	100.00	44.35	5.01	17.72	7.81	3.77	4.58	13.69	3.06
广西	100.00	47.07	6.27	14.31	6.59	3.70	3.48	16.28	2.29
海南	100.00	54.60	7.34	7.06	7.51	3.75	2.59	14.14	3.01
四川	100.00	44.03	10.43	15.19	8.35	4.85	3.04	12.45	1.65
贵州	100.00	43.41	12.18	14.95	9.34	3.57	3.06	10.80	2.69
云南	100.00	43.07	9.51	18.32	8.60	5.09	3.41	9.22	2.79
西藏	100.00	49.35	22.28	6.26	14.76	1.55	2.05	1.54	2.21
陕西	100.00	35.15	11.56	20.51	7.88	7.83	2.86	12.35	1.87
甘肃	100.00	36.54	12.76	14.95	8.67	8.22	3.81	12.93	2.12
青海	100.00	37.92	18.46	11.86	7.47	7.56	4.90	7.36	4.46
宁夏	100.00	34.02	12.73	20.59	9.02	6.27	4.29	10.94	2.14
新疆	100.00	34.21	17.13	15.17	8.18	7.03	5.23	9.51	3.53

4－87 1999年各地区农村居民总收入

单位:元/人

地 区	总收入	一、工资性收入	二、家庭经营收入	三、转移性收入	四、财产性收入
全国合计	**2987.44**	**630.25**	**2211.57**	**114.08**	**31.54**
北 京	5053.23	2600.60	2108.79	238.73	105.11
天 津	4309.92	1444.73	2711.77	103.89	49.53
河 北	3180.75	896.28	2160.36	71.56	52.55
山 西	2154.58	682.36	1389.48	67.02	15.72
内蒙古	3225.46	259.38	2895.99	56.86	13.23
辽 宁	3471.74	816.38	2550.13	78.50	26.73
吉 林	3291.38	283.02	2959.14	38.97	10.25
黑龙江	3407.82	285.32	3038.18	64.10	20.22
上 海	5852.19	4191.80	1265.29	267.73	127.37
江 苏	4300.27	1620.65	2478.14	154.29	47.19
浙 江	4792.98	1737.81	2712.80	247.77	94.60
安 徽	2524.74	470.69	1933.98	102.47	17.60
福 建	3725.00	981.20	2409.07	293.24	41.49
江 西	2829.90	614.98	2083.36	112.31	19.25
山 东	3645.91	791.15	2680.87	105.01	68.88
河 南	2576.81	408.33	2070.68	70.61	27.19
湖 北	2871.62	496.40	2243.19	115.55	16.48
湖 南	2932.85	706.75	2136.30	79.26	10.54
广 东	4532.89	1104.17	3110.68	259.08	58.96
广 西	2751.31	395.75	2213.27	129.70	12.59
海 南	2692.95	54.23	2434.68	157.99	46.05
重 庆	2347.25	451.32	1701.03	183.70	11.20
四 川	2696.94	530.40	2030.53	116.28	19.73
贵 州	1860.84	263.50	1508.65	82.89	5.80
云 南	2209.64	215.26	1880.06	88.29	26.03
西 藏	1698.83	98.21	1524.57	71.55	4.50
陕 西	1952.88	438.04	1407.61	81.18	26.05
甘 肃	1795.91	278.10	1431.19	79.32	7.30
青 海	2008.25	277.16	1662.88	57.60	10.61
宁 夏	2774.77	460.14	2224.53	74.95	15.15
新 疆	2917.09	109.19	2734.26	38.94	34.70

4－88 1999年各地区农村居民总收入构成

单位：%

地　区	总收入	一、工资性收入	二、家庭经营收入	三、转移性收入	四、财产性收入
全国合计	**100.00**	**21.10**	**74.03**	**3.82**	**1.06**
北　京	100.00	51.46	41.73	4.72	2.08
天　津	100.00	33.52	62.92	2.41	1.15
河　北	100.00	28.18	67.92	2.25	1.65
山　西	100.00	31.67	64.49	3.11	0.73
内蒙古	100.00	8.04	89.79	1.76	0.41
辽　宁	100.00	23.52	73.45	2.26	0.77
吉　林	100.00	8.60	89.91	1.18	0.31
黑龙江	100.00	8.37	89.15	1.88	0.59
上　海	100.00	71.63	21.62	4.57	2.18
江　苏	100.00	37.69	57.63	3.59	1.10
浙　江	100.00	36.26	56.60	5.17	1.97
安　徽	100.00	18.64	76.60	4.06	0.70
福　建	100.00	26.34	64.67	7.87	1.11
江　西	100.00	21.73	73.62	3.97	0.68
山　东	100.00	21.70	73.53	2.88	1.89
河　南	100.00	15.85	80.36	2.74	1.06
湖　北	100.00	17.29	78.12	4.02	0.57
湖　南	100.00	24.10	72.84	2.70	0.36
广　东	100.00	24.36	68.62	5.72	1.30
广　西	100.00	14.38	80.44	4.71	0.46
海　南	100.00	2.01	90.41	5.87	1.71
重　庆	100.00	19.23	72.47	7.83	0.48
四　川	100.00	19.67	75.29	4.31	0.73
贵　州	100.00	14.16	81.07	4.45	0.31
云　南	100.00	9.74	85.08	4.00	1.18
西　藏	100.00	5.78	89.74	4.21	0.26
陕　西	100.00	22.43	72.08	4.16	1.33
甘　肃	100.00	15.49	79.69	4.42	0.41
青　海	100.00	13.80	82.80	2.87	0.53
宁　夏	100.00	16.58	80.17	2.70	0.55
新　疆	100.00	3.74	93.73	1.33	1.19

4－89　1999年各地区农村居民家庭经营总收入

单位:元/人

地　区	家庭经营收入	1.农业收入	#种植业收入	2.林业收入	3.牧业收入	4.渔业收入	5.工业收入	6.建筑业收入
全国合计	**2211.57**	**1305.21**	**1261.72**	**24.58**	**459.98**	**42.36**	**44.16**	**66.18**
北　京	2108.79	996.08	987.01	15.40	235.83	42.17	48.02	22.66
天　津	2711.77	1584.30	1540.95	24.78	485.04	135.56	11.12	81.00
河　北	2160.36	1288.54	1217.55	13.29	283.58	15.12	89.07	39.00
山　西	1389.48	867.38	855.94	11.52	202.90		17.64	27.11
内蒙古	2895.99	1666.11	1647.37	6.20	1066.26	0.16	12.98	24.60
辽　宁	2550.13	1706.90	1684.03	8.20	487.96	33.45	26.07	38.38
吉　林	2959.14	2474.62	2401.81	35.28	321.84	0.85	7.21	7.53
黑龙江	3038.18	2516.43	2502.10	1.10	320.38	15.42	8.08	21.54
上　海	1265.29	861.34	823.48	0.02	148.16	39.48	30.92	3.49
江　苏	2478.14	1340.22	1269.98	31.98	434.68	69.61	89.31	108.62
浙　江	2712.80	1133.66	1017.75	13.93	434.82	95.11	244.53	154.98
安　徽	1933.98	1265.53	1240.07	26.54	395.83	22.23	15.67	48.05
福　建	2409.07	1222.93	1125.83	34.33	498.80	55.86	36.42	166.78
江　西	2083.36	1204.24	1151.15	29.99	518.18	55.62	28.77	44.29
山　东	2680.87	1778.37	1711.76	35.41	459.00	20.04	46.37	76.52
河　南	2070.68	1423.77	1395.54	20.71	303.53	7.12	41.57	48.76
湖　北	2243.19	1372.86	1326.00	36.36	501.41	63.72	26.19	68.71
湖　南	2136.30	1110.34	1059.19	21.82	578.60	38.68	65.76	106.44
广　东	3110.68	1317.46	1274.85	14.85	583.22	316.85	53.87	233.34
广　西	2213.27	1168.41	1129.30	37.47	623.39	42.61	45.51	85.39
海　南	2434.68	1150.61	1122.68	172.86	467.78	149.18	45.91	19.47
重　庆	1701.03	852.22	829.79	10.47	617.98	21.32	14.11	65.67
四　川	2030.53	1041.99	1006.99	14.82	689.63	21.67	28.91	40.37
贵　州	1508.65	862.36	828.96	17.46	442.37	1.92	26.55	22.60
云　南	1880.06	1079.04	1056.02	42.78	531.48	11.54	19.23	28.87
西　藏	1524.57	687.47	648.74	72.97	309.23	0.14	19.69	90.86
陕　西	1407.61	885.75	858.11	12.42	226.76	1.30	29.99	45.15
甘　肃	1431.19	927.13	917.29	18.41	202.12		12.09	64.04
青　海	1662.88	925.28	870.24	7.28	523.04	2.86	20.61	29.49
宁　夏	2224.53	1224.78	1192.80	9.95	638.00	46.80	39.67	8.42
新　疆	2734.26	2070.26	2046.00	28.78	425.24		5.61	6.63

4-89 续表

单位:元/人

地区	7.交通运输业、邮电业收入	8.批发和零售贸易、餐饮业支出	9.社会服务业收入	10.其他家庭经营收入	第一产业收入	第二产业收入	第三产业收入
全国合计	**80.49**	**87.94**	**37.49**	**63.18**	**1832.13**	**110.34**	**269.10**
北京	504.80	126.57	63.39	53.87	1289.48	70.68	748.63
天津	80.90	137.97	86.30	84.80	2229.68	92.12	389.97
河北	137.26	188.20	41.58	64.72	1600.53	128.07	431.76
山西	136.20	45.09	10.44	71.20	1081.80	44.75	262.93
内蒙古	30.45	22.80	19.85	46.58	2738.73	37.58	119.68
辽宁	67.14	111.08	21.87	49.08	2236.51	64.45	249.17
吉林	20.19	15.78	4.05	71.79	2832.59	14.74	111.81
黑龙江	48.44	24.65	19.29	62.85	2853.33	29.62	155.23
上海	32.12	58.76	67.51	23.49	1049.00	34.41	181.88
江苏	132.52	141.88	53.81	75.51	1876.49	197.93	403.72
浙江	183.16	250.19	105.47	96.95	1677.52	399.51	635.77
安徽	33.95	42.05	28.89	55.24	1710.13	63.72	160.13
福建	94.29	134.06	80.73	84.88	1811.91	203.20	393.96
江西	55.59	66.26	38.03	42.40	1808.02	73.06	202.28
山东	62.66	90.38	37.68	74.44	2292.82	122.89	265.16
河南	63.66	72.12	33.40	56.04	1755.13	90.33	225.22
湖北	54.40	64.72	24.73	30.09	1974.35	94.90	173.94
湖南	57.39	83.77	46.44	27.06	1749.44	172.20	214.66
广东	133.05	228.64	80.42	148.98	2232.38	287.21	591.09
广西	68.89	88.96	29.45	23.19	1871.88	130.90	210.49
海南	108.20	83.59	54.24	182.84	1940.43	65.38	428.87
重庆	34.74	32.76	32.47	19.29	1501.99	79.78	119.26
四川	74.13	55.34	29.79	33.88	1768.11	69.28	193.14
贵州	25.74	43.07	24.24	42.34	1324.11	49.15	135.39
云南	47.69	28.86	21.81	68.76	1664.84	48.10	167.12
西藏	120.54	60.84	12.04	150.79	1069.81	110.55	344.21
陕西	67.81	75.69	19.57	43.18	1126.22	75.14	206.25
甘肃	48.26	36.18	33.20	89.77	1147.65	76.13	207.41
青海	50.37	30.46	9.11	64.38	1458.46	50.10	154.32
宁夏	151.44	69.31	24.63	11.53	1919.53	48.09	256.91
新疆	47.97	35.71	19.74	94.33	2524.27	12.24	197.75

4－90 1999年农村居民家庭经营总收入构成

单位：%

地区	家庭经营收入	1.农业收入	#种植业收入	2.林业收入	3.牧业收入	4.渔业收入	5.工业收入	6.建筑业收入
全国合计	**100.00**	**59.02**	**57.05**	**1.11**	**20.80**	**1.92**	**2.00**	**2.99**
北京	100.00	47.23	46.80	0.73	11.18	2.00	2.28	1.07
天津	100.00	58.42	56.82	0.91	17.89	5.00	0.41	2.99
河北	100.00	59.64	56.36	0.62	13.13	0.70	4.12	1.81
山西	100.00	62.42	61.60	0.83	14.60	0.00	1.27	1.95
内蒙古	100.00	57.53	56.88	0.21	36.82	0.01	0.45	0.85
辽宁	100.00	66.93	66.04	0.32	19.13	1.31	1.02	1.51
吉林	100.00	83.63	81.17	1.19	10.88	0.03	0.24	0.25
黑龙江	100.00	82.83	82.36	0.04	10.55	0.51	0.27	0.71
上海	100.00	68.07	65.08	0.00	11.71	3.12	2.44	0.28
江苏	100.00	54.08	51.25	1.29	17.54	2.81	3.60	4.38
浙江	100.00	41.79	37.52	0.51	16.03	3.51	9.01	5.71
安徽	100.00	65.44	64.12	1.37	20.47	1.15	0.81	2.48
福建	100.00	50.76	46.73	1.43	20.70	2.32	1.51	6.92
江西	100.00	57.80	55.25	1.44	24.87	2.67	1.38	2.13
山东	100.00	66.34	63.85	1.32	17.12	0.75	1.73	2.85
河南	100.00	68.76	67.40	1.00	14.66	0.34	2.01	2.35
湖北	100.00	61.20	59.11	1.62	22.35	2.84	1.17	3.06
湖南	100.00	51.98	49.58	1.02	27.08	1.81	3.08	4.98
广东	100.00	42.35	40.98	0.48	18.75	10.19	1.73	7.50
广西	100.00	52.79	51.02	1.69	28.17	1.93	2.06	3.86
海南	100.00	47.26	46.11	7.10	19.21	6.13	1.89	0.80
重庆	100.00	50.10	48.78	0.62	36.33	1.25	0.83	3.86
四川	100.00	51.32	49.59	0.73	33.96	1.07	1.42	1.99
贵州	100.00	57.16	54.95	1.16	29.32	0.13	1.76	1.50
云南	100.00	57.39	56.17	2.28	28.27	0.61	1.02	1.54
西藏	100.00	45.09	42.55	4.79	20.28	0.01	1.29	5.96
陕西	100.00	62.93	60.96	0.88	16.11	0.09	2.13	3.21
甘肃	100.00	64.78	64.09	1.29	14.12	0.00	0.84	4.47
青海	100.00	55.64	52.33	0.44	31.45	0.17	1.24	1.77
宁夏	100.00	55.06	53.62	0.45	28.68	2.10	1.78	0.38
新疆	100.00	75.72	74.83	1.05	15.55	0.00	0.21	0.24

4－90 续表　　　　单位:元/人

地　区	7. 交通运输业、邮电业收入	8. 批发和零售贸易、餐饮业收入	9. 社会服务业收入	10. 其他家庭经营收入	第一产业收入	第二产业收入	第三产业收入
全国合计	**3.64**	**3.98**	**1.70**	**2.86**	**82.84**	**4.99**	**12.17**
北　京	23.94	6.00	3.01	2.55	61.15	3.35	35.50
天　津	2.98	5.09	3.18	3.13	82.22	3.40	14.38
河　北	6.35	8.71	1.92	3.00	74.09	5.93	19.99
山　西	9.80	3.25	0.75	5.12	77.86	3.22	18.92
内蒙古	1.05	0.79	0.69	1.61	94.57	1.30	4.13
辽　宁	2.63	4.36	0.86	1.92	87.70	2.53	9.77
吉　林	0.68	0.53	0.14	2.43	95.72	0.50	3.78
黑龙江	1.59	0.81	0.63	2.07	93.92	0.97	5.11
上　海	2.54	4.64	5.34	1.86	82.91	2.72	14.37
江　苏	5.35	5.73	2.17	3.05	75.72	7.99	16.29
浙　江	6.75	9.22	3.89	3.57	61.84	14.73	23.44
安　徽	1.76	2.17	1.49	2.86	88.43	3.29	8.28
福　建	3.91	5.56	3.35	3.52	75.21	8.43	16.35
江　西	2.67	3.18	1.83	2.04	86.78	3.51	9.71
山　东	2.34	3.37	1.41	2.78	85.53	4.58	9.89
河　南	3.07	3.48	1.61	2.71	84.76	4.36	10.88
湖　北	2.43	2.89	1.10	1.34	88.02	4.23	7.75
湖　南	2.69	3.92	2.17	1.27	81.89	8.06	10.05
广　东	4.28	7.35	2.59	4.79	71.77	9.23	19.00
广　西	3.11	4.02	1.33	1.05	84.58	5.91	9.51
海　南	4.44	3.43	2.23	7.51	79.70	2.69	17.62
重　庆	2.04	1.93	1.91	1.13	88.30	4.69	7.01
四　川	3.65	2.73	1.47	1.67	87.08	3.41	9.51
贵　州	1.71	2.85	1.61	2.81	87.77	3.26	8.97
云　南	2.54	1.54	1.16	3.66	88.55	2.56	8.89
西　藏	7.91	3.99	0.79	9.89	70.17	7.25	22.58
陕　西	4.82	5.38	1.39	3.07	80.01	5.34	14.65
甘　肃	3.37	2.53	2.32	6.27	80.19	5.32	14.49
青　海	3.03	1.83	0.55	3.87	87.71	3.01	9.28
宁　夏	6.81	3.12	1.11	0.52	86.29	2.16	11.55
新　疆	1.75	1.31	0.72	3.45	92.32	0.45	7.23

4－91 1999年各地区农村居民现金收入

单位:元/人

地　　区	现金收入	一、工资性收入	二、家庭经营收入	三、转移性收入	四、财产性收入
全国总计	**2206.69**	**628.43**	**1380.23**	**154.57**	**43.46**
北　　京	4792.28	2639.39	1745.98	298.47	108.44
天　　津	3410.87	1441.16	1805.05	114.82	49.84
河　　北	2458.40	895.63	1423.46	87.78	51.53
山　　西	1566.43	680.95	759.76	97.61	28.11
内 蒙 古	2152.73	258.27	1777.36	84.85	32.25
辽　　宁	2585.71	809.13	1608.16	129.46	38.96
吉　　林	2267.62	282.95	1890.74	77.43	16.50
黑 龙 江	2354.82	285.25	1918.24	104.30	47.03
上　　海	5516.39	4186.90	738.81	457.84	132.84
江　　苏	3482.97	1608.14	1605.58	211.77	57.48
浙　　江	4354.41	1735.57	2167.66	333.70	117.48
安　　徽	1793.36	470.19	1176.30	131.87	15.00
福　　建	3198.36	980.83	1802.64	362.99	51.90
江　　西	2013.15	614.68	1212.35	147.26	38.86
山　　东	2725.48	786.93	1728.27	136.56	73.72
河　　南	1705.01	405.95	1172.66	89.05	37.35
湖　　北	1906.87	492.65	1204.71	190.68	18.83
湖　　南	2121.49	706.16	1196.71	179.00	39.62
广　　东	3786.46	1103.54	2313.46	303.64	65.82
广　　西	2118.76	395.73	1539.88	152.62	30.53
海　　南	1993.53	53.42	1754.14	163.01	22.96
重　　庆	1403.48	450.81	708.07	228.92	15.68
四　　川	1733.91	530.32	1018.75	156.24	28.60
贵　　州	1120.62	263.37	708.87	127.41	20.97
云　　南	1404.52	215.01	1023.94	123.10	42.47
西　　藏	931.50	97.99	755.35	71.49	6.67
陕　　西	1474.08	438.04	879.23	98.50	58.31
甘　　肃	1035.56	276.42	654.56	89.53	15.05
青　　海	1174.43	276.95	796.15	75.25	26.08
宁　　夏	2169.30	460.14	1526.79	117.78	64.59
新　　疆	2174.32	109.09	1957.80	51.19	56.23

4－92　1999年各地区农村居民现金收入构成

单位:元/人

地　　区	现金收入	一、工资性收入	二、家庭经营收入	三、转移性收入	四、财产性收入
全国合计	**100.00**	**28.48**	**62.55**	**7.00**	**1.97**
北　　京	100.00	55.08	36.43	6.23	2.26
天　　津	100.00	42.25	52.92	3.37	1.46
河　　北	100.00	36.43	57.90	3.57	2.10
山　　西	100.00	43.47	48.50	6.23	1.80
内 蒙 古	100.00	12.00	82.56	3.94	1.50
辽　　宁	100.00	31.29	62.19	5.01	1.51
吉　　林	100.00	12.48	83.38	3.41	0.73
黑 龙 江	100.00	12.11	81.46	4.43	2.00
上　　海	100.00	75.90	13.39	8.30	2.41
江　　苏	100.00	46.17	46.10	6.08	1.65
浙　　江	100.00	39.86	49.78	7.66	2.70
安　　徽	100.00	26.22	65.59	7.35	0.84
福　　建	100.00	30.67	56.36	11.35	1.62
江　　西	100.00	30.53	60.22	7.31	1.93
山　　东	100.00	28.87	63.41	5.01	2.70
河　　南	100.00	23.81	68.78	5.22	2.19
湖　　北	100.00	25.84	63.18	10.00	0.99
湖　　南	100.00	33.29	56.41	8.44	1.87
广　　东	100.00	29.14	61.10	8.02	1.74
广　　西	100.00	18.68	72.68	7.20	1.44
海　　南	100.00	2.68	87.99	8.18	1.15
重　　庆	100.00	32.12	50.45	16.31	1.12
四　　川	100.00	30.59	58.75	9.01	1.65
贵　　州	100.00	23.50	63.26	11.37	1.87
云　　南	100.00	15.31	72.90	8.76	3.02
西　　藏	100.00	10.52	81.09	7.67	0.72
陕　　西	100.00	29.72	59.65	6.68	3.96
甘　　肃	100.00	26.69	63.21	8.65	1.45
青　　海	100.00	23.58	67.79	6.41	2.22
宁　　夏	100.00	21.21	70.38	5.43	2.98
新　　疆	100.00	5.02	90.04	2.35	2.59

4－93 1999年农村居民家庭经营现金收入

单位:元/人

地区	家庭经营现金收入	1.出售产品收入	#农业产品收入	##种植业收入	##牧业收入	2.工业加工费收入	3.建筑业收入
全国合计	**1380.24**	**984.63**	**583.84**	**574.32**	**335.61**	**32.92**	**66.18**
北京	1745.98	927.00	641.80	641.01	225.28	41.71	22.66
天津	1805.05	1301.61	720.81	718.10	457.83	11.12	81.00
河北	1423.46	800.75	533.93	528.76	241.19	86.30	39.00
山西	759.76	445.82	274.84	273.45	163.74	16.59	27.11
内蒙古	1777.36	1617.20	920.63	914.56	689.94	12.32	24.60
辽宁	1608.16	1280.78	887.39	885.01	356.89	24.40	38.38
吉林	1890.74	1759.31	1499.88	1441.94	221.63	7.01	7.53
黑龙江	1918.24	1728.45	1523.71	1520.68	194.88	7.73	21.54
上海	738.81	484.74	351.79	351.71	104.59	30.92	3.49
江苏	1605.58	981.99	522.57	513.88	340.42	50.30	108.62
浙江	2167.66	1112.90	555.65	548.95	386.66	160.50	154.98
安徽	1176.30	939.13	585.09	581.80	308.50	12.83	48.05
福建	1802.64	1125.82	637.39	634.50	409.31	31.82	166.78
江西	1212.35	908.01	422.74	409.76	418.56	22.45	44.29
山东	1728.27	1306.26	857.67	846.07	399.47	31.43	76.52
河南	1172.66	846.09	582.20	573.56	241.99	38.50	48.76
湖北	1204.71	913.98	581.83	572.44	266.25	21.35	68.71
湖南	1196.71	816.88	295.79	284.81	437.11	24.29	106.44
广东	2313.46	1414.76	631.61	616.80	477.57	53.12	233.34
广西	1539.88	1200.00	573.61	561.16	536.05	24.83	85.39
海南	1754.14	1268.13	637.94	635.80	334.47	35.46	19.47
重庆	708.07	506.80	170.30	162.19	313.56	13.18	65.67
四川	1018.75	751.03	254.58	240.92	463.31	20.14	40.37
贵州	708.87	534.82	249.87	228.87	252.96	13.52	22.60
云南	1023.94	808.48	439.06	426.69	313.88	13.93	28.87
西藏	755.35	317.19	162.75	159.71	86.16	19.69	90.86
陕西	879.23	586.09	404.25	398.38	166.18	26.42	45.15
甘肃	654.56	365.36	252.97	250.97	103.07	11.67	64.04
青海	796.15	562.19	278.84	261.89	272.17	18.40	29.49
宁夏	1526.79	1207.27	597.55	581.23	556.05	39.26	8.42
新疆	1957.80	1727.72	1403.58	1401.79	305.09	5.61	6.63

4－93 续表 单位:元/人

地区	4.交通运输业、邮电业收入	5.批发和零售贸易、餐饮业收入	6.社会服务业收入	7.其他家庭经营收入	第一产业收入	第二产业收入	第三产业收入
全国合计	**80.49**	**87.94**	**37.49**	**90.59**	**984.63**	**99.10**	**296.51**
北京	504.80	126.57	63.39	59.85	927.00	64.36	754.61
天津	80.90	137.97	86.30	106.15	1301.61	92.12	411.32
河北	137.26	188.19	41.58	130.39	800.75	125.30	497.41
山西	136.20	45.10	10.44	78.52	445.82	43.70	270.25
内蒙古	30.45	22.80	19.85	50.14	1617.20	36.92	123.24
辽宁	67.14	111.08	21.87	64.51	1280.78	62.78	264.60
吉林	20.19	15.78	4.05	76.88	1759.31	14.54	116.89
黑龙江	48.44	24.66	19.29	68.13	1728.45	29.28	160.51
上海	32.12	58.76	67.51	61.26	484.74	34.42	219.65
江苏	132.52	141.89	53.81	136.46	981.99	158.92	464.67
浙江	183.16	250.19	105.47	200.45	1112.90	315.48	739.28
安徽	33.95	42.05	28.89	71.41	939.13	60.87	176.30
福建	94.29	134.06	80.73	169.14	1125.82	198.60	478.22
江西	55.59	66.25	38.03	77.73	908.01	66.73	237.60
山东	62.66	90.39	37.68	123.34	1306.26	107.95	314.06
河南	63.66	72.12	33.40	70.14	846.09	87.26	239.31
湖北	54.40	64.71	24.73	56.83	913.98	90.06	200.67
湖南	57.39	83.77	46.44	61.49	816.88	130.73	249.10
广东	133.05	228.64	80.42	170.13	1414.76	286.46	612.23
广西	68.89	88.96	29.44	42.37	1200.00	110.22	229.67
海南	108.20	83.59	54.24	185.06	1268.13	54.92	431.09
重庆	34.74	32.75	32.47	22.45	506.80	78.84	122.42
四川	74.13	55.33	29.79	47.98	751.03	60.51	207.22
贵州	25.74	43.07	24.24	44.88	534.82	36.12	137.93
云南	47.69	28.86	21.81	74.29	808.48	42.81	172.65
西藏	120.54	60.84	12.04	134.19	317.19	110.55	327.61
陕西	67.81	75.69	19.57	58.51	586.09	71.57	221.57
甘肃	48.26	36.18	33.20	95.85	365.36	75.71	213.49
青海	50.37	30.46	9.11	96.12	562.19	47.88	186.07
宁夏	151.44	69.31	24.63	26.46	1207.27	47.68	271.84
新疆	47.97	35.71	19.74	114.42	1727.72	12.24	217.84

4-94 1999年农村居民家庭经营现金收入构成

单位:元/人

地 区	家庭经营现金收入	1.出售产品收入	#农业产品收入	##种植业收入	##牧业收入	2.工业加工费收入	3.建筑业收入
全国合计	**100.00**	**71.34**	**42.30**	**41.61**	**24.32**	**2.38**	**4.79**
北 京	100.00	53.09	36.76	36.71	12.90	2.39	1.30
天 津	100.00	72.11	39.93	39.78	25.36	0.62	4.49
河 北	100.00	56.25	37.51	37.15	16.94	6.06	2.74
山 西	100.00	58.68	36.17	35.99	21.55	2.18	3.57
内蒙古	100.00	90.99	51.80	51.46	38.82	0.69	1.38
辽 宁	100.00	79.64	55.18	55.03	22.19	1.52	2.39
吉 林	100.00	93.05	79.33	76.26	11.72	0.37	0.40
黑龙江	100.00	90.11	79.43	79.27	10.16	0.40	1.12
上 海	100.00	65.61	47.62	47.60	14.16	4.19	0.47
江 苏	100.00	61.16	32.55	32.01	21.20	3.13	6.76
浙 江	100.00	51.34	25.63	25.32	17.84	7.40	7.15
安 徽	100.00	79.84	49.74	49.46	26.23	1.09	4.08
福 建	100.00	62.45	35.36	35.20	22.71	1.77	9.25
江 西	100.00	74.90	34.87	33.80	34.52	1.85	3.65
山 东	100.00	75.58	49.63	48.95	23.11	1.82	4.43
河 南	100.00	72.15	49.65	48.91	20.64	3.28	4.16
湖 北	100.00	75.87	48.30	47.52	22.10	1.77	5.70
湖 南	100.00	68.26	24.72	23.80	36.53	2.03	8.89
广 东	100.00	61.15	27.30	26.66	20.64	2.30	10.09
广 西	100.00	77.93	37.25	36.44	34.81	1.61	5.55
海 南	100.00	72.29	36.37	36.25	19.07	2.02	1.11
重 庆	100.00	71.58	24.05	22.91	44.28	1.86	9.27
四 川	100.00	73.72	24.99	23.65	45.48	1.98	3.96
贵 州	100.00	75.45	35.25	32.29	35.69	1.91	3.19
云 南	100.00	78.96	42.88	41.67	30.65	1.36	2.82
西 藏	100.00	41.99	21.55	21.14	11.41	2.61	12.03
陕 西	100.00	66.66	45.98	45.31	18.90	3.01	5.14
甘 肃	100.00	55.82	38.65	38.34	15.75	1.78	9.78
青 海	100.00	70.61	35.02	32.89	34.19	2.31	3.70
宁 夏	100.00	79.07	39.14	38.07	36.42	2.57	0.55
新 疆	100.00	88.25	71.69	71.60	15.58	0.29	0.34

4－94 续表

单位：元/人

地　区	4.交通运输业、邮电业产业	5.批发和零售贸易、餐饮业收入	6.社会服务业收入	7.其他家庭经营收入	第一产业收入	第二产业收入	第三产业收入
全国合计	**5.83**	**6.37**	**2.72**	**6.56**	**71.34**	**7.18**	**21.48**
北　京	28.91	7.25	3.63	3.43	53.09	3.69	43.22
天　津	4.48	7.64	4.78	5.88	72.11	5.10	22.79
河　北	9.64	13.22	2.92	9.16	56.25	8.80	34.94
山　西	17.93	5.94	1.37	10.33	58.68	5.75	35.57
内蒙古	1.71	1.28	1.12	2.82	90.99	2.08	6.93
辽　宁	4.17	6.91	1.36	4.01	79.64	3.90	16.45
吉　林	1.07	0.83	0.21	4.07	93.05	0.77	6.18
黑龙江	2.53	1.29	1.01	3.55	90.11	1.53	8.37
上　海	4.35	7.95	9.14	8.29	65.61	4.66	29.73
江　苏	8.25	8.84	3.35	8.50	61.16	9.90	28.94
浙　江	8.45	11.54	4.87	9.25	51.34	14.55	34.10
安　徽	2.89	3.57	2.46	6.07	79.84	5.18	14.99
福　建	5.23	7.44	4.48	9.38	62.45	11.02	26.53
江　西	4.58	5.46	3.14	6.41	74.90	5.50	19.60
山　东	3.63	5.23	2.18	7.14	75.58	6.25	18.17
河　南	5.43	6.15	2.85	5.98	72.15	7.44	20.41
湖　北	4.52	5.37	2.05	4.72	75.87	7.48	16.66
湖　南	4.80	7.00	3.88	5.14	68.26	10.92	20.82
广　东	5.75	9.88	3.48	7.35	61.15	12.38	26.46
广　西	4.47	5.78	1.91	2.75	77.93	7.16	14.91
海　南	6.17	4.77	3.09	10.55	72.29	3.13	24.58
重　庆	4.91	4.63	4.59	3.17	71.58	11.13	17.29
四　川	7.28	5.43	2.92	4.71	73.72	5.94	20.34
贵　州	3.63	6.08	3.42	6.33	75.45	5.10	19.46
云　南	4.66	2.82	2.13	7.26	78.96	4.18	16.86
西　藏	15.96	8.05	1.59	17.77	41.99	14.64	43.37
陕　西	7.71	8.61	2.23	6.65	66.66	8.14	25.20
甘　肃	7.37	5.53	5.07	14.64	55.82	11.57	32.62
青　海	6.33	3.83	1.14	12.07	70.61	6.01	23.37
宁　夏	9.92	4.54	1.61	1.73	79.07	3.12	17.80
新　疆	2.45	1.82	1.01	5.84	88.25	0.63	11.13

4-95 1999年各地区农村居民纯收入

单位:元/人

地 区	纯收入	一、工资性收入	二、家庭经营纯收入	三、财产性纯收入	四、转移性纯收入
全国合计	**2210.34**	**630.26**	**1448.36**	**100.17**	**31.55**
北 京	4226.59	2600.60	1311.51	209.38	105.10
天 津	3411.11	1444.73	1826.92	89.93	49.53
河 北	2441.50	896.28	1432.37	60.30	52.55
山 西	1772.62	682.36	1013.74	60.79	15.73
内蒙古	2002.93	259.38	1689.23	41.07	13.25
辽 宁	2501.04	816.38	1587.59	70.34	26.73
吉 林	2260.59	283.02	1937.57	29.75	10.25
黑龙江	2165.93	285.32	1803.20	57.19	20.22
上 海	5409.10	4191.80	856.69	233.26	127.35
江 苏	3495.20	1620.65	1692.58	134.78	47.19
浙 江	3948.39	1737.81	1896.46	219.51	94.61
安 徽	1900.29	470.69	1319.67	92.33	17.60
福 建	3091.39	981.20	1804.96	263.74	41.49
江 西	2129.45	614.98	1396.65	98.57	19.25
山 东	2549.58	791.15	1599.75	89.79	68.89
河 南	1948.36	408.33	1448.22	64.62	27.19
湖 北	2217.08	496.40	1596.58	107.62	16.48
湖 南	2127.46	706.75	1350.88	59.29	10.54
广 东	3628.95	1104.17	2235.98	229.84	58.96
广 西	2048.33	395.75	1522.66	117.33	12.59
海 南	2087.46	54.23	1841.56	145.63	46.04
重 庆	1736.63	451.32	1105.77	168.33	11.21
四 川	1843.47	530.40	1191.60	101.74	19.73
贵 州	1363.07	263.50	1019.12	74.65	5.80
云 南	1437.63	215.26	1119.16	77.17	26.04
西 藏	1309.46	98.21	1144.66	62.10	4.49
陕 西	1455.86	438.04	920.71	71.06	26.05
甘 肃	1357.28	278.10	999.36	72.52	7.30
青 海	1466.67	277.16	1133.33	45.57	10.61
宁 夏	1754.15	460.14	1220.83	58.03	15.15
新 疆	1473.17	109.19	1299.46	29.83	34.69

4－96 1999年各地区农村居民纯收入构成

单位：%

地区	纯收入	一、工资性收入	二、家庭经营纯收入	三、财产性纯收入	四、转移性纯收入
全国合计	**100.00**	**28.51**	**65.53**	**4.53**	**1.43**
北京	100.00	61.53	31.03	4.95	2.49
天津	100.00	42.35	53.56	2.64	1.45
河北	100.00	36.71	58.67	2.47	2.15
山西	100.00	38.49	57.19	3.43	0.89
内蒙古	100.00	12.95	84.34	2.05	0.66
辽宁	100.00	32.64	63.48	2.81	1.07
吉林	100.00	12.52	85.71	1.32	0.45
黑龙江	100.00	13.17	83.25	2.64	0.93
上海	100.00	77.50	15.84	4.31	2.35
江苏	100.00	46.37	48.43	3.86	1.35
浙江	100.00	44.01	48.03	5.56	2.40
安徽	100.00	24.77	69.45	4.86	0.93
福建	100.00	31.74	58.39	8.53	1.34
江西	100.00	28.88	65.59	4.63	0.90
山东	100.00	31.03	62.75	3.52	2.70
河南	100.00	20.96	74.33	3.32	1.40
湖北	100.00	22.39	72.01	4.85	0.74
湖南	100.00	33.22	63.50	2.79	0.50
广东	100.00	30.43	61.62	6.33	1.62
广西	100.00	19.32	74.34	5.73	0.61
海南	100.00	2.60	88.22	6.98	2.21
重庆	100.00	25.99	63.67	9.69	0.65
四川	100.00	28.77	64.64	5.52	1.07
贵州	100.00	19.33	74.77	5.48	0.43
云南	100.00	14.97	77.85	5.37	1.81
西藏	100.00	7.50	87.41	4.74	0.34
陕西	100.00	30.09	63.24	4.88	1.79
甘肃	100.00	20.49	73.63	5.34	0.54
青海	100.00	18.90	77.27	3.11	0.72
宁夏	100.00	26.23	69.60	3.31	0.86
新疆	100.00	7.41	88.21	2.02	2.35

4－97　1999年各地区农村居民总支出

单位：元/人

地　区	总支出	一、家庭经营费用支出	二、购置生产性固定资产支出	三、税费支出	四、生活消费支出	五、转移性和财产性支出
全国合计	**2390.37**	**599.72**	**57.63**	**99.98**	**1577.42**	**55.62**
北　京	4181.30	669.05	178.57	49.13	3122.13	162.42
天　津	2800.95	673.73	26.58	112.08	1905.18	83.39
河　北	2099.27	560.37	91.93	73.78	1338.37	34.82
山　西	1425.11	279.47	25.66	49.84	1047.18	22.96
内蒙古	2798.03	887.02	119.56	209.39	1533.72	48.34
辽　宁	2669.95	762.53	56.86	136.77	1617.64	96.16
吉　林	2444.35	768.88	93.10	161.24	1347.91	73.23
黑龙江	2703.72	868.72	75.89	267.91	1371.61	119.59
上　海	4431.01	304.02	5.03	50.74	3866.76	204.47
江　苏	3153.50	623.27	52.84	109.05	2293.57	74.76
浙　江	3657.20	638.36	47.15	58.84	2806.62	106.22
安　徽	1940.82	431.11	45.61	125.99	1302.48	35.62
福　建	2736.75	515.51	23.50	46.42	2038.57	112.75
江　西	2328.38	555.53	29.91	93.62	1607.43	41.89
山　东	2845.88	849.83	97.36	150.91	1679.75	68.03
河　南	1816.76	463.88	61.63	94.87	1163.98	32.40
湖　北	2260.42	459.28	26.99	145.85	1572.90	55.40
湖　南	2723.86	617.71	44.43	125.88	1903.81	32.04
广　东	3613.48	745.28	28.14	91.55	2645.86	102.64
广　西	2191.52	616.03	53.53	35.53	1457.43	29.00
海　南	1903.30	507.26	24.47	33.45	1260.93	77.19
重　庆	1941.67	502.30	13.42	59.43	1329.21	37.29
四　川	2258.35	688.59	26.48	91.93	1426.07	25.28
贵　州	1588.99	413.86	32.29	36.54	1069.81	36.49
云　南	2045.51	656.42	41.68	43.09	1269.33	35.00
西　藏	1156.60	244.95	116.32	10.10	767.14	18.09
陕　西	1706.34	359.73	58.18	82.69	1161.10	44.64
甘　肃	1354.92	334.12	57.22	54.31	880.65	28.62
青　海	1694.45	396.19	62.63	44.51	1133.63	57.50
宁　夏	2379.68	823.96	115.65	91.78	1269.68	78.60
新　疆	2818.15	1138.61	156.12	195.48	1282.49	45.45

4－98 1999年各地区农村居民总支出构成

单位：%

地　区	总支出	一、家庭经营费用支出	二、购置生产性固定资产支出	三、税费支出	四、生活消费支出	五、转移性和财产性支出
全国合计	**100.00**	**25.09**	**2.41**	**4.18**	**65.99**	**2.33**
北　京	100.00	16.00	4.27	1.17	74.67	3.88
天　津	100.00	24.05	0.95	4.00	68.02	2.98
河　北	100.00	26.69	4.38	3.51	63.75	1.66
山　西	100.00	19.61	1.80	3.50	73.48	1.61
内蒙古	100.00	31.70	4.27	7.48	54.81	1.73
辽　宁	100.00	28.56	2.13	5.12	60.59	3.60
吉　林	100.00	31.46	3.81	6.60	55.14	3.00
黑龙江	100.00	32.13	2.81	9.91	50.73	4.42
上　海	100.00	6.86	0.11	1.15	87.27	4.61
江　苏	100.00	19.76	1.68	3.46	72.73	2.37
浙　江	100.00	17.45	1.29	1.61	76.74	2.90
安　徽	100.00	22.21	2.35	6.49	67.11	1.84
福　建	100.00	18.84	0.86	1.70	74.49	4.12
江　西	100.00	23.86	1.28	4.02	69.04	1.80
山　东	100.00	29.86	3.42	5.30	59.02	2.39
河　南	100.00	25.53	3.39	5.22	64.07	1.78
湖　北	100.00	20.32	1.19	6.45	69.58	2.45
湖　南	100.00	22.68	1.63	4.62	69.89	1.18
广　东	100.00	20.62	0.78	2.53	73.22	2.84
广　西	100.00	28.11	2.44	1.62	66.50	1.32
海　南	100.00	26.65	1.29	1.76	66.25	4.06
重　庆	100.00	25.87	0.69	3.06	68.46	1.92
四　川	100.00	30.49	1.17	4.07	63.15	1.12
贵　州	100.00	26.05	2.03	2.30	67.33	2.30
云　南	100.00	32.09	2.04	2.11	62.05	1.71
西　藏	100.00	21.18	10.06	0.87	66.33	1.56
陕　西	100.00	21.08	3.41	4.85	68.05	2.62
甘　肃	100.00	24.66	4.22	4.01	65.00	2.11
青　海	100.00	23.38	3.70	2.63	66.90	3.39
宁　夏	100.00	34.62	4.86	3.86	53.36	3.30
新　疆	100.00	40.40	5.54	6.94	45.51	1.61

4－99　1999年各地区农村居民家庭经营费用支出

单位:元/人

地　区	家庭经营费用支出	1.农　业支　出	#种植业支　出	2.林　业支　出	3.牧　业支　出	4.渔　业支　出	7.工　业支　出	8.建筑业支　出
全国合计	**599.72**	**304.05**	**298.31**	**2.35**	**224.48**	**13.80**	**11.16**	**3.93**
北　京	669.05	254.34	248.49	5.37	126.10	29.10	11.72	9.96
天　津	673.73	279.07	277.82	5.31	304.68	42.94	0.25	0.83
河　北	560.37	333.31	324.50	0.89	152.31	7.59	12.92	3.57
山　西	279.47	171.97	171.11	0.78	74.48		1.54	1.83
内蒙古	887.02	461.72	460.10	0.44	399.93	0.19	1.12	0.78
辽　宁	762.53	438.41	437.14	0.33	260.25	14.65	4.84	3.60
吉　林	768.88	548.54	516.78	13.15	183.84	0.55	1.79	1.40
黑龙江	868.72	687.35	685.28	0.64	145.41	6.66	1.40	1.85
上　海	304.02	195.65	194.12	0.52	67.54	4.15	15.01	2.42
江　苏	623.27	308.95	303.09	2.45	212.07	16.74	19.73	4.45
浙　江	638.36	233.32	223.86	6.85	222.95	31.40	71.96	4.38
安　徽	431.11	265.93	263.10	2.28	135.28	5.11	2.52	2.53
福　建	515.51	213.19	207.92	3.68	237.07	17.32	5.09	7.22
江　西	555.53	253.28	245.17	3.66	242.88	10.76	8.01	2.46
山　东	849.83	462.82	452.18	4.66	291.29	6.76	19.81	7.10
河　南	463.88	289.09	286.51	0.56	136.95	2.12	5.77	3.46
湖　北	459.28	237.73	232.65	2.57	171.42	12.23	4.90	3.90
湖　南	617.71	205.03	198.74	1.09	330.29	11.11	23.19	2.51
广　东	745.28	241.49	235.12	1.94	288.31	122.54	10.41	14.93
广　西	616.03	229.64	224.26	1.99	319.52	11.69	15.40	4.21
海　南	507.26	249.32	243.82	3.13	141.89	42.29	22.56	1.64
重　庆	502.30	147.01	142.12	1.22	316.15	6.18	4.43	3.34
四　川	688.59	208.51	203.34	0.94	417.85	5.92	10.52	2.99
贵　州	413.86	146.65	142.05	2.67	235.76	0.14	7.09	2.38
云　南	656.42	267.82	265.23	2.60	325.79	2.02	7.49	3.65
西　藏	244.95	132.49	125.90		36.45	0.01	1.77	4.50
陕　西	359.73	216.28	213.91	2.31	100.07	0.06	5.97	2.30
甘　肃	334.12	247.43	246.05	2.72	60.97		0.86	5.00
青　海	396.19	269.00	262.03	0.64	105.51		2.70	1.83
宁　夏	823.96	353.84	346.32	0.51	374.73	36.90	10.90	
新　疆	1138.61	911.08	903.49	1.08	189.64	0.05	1.27	1.04

4－99 续表　　单位:元/人

地区	9.交通运输、邮电业支出	10.批发和零售贸易、邮电业支出	11.社会服务业支出	12.其他家庭经营支出	第一产业支出	第二产业支出	第三产业支出
全国合计	**18.67**	**10.31**	**2.73**	**8.24**	**544.68**	**15.09**	**39.95**
北　京	159.78	51.92	5.17	15.59	414.91	21.68	232.46
天　津	12.16	13.01	1.57	13.91	632.00	1.08	40.65
河　北	31.76	12.53	2.14	3.35	494.10	16.49	49.78
山　西	22.62	2.70	0.87	2.68	247.23	3.37	28.87
内蒙古	6.03	2.75	1.63	12.43	862.28	1.90	22.84
辽　宁	16.00	13.51	1.69	9.25	713.64	8.44	40.45
吉　林	4.25	2.60	0.63	12.13	746.08	3.19	19.61
黑龙江	12.72	4.61	0.65	7.43	840.06	3.25	25.41
上　海	9.78	2.07	3.68	3.20	267.86	17.43	18.73
江　苏	23.61	25.67	2.35	7.25	540.21	24.18	58.88
浙　江	39.54	13.32	6.11	8.53	494.52	76.34	67.50
安　徽	8.01	2.97	1.97	4.51	408.60	5.05	17.46
福　建	13.36	2.88	3.19	12.51	471.26	12.31	31.94
江　西	14.78	9.10	2.79	7.81	510.58	10.47	34.48
山　东	10.18	21.62	2.77	22.82	765.53	26.91	57.39
河　南	14.05	5.72	1.99	4.17	428.72	9.23	25.93
湖　北	11.42	9.53	2.56	3.02	423.95	8.80	26.53
湖　南	17.74	14.76	6.10	5.89	547.52	25.70	44.49
广　东	24.81	27.26	6.37	7.22	654.28	25.34	65.66
广　西	18.06	10.47	2.48	2.57	562.84	19.61	33.58
海　南	19.80	4.21	1.02	21.40	436.63	24.20	46.43
重　庆	7.15	3.07	1.75	12.00	470.56	7.77	23.97
四　川	25.66	7.52	3.08	5.60	633.22	13.51	41.86
贵　州	5.37	4.34	3.38	6.08	385.22	9.47	19.17
云　南	18.40	7.21	3.93	17.51	598.23	11.14	47.05
西　藏	50.73	2.09	0.46	16.45	168.95	6.27	69.73
陕　西	13.78	11.71	1.24	6.01	318.72	8.27	32.74
甘　肃	7.93	2.98	2.06	4.17	311.12	5.86	17.14
青　海	7.56	3.62	0.29	5.04	375.15	4.53	16.51
宁　夏	34.65	7.44	1.25	3.74	765.98	10.90	47.08
新　疆	14.49	5.01	1.75	13.20	1101.85	2.31	34.45

4-100　1999年各地区农村居民家庭经营费用支出构成

单位：%

地　区	家庭经营费用支出	1.农业支出	#种植业支出	2.林业支出	3.牧业支出	4.渔业支出	7.工业支出	8.建筑业支出
全　国	**100.00**	**50.70**	**49.74**	**0.39**	**37.43**	**2.30**	**1.86**	**0.66**
北　京	100.00	38.02	37.14	0.80	18.85	4.35	1.75	1.49
天　津	100.00	41.42	41.24	0.79	45.22	6.37	0.04	0.12
河　北	100.00	59.48	57.91	0.16	27.18	1.35	2.31	0.64
山　西	100.00	61.53	61.23	0.28	26.65		0.55	0.65
内蒙古	100.00	52.05	51.87	0.05	45.09	0.02	0.13	0.09
辽　宁	100.00	57.49	57.33	0.04	34.13	1.92	0.63	0.47
吉　林	100.00	71.34	67.21	1.71	23.91	0.07	0.23	0.18
黑龙江	100.00	79.12	78.88	0.07	16.74	0.77	0.16	0.21
上　海	100.00	64.35	63.85	0.17	22.22	1.37	4.94	0.80
江　苏	100.00	49.57	48.63	0.39	34.03	2.69	3.17	0.71
浙　江	100.00	36.55	35.07	1.07	34.93	4.92	11.27	0.69
安　徽	100.00	61.68	61.03	0.53	31.38	1.19	0.58	0.59
福　建	100.00	41.36	40.33	0.71	45.99	3.36	0.99	1.40
江　西	100.00	45.59	44.13	0.66	43.72	1.94	1.44	0.44
山　东	100.00	54.46	53.21	0.55	34.28	0.80	2.33	0.84
河　南	100.00	62.32	61.76	0.12	29.52	0.46	1.24	0.75
湖　北	100.00	51.76	50.66	0.56	37.32	2.66	1.07	0.85
湖　南	100.00	33.19	32.17	0.18	53.47	1.80	3.75	0.41
广　东	100.00	32.40	31.55	0.26	38.68	16.44	1.40	2.00
广　西	100.00	37.28	36.40	0.32	51.87	1.90	2.50	0.68
海　南	100.00	49.15	48.07	0.62	27.97	8.34	4.45	0.32
重　庆	100.00	29.27	28.29	0.24	62.94	1.23	0.88	0.66
四　川	100.00	30.28	29.53	0.14	60.68	0.86	1.53	0.43
贵　州	100.00	35.43	34.32	0.65	56.97	0.03	1.71	0.58
云　南	100.00	40.80	40.41	0.40	49.63	0.31	1.14	0.56
西　藏	100.00	54.09	51.40		14.88		0.72	1.84
陕　西	100.00	60.12	59.46	0.64	27.82	0.02	1.66	0.64
甘　肃	100.00	74.05	73.64	0.81	18.25		0.26	1.50
青　海	100.00	67.90	66.14	0.16	26.63		0.68	0.46
宁　夏	100.00	42.94	42.03	0.06	45.48	4.48	1.32	0.00
新　疆	100.00	80.02	79.35	0.09	16.66		0.11	0.09

4-100 续表

单位:元/人

地区	9.交通运输、邮电业支出	10.批发和零售贸易、邮电业支出	11.社会服务业支出	12.其他家庭经营支出	第一产业支出	第二产业支出	第三产业支出
全国合计	**3.11**	**1.72**	**0.46**	**1.37**	**90.82**	**2.52**	**6.66**
北京	23.88	7.76	0.77	2.33	62.01	3.24	34.74
天津	1.80	1.93	0.23	2.06	93.81	0.16	6.03
河北	5.67	2.24	0.38	0.60	88.17	2.94	8.88
山西	8.09	0.97	0.31	0.96	88.46	1.21	10.33
内蒙古	0.68	0.31	0.18	1.40	97.21	0.21	2.57
辽宁	2.10	1.77	0.22	1.21	93.59	1.11	5.30
吉林	0.55	0.34	0.08	1.58	97.03	0.41	2.55
黑龙江	1.46	0.53	0.07	0.86	96.70	0.37	2.92
上海	3.22	0.68	1.21	1.05	88.11	5.73	6.16
江苏	3.79	4.12	0.38	1.16	86.67	3.88	9.45
浙江	6.19	2.09	0.96	1.34	77.47	11.96	10.57
安徽	1.86	0.69	0.46	1.05	94.78	1.17	4.05
福建	2.59	0.56	0.62	2.43	91.42	2.39	6.20
江西	2.66	1.64	0.50	1.41	91.91	1.88	6.21
山东	1.20	2.54	0.33	2.69	90.08	3.17	6.75
河南	3.03	1.23	0.43	0.90	92.42	1.99	5.59
湖北	2.49	2.07	0.56	0.66	92.31	1.92	5.78
湖南	2.87	2.39	0.99	0.95	88.64	4.16	7.20
广东	3.33	3.66	0.85	0.97	87.79	3.40	8.81
广西	2.93	1.70	0.40	0.42	91.37	3.18	5.45
海南	3.90	0.83	0.20	4.22	86.08	4.77	9.15
重庆	1.42	0.61	0.35	2.39	93.68	1.55	4.77
四川	3.73	1.09	0.45	0.81	91.96	1.96	6.08
贵州	1.30	1.05	0.82	1.47	93.08	2.29	4.63
云南	2.80	1.10	0.60	2.67	91.14	1.70	7.17
西藏	20.71	0.85	0.19	6.72	68.97	2.56	28.47
陕西	3.83	3.26	0.34	1.67	88.60	2.30	9.10
甘肃	2.37	0.89	0.62	1.25	93.12	1.75	5.13
青海	1.91	0.91	0.07	1.27	94.69	1.14	4.17
宁夏	4.21	0.90	0.15	0.45	92.96	1.32	5.71
新疆	1.27	0.44	0.15	1.16	96.77	0.20	3.03

4－101 1999年各地区农村居民生活消费支出

单位：元/人

地区	生活消费支出	一、食品支出	二、衣着支出	三、居住支出	四、家庭设备用品及服务支出	五、医疗保健支出	六、交通和通讯支出	七、文教娱乐用品及服务支出	八、其他商品及服务支出
全国合计	**1577.42**	**829.02**	**92.04**	**232.69**	**82.27**	**70.02**	**68.73**	**168.33**	**34.32**
北京	3122.13	1232.96	228.35	425.82	249.40	228.91	215.58	467.89	73.21
天津	1905.18	908.59	167.67	244.31	101.13	118.69	80.12	203.80	80.86
河北	1338.37	584.66	106.22	261.70	81.18	68.72	72.37	136.10	27.43
山西	1047.18	539.83	108.27	102.47	51.98	58.30	46.27	120.60	19.47
内蒙古	1533.72	774.75	108.14	229.13	64.54	95.19	68.03	170.35	23.60
辽宁	1617.64	817.89	144.89	210.40	71.76	81.12	81.23	172.65	37.71
吉林	1347.91	719.27	111.27	159.15	62.24	66.49	62.46	138.67	28.35
黑龙江	1371.61	724.49	100.36	226.15	50.89	71.50	58.68	114.49	25.04
上海	3866.76	1668.54	202.44	681.19	388.68	160.00	196.98	474.46	94.47
江苏	2293.57	1025.32	121.68	450.61	153.95	107.78	130.34	252.69	51.21
浙江	2806.62	1292.99	152.20	448.71	167.17	160.84	198.34	288.49	97.87
安徽	1302.48	708.27	69.43	193.85	64.73	51.65	38.10	146.33	30.12
福建	2038.57	1059.75	111.76	294.02	102.74	61.30	128.29	217.51	63.21
江西	1607.43	922.17	68.47	229.73	69.04	61.14	55.17	171.70	30.02
山东	1679.75	820.76	113.77	252.34	106.76	89.64	90.33	182.09	24.06
河南	1163.98	617.46	74.26	197.35	54.68	50.24	34.10	105.61	30.27
湖北	1572.90	863.47	74.39	198.00	74.96	55.38	69.10	212.88	24.71
湖南	1903.81	1124.10	79.06	263.42	76.43	61.90	57.87	204.66	36.37
广东	2645.86	1340.72	99.16	415.21	153.57	98.68	147.58	317.29	73.65
广西	1457.43	849.38	52.46	199.95	66.94	41.53	46.29	172.71	28.17
海南	1260.93	756.72	54.36	172.68	64.83	29.34	25.66	131.32	26.02
重庆	1329.21	819.51	62.67	173.56	62.08	47.82	37.16	111.05	15.37
四川	1426.07	841.47	72.89	192.96	63.15	57.13	37.74	140.92	19.82
贵州	1069.81	722.17	48.58	106.56	45.08	23.62	24.69	83.81	15.31
云南	1269.33	815.67	56.59	128.13	53.43	58.40	27.96	102.86	26.27
西藏	767.14	531.13	99.27	37.47	52.54	17.02	10.24	7.78	11.70
陕西	1161.10	552.68	77.95	174.59	58.81	64.93	36.18	171.04	24.93
甘肃	880.65	498.75	45.88	114.15	39.86	41.22	25.69	97.83	17.27
青海	1133.63	699.44	97.97	124.18	46.04	56.94	35.38	50.17	23.50
宁夏	1269.68	671.01	98.87	179.26	72.50	69.75	37.37	118.10	22.83
新疆	1282.49	686.37	119.81	147.52	50.84	72.84	59.03	107.75	38.33

4－102 1999年各地区农村居民生活消费支出构成

单位：%

地区	生活消费支出	一、食品支出	二、衣着支出	三、居住支出	四、家庭设备用品及服务支出	五、医疗保健支出	六、交通和通讯支出	七、文教娱乐用品及服务支出	八、其他商品及服务支出
全国合计	**100.00**	**52.55**	**5.83**	**14.75**	**5.22**	**4.44**	**4.36**	**10.67**	**2.18**
北京	100.00	39.49	7.31	13.64	7.99	7.33	6.90	14.99	2.34
天津	100.00	47.69	8.80	12.82	5.31	6.23	4.21	10.70	4.24
河北	100.00	43.68	7.94	19.55	6.07	5.13	5.41	10.17	2.05
山西	100.00	51.55	10.34	9.79	4.96	5.57	4.42	11.52	1.86
内蒙古	100.00	50.51	7.05	14.94	4.21	6.21	4.44	11.11	1.54
辽宁	100.00	50.56	8.96	13.01	4.44	5.01	5.02	10.67	2.33
吉林	100.00	53.36	8.26	11.81	4.62	4.93	4.63	10.29	2.10
黑龙江	100.00	52.82	7.32	16.49	3.71	5.21	4.28	8.35	1.83
上海	100.00	43.15	5.24	17.62	10.05	4.14	5.09	12.27	2.44
江苏	100.00	44.70	5.31	19.65	6.71	4.70	5.68	11.02	2.23
浙江	100.00	46.07	5.42	15.99	5.96	5.73	7.07	10.28	3.49
安徽	100.00	54.38	5.33	14.88	4.97	3.97	2.93	11.23	2.31
福建	100.00	51.98	5.48	14.42	5.04	3.01	6.29	10.67	3.10
江西	100.00	57.37	4.26	14.29	4.30	3.80	3.43	10.68	1.87
山东	100.00	48.86	6.77	15.02	6.36	5.34	5.38	10.84	1.43
河南	100.00	53.05	6.38	16.95	4.70	4.32	2.93	9.07	2.60
湖北	100.00	54.90	4.73	12.59	4.77	3.52	4.39	13.53	1.57
湖南	100.00	59.04	4.15	13.84	4.01	3.25	3.04	10.75	1.91
广东	100.00	50.67	3.75	15.69	5.80	3.73	5.58	11.99	2.78
广西	100.00	58.28	3.60	13.72	4.59	2.85	3.18	11.85	1.93
海南	100.00	60.01	4.31	13.69	5.14	2.33	2.04	10.41	2.06
重庆	100.00	61.65	4.71	13.06	4.67	3.60	2.80	8.35	1.16
四川	100.00	59.01	5.11	13.53	4.43	4.01	2.65	9.88	1.39
贵州	100.00	67.50	4.54	9.96	4.21	2.21	2.31	7.83	1.43
云南	100.00	64.26	4.46	10.09	4.21	4.60	2.20	8.10	2.07
西藏	100.00	69.24	12.94	4.88	6.85	2.22	1.33	1.01	1.53
陕西	100.00	47.60	6.71	15.04	5.07	5.59	3.12	14.73	2.15
甘肃	100.00	56.63	5.21	12.96	4.53	4.68	2.92	11.11	1.96
青海	100.00	61.70	8.64	10.95	4.06	5.02	3.12	4.43	2.07
宁夏	100.00	52.85	7.79	14.12	5.71	5.49	2.94	9.30	1.80
新疆	100.00	53.52	9.34	11.50	3.96	5.68	4.60	8.40	2.99

4－103　1999年各地区农村居民现金支出

单位：元/人

地　区	现金支出	一、家庭经营费用现金支出	二、购买生产性固定资产支出	三、税费支出	四、生活消费支出	五、转移性和财产性支出
全国合计	**1917.23**	**470.73**	**57.63**	**93.06**	**1144.61**	**151.20**
北　京	4149.66	666.92	178.57	46.48	2937.05	320.63
天　津	2607.08	633.21	26.58	107.49	1634.16	205.64
河　北	1790.67	468.74	91.93	69.93	1078.27	81.79
山　西	1176.95	232.64	25.66	45.91	769.98	102.76
内蒙古	2063.53	612.93	119.56	208.77	1011.92	110.36
辽　宁	2292.75	613.90	56.86	136.77	1208.62	276.61
吉　林	2099.48	637.68	93.10	161.20	1004.43	203.06
黑龙江	2254.08	720.31	75.89	267.91	977.87	212.10
上　海	4591.41	302.18	5.03	50.54	3486.04	747.61
江　苏	2819.99	545.56	52.84	103.00	1841.91	276.68
浙　江	3472.76	597.83	47.15	54.22	2429.61	343.95
安　徽	1553.38	363.40	45.61	124.95	893.96	125.47
福　建	2497.92	462.55	23.50	42.09	1678.66	291.12
江　西	1779.26	427.39	29.91	87.12	1093.26	141.58
山　东	2252.67	600.39	97.36	126.59	1286.87	141.47
河　南	1342.37	360.35	61.63	93.38	745.17	81.84
湖　北	1717.01	367.62	26.99	144.34	998.31	179.75
湖　南	2112.61	441.85	44.43	122.36	1295.41	208.57
广　东	3085.45	683.17	28.14	56.22	2139.31	178.60
广　西	1683.16	511.42	53.53	22.98	1012.72	82.51
海　南	1387.51	415.14	24.47	20.79	847.02	80.07
重　庆	1251.94	293.07	13.42	58.73	752.80	133.92
四　川	1565.07	450.94	26.48	83.33	909.09	95.23
贵　州	954.60	235.91	32.29	34.65	547.39	104.37
云　南	1296.91	389.73	41.68	23.46	753.24	88.81
西　藏	823.76	145.99	116.32	10.10	536.76	14.58
陕　西	1356.64	285.25	58.18	79.28	864.53	69.39
甘　肃	903.82	241.23	57.22	47.41	501.19	56.76
青　海	1049.77	259.50	62.63	44.11	606.41	77.12
宁　夏	1905.72	658.11	115.65	91.78	866.27	173.91
新　疆	2343.23	1021.32	156.12	195.40	874.52	95.87

4－104　1995年各地区农村居民现金支出构成

单位：%

地　　区	现　金支　出	一、家　庭经营费用现金支出	二、购买生产性固定资产支出	三、税　费支　出	四、生　活消　费支　出	五、转移性和财产性支　出
全国合计	**100.00**	**24.55**	**3.01**	**4.85**	**59.70**	**7.89**
北　　京	100.00	16.07	4.30	1.12	70.78	7.73
天　　津	100.00	24.29	1.02	4.12	62.68	7.89
河　　北	100.00	26.18	5.13	3.91	60.22	4.57
山　　西	100.00	19.77	2.18	3.90	65.42	8.73
内 蒙 古	100.00	29.70	5.79	10.12	49.04	5.35
辽　　宁	100.00	26.78	2.48	5.97	52.71	12.06
吉　　林	100.00	30.37	4.43	7.68	47.84	9.67
黑 龙 江	100.00	31.96	3.37	11.89	43.38	9.41
上　　海	100.00	6.58	0.11	1.10	75.93	16.28
江　　苏	100.00	19.35	1.87	3.65	65.32	9.81
浙　　江	100.00	17.21	1.36	1.56	69.96	9.90
安　　徽	100.00	23.39	2.94	8.04	57.55	8.08
福　　建	100.00	18.52	0.94	1.69	67.20	11.65
江　　西	100.00	24.02	1.68	4.90	61.44	7.96
山　　东	100.00	26.65	4.32	5.62	57.13	6.28
河　　南	100.00	26.84	4.59	6.96	55.51	6.10
湖　　北	100.00	21.41	1.57	8.41	58.14	10.47
湖　　南	100.00	20.91	2.10	5.79	61.32	9.87
广　　东	100.00	22.14	0.91	1.82	69.34	5.79
广　　西	100.00	30.38	3.18	1.37	60.17	4.90
海　　南	100.00	29.92	1.76	1.50	61.05	5.77
重　　庆	100.00	23.41	1.07	4.69	60.13	10.70
四　　川	100.00	28.81	1.69	5.32	58.09	6.08
贵　　州	100.00	24.71	3.38	3.63	57.34	10.93
云　　南	100.00	30.05	3.21	1.81	58.08	6.85
西　　藏	100.00	17.72	14.12	1.23	65.16	1.77
陕　　西	100.00	21.03	4.29	5.84	63.73	5.11
甘　　肃	100.00	26.69	6.33	5.25	55.45	6.28
青　　海	100.00	24.72	5.97	4.20	57.77	7.35
宁　　夏	100.00	34.53	6.07	4.82	45.46	9.13
新　　疆	100.00	43.59	6.66	8.34	37.32	4.09

4-105 1999年各地区农村居民家庭经营费用现金支出

单位:元/人

地区	家庭经营费用现金支出	1.农业支出	#种植业支出	2.林业支出	3.牧业支出	4.渔业支出	5.工业支出	6.建筑业支出
全国合计	**470.73**	**269.07**	**263.38**	**2.28**	**132.81**	**13.45**	**11.12**	**3.88**
北京	666.92	254.11	248.26	5.37	124.20	29.10	11.72	9.96
天津	633.21	271.92	270.68	5.31	271.30	42.94	0.25	0.83
河北	468.74	301.63	292.82	0.88	92.43	7.59	12.92	3.57
山西	232.64	150.07	149.21	0.78	49.66		1.54	1.83
内蒙古	612.93	366.01	364.57	0.44	223.12	0.05	1.12	0.78
辽宁	613.90	396.82	395.68	0.33	155.15	14.34	4.84	3.60
吉林	637.68	517.73	485.97	13.15	88.72	0.48	1.79	1.40
黑龙江	720.31	602.12	600.05	0.64	84.33	5.98	1.40	1.85
上海	302.18	193.81	192.28	0.52	67.54	4.15	15.01	2.42
江苏	545.56	289.84	284.01	2.45	154.80	15.69	19.73	4.45
浙江	597.83	230.27	220.82	6.83	185.90	31.04	71.96	4.36
安徽	363.40	249.50	246.71	2.25	84.23	5.08	2.51	2.51
福建	462.55	209.03	203.77	3.67	192.10	17.03	5.09	7.22
江西	427.39	232.64	224.56	3.61	138.75	9.88	8.01	2.41
山东	600.39	382.99	372.35	4.66	137.14	6.46	19.48	7.10
河南	360.35	247.03	244.45	0.54	75.85	2.09	5.77	3.46
湖北	367.62	207.15	202.09	2.10	111.80	12.09	4.75	3.81
湖南	441.85	190.06	183.76	1.08	171.07	9.71	23.03	2.51
广东	683.17	229.50	223.24	1.72	240.35	120.69	10.36	14.93
广西	511.42	224.20	218.84	1.99	220.62	11.60	15.34	4.21
海南	415.14	225.03	219.53	2.98	82.29	42.04	22.56	1.64
重庆	293.07	131.29	126.40	1.22	123.18	5.97	4.43	3.34
四川	450.94	172.95	167.95	0.88	216.56	5.56	10.52	2.99
贵州	235.91	117.87	113.27	2.61	86.89	0.13	7.09	2.38
云南	389.73	200.25	197.67	1.80	133.47	1.93	7.43	3.43
西藏	145.99	64.18	57.59		5.79	0.01	1.77	4.50
陕西	285.25	189.02	187.27	2.28	53.00	0.06	5.97	2.30
甘肃	241.23	193.10	191.72	2.72	23.41		0.86	4.09
青海	259.50	186.95	179.98	0.64	50.87		2.70	1.83
宁夏	658.11	273.01	265.49	0.51	289.72	36.90	10.90	
新疆	1021.32	860.43	852.83	1.08	127.05	0.04	1.27	1.04

4－105 续表

单位：元/人

地　区	7. 交通运输、邮电业支出	8. 批发和零售贸易、邮电业支出	9. 社会服务业支出	10. 其他家庭经营支出	第一产业支出	第二产业支出	第三产业支出
全国合计	**18.65**	**10.25**	**2.72**	**6.50**	**417.61**	**15.00**	**38.12**
北　京	159.78	51.93	5.17	15.58	412.78	21.68	232.46
天　津	12.16	13.01	1.57	13.92	591.47	1.08	40.66
河　北	31.76	12.48	2.14	3.34	402.53	16.49	49.72
山　西	22.50	2.70	0.87	2.69	200.51	3.37	28.76
内蒙古	6.03	2.76	1.63	10.99	589.62	1.90	21.41
辽　宁	16.00	13.51	1.69	7.62	566.64	8.44	38.82
吉　林	4.25	2.60	0.63	6.93	620.08	3.19	14.41
黑龙江	12.72	4.61	0.65	6.01	693.07	3.25	23.99
上　海	9.78	2.07	3.68	3.20	266.02	17.43	18.73
江　苏	23.60	25.67	2.35	6.98	462.78	24.18	58.60
浙　江	39.54	13.33	6.11	8.49	454.04	76.32	67.47
安　徽	7.95	2.94	1.95	4.48	341.06	5.02	17.32
福　建	13.36	2.87	3.19	8.99	421.83	12.31	28.41
江　西	14.76	8.82	2.56	5.95	384.88	10.42	32.09
山　东	10.18	21.61	2.77	8.00	531.25	26.58	42.56
河　南	14.05	5.72	1.99	3.85	325.51	9.23	25.61
湖　北	11.39	9.34	2.54	2.65	333.14	8.56	25.92
湖　南	17.69	14.75	6.10	5.85	371.92	25.54	44.39
广　东	24.78	27.25	6.37	7.22	592.26	25.29	65.62
广　西	18.06	10.46	2.48	2.46	458.41	19.55	33.46
海　南	19.80	4.21	1.02	13.57	352.34	24.20	38.60
重　庆	7.15	3.08	1.75	11.66	261.66	7.77	23.64
四　川	25.66	7.51	3.08	5.23	395.95	13.51	41.48
贵　州	5.35	4.34	3.38	5.87	207.50	9.47	18.94
云　南	18.25	6.41	3.93	12.83	337.45	10.86	41.42
西　藏	50.73	2.09	0.46	16.46	69.98	6.27	69.74
陕　西	13.78	11.71	1.22	5.91	244.36	8.27	32.62
甘　肃	7.93	2.97	2.06	4.09	219.23	4.95	17.05
青　海	7.56	3.62	0.29	5.04	238.46	4.53	16.51
宁　夏	34.60	7.44	1.25	3.78	600.14	10.90	47.07
新　疆	14.49	5.01	1.75	9.16	988.60	2.31	30.41

4－106　1999年各地区农村居民家庭经营费用现金支出构成

单位：%

地　区	家庭经营费用现金支出	1.农业支出	#种植业支出	2.林业支出	3.牧业支出	4.渔业支出	5.工业支出	6.建筑业支出
全国合计	**100.00**	**57.15**	**55.95**	**0.48**	**28.21**	**2.86**	**2.36**	**0.82**
北　京	100.00	38.10	37.22	0.81	18.62	4.36	1.76	1.49
天　津	100.00	42.94	42.75	0.84	42.85	6.78	0.04	0.13
河　北	100.00	64.35	62.47	0.19	19.72	1.62	2.76	0.76
山　西	100.00	64.51	64.14	0.34	21.35	0.00	0.66	0.79
内蒙古	100.00	59.71	59.48	0.07	36.40	0.01	0.18	0.13
辽　宁	100.00	64.64	64.45	0.05	25.27	2.34	0.79	0.59
吉　林	100.00	81.19	76.21	2.06	13.91	0.08	0.28	0.22
黑龙江	100.00	83.59	83.30	0.09	11.71	0.83	0.19	0.26
上　海	100.00	64.14	63.63	0.17	22.35	1.37	4.97	0.80
江　苏	100.00	53.13	52.06	0.45	28.37	2.88	3.62	0.82
浙　江	100.00	38.52	36.94	1.14	31.10	5.19	12.04	0.73
安　徽	100.00	68.66	67.89	0.62	23.18	1.40	0.69	0.69
福　建	100.00	45.19	44.05	0.79	41.53	3.68	1.10	1.56
江　西	100.00	54.43	52.54	0.84	32.46	2.31	1.87	0.56
山　东	100.00	63.79	62.02	0.78	22.84	1.08	3.24	1.18
河　南	100.00	68.55	67.84	0.15	21.05	0.58	1.60	0.96
湖　北	100.00	56.35	54.97	0.57	30.41	3.29	1.29	1.04
湖　南	100.00	43.01	41.59	0.24	38.72	2.20	5.21	0.57
广　东	100.00	33.59	32.68	0.25	35.18	17.67	1.52	2.19
广　西	100.00	43.84	42.79	0.39	43.14	2.27	3.00	0.82
海　南	100.00	54.21	52.88	0.72	19.82	10.13	5.43	0.40
重　庆	100.00	44.80	43.13	0.42	42.03	2.04	1.51	1.14
四　川	100.00	38.35	37.24	0.20	48.02	1.23	2.33	0.66
贵　州	100.00	49.96	48.01	1.11	36.83	0.06	3.01	1.01
云　南	100.00	51.38	50.72	0.46	34.25	0.50	1.91	0.88
西　藏	100.00	43.96	39.45	0.00	3.97	0.01	1.21	3.08
陕　西	100.00	66.26	65.65	0.80	18.58	0.02	2.09	0.81
甘　肃	100.00	80.05	79.48	1.13	9.70	0.00	0.36	1.70
青　海	100.00	72.04	69.36	0.25	19.60	0.00	1.04	0.71
宁　夏	100.00	41.48	40.34	0.08	44.02	5.61	1.66	0.00
新　疆	100.00	84.25	83.50	0.11	12.44	0.00	0.12	0.10

4－106 续表

单位：%

地 区	7.交通运输、邮电业支出	8.批发和零售贸易、邮电业支出	9.社会服务业支出	10.其他家庭经营支出	第一产业支出	第二产业支出	第三产业支出
全国合计	**3.96**	**2.18**	**0.58**	**1.38**	**88.72**	**3.19**	**8.10**
北 京	23.96	7.79	0.78	2.34	61.89	3.25	34.86
天 津	1.92	2.05	0.25	2.20	93.41	0.17	6.42
河 北	6.78	2.66	0.46	0.71	85.87	3.52	10.61
山 西	9.67	1.16	0.37	1.16	86.19	1.45	12.36
内蒙古	0.98	0.45	0.27	1.79	96.20	0.31	3.49
辽 宁	2.61	2.20	0.28	1.24	92.30	1.37	6.32
吉 林	0.67	0.41	0.10	1.09	97.24	0.50	2.26
黑龙江	1.76	0.64	0.09	0.84	96.22	0.45	3.33
上 海	3.24	0.69	1.22	1.06	88.03	5.77	6.20
江 苏	4.33	4.71	0.43	1.28	84.83	4.43	10.74
浙 江	6.61	2.23	1.02	1.42	75.95	12.77	11.29
安 徽	2.19	0.81	0.54	1.23	93.85	1.38	4.77
福 建	2.89	0.62	0.69	1.94	91.20	2.66	6.14
江 西	3.45	2.06	0.60	1.39	90.05	2.44	7.51
山 东	1.70	3.60	0.46	1.33	88.48	4.43	7.09
河 南	3.90	1.59	0.55	1.07	90.33	2.56	7.11
湖 北	3.10	2.54	0.69	0.72	90.62	2.33	7.05
湖 南	4.00	3.34	1.38	1.32	84.17	5.78	10.05
广 东	3.63	3.99	0.93	1.06	86.69	3.70	9.61
广 西	3.53	2.05	0.48	0.48	89.63	3.82	6.54
海 南	4.77	1.01	0.25	3.27	84.87	5.83	9.30
重 庆	2.44	1.05	0.60	3.98	89.28	2.65	8.07
四 川	5.69	1.67	0.68	1.16	87.81	3.00	9.20
贵 州	2.27	1.84	1.43	2.49	87.96	4.01	8.03
云 南	4.68	1.64	1.01	3.29	86.59	2.79	10.63
西 藏	34.75	1.43	0.32	11.27	47.93	4.29	47.77
陕 西	4.83	4.11	0.43	2.07	85.67	2.90	11.44
甘 肃	3.29	1.23	0.85	1.70	90.88	2.05	7.07
青 海	2.91	1.39	0.11	1.94	91.89	1.75	6.36
宁 夏	5.26	1.13	0.19	0.57	91.19	1.66	7.15
新 疆	1.42	0.49	0.17	0.90	96.80	0.23	2.98

4－107 1999年各地区农村居民生活消费现金支出

单位:元/人

地区	生活消费现金支出	一、食品支出	二、衣着支出	三、居住支出	四、家庭设备用品及服务支出	五、医疗保健支出	六、交通和通讯支出	七、文教娱乐用品及服务支出	八、其他商品及服务支出
全国合计	**1144.61**	**425.98**	**91.48**	**203.60**	**82.14**	**70.02**	**68.73**	**168.33**	**34.33**
北京	2937.05	1048.05	228.33	425.74	249.35	228.91	215.58	467.89	73.21
天津	1634.16	653.76	167.35	228.45	101.13	118.69	80.12	203.80	80.86
河北	1078.27	325.34	105.44	261.70	81.17	68.72	72.37	136.10	27.43
山西	769.98	268.87	107.97	96.62	51.89	58.30	46.27	120.60	19.47
内蒙古	1011.92	320.29	108.10	161.83	64.54	95.19	68.03	170.35	23.60
辽宁	1208.62	450.50	144.87	168.79	71.76	81.12	81.23	172.65	37.71
吉林	1004.43	424.19	111.27	110.76	62.24	66.49	62.46	138.67	28.35
黑龙江	977.87	408.47	100.36	148.43	50.89	71.50	58.68	114.49	25.04
上海	3486.04	1294.85	202.44	674.21	388.64	160.00	196.98	474.46	94.47
江苏	1841.91	601.40	119.43	425.99	153.07	107.78	130.34	252.69	51.21
浙江	2429.61	928.75	151.98	436.35	166.98	160.84	198.34	288.49	97.87
安徽	893.96	350.10	69.15	143.79	64.72	51.65	38.10	146.33	30.12
福建	1678.66	726.40	111.76	267.49	102.71	61.30	128.29	217.51	63.21
江西	1093.26	422.81	68.28	215.18	68.97	61.14	55.17	171.70	30.02
山东	1286.87	439.23	111.92	242.90	106.71	89.64	90.33	182.09	24.06
河南	745.17	254.32	73.57	142.36	54.68	50.24	34.10	105.61	30.27
湖北	998.31	338.84	72.83	149.81	74.76	55.38	69.10	212.88	24.71
湖南	1295.41	532.17	78.75	247.44	76.26	61.90	57.87	204.66	36.37
广东	2139.31	860.42	98.70	389.89	153.10	98.68	147.58	317.29	73.65
广西	1012.72	424.03	52.46	180.71	66.83	41.53	46.29	172.71	28.17
海南	847.02	388.64	54.26	126.95	64.83	29.34	25.66	131.32	26.02
重庆	752.80	282.83	62.61	134.42	61.54	47.82	37.16	111.05	15.37
四川	909.09	359.74	72.59	158.28	62.87	57.13	37.74	140.92	19.82
贵州	547.39	211.06	48.55	95.37	44.97	23.62	24.69	83.81	15.31
云南	753.24	313.01	56.57	114.74	53.43	58.40	27.96	102.86	26.27
西藏	536.76	311.76	99.27	26.47	52.54	17.02	10.24	7.78	11.70
陕西	864.53	278.96	77.84	151.85	58.81	64.93	36.18	171.04	24.93
甘肃	501.19	150.53	45.82	82.98	39.85	41.22	25.69	97.83	17.27
青海	606.41	214.86	97.63	81.93	46.01	56.94	35.38	50.17	23.50
宁夏	866.27	278.00	98.87	168.85	72.50	69.75	37.37	118.10	22.83
新疆	874.52	290.65	116.66	138.42	50.84	72.84	59.03	107.75	38.33

4－108　1999年各地区农村居民生活消费现金支出构成

单位：%

地　区	生活消费现金支出	一、食品支出	二、衣着支出	三、居住支出	四、家庭设备用品及服务支出	五、医疗保健支出	六、交通和通讯支出	七、文教娱乐用品及服务支出	八、其他商品及服务支出
全国合计	**100.00**	**37.22**	**7.99**	**17.79**	**7.18**	**6.12**	**6.00**	**14.71**	**3.00**
北　京	100.00	35.68	7.77	14.50	8.49	7.79	7.34	15.93	2.49
天　津	100.00	40.01	10.24	13.98	6.19	7.26	4.90	12.47	4.95
河　北	100.00	30.17	9.78	24.27	7.53	6.37	6.71	12.62	2.54
山　西	100.00	34.92	14.02	12.55	6.74	7.57	6.01	15.66	2.53
内蒙古	100.00	31.65	10.68	15.99	6.38	9.41	6.72	16.83	2.33
辽　宁	100.00	37.27	11.99	13.97	5.94	6.71	6.72	14.28	3.12
吉　林	100.00	42.23	11.08	11.03	6.20	6.62	6.22	13.81	2.82
黑龙江	100.00	41.77	10.26	15.18	5.20	7.31	6.00	11.71	2.56
上　海	100.00	37.14	5.81	19.34	11.15	4.59	5.65	13.61	2.71
江　苏	100.00	32.65	6.48	23.13	8.31	5.85	7.08	13.72	2.78
浙　江	100.00	38.23	6.26	17.96	6.87	6.62	8.16	11.87	4.03
安　徽	100.00	39.16	7.74	16.08	7.24	5.78	4.26	16.37	3.37
福　建	100.00	43.27	6.66	15.93	6.12	3.65	7.64	12.96	3.77
江　西	100.00	38.67	6.25	19.68	6.31	5.59	5.05	15.70	2.75
山　东	100.00	34.13	8.70	18.88	8.29	6.97	7.02	14.15	1.87
河　南	100.00	34.13	9.87	19.11	7.34	6.74	4.58	14.17	4.06
湖　北	100.00	33.94	7.30	15.01	7.49	5.55	6.92	21.32	2.47
湖　南	100.00	41.08	6.08	19.10	5.89	4.78	4.47	15.80	2.81
广　东	100.00	40.22	4.61	18.22	7.16	4.61	6.90	14.83	3.44
广　西	100.00	41.87	5.18	17.84	6.60	4.10	4.57	17.05	2.78
海　南	100.00	45.88	6.41	14.99	7.65	3.46	3.03	15.50	3.07
重　庆	100.00	37.57	8.32	17.86	8.17	6.35	4.94	14.75	2.04
四　川	100.00	39.57	7.98	17.41	6.92	6.28	4.15	15.50	2.18
贵　州	100.00	38.56	8.87	17.42	8.22	4.31	4.51	15.31	2.80
云　南	100.00	41.56	7.51	15.23	7.09	7.75	3.71	13.66	3.49
西　藏	100.00	58.08	18.49	4.93	9.79	3.17	1.91	1.45	2.18
陕　西	100.00	32.27	9.00	17.56	6.80	7.51	4.18	19.78	2.88
甘　肃	100.00	30.03	9.14	16.56	7.95	8.22	5.13	19.52	3.45
青　海	100.00	35.43	16.10	13.51	7.59	9.39	5.83	8.27	3.87
宁　夏	100.00	32.09	11.41	19.49	8.37	8.05	4.31	13.63	2.64
新　疆	100.00	33.24	13.34	15.83	5.81	8.33	6.75	12.32	4.38

第五部分

2000年农村住户调查主要情况

5－1 各地区农村居民家庭基本情况

地区	常住人口(人/户)	整、半劳动力(人/户)	整半劳动力占常住人口比重(%)	平均每个劳动力负担人口(人)	每百个常住人口中:在校学生人数(人)	#7－15岁在学人数(人)
全国	**4.20**	**2.76**	**65.80**	**1.52**	**22.51**	**17.68**
北京	3.54	2.34	66.08	1.51	22.84	15.42
天津	3.79	2.54	66.97	1.49	20.65	16.91
河北	4.11	2.74	66.62	1.50	23.87	18.29
山西	4.22	2.70	64.01	1.56	25.59	19.53
内蒙古	4.10	2.77	67.60	1.48	21.05	16.27
辽宁	3.60	2.65	73.49	1.36	17.56	13.83
吉林	3.90	2.74	70.27	1.42	18.22	14.77
黑龙江	3.90	2.83	72.41	1.38	16.82	13.43
上海	3.31	2.53	76.36	1.31	15.49	7.34
江苏	3.74	2.62	69.99	1.43	20.12	15.46
浙江	3.66	2.64	72.14	1.39	16.87	12.13
安徽	4.18	2.76	66.10	1.51	22.83	18.96
福建	4.24	2.70	63.71	1.57	25.29	19.75
江西	4.44	3.03	68.39	1.46	20.93	17.14
山东	3.79	2.60	68.67	1.46	22.04	17.09
河南	4.14	2.65	64.17	1.56	26.70	22.07
湖北	4.11	2.76	67.23	1.49	23.34	19.52
湖南	3.97	2.71	68.28	1.46	21.45	16.66
广东	5.15	3.10	60.25	1.66	26.24	19.92
广西	4.82	3.09	64.17	1.56	24.21	18.92
海南	5.21	3.07	58.91	1.70	28.35	21.76
重庆	3.70	2.63	71.04	1.41	17.63	14.97
四川	3.96	2.73	68.80	1.45	18.77	15.27
贵州	4.52	2.76	61.02	1.64	24.11	18.94
云南	4.56	2.85	62.54	1.60	19.96	15.56
西藏	6.78	3.83	56.44	1.77	12.35	9.89
陕西	4.43	2.62	59.14	1.69	29.00	21.65
甘肃	4.73	2.76	58.30	1.72	25.63	19.79
青海	5.32	3.23	60.75	1.65	19.18	15.49
宁夏	4.75	2.81	59.05	1.69	24.70	18.98
新疆	5.33	3.06	57.43	1.74	30.72	24.22

5-2 各地区农村居民家庭劳动力文化状况

(每百个劳动力中)

单位：%

地区	不识字或识字很少人数	小学程度人数	初中程度人数	高中程度人数	中专程度人数	大专及大专以上人数
全国	**8.09**	**32.22**	**48.07**	**9.31**	**1.83**	**0.48**
北京	1.88	11.75	59.61	18.08	6.22	2.45
天津	1.78	29.72	55.29	10.12	2.17	0.92
河北	2.68	25.00	57.99	12.30	1.54	0.49
山西	3.22	25.66	60.20	9.11	1.64	0.18
内蒙古	7.69	31.71	48.10	10.08	1.93	0.50
辽宁	2.18	26.85	59.40	8.25	2.52	0.80
吉林	4.15	31.88	53.58	8.56	1.35	0.48
黑龙江	2.78	29.71	56.74	8.29	1.86	0.62
上海	4.08	24.90	48.75	12.78	7.38	2.11
江苏	6.51	28.87	51.54	10.57	1.80	0.72
浙江	6.64	37.07	44.30	9.79	1.80	0.41
安徽	11.68	30.04	49.60	6.57	1.64	0.48
福建	5.79	34.93	46.43	9.74	2.52	0.59
江西	6.77	36.95	44.96	9.33	1.65	0.34
山东	5.36	25.98	52.61	12.77	2.62	0.66
河南	6.09	23.21	57.58	10.98	1.70	0.44
湖北	5.77	32.74	49.30	10.04	1.82	0.33
湖南	3.35	33.99	48.87	11.51	1.75	0.53
广东	4.28	33.07	48.96	9.99	3.12	0.58
广西	5.43	35.97	47.38	8.94	2.10	0.18
海南	6.97	26.03	49.75	15.66	1.40	0.18
重庆	6.21	43.37	42.87	5.73	1.52	0.30
四川	8.39	41.35	43.17	5.76	1.11	0.22
贵州	21.41	39.73	34.01	3.28	1.36	0.21
云南	17.63	45.28	31.42	4.59	0.95	0.12
西藏	63.53	33.37	2.83	0.16		
陕西	9.62	27.36	50.15	11.14	1.05	0.69
甘肃	20.87	28.67	36.93	11.67	1.33	0.52
青海	32.46	34.42	26.99	5.31	0.72	0.10
宁夏	19.49	30.30	39.10	9.09	1.54	0.48
新疆	9.10	46.19	35.85	6.51	1.74	0.61

5-3 各地区农村居民家庭土地经营情况

单位:亩/人

地区	耕地面积	#自留地面积	山地面积	园地面积	牧草地面积	养殖水面面积
全国	**1.98**	**0.09**	**0.28**	**0.06**	**3.28**	**0.03**
北京	0.66	0.03	0.03	0.31	0.01	0.02
天津	1.43	0.01	0.01	0.04		
河北	1.75	0.04	0.19	0.06		
山西	2.37	0.09	0.18	0.17	0.01	
内蒙古	7.37	0.13	0.48	0.01	100.42	0.01
辽宁	3.04	0.14	0.16	0.08		0.08
吉林	5.52	0.22	0.32	0.01	0.06	0.01
黑龙江	8.57	0.20	0.05	0.02		
上海	0.92	0.08				0.02
江苏	1.21	0.08	0.03	0.02		0.10
浙江	0.84	0.05	0.40	0.11		0.05
安徽	1.43	0.03	0.19	0.03		0.02
福建	0.80	0.05	0.45	0.18		0.07
江西	1.17	0.07	0.72	0.03		0.04
山东	1.45	0.03	0.04	0.05		
河南	1.50	0.04	0.01	0.03		0.03
湖北	1.44	0.08	0.37	0.03	0.01	0.06
湖南	1.09	0.09	0.39	0.04	0.04	0.05
广东	0.75	0.07	0.36	0.10		0.10
广西	1.25	0.09	0.51	0.07		0.03
海南	1.01	0.16	0.32	0.13		0.06
重庆	1.02	0.07	0.22	0.03	0.02	0.02
四川	1.03	0.09	0.24	0.03		0.02
贵州	1.06	0.11	0.36	0.01	0.01	
云南	1.39	0.13	0.66	0.04	0.01	
西藏	2.18	0.05			0.18	
陕西	1.66	0.09	0.36	0.24	0.01	
甘肃	2.43	0.19	0.69	0.06	0.05	0.02
青海	2.21	0.40	0.17	0.01	30.26	
宁夏	3.88	0.20	0.59	0.07	0.07	0.06
新疆	4.20	0.14	0.01	0.08	0.04	

5-4 各地区农村居民家庭年末拥有生产性固定资产原值

单位:元/户

地区	生产性固定资产原值	一、农业	#房屋及建筑屋	役畜及产品畜	大中型铁木农具	农林牧渔业机械	二、工业
全国	**4673.06**	**3321.66**	**1071.65**	**653.65**	**281.70**	**1190.28**	**334.79**
北京	7080.53	1611.20	478.47	344.80	68.17	681.49	600.00
天津	5860.90	3587.40	1420.15	342.00	239.75	1262.75	70.00
河北	6328.32	4132.77	595.92	425.60	296.31	2730.92	586.06
山西	4289.95	2517.52	709.29	518.81	171.61	1012.43	247.48
内蒙古	7912.81	6982.26	1756.26	1556.94	606.32	2435.82	161.91
辽宁	4434.57	3227.56	1212.31	808.31	223.18	894.65	268.76
吉林	5576.72	5245.98	1306.38	1407.35	149.40	2227.06	80.68
黑龙江	5967.34	5408.97	1300.21	784.45	408.07	2711.19	71.31
上海	3506.97	1986.05	1463.75	42.97	111.75	192.32	159.25
江苏	4698.83	2890.40	1392.55	139.31	208.48	1088.04	625.19
浙江	7063.63	3711.85	2251.68	165.79	236.05	992.23	1503.00
安徽	4160.98	3382.72	893.77	377.83	312.26	1734.23	214.79
福建	4427.79	2095.53	1098.73	268.34	178.93	309.20	900.31
江西	2695.23	1902.78	831.88	548.42	299.85	200.90	118.90
山东	5192.37	3792.59	810.38	500.25	262.93	2022.20	330.58
河南	4311.30	3677.39	519.58	401.27	433.34	2197.85	174.65
湖北	2482.02	1858.18	729.70	544.68	217.67	347.10	137.57
湖南	3006.28	1969.43	1041.46	318.57	305.80	281.66	250.46
广东	4504.29	2172.85	929.03	509.72	260.04	416.98	434.11
广西	3006.05	2077.97	616.24	773.52	165.83	489.49	314.21
海南	4596.92	3410.81	248.74	1154.67	213.84	884.58	156.94
重庆	2012.80	1572.18	999.77	282.26	201.09	66.63	115.75
四川	3551.77	2744.14	1758.90	540.02	223.16	151.54	115.24
贵州	2971.43	2247.91	1157.10	822.25	149.78	69.65	202.98
云南	4641.36	3233.78	1576.88	1094.20	113.80	373.47	373.21
西藏	16070.95	14036.14	4420.44	7050.76	690.55	1158.94	133.43
陕西	3695.07	2174.05	561.04	360.80	207.05	973.94	379.26
甘肃	4359.79	3491.28	740.97	877.57	462.77	1215.02	197.36
青海	6506.51	5475.13	822.66	1759.54	249.64	2480.75	173.80
宁夏	10168.09	6051.06	1155.51	1389.71	292.79	3151.67	480.93
新疆	7994.76	6964.28	996.54	2033.42	898.46	2793.95	135.65

5－4 续表

单位:元/户

地　　区	#房屋及建筑屋	生　产设　备	三、建筑业	四、交　通运输业	五、批发和零售贸易、餐饮业	六、社　会服　务业机械	七、文　教卫生业	八、其　他
全　　国	**108.17**	**209.50**	**29.02**	**621.04**	**149.24**	**60.16**	**12.86**	**144.30**
北　　京	206.67	380.00	173.87	2514.80	1060.87	1097.47	6.67	15.67
天　　津	44.17	25.00	161.50	1575.50	310.00	126.00	15.00	15.50
河　　北	204.90	359.30	31.57	1101.14	309.91	104.06	10.00	52.80
山　　西	180.24	58.43	47.81	1113.21	135.38	89.90	8.43	130.22
内 蒙 古	57.54	104.37	5.89	350.69	158.15	4.67	11.98	237.25
辽　　宁	92.86	117.70	7.94	609.38	181.06	14.60	21.80	103.47
吉　　林	29.50	44.38		126.88	16.44	9.06	4.38	93.32
黑 龙 江	38.62	29.56	4.24	266.79	97.10	36.65	6.70	75.57
上　　海	41.67	100.92	27.67	911.67	193.83	19.67		208.83
江　　苏	152.15	430.31	88.89	800.38	117.65	106.58	0.74	69.00
浙　　江	369.54	1102.00	68.36	1133.76	387.64	135.49	23.96	99.57
安　　徽	101.03	95.87	30.43	292.19	136.91	31.39	7.42	65.13
福　　建	317.88	529.23	51.87	616.90	150.58	138.41	56.81	417.38
江　　西	42.02	69.69	6.93	459.85	114.78	48.37	9.71	33.92
山　　东	120.00	199.18	20.34	651.87	230.15	19.52	14.50	132.81
河　　南	51.00	100.84	30.05	286.00	81.68	23.95	20.12	17.46
湖　　北	38.89	94.26	17.10	313.52	92.08	9.17	2.91	51.49
湖　　南	71.41	167.51	16.85	601.13	98.89	20.09	1.49	47.95
广　　东	126.76	279.10	51.69	826.67	198.91	130.70	28.95	660.43
广　　西	62.23	236.37	13.16	463.53	103.98	14.50	7.79	10.91
海　　南	22.22	102.92	1.39	646.10	53.47	11.11	11.11	305.99
重　　庆	61.51	51.57	1.25	224.72	40.67	15.17	1.94	41.12
四　　川	43.76	65.09	8.15	409.66	107.65	10.10	9.96	146.87
贵　　州	104.00	93.17	41.16	319.71	63.27	5.43	25.34	65.62
云　　南	189.71	181.37	4.79	457.74	48.46	3.80	2.50	517.08
西　　藏	10.20	111.77		1525.15	19.79			356.45
陕　　西	44.05	318.83	42.18	799.84	165.19	65.57	20.59	48.38
甘　　肃	58.92	115.22	18.61	428.10	74.52	42.03	34.39	73.51
青　　海	55.83	114.47	13.33	725.02	27.17	5.00	36.67	50.40
宁　　夏	101.42	322.85	4.50	1658.58	118.96	42.60	1.17	1810.29
新　　疆	76.13	54.85		627.57	13.33	153.33		100.59

5－5 各地区农村居民家庭年末拥有生产性固定资产数量

地 区	房屋及建筑物（平方米/户）	汽 车（辆/百户）	大中型拖拉机（台/百户）	小型和手扶拖拉机（台/百户）	机 动脱粒机（台/百户）	收割机（台/百户）
全 国	**18.00**	**1.32**	**1.41**	**16.72**	**9.59**	**1.23**
北 京	5.07	4.80	0.93	16.00	0.80	0.13
天 津	17.26	4.83	2.13	19.00	2.50	1.00
河 北	11.79	2.33	2.03	34.49	6.30	1.91
山 西	6.46	2.52	1.95	16.79	1.20	0.57
内蒙古	34.19	0.85	1.91	36.84	3.39	0.69
辽 宁	18.47	1.43	1.75	10.11	2.96	0.05
吉 林	12.38	0.19	1.81	25.00	6.56	0.19
黑龙江	13.95	0.63	3.79	38.54	6.63	0.63
上 海	11.62	2.67		1.33	4.80	0.83
江 苏	12.36	1.03	0.49	18.11	24.20	1.47
浙 江	22.63	1.52	0.44	6.15	33.05	0.54
安 徽	14.20	0.47	1.40	29.02	19.18	6.11
福 建	13.18	0.91	0.93	3.54	7.23	0.22
江 西	22.49	0.82	0.49	2.12	18.07	0.35
山 东	12.65	4.02	3.49	24.53	5.07	2.40
河 南	6.39	0.55	3.29	35.66	12.40	4.39
湖 北	17.54	0.56	0.85	7.69	1.93	0.09
湖 南	21.32	1.03	0.26	3.31	16.24	0.16
广 东	15.61	1.35	0.20	9.06	12.41	0.47
广 西	19.56	0.30	0.26	7.98	10.01	0.04
海 南	2.36	0.56	0.83	6.81	9.31	9.86
重 庆	24.26	0.72		0.28	8.81	0.17
四 川	35.41	1.01	0.58	1.23	10.82	0.28
贵 州	24.10	0.58	0.54	0.94	0.80	
云 南	26.73	0.83	0.46	7.31	5.15	0.13
西 藏	61.71	2.29	2.29	20.00	3.33	0.63
陕 西	13.57	1.24	1.89	13.54	3.90	0.77
甘 肃	18.13	0.56	1.72	25.39	1.33	0.39
青 海	23.35	2.75	1.08	41.67	3.25	0.67
宁 夏	28.69	3.50	1.00	45.08	2.18	0.67
新 疆	19.80	1.00	3.07	23.10	1.53	0.20

5－5续表

地　　区	农用动力机械（台/百户）	胶轮大车（辆/百户）	水泵（台/百户）	役畜（头/百户）	产品畜（头/百户）
全　　国	**11.60**	**13.26**	**17.73**	**41.75**	**41.56**
北　　京	4.53	1.20	1.07	2.40	39.20
天　　津	20.00	13.17	21.17	23.33	14.67
河　　北	29.21	12.34	25.91	25.04	19.88
山　　西	10.86	8.21	5.33	33.47	33.90
内 蒙 古	7.81	37.89	25.98	101.47	63.16
辽　　宁	8.47	30.33	27.67	49.66	31.16
吉　　林	8.06	37.22	28.34	68.88	27.00
黑 龙 江	6.81	10.65	18.38	35.94	37.99
上　　海	3.83	0.67	3.67	2.17	9.27
江　　苏	9.96	19.66	13.23	6.60	26.85
浙　　江	11.29	15.34	22.49	5.27	29.77
安　　徽	15.00	12.19	39.55	23.22	28.06
福　　建	6.77	5.82	7.42	17.80	32.35
江　　西	7.27	14.39	8.15	49.67	23.68
山　　东	27.81	25.17	37.90	26.94	28.45
河　　南	14.45	18.95	35.48	25.36	25.83
湖　　北	7.00	10.18	12.64	42.38	27.55
湖　　南	14.70	3.86	15.58	23.34	23.47
广　　东	6.52	5.86	13.36	39.73	27.93
广　　西	9.74	3.49	10.35	63.74	40.33
海　　南	23.33	2.36	22.92	81.96	58.47
重　　庆	5.47	0.61	6.17	22.36	31.49
四　　川	7.84	1.00	17.27	33.56	50.01
贵　　州	4.29	2.99	3.62	78.10	28.84
云　　南	6.75	5.96	2.24	73.33	56.54
西　　藏	8.33	15.00		326.25	605.42
陕　　西	7.30	16.53	10.71	23.49	32.07
甘　　肃	11.50	17.09	5.61	80.81	58.39
青　　海	1.83	24.00	1.00	123.67	135.67
宁　　夏	6.33	7.17	9.00	67.25	33.50
新　　疆	1.33	25.00	2.07	99.73	202.27

5－6 各地区农村居民家庭年内新建(购)住房情况

地　　区	新建(购)住房面积(平方米/人)	#钢筋混凝土结构面积	#砖木结构面积	#其他面积	#楼房面积	#砖瓦平房面积	#其他面积	新建房屋价值(元/平方米)
全　　国	**0.87**	**0.47**	**0.36**	**0.04**	**0.46**	**0.35**	**0.05**	**260.23**
北　　京	0.64	0.13	0.53			0.73	0.02	510.30
天　　津	0.58	0.14	0.44		0.11	0.46	0.01	434.52
河　　北	0.94	0.43	0.50	0.01	0.22	0.70	0.02	345.05
山　　西	0.46	0.17	0.29		0.08	0.37	0.02	330.61
内 蒙 古	0.64	0.01	0.61	0.02	0.01	0.61	0.02	235.75
辽　　宁	0.55	0.07	0.48			0.54	0.01	302.36
吉　　林	0.47	0.06	0.42		0.02	0.44		380.76
黑 龙 江	0.32		0.31			0.32	0.02	368.75
上　　海	0.67	0.40	0.17		0.51	0.25		635.05
江　　苏	1.14	0.43	0.69	0.03	0.75	0.38	0.01	352.60
浙　　江	1.44	1.10	0.30	0.01	1.34	0.05	0.02	392.45
安　　徽	0.91	0.60	0.26	0.04	0.60	0.30	0.01	227.86
福　　建	0.91	0.77	0.09	0.05	0.79	0.08	0.06	299.36
江　　西	1.00	0.85	0.14	0.01	0.86	0.12	0.02	191.00
山　　东	1.01	0.22	0.78	0.01	0.15	0.83	0.02	229.94
河　　南	0.91	0.42	0.47	0.02	0.33	0.57	0.01	232.06
湖　　北	0.85	0.68	0.10	0.01	0.68	0.13	0.01	202.95
湖　　南	1.20	0.70	0.50		0.99	0.16	0.04	200.93
广　　东	1.23	1.17	0.06		1.09	0.08	0.06	340.89
广　　西	1.11	0.94	0.17		0.68	0.41	0.02	224.43
海　　南	0.54	0.41	0.13	0.05	0.13	0.19	0.21	262.39
重　　庆	1.15	0.52	0.62	0.02	0.90	0.23	0.03	198.01
四　　川	0.96	0.51	0.40	0.04	0.65	0.23	0.08	187.64
贵　　州	0.41	0.14	0.22	0.04	0.11	0.24	0.05	139.55
云　　南	0.55	0.28	0.15	0.12	0.19	0.18	0.18	221.87
西　　藏	0.40			0.22	0.12		0.10	150.27
陕　　西	1.06	0.66	0.30	0.09	0.48	0.51	0.07	240.54
甘　　肃	0.61	0.09	0.36	0.17	0.05	0.38	0.18	220.57
青　　海	0.62	0.00	0.29	0.34	0.02	0.26	0.35	109.07
宁　　夏	1.38	0.42	0.72	0.24	0.36	0.75	0.26	218.02
新　　疆	0.38	0.03	0.16	0.19		0.15	0.22	169.35

5－7 各地区农村居民家庭年末住房情况

地区	住房面积(平方米/人)	#租用住房面积	#钢筋混凝土结构面积	#砖木结构面积	#其他面积	#楼房面积	#砖瓦平房面积	#其他面积	年末房屋价值(元/平方米)
全国	**24.82**	**0.21**	**6.15**	**13.61**	**5.02**	**8.19**	**11.81**	**4.85**	**187.41**
北京	28.37	0.09	3.63	24.23	0.15	2.19	25.75	0.11	432.16
天津	21.14	0.03	1.03	19.95	0.16	0.76	20.26	0.19	372.77
河北	22.87	0.03	2.98	18.35	1.54	1.41	19.46	2.01	231.40
山西	21.57	0.12	3.52	14.84	3.22	1.47	15.92	4.18	198.97
内蒙古	16.84	0.05	0.04	8.37	8.43		8.40	8.44	128.97
辽宁	22.02	0.08	2.46	18.83	0.73	0.34	20.35	1.33	258.15
吉林	17.72	0.12	0.42	13.27	4.11	0.08	13.74	4.19	236.83
黑龙江	18.26	0.12	0.53	10.98	6.77	0.03	11.38	6.87	227.61
上海	53.58	0.14	28.30	24.84	0.22	47.64	5.97	0.24	329.78
江苏	33.70	0.07	8.41	24.80	0.49	19.67	13.53	0.50	278.87
浙江	46.42	0.04	21.53	22.50	2.48	41.58	4.16	0.94	268.97
安徽	22.16	0.04	7.11	12.93	2.12	7.72	12.80	1.64	166.29
福建	32.14	2.50	13.25	10.34	8.48	19.58	6.47	6.16	256.49
江西	27.79	0.14	10.89	12.92	3.97	12.60	11.58	3.60	134.65
山东	23.61	1.00	2.69	18.35	2.57	1.47	19.46	2.68	193.56
河南	23.14	0.06	6.02	16.08	1.04	3.72	18.12	1.31	153.38
湖北	30.11	0.06	10.07	16.09	3.06	11.98	14.35	3.40	113.77
湖南	30.92	0.09	9.05	19.76	2.10	17.83	10.92	2.16	162.88
广东	22.42	0.09	13.03	7.52	1.87	12.52	7.80	2.10	288.25
广西	23.40	0.06	9.40	8.71	5.30	6.32	11.96	5.12	129.41
海南	19.22	0.03	3.32	14.96	0.57	2.14	15.74	0.81	164.77
重庆	29.58	0.08	4.90	15.51	9.17	13.34	7.75	8.49	136.68
四川	28.03	0.10	5.01	12.45	10.49	7.55	9.84	10.71	114.80
贵州	19.75	0.03	2.71	11.37	5.66	2.06	10.99	6.70	99.40
云南	22.18	0.10	2.92	3.80	15.46	7.57	2.95	11.67	168.40
西藏	15.12		0.06	4.89	11.02	7.71	1.13	8.90	79.77
陕西	22.87	0.03	6.60	9.67	6.59	5.44	11.33	6.05	169.96
甘肃	16.04	0.04	0.40	4.18	11.51	0.42	4.10	11.57	130.33
青海	15.32	2.55	0.19	1.75	13.38	0.13	1.68	13.52	94.98
宁夏	17.98		0.65	7.20	10.14	0.41	8.03	9.54	123.97
新疆	17.25	0.03	0.53	2.75	13.98	0.24	2.72	14.31	120.83

5-8 各地区农村居民家庭主要农、牧产品出售量

单位:公斤/人

地区	粮食	棉花	油料	麻类	糖料	烟叶	蔬菜	水果	茶叶	木材
全国	**264.74**	**5.59**	**18.43**	**0.47**	**76.36**	**2.73**	**132.07**	**46.43**	**0.88**	**0.03**
北京	160.89		1.17			0.06	146.30	208.06		
天津	192.50	12.20	1.77				501.48	37.96		
河北	232.05	7.30	12.33	0.24		0.18	135.28	96.33		0.01
山西	121.95	1.95	6.28	0.06	4.83	0.38	144.68	115.40		
内蒙古	626.69		87.99	0.32	75.50	0.52	106.70	4.15		0.03
辽宁	689.87	0.11	12.11		16.08	1.70	199.72	72.25		0.01
吉林	1345.30		6.10	0.04	18.84	1.01	125.34	6.06		0.01
黑龙江	1373.84		8.59	4.02	79.52	4.71	202.44	2.44		
上海	140.67	0.03	29.47		1.68		161.68	37.40		
江苏	311.57	6.95	23.16	0.04	0.44		59.63	12.84	0.27	0.04
浙江	102.63	0.94	8.30		9.19		195.30	86.67	2.28	0.09
安徽	319.00	5.50	42.19	0.09	7.45	0.41	68.54	2.18	0.94	0.03
福建	64.19		2.20		119.80	5.68	127.14	78.26	15.80	0.01
江西	216.60	2.38	8.66	0.06	36.25	1.43	61.18	8.66	0.04	0.03
山东	315.19	7.45	24.40	0.12	0.65	1.37	306.16	89.57		0.06
河南	272.67	7.28	35.60	1.81	3.11	2.11	95.93	34.60	0.01	0.03
湖北	299.21	10.75	50.11	1.38	6.68	2.98	118.99	55.43	0.75	0.01
湖南	111.59	2.92	9.26	0.52	8.76	5.01	72.03	33.37	0.24	0.02
广东	86.36		4.42		96.35	2.03	255.31	24.20	0.25	0.02
广西	72.24		3.84	0.86	854.89	0.95	90.54	35.07	0.20	0.03
海南	74.67		11.04	0.35	215.15		255.82	60.38		0.13
重庆	58.33	0.04	4.43	0.33	2.16	1.94	65.96	17.40	0.18	0.02
四川	76.50	0.27	14.05	0.15	65.69	1.89	113.27	20.23	1.13	0.01
贵州	77.12		15.07		0.76	14.19	52.58	3.15	0.08	0.02
云南	93.23		5.97		362.96	21.11	95.95	21.44	4.68	0.01
西藏	47.34		3.21				6.47	0.86		0.05
陕西	144.56	1.26	7.43	0.05	4.85	1.15	99.45	172.63	0.05	0.01
甘肃	96.96	8.29	3.44		13.08	1.01	81.56	20.87		
青海	44.43		38.21				34.50	9.36		0.01
宁夏	381.95		4.99		2.11		164.20	18.22		
新疆	316.30	89.09	36.52	1.69	207.36		208.37	38.26	0.75	0.02

5-8续表1

地　区	猪　肉	牛　肉	羊　肉	家　禽	蛋　类	羊　毛	牛羊奶	蚕　茧	蜂　蜜	水产品
全　国	**30.19**	**2.40**	**2.06**	**4.60**	**6.32**	**0.25**	**2.67**	**0.64**	**0.04**	**5.82**
北　京	14.93	0.47	2.21	17.38	4.64	0.04				13.95
天　津	61.66	1.18	0.14	5.08	25.91					8.12
河　北	20.27	2.32	1.09	4.35	18.05	0.04	2.96		0.09	2.43
山　西	14.42	1.88	2.17	1.06	9.38	0.10	3.31	0.21	0.06	
内蒙古	20.74	11.63	19.45	0.47	0.57	5.28	9.74			
辽　宁	54.91	3.40	1.33	8.56	14.09	0.07	1.93	1.85	0.08	19.27
吉　林	29.20	5.95	0.59	4.01	3.44	0.25	0.16		0.34	0.17
黑龙江	29.74	2.79	0.52	5.99	8.60	0.26	7.11		0.07	1.08
上　海	12.93		0.67	2.40	4.51					7.71
江　苏	33.85	0.33	1.03	9.17	10.35		1.04	1.66		11.21
浙　江	25.42	0.14	0.62	4.51	8.00	0.01	3.41	5.37	0.30	7.99
安　徽	27.18	3.93	0.78	3.49	3.40			0.98	0.04	1.61
福　建	32.18	0.59	0.15	10.62	13.38		0.48		0.01	10.70
江　西	40.57	0.31	0.02	1.77	1.57		0.10	0.23	0.01	6.59
山　东	36.85	5.81	2.15	13.04	12.55	0.01	3.89	0.81		1.58
河　南	29.92	3.14	1.78	3.13	7.42	0.01		0.03	0.01	3.23
湖　北	28.40	0.90	0.15	1.87	5.54			0.22	0.01	12.24
湖　南	50.26	0.33	0.33	3.17	1.84					6.34
广　东	31.57	0.44	0.01	10.53	0.36		0.02	0.73	0.09	34.14
广　西	51.62	1.46	0.53	4.96	0.25			0.81	0.04	4.90
海　南	26.43	4.48	0.79	4.33	0.13				0.02	17.25
重　庆	41.78	0.98	0.18	4.80	2.10		0.01	2.15	0.03	4.38
四　川	45.76	0.61	0.78	4.42	5.88			1.32	0.02	1.91
贵　州	27.70	1.69	0.82	1.98	1.04	0.01		0.03		0.11
云　南	28.33	2.16	0.87	1.33	0.52		3.34	0.46		0.25
西　藏	1.07	3.00	1.11	0.07	0.10	0.30	0.28		0.01	0.02
陕　西	17.35	0.34	1.37	0.93	9.30	0.05	7.83	0.35		0.23
甘　肃	9.35	1.92	1.45	0.63	3.71	0.31	0.42		0.07	
青　海	4.31	5.21	18.54	0.15	0.26	4.00	3.85		0.01	6.65
宁　夏	16.70	2.63	6.70	5.12	14.74	0.49	87.71			6.36
新　疆	1.85	8.35	14.17	1.40	3.99	0.34	4.00	0.17	0.01	

5-9 各地区农村居民家庭主要食品消费量

单位:公斤/人

地　区	粮　食	蔬　菜	食用油	#植物油	猪　肉	牛　肉	羊　肉	家　禽
全　国	**249.49**	**111.98**	**7.06**	**5.45**	**13.28**	**0.52**	**0.61**	**2.81**
北　京	137.06	109.90	9.40	8.98	12.15	0.88	1.99	2.03
天　津	214.53	73.48	9.54	8.04	9.20	0.71	0.90	0.85
河　北	213.76	61.34	5.91	5.32	6.63	0.35	0.19	0.37
山　西	241.55	70.48	6.01	5.84	4.57	0.20	0.45	0.30
内蒙古	252.09	83.07	4.79	3.08	16.84	0.71	2.60	0.88
辽　宁	222.18	199.38	7.14	5.18	14.58	0.37	0.22	1.84
吉　林	220.28	92.12	6.48	5.51	9.01	0.47	0.07	1.53
黑龙江	252.30	110.42	7.46	7.10	8.15	0.35	0.10	2.10
上　海	222.28	92.17	7.99	7.84	17.39	0.42	0.58	7.96
江　苏	288.09	115.53	9.56	8.90	11.54	0.54	0.30	4.44
浙　江	227.26	85.79	5.59	4.22	16.51	0.55	0.32	5.92
安　徽	270.24	80.17	7.66	6.05	9.09	0.30	0.12	3.57
福　建	260.70	131.21	5.25	3.05	18.16	0.22	0.11	6.64
江　西	303.62	148.59	10.31	8.73	12.37	0.24	0.03	2.49
山　东	235.39	120.33	8.58	7.32	8.39	0.54	0.40	2.96
河　南	255.82	61.83	5.09	4.77	5.94	0.55	0.12	0.98
湖　北	300.59	154.98	10.34	8.43	16.66	0.21	0.06	2.19
湖　南	287.46	156.10	9.68	3.85	18.27	0.33	0.14	3.70
广　东	252.79	116.33	5.93	4.70	22.04	0.31	0.04	9.23
广　西	231.81	118.57	6.20	3.98	13.86	0.17	0.04	6.29
海　南	236.07	67.37	6.01	3.30	12.94	0.65	0.24	7.09
重　庆	210.00	175.55	5.59	1.74	26.37	0.08	0.09	2.01
四　川	249.11	143.28	6.57	3.99	24.20	0.26	0.09	2.81
贵　州	227.15	139.11	4.97	3.05	23.84	0.45	0.06	1.00
云　南	238.25	104.03	4.63	1.36	22.27	0.50	0.20	2.11
西　藏	280.17	23.54	6.17	5.00	1.90	5.01	4.81	0.01
陕　西	221.39	61.24	6.27	5.50	6.92	0.07	0.18	0.29
甘　肃	256.53	44.57	5.95	5.45	9.20	0.21	0.60	0.73
青　海	270.79	42.54	9.09	8.70	8.61	4.50	6.51	0.37
宁　夏	248.64	91.08	7.11	6.55	8.29	1.09	2.18	1.85
新　疆	244.83	89.23	9.64	9.56	1.95	1.95	7.03	1.36

5-9续表1

单位:公斤/人

地区	蛋及蛋制品	奶及奶制品	水产品	食糖	酒类	糕点	水果及水果制品	坚果及果仁制品
全国	**4.77**	**1.06**	**3.92**	**1.28**	**7.02**	**0.96**	**18.31**	**0.74**
北京	8.73	5.72	3.86	1.16	16.90	1.64	37.70	3.30
天津	9.80	0.74	6.17	0.74	10.44	1.01	34.99	0.76
河北	5.09	0.22	1.79	0.59	6.50	1.11	16.74	0.60
山西	5.63	0.63	0.46	1.30	2.29	0.70	17.26	0.39
内蒙古	3.34	6.79	1.22	1.15	10.08	1.03	21.54	0.17
辽宁	9.51	0.42	4.74	0.79	10.89	1.71	28.03	0.26
吉林	8.09	0.15	3.09	0.56	11.56	0.93	26.05	0.30
黑龙江	7.04	0.34	2.93	0.85	14.69	0.68	24.54	0.34
上海	10.71	2.07	14.51	2.47	9.14	2.48	36.94	2.27
江苏	8.22	0.42	7.74	1.48	7.40	1.15	21.07	0.96
浙江	5.52	0.97	12.84	2.46	13.78	2.03	29.14	2.31
安徽	5.56	0.12	3.67	1.59	9.99	0.95	12.51	0.34
福建	4.43	0.55	12.23	2.47	13.82	1.03	15.72	1.05
江西	3.26	0.13	3.73	1.36	5.86	1.15	21.25	1.24
山东	12.66	0.75	4.32	1.38	13.39	3.41	30.19	1.41
河南	6.55	0.14	0.96	1.19	4.62	1.28	12.01	0.61
湖北	3.94	0.04	6.42	1.27	6.98	0.43	15.12	0.89
湖南	3.56	0.07	4.76	1.31	4.95	0.87	18.76	1.15
广东	2.78	0.08	11.72	1.34	3.56	0.56	19.12	0.14
广西	1.28	0.02	3.08	1.27	4.96	0.40	10.05	0.08
海南	1.25	0.08	11.96	1.38	3.14	0.35	6.68	0.26
重庆	4.58	0.06	1.61	2.26	7.25	0.19	9.15	0.35
四川	3.69	1.31	1.53	1.44	6.13	0.18	9.07	0.70
贵州	1.25	0.03	0.34	0.91	5.77	0.14	5.41	1.20
云南	1.78	0.09	1.05	1.18	5.27	0.46	11.82	0.46
西藏	0.64	12.25	0.01	2.62	0.89	1.07	1.40	0.14
陕西	2.22	1.02	0.24	0.89	2.08	1.12	17.46	0.69
甘肃	1.88	0.39	0.14	0.76	2.30	0.18	11.45	0.23
青海	0.69	21.68	0.83	1.06	2.39	0.08	6.04	0.58
宁夏	2.37	0.88	0.51	1.57	1.64	0.23	39.01	0.77
新疆	1.20	2.78	0.47	0.42	1.12	0.21	46.89	0.46

5-10 各地区农村居民家庭主要耐用物品年末拥有量

地　　区	大型家具(件/百户)	洗衣机(台/百户)	电风扇(台/百户)	电冰箱(台/百户)	空调机(台/百户)	抽油烟机(台/百户)
全　　国	**278.67**	**28.58**	**122.62**	**12.31**	**1.32**	**2.75**
北　　京	286.93	86.00	147.73	87.73	15.33	17.87
天　　津	189.17	83.67	125.50	42.33	9.50	6.17
河　　北	186.00	58.86	150.36	21.74	1.93	1.86
山　　西	253.62	51.71	47.43	10.33	0.29	1.90
内 蒙 古	157.47	25.64	8.45	5.94		0.74
辽　　宁	123.49	54.97	48.84	14.97	0.21	2.59
吉　　林	114.38	55.06	17.88	5.44	0.06	0.31
黑 龙 江	71.88	48.26	13.79	7.19	0.04	1.70
上　　海	316.67	69.17	326.00	74.00	13.83	35.33
江　　苏	295.74	46.09	201.38	19.94	5.35	5.06
浙　　江	364.63	34.70	270.52	42.04	5.85	18.81
安　　徽	281.61	14.74	162.16	8.16	0.03	0.35
福　　建	212.25	35.55	173.46	19.40	1.65	3.96
江　　西	326.08	3.55	138.53	3.63	0.04	0.41
山　　东	264.10	18.33	145.12	15.71	1.07	2.40
河　　南	225.31	24.52	138.29	6.90	0.60	0.43
湖　　北	267.55	16.33	150.55	6.91	0.24	0.67
湖　　南	540.19	15.95	171.11	6.84	0.11	0.51
广　　东	365.00	25.00	271.48	15.12	3.05	8.91
广　　西	140.43	3.25	180.82	2.90	0.17	0.30
海　　南	272.22	2.50	98.61	3.47		0.56
重　　庆	421.22	8.94	121.50	5.67	0.06	0.50
四　　川	429.63	16.40	122.13	4.83	0.18	0.25
贵　　州	392.63	12.05	21.96	2.37		
云　　南	140.67	19.67	9.21	3.67		1.00
西　　藏	466.88	2.29		0.42		
陕　　西	239.46	34.14	69.86	5.23	0.23	0.68
甘　　肃	304.06	27.72	15.94	4.39	0.17	0.78
青　　海	337.00	17.33	1.67	1.83		
宁　　夏	401.67	37.50	21.33	6.00		0.33
新　　疆	247.60	20.87	11.60	9.93		1.13

5-10续表1

地　　区	吸尘器(台/百户)	微波炉(台/百户)	热水器(台/百户)	自行车(辆/百户)	摩托车(辆/百户)	汽车(生活用)(辆/百户)
全　　国	**0.40**	**0.59**	**5.13**	**120.48**	**21.94**	**0.30**
北　　京	2.80	5.33	14.40	219.20	36.67	2.80
天　　津	0.67	0.83	11.83	186.00	34.00	2.17
河　　北	0.36	0.17	5.64	185.69	34.33	0.69
山　　西			1.67	128.24	25.00	0.14
内 蒙 古	0.05		0.49	79.08	25.69	0.93
辽　　宁	0.63	0.11	1.59	127.99	23.81	
吉　　林			0.63	98.31	19.69	0.31
黑 龙 江		0.18	1.25	91.83	15.76	0.36
上　　海	8.50	13.67	43.67	218.83	72.67	
江　　苏	2.03	2.24	11.09	175.38	28.50	0.50
浙　　江	2.07	1.67	18.59	180.19	29.78	0.22
安　　徽		0.19	0.94	127.42	8.65	0.10
福　　建	0.44	2.69	19.29	101.15	49.67	0.55
江　　西	0.08	0.08	1.14	116.12	17.47	
山　　东	0.19	0.45	4.74	176.93	37.14	0.48
河　　南		0.17	1.24	151.95	14.57	
湖　　北	0.06	0.03	1.39	110.58	15.94	0.06
湖　　南		0.03	1.19	80.59	10.51	0.08
广　　东	0.20	1.05	20.94	162.46	54.18	0.35
广　　西	0.04	0.13	2.60	124.98	18.01	0.09
海　　南		0.28	2.50	56.81	53.33	0.42
重　　庆		0.17	2.78	16.11	3.67	0.33
四　　川	0.25	0.28	3.90	49.30	9.85	0.10
贵　　州			0.49	8.17	6.25	
云　　南	0.08	0.17	4.83	49.00	5.04	0.33
西　　藏				79.38	0.21	
陕　　西			2.61	127.43	14.64	0.27
甘　　肃	0.06	0.06	1.78	125.94	12.56	0.06
青　　海				58.83	11.50	0.83
宁　　夏		0.50	4.17	162.83	25.83	0.17
新　　疆	0.20		1.07	136.60	18.33	0.13

5－10 续表 2

地　区	电话机（部/百户）	移动电话（部/百户）	寻呼机（台/百户）	彩色电视机（台/百户）	黑白电视机（台/百户）	录放像机（台/百户）
全　国	**26.38**	**4.32**	**7.74**	**48.74**	**52.97**	**3.30**
北　京	80.13	11.87	25.87	103.20	20.13	14.40
天　津	41.00	8.33	14.17	89.33	21.33	6.33
河　北	31.17	4.62	4.24	64.76	51.17	3.24
山　西	16.10	0.67	1.76	63.48	41.05	2.19
内蒙古	5.94	1.23	0.88	45.19	50.88	1.42
辽　宁	39.37	4.50	10.37	72.65	37.99	4.55
吉　林	25.81	1.56	1.69	61.13	43.94	2.50
黑龙江	24.11	3.17	5.00	58.93	47.59	2.54
上　海	96.17	18.50	38.17	97.33	61.33	12.67
江　苏	51.35	9.09	9.50	53.94	61.97	5.47
浙　江	61.26	20.22	24.07	83.15	50.78	9.04
安　徽	20.87	2.03	4.77	39.29	68.65	3.16
福　建	62.09	20.16	27.86	73.02	42.09	7.36
江　西	21.63	1.43	3.71	30.16	74.65	2.04
山　东	40.14	4.43	5.36	51.62	56.31	3.81
河　南	25.40	1.38	2.67	38.43	61.21	1.24
湖　北	15.24	1.48	2.76	31.70	70.33	2.21
湖　南	23.14	1.54	7.59	30.32	66.78	2.43
广　东	40.82	14.49	32.89	73.20	29.22	5.55
广　西	8.14	0.69	5.54	30.04	60.78	1.69
海　南	7.92	3.33	19.58	48.06	10.42	3.61
重　庆	16.44	0.89	3.78	31.33	63.78	1.28
四　川	9.28	1.50	5.88	34.23	67.78	2.25
贵　州	3.44	0.27	0.76	21.16	40.27	1.03
云　南	9.63	2.08	5.42	38.04	32.92	3.96
西　藏	0.21			8.96	4.79	1.88
陕　西	18.02	1.58	4.55	48.83	47.84	1.31
甘　肃	13.00	0.72	2.11	49.94	42.39	1.50
青　海	4.00	0.33	0.50	34.33	40.83	0.83
宁　夏	18.50	1.83	7.00	67.00	34.50	2.33
新　疆	15.07	0.33	1.60	31.87	59.33	1.40

5-10 续表 3

地 区	摄像机 (台/百户)	影碟机 (台/百户)	组合音响 (台/百户)	收录机 (台/百户)	照相机 (架/百户)	家用计算机 (台/百户)	中高档乐器 (件/百户)
全 国	**0.17**	**11.74**	**7.76**	**21.58**	**3.12**	**0.47**	**0.26**
北 京	0.67	22.53	20.53	31.60	26.67	4.80	0.67
天 津	1.50	11.00	17.50	20.83	4.17	1.17	0.00
河 北	0.24	10.86	8.12	19.74	4.17	0.14	0.19
山 西	0.05	8.10	6.05	24.67	2.57	0.14	0.29
内蒙古	0.10	4.37	3.19	35.85	2.60	0.05	0.05
辽 宁	0.16	14.02	12.01	20.26	4.92	1.11	0.26
吉 林	0.19	11.75	8.19	26.13	2.63	1.25	0.19
黑龙江	0.45	10.40	11.43	20.31	3.35	0.00	0.36
上 海	0.50	27.17	16.33	38.00	13.67	4.67	0.17
江 苏	0.18	11.18	8.32	20.50	4.00	1.26	0.32
浙 江	0.30	20.67	11.70	28.15	6.44	0.89	0.56
安 徽	0.13	7.94	7.97	19.65	2.03	0.42	0.03
福 建	0.33	31.21	15.77	15.55	6.15	0.60	1.32
江 西		8.90	5.06	14.65	2.08	0.04	0.08
山 东	0.33	11.19	6.48	19.26	4.40	0.67	0.21
河 南	0.05	5.50	3.02	16.57	1.29	0.07	0.17
湖 北	0.06	9.88	5.76	12.64	1.42	0.21	0.15
湖 南	0.14	9.92	5.97	13.11	1.59	0.22	0.14
广 东	0.20	34.61	22.77	27.19	3.98	1.95	0.94
广 西	0.13	11.90	6.23	14.24	0.87	0.04	0.17
海 南	0.42	8.61	4.03	23.06	0.83	0.14	0.56
重 庆		13.56	6.50	11.44	1.00	0.00	0.00
四 川	0.10	13.23	6.30	14.68	1.10	0.00	0.05
贵 州		7.72	3.35	12.19	0.80	0.00	0.09
云 南	0.17	10.25	6.79	24.83	2.79	0.13	0.08
西 藏		0.42	0.21	45.00	0.83	0.00	0.00
陕 西	0.05	6.94	4.23	22.79	1.49	0.05	0.45
甘 肃	0.17	6.89	4.94	40.83	3.61	0.00	0.44
青 海	0.33	5.33	2.67	52.33	2.17	0.00	0.00
宁 夏		8.50	4.83	35.50	3.33		0.00
新 疆	0.07	3.60	8.27	54.87	2.20	0.07	0.33

5－11 各地区农村居民家庭购买主要食品

单位:公斤/人

地区	粮食	食用植物油	食用动物油	蔬菜	猪	牛肉	羊肉
全国总计	**9.96**	**2.86**	**1.05**	**23.29**	**7.77**	**0.37**	**0.26**
北京	19.26	7.89	0.42	90.19	12.15	0.87	1.95
天津	27.20	8.03	1.50	50.22	9.20	0.71	0.90
河北	2.12	3.56	0.58	30.27	5.25	0.35	0.18
山西	7.01	3.61	0.16	39.98	3.44	0.09	0.18
内蒙古	10.79	1.10	0.26	42.48	2.37	0.24	0.32
辽宁	24.01	4.22	0.60	32.93	6.79	0.36	0.19
吉林	25.24	4.90	0.46	25.62	5.83	0.46	0.07
黑龙江	28.28	7.03	0.29	20.61	5.00	0.35	0.09
上海	2.55	7.84	0.15	17.33	17.35	0.42	0.47
江苏	7.65	3.53	0.48	15.61	9.66	0.53	0.23
浙江	4.39	3.16	1.33	25.16	14.07	0.55	0.32
安徽	6.24	2.58	1.29	14.42	6.44	0.30	0.10
福建	6.53	2.22	2.09	22.33	17.18	0.21	0.08
江西	2.70	2.59	1.48	10.19	9.31	0.24	0.02
山东	10.34	5.18	1.23	44.15	8.18	0.23	0.25
河南	8.87	2.65	0.31	27.61	5.25	0.55	0.12
湖北	7.79	1.89	0.68	16.13	5.51	0.21	0.06
湖南	7.14	0.93	4.73	8.43	10.71	0.33	0.08
广东	11.00	2.04	0.96	29.72	21.06	0.30	0.04
广西	4.37	1.18	2.14	6.61	11.15	0.17	0.02
海南	2.54	0.94	2.72	22.13	11.77	0.56	0.19
重庆	5.96	1.30	0.94	9.81	7.64	0.04	0.03
四川	8.53	1.54	0.93	14.09	9.53	0.14	0.05
贵州	18.78	0.99	1.47	7.40	5.21	0.08	
云南	10.93	0.83	1.29	15.96	5.91	0.42	0.08
西藏	5.99	1.55	0.08	3.20	0.43	0.86	0.54
陕西	12.95	4.14	0.22	28.67	3.63	0.07	0.12
甘肃	19.48	1.71	0.05	26.50	2.19	0.20	0.21
青海	19.08	1.50	0.17	19.78	1.20	1.72	1.49
宁夏	11.42	3.05	0.08	47.39	2.11	0.94	1.19
新疆	6.45	6.02	0.07	29.53	0.68	1.60	3.16

5－11 续表1

单位:公斤/人

地　区	家　禽	蛋　类	鱼　类	虾　类	食　糖	糕　点	糖　果
全国总计	**1.32**	**2.54**	**2.95**	**0.27**	**1.26**	**0.94**	**0.34**
北　京	2.00	8.53	3.42	0.13	1.16	1.59	0.42
天　津	0.85	9.66	5.52	0.53	0.74	1.01	0.34
河　北	0.35	4.19	1.66	0.06	0.59	1.10	0.19
山　西	0.27	3.39	0.36	0.01	1.30	0.69	0.22
内蒙古	0.34	1.11	1.10	0.02	1.14	1.03	0.35
辽　宁	0.74	4.53	3.34	0.53	0.79	1.71	0.23
吉　林	0.92	2.13	2.85	0.05	0.56	0.93	0.21
黑龙江	0.90	3.00	2.73	0.03	0.85	0.68	0.18
上　海	5.24	4.16	9.69	2.62	2.47	2.48	1.58
江　苏	2.56	3.40	6.37	0.51	1.48	1.14	0.41
浙　江	4.48	3.61	8.60	2.57	2.46	2.03	0.72
安　徽	1.18	1.81	3.24	0.06	1.59	0.95	0.34
福　建	2.80	3.13	7.36	2.38	2.47	1.03	0.59
江　西	0.99	1.31	2.81	0.03	1.34	1.15	0.26
山　东	2.36	9.63	3.36	0.51	1.38	3.40	0.47
河　南	0.49	3.95	0.78	0.01	1.19	1.28	0.24
湖　北	0.64	0.84	5.10	0.05	1.27	0.43	0.16
湖　南	1.41	1.39	3.71	0.05	1.31	0.87	0.64
广　东	4.49	1.81	8.30	0.24	1.34	0.56	0.17
广　西	1.93	0.78	1.99	0.08	1.27	0.40	0.19
海　南	3.11	1.18	10.21	0.16	1.38	0.35	0.29
重　庆	0.89	0.97	1.27	0.01	2.26	0.19	0.63
四　川	0.97	0.99	1.14	0.01	1.44	0.18	0.39
贵　州	0.29	0.38	0.08		0.91	0.14	0.21
云　南	0.54	0.80	0.60	0.01	1.18	0.45	0.32
西　藏		0.09	0.01		1.37	0.23	0.57
陕　西	0.17	1.54	0.13		0.89	1.12	0.18
甘　肃	0.18	0.52	0.12		0.76	0.16	0.20
青　海	0.17	0.20	0.24		1.06	0.08	0.50
宁　夏	0.58	0.71	0.36		1.57	0.23	0.17
新　疆	0.42	0.44	0.45		0.42	0.21	0.42

5－11 续表 2　　　　单位:公斤/人

地　　区	卷烟(盒/人)	酒	#啤　　酒	茶　　叶	水　　果	鲜　　奶	奶制品
全国总计	**23.86**	**7.46**	**3.46**	**0.31**	**7.41**	**0.16**	**0.17**
北　　京	35.67	16.86	11.70	0.59	22.35	3.95	1.76
天　　津	27.16	10.46	6.70	0.66	14.97	0.33	0.41
河　　北	18.12	6.51	3.70	0.09	8.41	0.09	0.13
山　　西	29.35	2.29	0.70	0.17	7.28	0.45	0.18
内 蒙 古	24.68	10.11	3.55	0.58	5.87	0.19	0.22
辽　　宁	20.70	10.99	6.54	0.10	15.15	0.21	0.15
吉　　林	19.71	11.59	6.16	0.07	13.23	0.02	0.12
黑 龙 江	19.29	14.71	7.99	0.04	10.95	0.07	0.23
上　　海	44.49	15.68	6.84	0.47	12.02	1.45	0.62
江　　苏	24.58	9.12	3.36	0.07	7.96	0.19	0.22
浙　　江	34.92	22.22	11.60	0.10	14.63	0.36	0.61
安　　徽	23.99	10.02	6.58	0.13	4.95	0.01	0.12
福　　建	29.96	14.84	11.52	0.46	8.79	0.32	0.18
江　　西	25.61	6.14	4.10	0.08	5.38	0.01	0.12
山　　东	29.38	13.80	6.66	1.23	14.10	0.27	0.44
河　　南	22.82	4.67	2.85	0.09	5.57	0.02	0.12
湖　　北	28.04	6.99	2.75	0.27	4.55		0.04
湖　　南	26.40	4.06	1.08	0.43	7.86	0.01	0.06
广　　东	25.42	3.92	0.65	0.37	13.81	0.04	0.04
广　　西	11.07	5.18	0.64	0.02	3.59		0.02
海　　南	12.71	3.13	0.52	0.34	1.72		0.07
重　　庆	32.25	7.32	2.58	0.10	4.58	0.02	0.04
四　　川	26.65	6.23	1.65	0.23	4.49	0.03	0.06
贵　　州	25.62	5.29	0.37	0.17	1.83		0.03
云　　南	25.49	4.84	0.48	0.23	3.78	0.03	0.05
西　　藏	10.83	1.24	0.28	1.77	0.35		0.39
陕　　西	27.63	2.14	0.84	0.22	4.66	0.34	0.18
甘　　肃	18.65	2.32	0.77	0.45	3.30	0.13	0.21
青　　海	14.08	2.40	0.33	1.87	2.44	0.35	0.14
宁　　夏	16.04	1.65	0.67	0.29	10.38	0.27	0.16
新　　疆	3.05	1.14	0.37	0.37	3.11	0.31	0.05

5-12　各地区农村居民家庭购买主要衣着

地　　区	棉　　布（米/人）	棉布服装（件/人）	化纤布（米/人）	化纤布服装（件/人）	毛　　料（米/人）	毛料服装（件/人）	皮料服装（件/人）
全国总计	**0.21**	**0.14**	**0.29**	**1.05**	**0.06**	**0.03**	**0.01**
北　　京	0.54	0.46	0.41	0.90	0.06	0.09	0.02
天　　津	0.34	0.28	0.17	1.24	0.02	0.10	0.03
河　　北	0.24	0.08	0.49	1.26	0.01	0.02	0.01
山　　西	0.23	0.06	0.52	1.54	0.01	0.03	0.01
内 蒙 古	0.31	0.04	0.39	1.08	0.02	0.02	0.03
辽　　宁	0.34	0.12	0.27	1.22	0.02	0.07	0.03
吉　　林	0.14	0.08	0.18	0.84	0.01	0.02	0.01
黑 龙 江	0.21	0.10	0.19	0.86	0.02	0.05	0.02
上　　海	0.18	0.38	0.47	0.97	0.03	0.15	0.01
江　　苏	0.19	0.28	0.49	0.98	0.03	0.06	0.01
浙　　江	0.12	0.24	0.25	1.02	0.03	0.10	0.01
安　　徽	0.13	0.17	0.25	0.85	0.04	0.03	0.01
福　　建	0.13	0.21	0.08	0.74	0.03	0.06	0.01
江　　西	0.07	0.10	0.26	1.16	0.01	0.02	
山　　东	0.77	0.36	0.87	0.98	0.66	0.06	0.01
河　　南	0.16	0.09	0.27	1.26	0.02	0.01	
湖　　北	0.09	0.12	0.13	0.97	0.03	0.02	
湖　　南	0.08	0.07	0.15	1.34	0.01	0.01	0.01
广　　东	0.01	0.28	0.03	0.97		0.01	
广　　西	0.05	0.03	0.08	1.16			
海　　南	0.01	0.03	0.02	0.54	0.01	0.01	
重　　庆	0.12	0.10	0.10	0.98	0.01	0.03	0.00
四　　川	0.13	0.06	0.09	1.03	0.01	0.01	
贵　　州	0.19	0.07	0.14	0.79	0.04	0.01	
云　　南	0.09	0.08	0.07	0.89	0.03	0.01	
西　　藏	0.45	0.58	0.06	0.44	0.02	0.03	0.01
陕　　西	0.26	0.05	0.40	1.49		0.01	0.00
甘　　肃	0.17	0.08	0.36	0.74	0.03	0.03	0.01
青　　海	0.48	0.08	0.57	1.29	0.03	0.02	0.01
宁　　夏	0.14	0.02	0.47	1.23	0.01	0.01	0.02
新　　疆	0.62	0.09	0.78	0.94	0.05	0.05	0.01

5－13 各地区农村居民家庭购买主要建筑材料

地　　区	水　泥 (公斤/户)	木　材 (立方米/户)	钢　材 (公斤/户)	水泥预制件 (件/户)	玻　璃 (平方米/户)	砖　瓦 (块/户)	沙　石 (立方米/户)
全国总计	**302.74**	**0.25**	**24.01**	**1.87**	**0.40**	**896.50**	**5.94**
北　京	364.74	0.92	17.53	1.40	0.68	933.08	31.07
天　津	75.42	0.05	2.19	0.50	0.05	466.14	10.77
河　北	331.58	0.14	30.60	0.80	0.53	1716.51	1.37
山　西	144.44	0.10	10.05	0.19	0.19	835.75	0.89
内蒙古	197.05	0.12	6.85	0.43	0.62	905.93	0.75
辽　宁	282.44	0.08	7.14	0.32	0.47	520.08	1.62
吉　林	199.30	0.11	7.17	0.22	0.31	795.96	1.21
黑龙江	140.94	0.12	5.53	0.18	0.70	576.94	0.96
上　海	211.44	0.32	2.44	0.23	0.31	283.54	96.79
江　苏	459.93	0.15	30.92	1.77	0.43	1336.75	5.10
浙　江	424.40	0.54	42.83	2.96	0.54	1119.42	8.18
安　徽	269.85	0.04	21.91	1.37	0.14	773.81	7.17
福　建	395.59	0.07	63.73	0.68	0.51	647.98	6.41
江　西	338.93	0.05	40.44	0.24	0.27	815.23	2.31
山　东	344.67	0.58	21.22	9.12	1.40	1217.19	13.52
河　南	269.97	0.03	17.56	0.89	0.25	1326.30	4.15
湖　北	261.09	0.96	13.73	1.42	0.18	666.81	6.26
湖　南	396.27	0.13	31.64	3.01	0.44	887.91	5.49
广　东	405.88	0.32	64.04	0.31	0.09	787.11	3.61
广　西	592.00	0.05	59.90	1.48	0.11	685.87	1.99
海　南	218.28	1.15	9.19	0.74	0.01	399.86	4.86
重　庆	291.93	0.12	14.82	1.40	0.17	691.07	6.57
四　川	293.87	0.04	18.37	2.22	0.21	798.28	2.02
贵　州	289.95	0.07	20.08	3.75	0.19	311.48	1.80
云　南	217.35	0.79	27.43	6.39	0.24	463.68	22.03
西　藏	6.38	0.95			0.09		
陕　西	280.19	0.14	18.23	0.70	0.35	1138.70	3.04
甘　肃	212.66	0.13	7.55	0.31	0.51	775.11	1.31
青　海	94.11	0.49	3.08	0.01	0.71	454.27	0.49
宁　夏	275.78	0.16	7.70	0.00	0.88	1241.38	2.00
新　疆	159.26	0.11	6.16	0.10	0.41	781.49	1.22

5－14 各地区农村居民家庭购买主要生产资料

单位:公斤/户

地 区	化 肥	饼 肥	农 药	农用薄膜	生产用燃料	生产用种籽	生产用饲料
全国总计	**545.78**	**7.54**	**9.80**	**4.00**	**90.83**	**30.72**	**324.82**
北 京	169.04	25.41	7.48	2.97	35.13	10.58	220.47
天 津	308.67	10.20	4.64	5.69	42.22	20.50	1181.80
河 北	576.45	3.52	8.07	3.54	75.92	22.06	290.52
山 西	419.33	1.13	4.36	2.92	55.75	42.20	198.74
内蒙古	595.94	6.83	3.38	5.64	122.33	49.18	343.37
辽 宁	471.12	1.99	8.68	5.98	52.19	55.44	586.54
吉 林	618.68	4.02	8.29	4.86	110.07	73.16	226.70
黑龙江	564.82	2.32	10.87	6.43	171.50	85.11	313.02
上 海	374.98	9.11	14.38	3.28	33.58	9.92	320.88
江 苏	587.19	13.19	12.17	2.61	50.34	25.63	406.46
浙 江	414.52	7.00	14.79	3.15	41.10	9.77	482.80
安 徽	669.13	11.07	9.26	2.37	49.67	28.56	199.95
福 建	487.08	2.92	19.68	2.60	87.14	10.09	322.65
江 西	492.24	4.26	12.31	1.17	43.23	13.68	219.84
山 东	618.71	12.09	22.52	10.44	79.68	54.79	356.10
河 南	615.74	6.52	5.99	2.04	71.23	25.39	280.95
湖 北	726.10	12.90	15.73	2.08	46.60	23.36	327.71
湖 南	472.47	4.81	11.00	0.80	116.35	13.51	345.42
广 东	553.22	9.78	15.27	0.63	52.78	9.85	721.69
广 西	650.27	7.14	9.70	1.47	50.24	26.90	463.24
海 南	617.35	14.38	15.01	0.45	23.52	19.82	141.90
重 庆	438.95	7.65	4.18	1.23	161.44	15.79	154.50
四 川	521.71	10.34	4.61	1.94	68.60	17.82	315.38
贵 州	361.81	5.27	1.74	0.99	372.00	18.82	160.62
云 南	506.30	0.92	5.43	3.60	249.12	46.58	133.25
西 藏	98.35	1.15	8.97	0.00	89.29	1.23	36.38
陕 西	587.31	4.83	7.38	2.62	74.58	21.21	213.28
甘 肃	522.60	6.60	4.35	10.28	68.37	26.88	137.68
青 海	235.28	0.55	4.30	0.29	66.47	22.95	123.72
宁 夏	752.93	2.07	7.15	4.18	99.01	49.17	853.57
新 疆	811.62	25.43	5.09	34.10	105.04	106.92	345.93

5-15 各地区农村居民家庭粮食支出

单位:公斤/人

地　　区	粮食支出合计	1. 主食用粮	2. 其他生活用粮	3. 出售粮食
全国总计	**688.17**	**250.23**	**2.22**	**264.74**
北　　京	374.02	138.47		160.89
天　　津	752.99	216.39		192.50
河　　北	595.44	211.61	4.35	232.05
山　　西	451.76	240.48	4.31	121.95
内 蒙 古	1192.29	253.75	2.37	626.69
辽　　宁	1243.18	230.14	0.49	689.87
吉　　林	1800.14	228.49		1345.30
黑 龙 江	1913.71	266.85	0.25	1373.84
上　　海	476.13	222.77		140.67
江　　苏	727.27	285.94	5.22	311.57
浙　　江	495.98	228.18	0.76	102.63
安　　徽	712.37	272.42	0.94	319.00
福　　建	436.54	260.31	2.68	64.19
江　　西	654.67	302.14	3.51	216.60
山　　东	777.18	237.79	1.06	315.19
河　　南	672.74	257.63		272.67
湖　　北	744.20	298.07	6.11	299.21
湖　　南	569.06	285.65	3.92	111.59
广　　东	526.84	252.48	1.78	86.36
广　　西	440.53	233.75	0.22	72.24
海　　南	444.38	236.09	0.08	74.67
重　　庆	493.64	208.43	2.45	58.33
四　　川	571.14	246.08	5.02	76.50
贵　　州	463.49	227.44	3.64	77.12
云　　南	517.85	240.74	0.03	93.23
西　　藏	412.05	282.66	1.24	47.34
陕　　西	480.57	221.30	2.77	144.56
甘　　肃	461.52	257.38	0.01	96.96
青　　海	430.08	271.04	0.19	44.43
宁　　夏	890.55	247.98	0.97	381.95
新　　疆	764.35	244.91	0.03	316.30

5-15续表

单位:公斤/人

地　区	4. 种籽用粮	5. 饲料用粮	6. 借出粮食	7. 归还借粮	8. 其他粮食支出
全国总计	**16.59**	**147.10**	**0.53**	**0.33**	**6.43**
北　京	3.40	70.51			0.75
天　津	7.08	337.02			
河　北	17.48	125.93	0.01	0.03	3.97
山　西	17.82	64.67	0.55	0.26	1.71
内蒙古	40.83	266.90	0.36	0.30	1.09
辽　宁	17.93	300.79			3.97
吉　林	23.34	201.95	0.58		0.48
黑龙江	57.48	215.06			0.22
上　海	4.15	108.16			0.39
江　苏	8.48	110.21	0.07	0.09	5.69
浙　江	4.29	155.19	0.23	0.04	4.65
安　徽	12.96	103.11	1.64	0.72	1.59
福　建	2.79	100.09	0.92	0.10	5.47
江　西	8.47	114.52	0.78	1.74	6.92
山　东	19.86	193.84	0.88	0.22	8.35
河　南	12.78	119.59	0.98	0.12	8.99
湖　北	13.84	120.12	1.26	0.13	5.46
湖　南	8.14	149.51	0.82	1.84	7.58
广　东	3.66	157.18	0.21	0.10	25.07
广　西	5.22	115.87	1.11	0.16	11.95
海　南	10.72	109.14			13.69
重　庆	13.30	203.94	0.33	0.47	6.38
四　川	12.10	221.69	0.79	0.56	8.39
贵　州	17.67	133.69	0.30	0.50	3.12
云　南	19.62	150.06	0.06		14.11
西　藏	25.13	48.71	0.12	0.17	6.68
陕　西	15.11	94.79	0.64	0.08	1.30
甘　肃	25.77	78.19	0.04	0.39	2.78
青　海	39.02	74.75	0.05		0.60
宁　夏	47.64	206.31	0.09	0.04	5.58
新　疆	41.74	158.15			3.23

5－16 各地区农村居民总收入

单位:元/人

地　　区	总　收　入	一、工资性收入	二、家庭经营收入	三、转移性收入	四、财产性收入
全　　国	**3146.21**	**702.30**	**2251.28**	**147.59**	**45.04**
北　　京	5515.65	2819.06	2238.93	299.38	158.28
天　　津	4649.13	1638.28	2825.51	142.45	42.88
河　　北	3307.55	949.25	2217.08	78.55	62.66
山　　西	2423.85	726.05	1579.20	98.89	19.70
内 蒙 古	3440.31	287.63	3049.45	68.04	35.18
辽　　宁	3704.29	882.96	2577.87	185.27	58.19
吉　　林	3259.07	343.86	2775.00	108.94	31.26
黑 龙 江	3712.61	337.97	3194.96	119.05	60.62
上　　海	6399.54	4309.89	1547.51	399.31	142.83
江　　苏	4542.03	1663.11	2636.14	194.70	48.09
浙　　江	5325.17	2000.51	2844.91	298.75	181.01
安　　徽	2585.56	547.83	1910.31	102.71	24.70
福　　建	4103.55	1069.01	2556.71	400.85	76.97
江　　西	2833.80	744.47	1959.45	111.07	18.80
山　　东	3880.98	850.56	2809.40	163.23	57.80
河　　南	2726.08	473.68	2134.32	88.93	29.15
湖　　北	3008.13	547.69	2277.46	163.43	19.55
湖　　南	3195.13	789.74	2130.06	254.59	20.74
广　　东	4590.47	1362.16	2869.36	285.28	73.67
广　　西	2649.18	483.75	2042.38	115.58	7.47
海　　南	2840.75	151.38	2520.64	130.58	38.15
重　　庆	2594.95	623.32	1793.41	169.69	8.54
四　　川	2829.93	606.93	2059.16	133.88	29.96
贵　　州	1947.47	274.90	1556.42	109.17	6.97
云　　南	2246.94	263.58	1844.73	90.70	47.94
西　　藏	1732.32	227.63	1325.22	72.93	106.54
陕　　西	2032.79	445.97	1457.09	82.70	47.03
甘　　肃	1958.00	355.03	1524.92	61.92	16.13
青　　海	2000.32	312.30	1597.03	66.28	24.70
宁　　夏	2819.79	484.02	2169.98	85.01	80.77
新　　疆	3129.35	104.58	2926.75	57.60	40.43

5－17 各地区农村居民总收入构成

单位：%

地 区	总 收 入	一、工资性收入	二、家庭经营收入	三、转移性收入	四、财产性收入
全 国	**100.00**	**22.32**	**71.56**	**4.69**	**1.43**
北 京	100.00	51.11	40.59	5.43	2.87
天 津	100.00	35.24	60.78	3.06	0.92
河 北	100.00	28.70	67.03	2.38	1.89
山 西	100.00	29.95	65.15	4.08	0.81
内蒙古	100.00	8.36	88.64	1.98	1.02
辽 宁	100.00	23.84	69.59	5.00	1.57
吉 林	100.00	10.55	85.15	3.34	0.96
黑龙江	100.00	9.10	86.06	3.21	1.63
上 海	100.00	67.35	24.18	6.24	2.23
江 苏	100.00	36.62	58.04	4.29	1.06
浙 江	100.00	37.57	53.42	5.61	3.40
安 徽	100.00	21.19	73.88	3.97	0.96
福 建	100.00	26.05	62.30	9.77	1.88
江 西	100.00	26.27	69.15	3.92	0.66
山 东	100.00	21.92	72.39	4.21	1.49
河 南	100.00	17.38	78.29	3.26	1.07
湖 北	100.00	18.21	75.71	5.43	0.65
湖 南	100.00	24.72	66.67	7.97	0.65
广 东	100.00	29.67	62.51	6.21	1.60
广 西	100.00	18.26	77.09	4.36	0.28
海 南	100.00	5.33	88.73	4.60	1.34
重 庆	100.00	24.02	69.11	6.54	0.33
四 川	100.00	21.45	72.76	4.73	1.06
贵 州	100.00	14.12	79.92	5.61	0.36
云 南	100.00	11.73	82.10	4.04	2.13
西 藏	100.00	13.14	76.50	4.21	6.15
陕 西	100.00	21.94	71.68	4.07	2.31
甘 肃	100.00	18.13	77.88	3.16	0.82
青 海	100.00	15.61	79.84	3.31	1.24
宁 夏	100.00	17.17	76.96	3.01	2.86
新 疆	100.00	3.34	93.53	1.84	1.29

5－18 各地区农村居民纯收入

单位:元/人

地 区	纯收入	一、工资性收入	二、家庭经营纯收入	三、转移性纯收入	四、财产性纯收入
全 国	**2253.42**	**702.30**	**1427.27**	**78.81**	**45.04**
北 京	4604.55	2819.06	1437.63	189.58	158.28
天 津	3622.39	1638.28	1857.36	83.88	42.88
河 北	2478.86	949.25	1417.99	48.96	62.66
山 西	1905.61	726.05	1113.56	46.29	19.70
内蒙古	2038.21	287.63	1690.81	24.58	35.18
辽 宁	2355.58	882.96	1353.39	61.05	58.19
吉 林	2022.50	343.86	1611.20	36.18	31.26
黑龙江	2148.22	337.97	1699.37	50.26	60.62
上 海	5596.37	4309.89	933.74	209.92	142.83
江 苏	3595.09	1663.11	1770.87	113.02	48.09
浙 江	4253.67	2000.51	1917.92	154.23	181.01
安 徽	1934.57	547.83	1298.40	63.64	24.70
福 建	3230.49	1069.01	1844.27	240.23	76.97
江 西	2135.30	744.47	1319.94	52.09	18.80
山 东	2659.20	850.56	1676.90	73.94	57.80
河 南	1985.82	473.68	1427.24	55.75	29.15
湖 北	2268.59	547.69	1617.81	83.54	19.55
湖 南	2197.16	789.74	1329.10	57.58	20.74
广 东	3654.48	1362.16	2002.92	215.73	73.67
广 西	1864.51	483.75	1297.16	76.13	7.47
海 南	2182.26	151.38	1897.73	95.00	38.15
重 庆	1892.44	623.32	1155.63	104.96	8.54
四 川	1903.60	606.93	1194.19	72.52	29.96
贵 州	1374.16	274.90	1029.45	62.84	6.97
云 南	1478.60	263.58	1115.68	51.40	47.94
西 藏	1330.81	227.63	934.48	62.16	106.54
陕 西	1443.86	445.97	901.15	49.71	47.03
甘 肃	1428.68	355.03	1011.78	45.73	16.13
青 海	1490.49	312.30	1119.77	33.72	24.70
宁 夏	1724.30	484.02	1121.38	38.13	80.77
新 疆	1618.08	104.58	1451.33	21.74	40.43

5－19 各地区农村居民纯收入构成

单位：%

地 区	纯 收 入	一、工资性收入	二、家庭经营纯收入	三、转移性纯收入	四、财产性纯收入
全 国	**100.00**	**31.16**	**63.34**	**3.50**	**2.00**
北 京	100.00	61.22	31.22	4.12	3.44
天 津	100.00	45.23	51.27	2.32	1.18
河 北	100.00	38.29	57.20	1.98	2.53
山 西	100.00	38.10	58.44	2.43	1.03
内蒙古	100.00	14.11	82.96	1.21	1.73
辽 宁	100.00	37.48	57.45	2.59	2.47
吉 林	100.00	17.00	79.66	1.79	1.55
黑龙江	100.00	15.73	79.11	2.34	2.82
上 海	100.00	77.01	16.68	3.75	2.55
江 苏	100.00	46.26	49.26	3.14	1.34
浙 江	100.00	47.03	45.09	3.63	4.26
安 徽	100.00	28.32	67.12	3.29	1.28
福 建	100.00	33.09	57.09	7.44	2.38
江 西	100.00	34.87	61.82	2.44	0.88
山 东	100.00	31.99	63.06	2.78	2.17
河 南	100.00	23.85	71.87	2.81	1.47
湖 北	100.00	24.14	71.31	3.68	0.86
湖 南	100.00	35.94	60.49	2.62	0.94
广 东	100.00	37.27	54.81	5.90	2.02
广 西	100.00	25.95	69.57	4.08	0.40
海 南	100.00	6.94	86.96	4.35	1.75
重 庆	100.00	32.94	61.07	5.55	0.45
四 川	100.00	31.88	62.73	3.81	1.57
贵 州	100.00	20.00	74.92	4.57	0.51
云 南	100.00	17.83	75.46	3.48	3.24
西 藏	100.00	17.10	70.22	4.67	8.01
陕 西	100.00	30.89	62.41	3.44	3.26
甘 肃	100.00	24.85	70.82	3.20	1.13
青 海	100.00	20.95	75.13	2.26	1.66
宁 夏	100.00	28.07	65.03	2.21	4.68
新 疆	100.00	6.46	89.69	1.34	2.50

5－20 各地区农村居民工资性收入

单位:元/人

地区	工资性收入	一、在非企业组织中得到的收入	二、在本地企业中得到的收入	三、常住人口外出从业得到的收入	四、其他收入
全国	**702.30**	**140.12**	**208.98**	**240.31**	**112.89**
北京	2819.06	1044.39	1401.22	259.97	113.49
天津	1638.28	244.05	990.27	273.83	130.13
河北	949.25	185.55	321.89	246.71	195.10
山西	726.05	114.64	295.46	119.64	196.31
内蒙古	287.63	89.35	21.90	108.13	68.25
辽宁	882.96	258.87	225.67	154.35	244.07
吉林	343.86	58.53	93.44	85.86	106.04
黑龙江	337.97	120.09	23.91	79.90	114.07
上海	4309.89	968.66	2799.06	299.47	242.70
江苏	1663.11	283.91	740.22	476.53	162.46
浙江	2000.51	399.28	1069.33	261.28	270.61
安徽	547.83	76.27	94.29	312.64	64.64
福建	1069.01	283.90	294.47	255.56	235.08
江西	744.47	97.80	45.95	531.92	68.81
山东	850.56	235.42	280.76	218.16	116.21
河南	473.68	84.90	82.37	229.48	76.93
湖北	547.69	120.43	64.76	273.87	88.63
湖南	789.74	88.22	157.90	427.35	116.27
广东	1362.16	177.26	386.59	728.74	69.57
广西	483.75	67.84	32.76	276.07	107.09
海南	151.38	48.63	30.39	31.44	40.92
重庆	623.32	75.10	92.06	363.47	92.69
四川	606.93	82.17	118.20	328.34	78.22
贵州	274.90	52.84	34.72	117.51	69.83
云南	263.58	85.23	50.86	59.88	67.62
西藏	227.63	107.36	13.02	25.21	82.04
陕西	445.97	91.83	81.33	164.63	108.18
甘肃	355.03	92.28	80.39	123.61	58.75
青海	312.30	68.55	31.17	183.98	28.61
宁夏	484.02	111.57	91.45	154.04	126.96
新疆	104.58	62.04	9.27	15.92	17.36

5－21 各地区农村居民工资性收入构成

单位：%

地区	工资性收入	一、在非企业组织中得到的收入	二、在本地企业中得到的收入	三、常住人口外出从业得到的收入	四、其他收入
全国	**100.00**	**19.95**	**29.76**	**34.22**	**16.07**
北京	100.00	37.05	49.71	9.22	4.03
天津	100.00	14.90	60.45	16.71	7.94
河北	100.00	19.55	33.91	25.99	20.55
山西	100.00	15.79	40.69	16.48	27.04
内蒙古	100.00	31.07	7.61	37.59	23.73
辽宁	100.00	29.32	25.56	17.48	27.64
吉林	100.00	17.02	27.17	24.97	30.84
黑龙江	100.00	35.53	7.07	23.64	33.75
上海	100.00	22.48	64.95	6.95	5.63
江苏	100.00	17.07	44.51	28.65	9.77
浙江	100.00	19.96	53.45	13.06	13.53
安徽	100.00	13.92	17.21	57.07	11.80
福建	100.00	26.56	27.55	23.91	21.99
江西	100.00	13.14	6.17	71.45	9.24
山东	100.00	27.68	33.01	25.65	13.66
河南	100.00	17.92	17.39	48.45	16.24
湖北	100.00	21.99	11.82	50.00	16.18
湖南	100.00	11.17	19.99	54.11	14.72
广东	100.00	13.01	28.38	53.50	5.11
广西	100.00	14.02	6.77	57.07	22.14
海南	100.00	32.12	20.07	20.77	27.03
重庆	100.00	12.05	14.77	58.31	14.87
四川	100.00	13.54	19.48	54.10	12.89
贵州	100.00	19.22	12.63	42.75	25.40
云南	100.00	32.33	19.30	22.72	25.65
西藏	100.00	47.17	5.72	11.07	36.04
陕西	100.00	20.59	18.24	36.91	24.26
甘肃	100.00	25.99	22.64	34.82	16.55
青海	100.00	21.95	9.98	58.91	9.16
宁夏	100.00	23.05	18.89	31.83	26.23
新疆	100.00	59.32	8.86	15.22	16.60

5－22 各地区农村居民家庭经营总收入

单位:元/人

地 区	家庭经营收入	1.农业收入	#种植业收入	2.林业收入	3.牧业收入	4.渔业收入	5.工业收入	6.建筑业收入
全国合计	**2251.28**	**1231.69**	**1177.68**	**27.89**	**502.82**	**48.25**	**79.61**	**54.10**
北 京	2238.93	911.13	887.81	32.76	258.74	73.68	93.34	101.25
天 津	2825.51	1334.03	1277.90	1.97	724.36	49.90	98.58	23.35
河 北	2217.08	1214.79	1201.93	8.15	361.30	11.46	131.80	22.55
山 西	1579.20	889.40	880.86	14.50	215.78		31.61	38.42
内蒙古	3049.45	1667.19	1535.06	15.46	1182.10	0.03	28.98	6.07
辽 宁	2577.87	1463.17	1379.21	7.87	641.37	76.61	65.88	27.55
吉 林	2775.00	2192.49	2071.13	7.17	421.45	2.81	19.19	6.17
黑龙江	3194.96	2658.46	2497.66	0.85	371.64	3.05	18.35	12.54
上 海	1547.51	996.79	991.27	0.46	234.67	35.28	38.71	12.90
江 苏	2636.14	1214.77	1178.25	33.27	532.88	135.12	206.38	89.39
浙 江	2844.91	972.37	947.94	33.19	500.15	64.95	413.97	155.57
安 徽	1910.31	1160.45	1098.59	22.25	403.91	23.53	42.65	50.83
福 建	2556.71	1052.95	1018.34	75.13	439.96	136.51	120.33	173.53
江 西	1959.45	1084.87	1008.67	27.66	483.08	55.45	46.61	41.64
山 东	2809.40	1662.23	1620.99	46.29	536.64	15.07	115.21	47.19
河 南	2134.32	1309.66	1254.11	25.01	412.26	20.30	65.57	30.28
湖 北	2277.46	1357.03	1311.12	37.60	478.69	85.42	61.02	42.51
湖 南	2130.06	933.71	912.20	18.95	616.79	49.20	92.95	129.35
广 东	2869.36	1217.78	1155.49	44.37	564.02	292.46	68.85	149.75
广 西	2042.38	943.57	918.21	49.94	701.66	49.59	57.66	47.53
海 南	2520.64	1241.79	1177.73	199.79	446.58	195.28	30.45	19.70
重 庆	1793.41	832.53	803.30	13.67	685.38	30.02	31.73	17.68
四 川	2059.16	992.62	927.75	22.47	736.34	16.64	48.23	43.05
贵 州	1556.42	877.75	797.27	18.81	462.44	2.74	29.31	25.74
云 南	1844.73	1048.66	970.81	42.22	488.68	5.41	65.17	11.16
西 藏	1325.22	517.17	486.68	9.12	271.57		34.42	143.41
陕 西	1457.09	842.23	782.81	10.28	252.06	1.28	52.75	30.01
甘 肃	1524.92	945.06	890.39	11.00	229.64	0.04	32.37	56.52
青 海	1597.03	610.47	579.99	6.13	730.00	20.28	16.05	11.94
宁 夏	2169.98	1097.59	1034.50	6.86	581.36	35.47	51.67	14.59
新 疆	2926.75	2260.63	2223.62	31.53	434.32		10.60	7.01

5-22 续表

单位:元/人

地　区	7.交通、运输和邮电业收入	8.批发零售贸易餐饮业收入	9.社会服务业收入	10.文教卫生业收入	11.其他家庭经营收入	第一产业收入	第二产业收入	第三产业收入
全国合计	**96.63**	**96.19**	**32.94**	**8.29**	**72.87**	**1810.65**	**133.71**	**306.92**
北　京	385.01	234.74	59.91	33.91	54.46	1276.30	194.59	768.03
天　津	207.01	229.31	33.99	25.47	97.56	2110.25	121.93	593.34
河　北	148.60	197.38	33.36	17.97	69.72	1595.70	154.36	467.02
山　西	159.47	67.37	31.67	4.95	126.01	1119.68	70.04	389.48
内蒙古	27.97	41.02	11.77	7.42	61.43	2864.78	35.05	149.62
辽　宁	82.59	103.65	27.62	9.49	72.09	2189.02	93.43	295.43
吉　林	31.28	15.98	5.03	1.52	71.92	2623.92	25.36	125.73
黑龙江	40.86	17.06	9.28	8.89	53.98	3034.00	30.89	130.07
上　海	96.14	38.04	28.65	0.26	65.62	1267.19	51.61	228.71
江　苏	134.89	145.59	51.72	5.81	86.33	1916.04	295.77	424.33
浙　江	216.20	232.35	142.69	11.93	101.55	1570.66	569.54	704.72
安　徽	52.80	56.32	32.27	6.00	59.31	1610.13	93.48	206.70
福　建	141.05	173.87	73.69	22.84	146.84	1704.55	293.86	558.30
江　西	57.05	65.73	39.97	6.91	50.47	1651.07	88.25	220.13
山　东	120.71	123.00	39.24	4.49	99.32	2260.24	162.40	386.76
河　南	67.06	79.54	26.76	9.42	88.45	1767.23	95.85	271.23
湖　北	65.90	72.01	20.31	5.31	51.67	1958.73	103.53	215.20
湖　南	93.19	119.61	36.89	4.30	35.11	1618.65	222.30	289.11
广　东	160.17	187.17	60.05	19.17	105.57	2118.63	218.59	532.13
广　西	43.91	94.10	17.92	6.44	30.06	1744.75	105.19	192.43
海　南	83.05	69.06	37.76	5.59	191.60	2083.45	50.14	387.05
重　庆	82.96	29.75	20.47	7.19	42.02	1561.60	49.41	182.40
四　川	71.73	64.67	27.60	6.85	28.96	1768.07	91.28	199.81
贵　州	40.62	42.53	10.93	3.58	41.98	1361.74	55.05	139.63
云　南	43.98	37.93	5.88	1.40	94.22	1584.98	76.33	183.42
西　藏	167.65	47.40	14.91	2.86	116.71	797.86	177.83	349.53
陕　西	119.15	87.45	16.12	6.84	38.91	1105.85	82.76	268.48
甘　肃	70.24	54.78	18.08	10.04	97.15	1185.75	88.89	250.28
青　海	103.69	28.23	3.66	12.25	54.34	1366.87	27.98	202.18
宁　夏	191.80	123.51	25.48	3.71	37.95	1721.28	66.26	382.45
新　疆	45.18	29.03	19.38		89.07	2726.48	17.61	182.65

5－23 各地区农村居民家庭经营总收入构成

单位：%

地区	家庭经营收入	1.农业收入	#种植业收入	2.林业收入	3.牧业收入	4.渔业收入	5.工业收入	6.建筑业收入
全国合计	**100.00**	**54.71**	**52.31**	**1.24**	**22.33**	**2.14**	**3.54**	**2.40**
北京	100.00	40.69	39.65	1.46	11.56	3.29	4.17	4.52
天津	100.00	47.21	45.23	0.07	25.64	1.77	3.49	0.83
河北	100.00	54.79	54.21	0.37	16.30	0.52	5.94	1.02
山西	100.00	56.32	55.78	0.92	13.66		2.00	2.43
内蒙古	100.00	54.67	50.34	0.51	38.76		0.95	0.20
辽宁	100.00	56.76	53.50	0.31	24.88	2.97	2.56	1.07
吉林	100.00	79.01	74.64	0.26	15.19	0.10	0.69	0.22
黑龙江	100.00	83.21	78.18	0.03	11.63	0.10	0.57	0.39
上海	100.00	64.41	64.06	0.03	15.16	2.28	2.50	0.83
江苏	100.00	46.08	44.70	1.26	20.21	5.13	7.83	3.39
浙江	100.00	34.18	33.32	1.17	17.58	2.28	14.55	5.47
安徽	100.00	60.75	57.51	1.16	21.14	1.23	2.23	2.66
福建	100.00	41.18	39.83	2.94	17.21	5.34	4.71	6.79
江西	100.00	55.37	51.48	1.41	24.65	2.83	2.38	2.13
山东	100.00	59.17	57.70	1.65	19.10	0.54	4.10	1.68
河南	100.00	61.36	58.76	1.17	19.32	0.95	3.07	1.42
湖北	100.00	59.59	57.57	1.65	21.02	3.75	2.68	1.87
湖南	100.00	43.84	42.83	0.89	28.96	2.31	4.36	6.07
广东	100.00	42.44	40.27	1.55	19.66	10.19	2.40	5.22
广西	100.00	46.20	44.96	2.45	34.35	2.43	2.82	2.33
海南	100.00	49.26	46.72	7.93	17.72	7.75	1.21	0.78
重庆	100.00	46.42	44.79	0.76	38.22	1.67	1.77	0.99
四川	100.00	48.20	45.05	1.09	35.76	0.81	2.34	2.09
贵州	100.00	56.40	51.22	1.21	29.71	0.18	1.88	1.65
云南	100.00	56.85	52.63	2.29	26.49	0.29	3.53	0.60
西藏	100.00	39.02	36.72	0.69	20.49		2.60	10.82
陕西	100.00	57.80	53.72	0.71	17.30	0.09	3.62	2.06
甘肃	100.00	61.97	58.39	0.72	15.06		2.12	3.71
青海	100.00	38.22	36.32	0.38	45.71	1.27	1.00	0.75
宁夏	100.00	50.58	47.67	0.32	26.79	1.63	2.38	0.67
新疆	100.00	77.24	75.98	1.08	14.84		0.36	0.24

5－23续表　　　　单位：%

地　　区	7.交通、运输和邮电业收入	8.批发零售贸易餐饮业收入	9.社会服务业收入	10.文教卫生业收入	11.其他家庭经营收入	第一产业收入	第二产业收入	第三产业收入
全国合计	**4.29**	**4.27**	**1.46**	**0.37**	**3.25**	**80.43**	**5.94**	**13.63**
北　京	17.20	10.48	2.68	1.51	2.43	57.01	8.69	34.30
天　津	7.33	8.12	1.20	0.90	3.45	74.69	4.32	21.00
河　北	6.70	8.90	1.50	0.81	3.14	71.97	6.96	21.06
山　西	10.10	4.27	2.01	0.31	7.98	70.90	4.44	24.66
内蒙古	0.92	1.35	0.39	0.24	2.01	93.94	1.15	4.91
辽　宁	3.20	4.02	1.07	0.37	2.80	84.92	3.62	11.46
吉　林	1.13	0.58	0.18	0.05	2.59	94.56	0.91	4.53
黑龙江	1.28	0.53	0.29	0.28	1.69	94.96	0.97	4.07
上　海	6.21	2.46	1.85	0.02	4.24	81.89	3.34	14.78
江　苏	5.12	5.52	1.96	0.22	3.27	72.68	11.22	16.10
浙　江	7.60	8.17	5.02	0.42	3.57	55.21	20.02	24.77
安　徽	2.76	2.95	1.69	0.31	3.10	84.29	4.89	10.82
福　建	5.52	6.80	2.88	0.89	5.74	66.67	11.49	21.84
江　西	2.91	3.35	2.04	0.35	2.58	84.26	4.50	11.23
山　东	4.30	4.38	1.40	0.16	3.54	80.45	5.78	13.77
河　南	3.14	3.73	1.25	0.44	4.14	82.80	4.49	12.71
湖　北	2.89	3.16	0.89	0.23	2.27	86.00	4.55	9.45
湖　南	4.37	5.62	1.73	0.20	1.65	75.99	10.44	13.57
广　东	5.58	6.52	2.09	0.67	3.68	73.84	7.62	18.55
广　西	2.15	4.61	0.88	0.32	1.47	85.43	5.15	9.42
海　南	3.29	2.74	1.50	0.22	7.60	82.66	1.99	15.36
重　庆	4.63	1.66	1.14	0.40	2.34	87.07	2.76	10.17
四　川	3.48	3.14	1.34	0.33	1.41	85.86	4.43	9.70
贵　州	2.61	2.73	0.70	0.23	2.70	87.49	3.54	8.97
云　南	2.38	2.06	0.32	0.08	5.11	85.92	4.14	9.94
西　藏	12.65	3.58	1.12	0.22	8.81	60.20	13.42	26.38
陕　西	8.18	6.00	1.11	0.47	2.67	75.89	5.68	18.43
甘　肃	4.61	3.59	1.19	0.66	6.37	77.76	5.83	16.41
青　海	6.49	1.77	0.23	0.77	3.40	85.59	1.75	12.66
宁　夏	8.84	5.69	1.17	0.17	1.75	79.32	3.05	17.62
新　疆	1.54	0.99	0.66		3.04	93.16	0.60	6.24

5-24 各地区农村居民现金收入

单位:元/人

地　区	现　金 收　入	一、工资性 收　入	二、家庭经营 现金收入	三、转移性 收　入	四、财产性 收　入
全　国	**2381.60**	**700.41**	**1498.81**	**143.49**	**38.89**
北　京	5092.56	2809.43	1844.58	286.13	152.42
天　津	3938.48	1636.51	2118.52	142.10	41.34
河　北	2607.23	949.15	1522.80	77.98	57.29
山　西	1836.31	725.50	996.24	97.23	17.35
内蒙古	2448.89	287.63	2073.94	67.87	19.45
辽　宁	3050.75	881.26	1956.58	179.36	33.56
吉　林	2296.07	343.74	1829.45	107.79	15.09
黑龙江	2654.57	337.27	2175.02	117.71	24.56
上　海	5914.94	4305.23	1073.31	394.62	141.78
江　苏	3673.63	1648.20	1793.84	184.33	47.26
浙　江	4863.37	1991.91	2410.69	293.29	167.48
安　徽	1901.60	547.20	1230.52	100.74	23.15
福　建	3617.21	1066.16	2098.56	388.96	63.53
江　西	2004.94	744.31	1134.53	107.68	18.42
山　东	3090.67	848.68	2029.57	158.36	54.04
河　南	1854.40	473.42	1267.99	85.26	27.74
湖　北	2098.22	543.70	1388.62	157.11	8.80
湖　南	2440.74	789.54	1377.78	252.92	20.50
广　东	3759.51	1360.80	2051.18	273.86	73.67
广　西	1975.68	483.75	1369.00	115.51	7.42
海　南	2208.68	151.16	1904.20	125.69	27.63
重　庆	1627.80	623.28	827.74	168.43	8.36
四　川	1841.69	606.26	1078.53	126.95	29.95
贵　州	1136.38	273.55	748.51	107.35	6.97
云　南	1430.02	263.18	1038.20	86.98	41.66
西　藏	1174.80	225.59	842.80	67.10	39.31
陕　西	1558.95	445.61	987.97	81.91	43.46
甘　肃	1309.03	353.05	879.57	60.28	16.13
青　海	1365.72	310.97	974.13	55.91	24.70
宁　夏	2169.24	483.99	1535.14	77.08	73.04
新　疆	2444.30	104.46	2245.31	56.67	37.87

5－25 各地区农村居民现金收入构成

单位：%

地 区	现金收入	一、工资性收入	二、家庭经营现金收入	三、转移性收入	四、财产性收入
全 国	**100.00**	**29.41**	**62.93**	**6.03**	**1.63**
北 京	100.00	55.17	36.22	5.62	2.99
天 津	100.00	41.55	53.79	3.61	1.05
河 北	100.00	36.40	58.41	2.99	2.20
山 西	100.00	39.51	54.25	5.29	0.94
内蒙古	100.00	11.75	84.69	2.77	0.79
辽 宁	100.00	28.89	64.13	5.88	1.10
吉 林	100.00	14.97	79.68	4.69	0.66
黑龙江	100.00	12.71	81.94	4.43	0.93
上 海	100.00	72.79	18.15	6.67	2.40
江 苏	100.00	44.87	48.83	5.02	1.29
浙 江	100.00	40.96	49.57	6.03	3.44
安 徽	100.00	28.78	64.71	5.30	1.22
福 建	100.00	29.47	58.02	10.75	1.76
江 西	100.00	37.12	56.59	5.37	0.92
山 东	100.00	27.46	65.67	5.12	1.75
河 南	100.00	25.53	68.38	4.60	1.50
湖 北	100.00	25.91	66.18	7.49	0.42
湖 南	100.00	32.35	56.45	10.36	0.84
广 东	100.00	36.20	54.56	7.28	1.96
广 西	100.00	24.49	69.29	5.85	0.38
海 南	100.00	6.84	86.21	5.69	1.25
重 庆	100.00	38.29	50.85	10.35	0.51
四 川	100.00	32.92	58.56	6.89	1.63
贵 州	100.00	24.07	65.87	9.45	0.61
云 南	100.00	18.40	72.60	6.08	2.91
西 藏	100.00	19.20	71.74	5.71	3.35
陕 西	100.00	28.58	63.37	5.25	2.79
甘 肃	100.00	26.97	67.19	4.60	1.23
青 海	100.00	22.77	71.33	4.09	1.81
宁 夏	100.00	22.31	70.77	3.55	3.37
新 疆	100.00	4.27	91.86	2.32	1.55

5－26 各地区农村居民工资性现金收入

单位:元/人

地 区	工资性现金收入	一、在非企业组织中得到的收入	二、在本地企业中得到的收入	三、常住人口外出从业得到的收入	四、其他收入
全 国	**700.41**	**139.68**	**208.45**	**239.69**	**112.59**
北 京	2809.43	1039.83	1398.52	259.49	111.59
天 津	1636.51	242.27	990.27	273.83	130.13
河 北	949.15	185.49	321.86	246.71	195.09
山 西	725.50	114.58	294.98	119.62	196.31
内蒙古	287.63	89.35	21.90	108.13	68.25
辽 宁	881.26	258.79	224.61	153.79	244.07
吉 林	343.74	58.51	93.34	85.86	106.04
黑龙江	337.27	120.06	23.84	79.77	113.60
上 海	4305.23	968.62	2794.72	299.19	242.70
江 苏	1648.20	281.05	737.55	469.57	160.03
浙 江	1991.91	397.87	1066.37	259.72	267.95
安 徽	547.20	76.20	94.26	312.30	64.43
福 建	1066.16	281.77	293.83	255.52	235.03
江 西	744.31	97.79	45.91	531.82	68.79
山 东	848.68	235.02	279.53	218.00	116.13
河 南	473.42	84.87	82.28	229.34	76.93
湖 北	543.70	118.94	64.04	272.73	87.99
湖 南	789.54	88.13	157.90	427.25	116.27
广 东	1360.80	177.26	385.63	728.38	69.53
广 西	483.75	67.84	32.76	276.06	107.09
海 南	151.16	48.61	30.39	31.44	40.72
重 庆	623.28	75.08	92.04	363.47	92.69
四 川	606.26	82.15	118.15	327.75	78.21
贵 州	273.55	52.74	34.58	116.50	69.74
云 南	263.18	85.15	50.67	59.86	67.51
西 藏	225.59	106.32	12.31	25.21	81.75
陕 西	445.61	91.75	81.33	164.42	108.10
甘 肃	353.05	92.02	79.77	122.68	58.58
青 海	310.97	68.55	31.17	183.00	28.25
宁 夏	483.99	111.54	91.45	154.04	126.96
新 疆	104.46	61.95	9.27	15.88	17.36

5－27　各地区农村居民工资性现金收入构成

单位：%

地　区	工资性现金收入	一、在非企业组织中得到的收入	二、在本地企业中得到的收入	三、常住人口外出从业得到的收入	四、其他收入
全　国	**100.00**	**19.94**	**29.76**	**34.23**	**16.07**
北　京	100.00	37.01	49.78	9.24	3.97
天　津	100.00	14.80	60.51	16.73	7.95
河　北	100.00	19.54	33.91	25.99	20.55
山　西	100.00	15.79	40.66	16.49	27.06
内蒙古	100.00	31.07	7.61	37.59	23.73
辽　宁	100.00	29.37	25.49	17.45	27.70
吉　林	100.00	17.02	27.15	24.98	30.85
黑龙江	100.00	35.60	7.07	23.65	33.68
上　海	100.00	22.50	64.91	6.95	5.64
江　苏	100.00	17.05	44.75	28.49	9.71
浙　江	100.00	19.97	53.53	13.04	13.45
安　徽	100.00	13.93	17.23	57.07	11.78
福　建	100.00	26.43	27.56	23.97	22.04
江　西	100.00	13.14	6.17	71.45	9.24
山　东	100.00	27.69	32.94	25.69	13.68
河　南	100.00	17.93	17.38	48.44	16.25
湖　北	100.00	21.88	11.78	50.16	16.18
湖　南	100.00	11.16	20.00	54.11	14.73
广　东	100.00	13.03	28.34	53.53	5.11
广　西	100.00	14.02	6.77	57.07	22.14
海　南	100.00	32.16	20.10	20.80	26.94
重　庆	100.00	12.05	14.77	58.32	14.87
四　川	100.00	13.55	19.49	54.06	12.90
贵　州	100.00	19.28	12.64	42.59	25.49
云　南	100.00	32.35	19.25	22.74	25.65
西　藏	100.00	47.13	5.46	11.17	36.24
陕　西	100.00	20.59	18.25	36.90	24.26
甘　肃	100.00	26.06	22.59	34.75	16.59
青　海	100.00	22.04	10.02	58.85	9.09
宁　夏	100.00	23.05	18.90	31.83	26.23
新　疆	100.00	59.30	8.87	15.21	16.62

5-28 各地区农村居民家庭经营现金收入

单位:元/人

地　区	家　庭经营现金收　入	1.出售产品收　入	#出售农业产　品收　入	##种植业收　入	##牧　业收　入
全国合计	**1498.81**	**1066.64**	**600.61**	**593.56**	**383.54**
北　京	1844.58	836.92	481.71	481.01	250.22
天　津	2118.52	1328.49	661.25	660.88	632.24
河　北	1522.80	898.05	561.83	557.62	309.82
山　西	996.24	541.41	335.84	332.26	188.08
内蒙古	2073.94	1881.84	1012.72	992.54	848.44
辽　宁	1956.58	1559.84	945.84	929.86	514.36
吉　林	1829.45	1674.85	1362.50	1338.90	297.73
黑龙江	2175.02	2022.03	1717.00	1706.88	288.52
上　海	1073.31	789.72	581.85	580.09	170.35
江　苏	1793.84	1153.59	508.86	505.79	416.07
浙　江	2410.69	1204.47	569.47	563.22	463.58
安　徽	1230.52	931.47	568.32	565.29	308.13
福　建	2098.56	1209.97	616.56	608.53	447.09
江　西	1134.53	837.43	369.17	363.40	394.65
山　东	2029.57	1481.57	910.14	904.27	490.33
河　南	1267.99	907.91	545.96	541.92	316.14
湖　北	1388.62	1089.73	685.41	679.52	298.89
湖　南	1377.78	898.93	319.74	314.14	490.92
广　东	2051.18	1268.31	527.30	522.78	446.23
广　西	1369.00	1101.88	406.08	398.04	580.72
海　南	1904.20	1475.12	766.21	759.50	339.94
重　庆	827.74	617.07	157.71	154.99	398.03
四　川	1078.53	805.97	263.34	253.71	496.32
贵　州	748.51	568.41	254.83	249.68	280.85
云　南	1038.20	796.31	455.31	445.16	290.57
西　藏	842.80	355.92	186.95	169.70	110.89
陕　西	987.97	623.10	410.07	399.93	198.14
甘　肃	879.57	525.73	389.79	387.16	124.48
青　海	974.13	737.45	254.39	240.62	469.97
宁　夏	1535.14	1080.95	551.98	543.45	482.88
新　疆	2245.31	2021.34	1647.29	1641.06	344.60

5－28续表1

单位:元/人

地区	2.工业加工费收入	3.建筑业收入	4.交通运输业、邮电业收入	5.批发和零售贸易、餐饮业收入	6.社会服务业收入
全国合计	**65.46**	**54.10**	**96.63**	**96.19**	**32.94**
北京	93.29	101.25	385.01	234.74	59.91
天津	97.94	23.35	207.01	229.31	33.99
河北	124.45	22.55	148.60	197.38	33.36
山西	27.71	38.42	159.47	67.37	31.67
内蒙古	26.40	6.07	27.97	41.02	11.77
辽宁	48.31	27.55	82.59	103.65	27.62
吉林	16.64	6.17	31.28	15.98	5.03
黑龙江	16.56	12.54	40.86	17.06	9.28
上海	37.41	12.90	96.14	38.04	28.65
江苏	137.86	89.39	134.89	145.59	51.72
浙江	352.16	155.57	216.20	232.35	142.69
安徽	35.59	50.83	52.80	56.32	32.27
福建	110.79	173.53	141.05	173.87	73.69
江西	34.90	41.64	57.05	65.73	39.97
山东	100.68	47.19	120.71	123.00	39.24
河南	60.65	30.28	67.06	79.54	26.76
湖北	43.83	42.51	65.90	72.01	20.31
湖南	58.29	129.35	93.19	119.61	36.89
广东	66.54	149.75	160.17	187.17	60.05
广西	31.11	47.53	43.91	94.10	17.92
海南	29.65	19.70	83.05	69.06	37.76
重庆	23.71	17.68	82.96	29.75	20.47
四川	29.65	43.05	71.73	64.67	27.60
贵州	19.83	25.74	40.62	42.53	10.93
云南	59.81	11.16	43.98	37.93	5.88
西藏	34.33	143.41	167.65	47.40	14.91
陕西	50.57	30.01	119.15	87.45	16.12
甘肃	30.02	56.52	70.24	54.78	18.08
青海	15.83	11.94	103.69	28.23	3.66
宁夏	51.14	14.59	191.80	123.51	25.48
新疆	10.60	7.01	45.18	29.03	19.38

5－28 续表 2 单位:元/人

地　区	7.文教卫生业收入	8.其他家庭经营收入	第一产业收入	第二产业收入	第三产业收入
全国合计	**8.29**	**78.56**	**1066.64**	**119.56**	**312.61**
北　京	33.91	99.55	836.92	194.54	813.12
天　津	25.47	172.97	1328.49	121.29	668.75
河　北	17.97	80.46	898.05	147.00	477.76
山　西	4.95	125.23	541.41	66.13	388.70
内蒙古	7.42	71.43	1881.84	32.47	159.63
辽　宁	9.49	97.54	1559.84	75.86	320.87
吉　林	1.52	77.98	1674.85	22.81	131.79
黑龙江	8.89	47.82	2022.03	29.09	123.91
上　海	0.26	70.19	789.72	50.32	233.28
江　苏	5.81	75.01	1153.59	227.24	413.01
浙　江	11.93	95.32	1204.47	507.73	698.49
安　徽	6.00	65.25	931.47	86.42	212.64
福　建	22.84	192.82	1209.97	284.32	604.27
江　西	6.91	50.89	837.43	76.54	220.55
山　东	4.49	112.69	1481.57	147.87	400.13
河　南	9.42	86.37	907.91	90.92	269.15
湖　北	5.31	49.01	1089.73	86.34	212.54
湖　南	4.30	37.22	898.93	187.64	291.21
广　东	19.17	140.03	1268.31	216.29	566.58
广　西	6.44	26.10	1101.88	78.64	188.48
海　南	5.59	184.29	1475.12	49.35	379.74
重　庆	7.19	28.91	617.07	41.39	169.29
四　川	6.85	29.00	805.97	72.70	199.85
贵　州	3.58	36.88	568.41	45.57	134.53
云　南	1.40	81.72	796.31	70.97	170.92
西　藏	2.86	76.34	355.92	177.74	309.14
陕　西	6.84	54.73	623.10	80.58	284.29
甘　肃	10.04	114.17	525.73	86.54	267.30
青　海	12.25	61.08	737.45	27.76	208.92
宁　夏	3.71	43.97	1080.95	65.72	388.47
新　疆	0.00	112.78	2021.34	17.61	206.37

5－29　各地区农村居民家庭经营收入现金构成

单位：%

地　区	家庭经营现金收入	1.出售产品收入	#出售农业产品收入	##种植业收入	##牧业收入
全国合计	**100.00**	**71.16**	**40.07**	**39.60**	**25.59**
北　京	100.00	45.37	26.11	26.08	13.57
天　津	100.00	62.71	31.21	31.20	29.84
河　北	100.00	58.97	36.89	36.62	20.35
山　西	100.00	54.35	33.71	33.35	18.88
内蒙古	100.00	90.74	48.83	47.86	40.91
辽　宁	100.00	79.72	48.34	47.53	26.29
吉　林	100.00	91.55	74.48	73.19	16.27
黑龙江	100.00	92.97	78.94	78.48	13.27
上　海	100.00	73.58	54.21	54.05	15.87
江　苏	100.00	64.31	28.37	28.20	23.19
浙　江	100.00	49.96	23.62	23.36	19.23
安　徽	100.00	75.70	46.19	45.94	25.04
福　建	100.00	57.66	29.38	29.00	21.30
江　西	100.00	73.81	32.54	32.03	34.79
山　东	100.00	73.00	44.84	44.55	24.16
河　南	100.00	71.60	43.06	42.74	24.93
湖　北	100.00	78.48	49.36	48.94	21.52
湖　南	100.00	65.24	23.21	22.80	35.63
广　东	100.00	61.83	25.71	25.49	21.76
广　西	100.00	80.49	29.66	29.08	42.42
海　南	100.00	77.47	40.24	39.89	17.85
重　庆	100.00	74.55	19.05	18.72	48.09
四　川	100.00	74.73	24.42	23.52	46.02
贵　州	100.00	75.94	34.04	33.36	37.52
云　南	100.00	76.70	43.86	42.88	27.99
西　藏	100.00	42.23	22.18	20.14	13.16
陕　西	100.00	63.07	41.51	40.48	20.06
甘　肃	100.00	59.77	44.32	44.02	14.15
青　海	100.00	75.70	26.11	24.70	48.25
宁　夏	100.00	70.41	35.96	35.40	31.46
新　疆	100.00	90.02	73.37	73.09	15.35

5－29 续表 1

单位：%

地　　区	2.工业加工费收入	3.建筑业收入	4.交通运输业、邮电业收入	5.批发和零售贸易、餐饮业收入	6.社会服务业收入
全国合计	**4.37**	**3.61**	**6.45**	**6.42**	**2.20**
北　　京	5.06	5.49	20.87	12.73	3.25
天　　津	4.62	1.10	9.77	10.82	1.60
河　　北	8.17	1.48	9.76	12.96	2.19
山　　西	2.78	3.86	16.01	6.76	3.18
内 蒙 古	1.27	0.29	1.35	1.98	0.57
辽　　宁	2.47	1.41	4.22	5.30	1.41
吉　　林	0.91	0.34	1.71	0.87	0.27
黑 龙 江	0.76	0.58	1.88	0.78	0.43
上　　海	3.49	1.20	8.96	3.54	2.67
江　　苏	7.69	4.98	7.52	8.12	2.88
浙　　江	14.61	6.45	8.97	9.64	5.92
安　　徽	2.89	4.13	4.29	4.58	2.62
福　　建	5.28	8.27	6.72	8.29	3.51
江　　西	3.08	3.67	5.03	5.79	3.52
山　　东	4.96	2.33	5.95	6.06	1.93
河　　南	4.78	2.39	5.29	6.27	2.11
湖　　北	3.16	3.06	4.75	5.19	1.46
湖　　南	4.23	9.39	6.76	8.68	2.68
广　　东	3.24	7.30	7.81	9.12	2.93
广　　西	2.27	3.47	3.21	6.87	1.31
海　　南	1.56	1.03	4.36	3.63	1.98
重　　庆	2.86	2.14	10.02	3.59	2.47
四　　川	2.75	3.99	6.65	6.00	2.56
贵　　州	2.65	3.44	5.43	5.68	1.46
云　　南	5.76	1.07	4.24	3.65	0.57
西　　藏	4.07	17.02	19.89	5.62	1.77
陕　　西	5.12	3.04	12.06	8.85	1.63
甘　　肃	3.41	6.43	7.99	6.23	2.06
青　　海	1.62	1.23	10.64	2.90	0.38
宁　　夏	3.33	0.95	12.49	8.05	1.66
新　　疆	0.47	0.31	2.01	1.29	0.86

5-29续表2

单位：%

地区	7.文教卫生业收入	8.其他家庭经营收入	第一产业收入	第二产业收入	第三产业收入
全国合计	**0.55**	**5.24**	**71.16**	**7.98**	**20.86**
北京	1.84	5.40	45.37	10.55	44.08
天津	1.20	8.16	62.71	5.73	31.57
河北	1.18	5.28	58.97	9.65	31.37
山西	0.50	12.57	54.35	6.64	39.02
内蒙古	0.36	3.44	90.74	1.57	7.70
辽宁	0.48	4.99	79.72	3.88	16.40
吉林	0.08	4.26	91.55	1.25	7.20
黑龙江	0.41	2.20	92.97	1.34	5.70
上海	0.02	6.54	73.58	4.69	21.73
江苏	0.32	4.18	64.31	12.67	23.02
浙江	0.49	3.95	49.96	21.06	28.97
安徽	0.49	5.30	75.70	7.02	17.28
福建	1.09	9.19	57.66	13.55	28.79
江西	0.61	4.49	73.81	6.75	19.44
山东	0.22	5.55	73.00	7.29	19.72
河南	0.74	6.81	71.60	7.17	21.23
湖北	0.38	3.53	78.48	6.22	15.31
湖南	0.31	2.70	65.24	13.62	21.14
广东	0.93	6.83	61.83	10.54	27.62
广西	0.47	1.91	80.49	5.74	13.77
海南	0.29	9.68	77.47	2.59	19.94
重庆	0.87	3.49	74.55	5.00	20.45
四川	0.63	2.69	74.73	6.74	18.53
贵州	0.48	4.93	75.94	6.09	17.97
云南	0.13	7.87	76.70	6.84	16.46
西藏	0.34	9.06	42.23	21.09	36.68
陕西	0.69	5.54	63.07	8.16	28.78
甘肃	1.14	12.98	59.77	9.84	30.39
青海	1.26	6.27	75.70	2.85	21.45
宁夏	0.24	2.86	70.41	4.28	25.30
新疆	0.00	5.02	90.02	0.78	9.19

5-30 各地区农村居民总支出

单位:元/人

地　区	总支出	一、生产费用支出	1.家庭经营费用支出	2.购置生产性固定资产支出	二、税费支出	三、生活消费支出	四、转移性支出	五、财产性支出
全　国	**2652.42**	**718.17**	**654.27**	**63.90**	**95.52**	**1670.13**	**148.86**	**19.74**
北　京	4498.05	694.57	634.68	59.89	35.18	3425.71	284.78	57.82
天　津	3127.32	831.12	797.36	33.75	67.57	1995.61	225.67	7.35
河　北	2264.78	729.80	627.34	102.46	69.14	1365.23	84.40	16.22
山　西	1711.66	403.06	353.05	50.01	44.88	1149.01	104.32	10.39
内蒙古	3123.29	1129.26	1009.60	119.66	220.43	1614.91	122.16	36.52
辽　宁	3385.45	1113.64	1005.98	107.66	136.46	1753.54	323.53	58.28
吉　林	3016.70	968.56	867.26	101.30	201.17	1553.35	214.33	79.29
黑龙江	3390.06	1181.34	1077.80	103.54	315.84	1540.35	251.13	101.40
上　海	5577.53	507.27	489.57	17.70	53.65	4137.61	852.29	26.70
江　苏	3434.26	706.76	677.95	28.80	103.32	2337.46	272.00	14.72
浙　江	4527.24	841.94	737.22	104.72	60.85	3230.88	359.30	34.26
安　徽	2045.56	505.88	452.22	53.66	93.28	1321.50	112.63	12.26
福　建	3412.00	635.66	596.71	38.95	46.14	2409.69	267.13	53.37
江　西	2447.25	565.99	518.56	47.43	80.46	1642.66	147.40	10.74
山　东	3036.21	1013.47	905.62	107.85	134.48	1770.75	107.38	10.12
河　南	2119.50	606.33	540.20	66.13	97.40	1315.83	86.64	13.31
湖　北	2404.65	501.65	474.06	27.59	145.32	1555.61	185.15	16.93
湖　南	2964.85	682.71	642.17	40.54	108.32	1942.94	219.81	11.06
广　东	3613.14	783.68	753.10	30.57	55.05	2646.02	123.94	4.45
广　西	2317.08	713.05	662.18	50.87	41.47	1487.96	68.16	6.44
海　南	2145.30	557.50	530.30	27.19	33.77	1483.90	64.12	6.01
重　庆	2165.60	577.69	543.49	34.20	58.03	1395.53	127.04	7.31
四　川	2431.90	733.65	708.92	24.74	96.27	1484.59	110.73	6.66
贵　州	1717.52	492.17	447.10	45.07	36.09	1096.64	89.03	3.59
云　南	2066.36	676.23	625.70	50.53	35.47	1270.83	73.01	10.83
西　藏	1477.49	322.05	227.85	94.20	4.90	1116.59	14.09	19.87
陕　西	1917.76	501.65	431.55	70.10	68.83	1251.21	70.91	25.16
甘　肃	1639.01	448.65	402.25	46.40	49.43	1084.00	52.84	4.09
青　海	1845.80	484.52	348.13	136.40	46.89	1218.23	88.20	7.95
宁　夏	2582.63	956.72	837.85	118.86	68.04	1417.13	123.61	17.12
新　疆	2819.77	1313.42	1198.23	115.19	177.24	1236.45	81.53	11.14

5-31 各地区农村居民总支出构成

单位：%

地 区	总支出	一、生产费用支出	1.家庭经营费用支出	2.购置生产性固定资产支出	二、税费支出	三、生活消费支出	四、转移性支出	五、财产性支出
全 国	**100.00**	**27.08**	**24.67**	**2.41**	**3.60**	**62.97**	**5.61**	**0.74**
北 京	100.00	15.44	14.11	1.33	0.78	76.16	6.33	1.29
天 津	100.00	26.58	25.50	1.08	2.16	63.81	7.22	0.23
河 北	100.00	32.22	27.70	4.52	3.05	60.28	3.73	0.72
山 西	100.00	23.55	20.63	2.92	2.62	67.13	6.09	0.61
内蒙古	100.00	36.16	32.32	3.83	7.06	51.71	3.91	1.17
辽 宁	100.00	32.89	29.71	3.18	4.03	51.80	9.56	1.72
吉 林	100.00	32.11	28.75	3.36	6.67	51.49	7.10	2.63
黑龙江	100.00	34.85	31.79	3.05	9.32	45.44	7.41	2.99
上 海	100.00	9.09	8.78	0.32	0.96	74.18	15.28	0.48
江 苏	100.00	20.58	19.74	0.84	3.01	68.06	7.92	0.43
浙 江	100.00	18.60	16.28	2.31	1.34	71.37	7.94	0.76
安 徽	100.00	24.73	22.11	2.62	4.56	64.60	5.51	0.60
福 建	100.00	18.63	17.49	1.14	1.35	70.62	7.83	1.56
江 西	100.00	23.13	21.19	1.94	3.29	67.12	6.02	0.44
山 东	100.00	33.38	29.83	3.55	4.43	58.32	3.54	0.33
河 南	100.00	28.61	25.49	3.12	4.60	62.08	4.09	0.63
湖 北	100.00	20.86	19.71	1.15	6.04	64.69	7.70	0.70
湖 南	100.00	23.03	21.66	1.37	3.65	65.53	7.41	0.37
广 东	100.00	21.69	20.84	0.85	1.52	73.23	3.43	0.12
广 西	100.00	30.77	28.58	2.20	1.79	64.22	2.94	0.28
海 南	100.00	25.99	24.72	1.27	1.57	69.17	2.99	0.28
重 庆	100.00	26.68	25.10	1.58	2.68	64.44	5.87	0.34
四 川	100.00	30.17	29.15	1.02	3.96	61.05	4.55	0.27
贵 州	100.00	28.66	26.03	2.62	2.10	63.85	5.18	0.21
云 南	100.00	32.73	30.28	2.45	1.72	61.50	3.53	0.52
西 藏	100.00	21.80	15.42	6.38	0.33	75.57	0.95	1.34
陕 西	100.00	26.16	22.50	3.66	3.59	65.24	3.70	1.31
甘 肃	100.00	27.37	24.54	2.83	3.02	66.14	3.22	0.25
青 海	100.00	26.25	18.86	7.39	2.54	66.00	4.78	0.43
宁 夏	100.00	37.04	32.44	4.60	2.63	54.87	4.79	0.66
新 疆	100.00	46.58	42.49	4.09	6.29	43.85	2.89	0.40

5-32 各地区农村居民家庭经营费用支出

单位:元/人

地区	家庭经营费用支出	一、农业支出	#种植业支出	二、林业支出	三、牧业支出	四、渔业支出
全国	**654.27**	**315.83**	**312.88**	**4.33**	**234.61**	**16.92**
北京	634.68	173.41	172.70	31.11	84.45	49.97
天津	797.36	279.36	266.75	4.91	411.74	29.14
河北	627.34	359.71	354.97	2.36	169.70	4.87
山西	353.05	187.67	186.67	1.51	83.32	
内蒙古	1009.60	503.99	501.94	3.34	457.29	
辽宁	1005.98	510.34	506.63	3.85	362.33	39.36
吉林	867.26	612.11	605.98	2.56	212.33	0.68
黑龙江	1077.80	826.20	823.02	2.31	203.95	6.76
上海	489.57	227.83	226.81	2.02	133.93	11.13
江苏	677.95	283.14	280.22	5.46	205.68	40.29
浙江	737.22	243.99	238.86	14.68	252.25	25.48
安徽	452.22	256.95	256.45	2.94	140.33	7.15
福建	596.71	237.26	234.93	4.99	211.21	43.26
江西	518.56	219.29	218.42	2.39	220.72	10.28
山东	905.62	474.86	471.75	8.10	310.78	1.68
河南	540.20	287.72	284.74	1.31	175.21	6.14
湖北	474.06	239.30	234.10	2.00	154.27	21.78
湖南	642.17	206.39	203.01	2.08	323.40	13.31
广东	753.10	240.90	238.45	8.98	262.66	135.31
广西	662.18	236.24	233.82	3.14	345.89	11.43
海南	530.30	301.29	300.05	8.19	147.32	37.38
重庆	543.49	154.22	150.91	1.55	303.92	8.69
四川	708.92	204.87	203.17	2.56	427.79	4.66
贵州	447.10	172.40	169.23	3.77	232.64	0.86
云南	625.70	268.09	265.11	4.84	253.83	0.96
西藏	227.85	106.47	106.47	0.35	53.98	
陕西	431.55	228.66	225.12	3.44	115.77	1.48
甘肃	402.25	265.23	263.96	2.59	85.14	
青海	348.13	169.70	158.76	1.69	124.12	1.38
宁夏	837.85	380.13	377.45	7.89	319.74	19.43
新疆	1198.23	934.15	933.79	7.32	213.52	

5－32 续表 1

单位：元/人

地区	五、工业支出	六、建筑业支出	七、交通、运输和邮电业支出	八、批发和零售贸易、餐馆业支出	九、社会服务业支出
全国	**21.39**	**5.85**	**26.21**	**14.02**	**3.85**
北京	39.57	81.79	44.97	99.78	9.39
天津	2.33	6.04	35.07	16.96	2.30
河北	29.71	1.32	33.03	16.41	4.67
山西	6.32	8.02	43.57	7.14	7.31
内蒙古	10.18	2.17	8.88	2.79	2.84
辽宁	23.59	1.62	26.60	18.51	3.08
吉林	3.53	3.50	11.19	0.95	1.45
黑龙江	2.67	6.86	15.13	3.14	1.64
上海	23.12	9.31	52.26	1.50	9.81
江苏	58.14	10.83	27.19	28.62	7.72
浙江	98.50	9.46	52.06	15.24	14.87
安徽	8.02	5.17	13.50	7.55	3.42
福建	16.59	18.75	27.14	11.51	6.88
江西	12.50	3.83	17.82	10.42	4.34
山东	31.42	9.06	22.87	31.91	4.43
河南	15.03	6.40	20.83	16.89	2.10
湖北	16.73	3.52	17.70	10.94	1.89
湖南	30.02	2.71	31.66	17.92	4.19
广东	17.31	7.76	34.56	23.86	3.37
广西	22.40	1.99	17.46	16.01	1.87
海南	2.37	3.22	17.19	2.04	1.59
重庆	9.75	4.36	36.41	5.51	4.00
四川	19.27	2.36	27.56	9.33	2.83
贵州	6.24	5.28	11.82	6.17	1.86
云南	34.39	2.23	20.68	14.90	1.69
西藏	2.85	0.05	49.28	1.48	0.65
陕西	16.39	1.29	45.96	10.09	1.76
甘肃	4.71	8.44	21.23	6.34	1.78
青海	2.47	2.99	30.44	0.49	0.85
宁夏	18.55	0.46	55.39	15.16	2.76
新疆	3.43	2.18	15.62	4.36	3.65

5-32 续表2

单位:元/人

地　区	十、文教卫生业支出	十一、其他家庭经营支出	第一产业支出	第二产业支出	第三产业支出
全　国	**1.14**	**10.12**	**571.69**	**27.24**	**55.34**
北　京	9.21	11.04	338.94	121.36	174.39
天　津	0.31	9.21	725.15	8.37	63.84
河　北	0.93	4.61	536.64	31.03	59.66
山　西	0.67	7.52	272.50	14.34	66.22
内蒙古	2.07	16.05	964.62	12.35	32.63
辽　宁	2.95	13.75	915.88	25.20	64.89
吉　林	0.14	18.81	827.67	7.04	32.55
黑龙江	0.81	8.33	1039.23	9.53	29.04
上　海	1.24	17.42	374.90	32.43	82.24
江　苏	0.91	9.96	534.58	68.97	74.40
浙　江	0.58	10.10	536.40	107.96	92.85
安　徽	0.62	6.57	407.37	13.19	31.66
福　建	1.35	17.78	496.72	35.34	64.66
江　西	1.85	15.11	452.69	16.33	49.54
山　东	1.42	9.09	795.42	40.48	69.72
河　南	1.04	7.54	470.38	21.43	48.39
湖　北	0.86	5.04	417.36	20.25	36.44
湖　南	0.32	10.17	545.18	32.73	64.26
广　东	2.56	15.83	647.85	25.07	80.18
广　西	0.70	5.05	596.70	24.39	41.09
海　南	0.35	9.37	494.17	5.59	30.54
重　庆	0.81	14.25	468.39	14.11	60.98
四　川	1.48	6.21	639.89	21.62	47.40
贵　州	0.37	5.69	409.67	11.52	25.90
云　南	0.57	23.51	527.71	36.62	61.36
西　藏		12.75	160.80	2.90	64.15
陕　西	1.85	4.86	349.34	17.68	64.52
甘　肃	1.76	5.04	352.96	13.15	36.14
青　海	0.69	13.30	296.89	5.46	45.77
宁　夏	0.02	18.33	727.19	19.01	91.65
新　疆		14.01	1154.99	5.60	37.64

5－33　各地区农村居民家庭经营费用支出构成

单位：%

地　区	家庭经营费用支出	一、农业支出	#种植业支出	二、林业支出	三、牧业支出	四、渔业支出
全　国	**100.00**	**48.27**	**47.82**	**0.66**	**35.86**	**2.59**
北　京	100.00	27.32	27.21	4.90	13.31	7.87
天　津	100.00	35.04	33.45	0.62	51.64	3.65
河　北	100.00	57.34	56.58	0.38	27.05	0.78
山　西	100.00	53.16	52.87	0.43	23.60	0.00
内蒙古	100.00	49.92	49.72	0.33	45.29	0.00
辽　宁	100.00	50.73	50.36	0.38	36.02	3.91
吉　林	100.00	70.58	69.87	0.29	24.48	0.08
黑龙江	100.00	76.66	76.36	0.21	18.92	0.63
上　海	100.00	46.54	46.33	0.41	27.36	2.27
江　苏	100.00	41.76	41.33	0.81	30.34	5.94
浙　江	100.00	33.10	32.40	1.99	34.22	3.46
安　徽	100.00	56.82	56.71	0.65	31.03	1.58
福　建	100.00	39.76	39.37	0.84	35.40	7.25
江　西	100.00	42.29	42.12	0.46	42.56	1.98
山　东	100.00	52.43	52.09	0.89	34.32	0.19
河　南	100.00	53.26	52.71	0.24	32.44	1.14
湖　北	100.00	50.48	49.38	0.42	32.54	4.60
湖　南	100.00	32.14	31.61	0.32	50.36	2.07
广　东	100.00	31.99	31.66	1.19	34.88	17.97
广　西	100.00	35.68	35.31	0.47	52.23	1.73
海　南	100.00	56.81	56.58	1.54	27.78	7.05
重　庆	100.00	28.38	27.77	0.29	55.92	1.60
四　川	100.00	28.90	28.66	0.36	60.34	0.66
贵　州	100.00	38.56	37.85	0.84	52.03	0.19
云　南	100.00	42.85	42.37	0.77	40.57	0.15
西　藏	100.00	46.73	46.73	0.15	23.69	0.00
陕　西	100.00	52.99	52.17	0.80	26.83	0.34
甘　肃	100.00	65.94	65.62	0.65	21.16	0.00
青　海	100.00	48.75	45.60	0.49	35.65	0.40
宁　夏	100.00	45.37	45.05	0.94	38.16	2.32
新　疆	100.00	77.96	77.93	0.61	17.82	0.00

5－33 续表 1

单位：%

地　区	五、工业支出	六、建筑业支出	七、交通、运输和邮电业支出	八、批发和零售贸易、餐馆业支出	九、社会服务业支出
全　国	**3.27**	**0.89**	**4.01**	**2.14**	**0.59**
北　京	6.23	12.89	7.08	15.72	1.48
天　津	0.29	0.76	4.40	2.13	0.29
河　北	4.74	0.21	5.27	2.62	0.75
山　西	1.79	2.27	12.34	2.02	2.07
内蒙古	1.01	0.21	0.88	0.28	0.28
辽　宁	2.34	0.16	2.64	1.84	0.31
吉　林	0.41	0.40	1.29	0.11	0.17
黑龙江	0.25	0.64	1.40	0.29	0.15
上　海	4.72	1.90	10.67	0.31	2.00
江　苏	8.58	1.60	4.01	4.22	1.14
浙　江	13.36	1.28	7.06	2.07	2.02
安　徽	1.77	1.14	2.99	1.67	0.76
福　建	2.78	3.14	4.55	1.93	1.15
江　西	2.41	0.74	3.44	2.01	0.84
山　东	3.47	1.00	2.53	3.52	0.49
河　南	2.78	1.19	3.86	3.13	0.39
湖　北	3.53	0.74	3.73	2.31	0.40
湖　南	4.67	0.42	4.93	2.79	0.65
广　东	2.30	1.03	4.59	3.17	0.45
广　西	3.38	0.30	2.64	2.42	0.28
海　南	0.45	0.61	3.24	0.38	0.30
重　庆	1.79	0.80	6.70	1.01	0.74
四　川	2.72	0.33	3.89	1.32	0.40
贵　州	1.40	1.18	2.64	1.38	0.42
云　南	5.50	0.36	3.31	2.38	0.27
西　藏	1.25	0.02	21.63	0.65	0.29
陕　西	3.80	0.30	10.65	2.34	0.41
甘　肃	1.17	2.10	5.28	1.58	0.44
青　海	0.71	0.86	8.75	0.14	0.24
宁　夏	2.21	0.06	6.61	1.81	0.33
新　疆	0.29	0.18	1.30	0.36	0.30

5-33续表2

单位:%

地区	十、文教卫生业支出	十一、其他家庭经营支出	第一产业支出	第二产业支出	第三产业支出
全国	**0.17**	**1.55**	**87.38**	**4.16**	**8.46**
北京	1.45	1.74	53.40	19.12	27.48
天津	0.04	1.15	90.94	1.05	8.01
河北	0.15	0.74	85.54	4.95	9.51
山西	0.19	2.13	77.18	4.06	18.76
内蒙古	0.21	1.59	95.54	1.22	3.23
辽宁	0.29	1.37	91.04	2.51	6.45
吉林	0.02	2.17	95.44	0.81	3.75
黑龙江	0.08	0.77	96.42	0.88	2.69
上海	0.25	3.56	76.58	6.62	16.80
江苏	0.13	1.47	78.85	10.17	10.97
浙江	0.08	1.37	72.76	14.64	12.59
安徽	0.14	1.45	90.08	2.92	7.00
福建	0.23	2.98	83.24	5.92	10.84
江西	0.36	2.91	87.30	3.15	9.55
山东	0.16	1.00	87.83	4.47	7.70
河南	0.19	1.39	87.07	3.97	8.96
湖北	0.18	1.06	88.04	4.27	7.69
湖南	0.05	1.58	84.90	5.10	10.01
广东	0.34	2.10	86.02	3.33	10.65
广西	0.11	0.76	90.11	3.68	6.20
海南	0.07	1.77	93.19	1.05	5.76
重庆	0.15	2.62	86.18	2.60	11.22
四川	0.21	0.88	90.26	3.05	6.69
贵州	0.08	1.27	91.63	2.58	5.79
云南	0.09	3.76	84.34	5.85	9.81
西藏		5.59	70.57	1.27	28.16
陕西	0.43	1.13	80.95	4.10	14.95
甘肃	0.44	1.25	87.75	3.27	8.99
青海	0.20	3.82	85.28	1.57	13.15
宁夏	…	2.19	86.79	2.27	10.94
新疆		1.17	96.39	0.47	3.14

5－34 各地区农村居民生活消费支出

单位:元/人

地区	生活消费支出	一、食品支出	#主食支出	#副食支出	二、衣着支出
全国	**1670.13**	**820.52**	**248.45**	**365.53**	**95.95**
北京	3425.71	1304.72	219.47	604.31	245.93
天津	1995.61	800.02	228.04	347.83	162.12
河北	1365.23	539.33	203.77	194.66	104.84
山西	1149.01	558.86	262.89	171.56	113.37
内蒙古	1614.91	723.36	296.30	260.67	110.88
辽宁	1753.54	815.70	247.18	386.35	152.73
吉林	1553.35	705.39	266.78	288.73	103.22
黑龙江	1540.35	682.82	273.73	245.22	105.26
上海	4137.61	1822.55	274.77	818.58	201.24
江苏	2337.46	1017.57	259.73	455.44	126.66
浙江	3230.88	1406.37	264.45	651.33	167.40
安徽	1321.50	693.15	237.95	278.66	71.16
福建	2409.69	1172.35	305.34	562.89	116.99
江西	1642.66	894.50	266.05	380.97	84.42
山东	1770.75	781.88	218.16	340.70	117.51
河南	1315.83	654.13	217.88	308.96	86.88
湖北	1555.61	827.25	243.50	395.34	75.19
湖南	1942.94	1053.37	244.26	469.55	89.78
广东	2646.02	1317.48	323.61	706.71	104.21
广西	1487.96	824.97	247.92	371.22	51.58
海南	1483.90	844.29	257.95	470.37	59.05
重庆	1395.53	747.55	186.81	410.64	61.96
四川	1484.59	810.82	218.10	412.02	72.31
贵州	1096.64	687.36	254.68	333.22	53.03
云南	1270.83	749.22	259.55	351.09	55.35
西藏	1116.59	885.60	263.09	398.77	87.06
陕西	1251.21	543.84	207.29	168.42	82.32
甘肃	1084.00	525.17	253.23	167.95	60.54
青海	1218.23	705.24	311.59	251.54	93.35
宁夏	1417.13	691.31	286.25	262.44	96.70
新疆	1236.45	618.17	251.95	242.77	114.26

5－34 续表

单位:元/人

地区	三、居住支出	四、家庭设备、用品及服务支出	五、医疗保健支出	六、交通、通讯和邮电业支出	七、文教、娱乐用品及服务支出	八、其他商品及服务支出
全国	**258.34**	**75.45**	**87.57**	**93.13**	**186.72**	**52.46**
北京	539.57	235.28	249.00	236.00	484.86	130.34
天津	282.52	94.95	270.90	87.43	235.22	62.46
河北	322.04	65.41	78.28	84.55	130.71	40.06
山西	143.90	48.77	60.35	48.82	135.39	39.55
内蒙古	249.38	60.96	104.46	93.44	232.58	39.87
辽宁	243.07	70.50	109.51	112.77	195.38	53.89
吉林	273.40	63.61	102.65	85.05	171.77	48.25
黑龙江	304.20	50.85	117.20	84.17	150.67	45.17
上海	723.65	225.22	208.92	278.63	559.12	118.29
江苏	441.57	114.97	129.52	155.47	268.99	82.72
浙江	580.53	145.89	200.06	275.46	327.99	127.18
安徽	196.85	57.58	58.05	58.44	145.46	40.81
福建	350.72	110.24	87.38	206.08	254.30	111.63
江西	223.94	55.46	63.48	95.60	184.24	41.04
山东	299.76	114.94	118.69	101.64	207.87	28.45
河南	206.12	69.41	63.55	56.38	133.08	46.29
湖北	179.42	69.40	69.67	72.67	209.89	52.11
湖南	251.92	78.05	82.23	99.38	222.50	65.72
广东	378.86	125.65	100.31	205.52	313.46	100.53
广西	201.12	62.95	52.38	64.83	186.76	43.37
海南	180.31	63.59	44.15	61.28	174.39	56.84
重庆	199.07	66.76	68.87	61.31	154.52	35.48
四川	212.85	62.63	72.84	54.38	159.55	39.21
贵州	138.90	38.23	27.68	26.92	97.26	27.25
云南	177.14	47.53	64.31	31.96	106.14	39.18
西藏	47.21	39.77	16.07	15.42	11.11	14.36
陕西	199.92	57.82	91.40	58.49	181.81	35.61
甘肃	171.12	42.21	70.60	43.76	143.87	26.74
青海	126.19	44.81	78.20	53.15	79.38	37.92
宁夏	227.35	62.10	88.53	79.79	144.98	26.38
新疆	170.89	45.74	73.67	61.04	105.98	46.69

5-35 各地区农村居民生活消费支出构成

单位:%

地区	生活消费支出	一、食品支出	#主食支出	#副食支出	二、衣着支出
全国	**100.00**	**49.13**	**14.88**	**21.89**	**5.75**
北京	100.00	38.09	6.41	17.64	7.18
天津	100.00	40.09	11.43	17.43	8.12
河北	100.00	39.50	14.93	14.26	7.68
山西	100.00	48.64	22.88	14.93	9.87
内蒙古	100.00	44.79	18.35	16.14	6.87
辽宁	100.00	46.52	14.10	22.03	8.71
吉林	100.00	45.41	17.17	18.59	6.65
黑龙江	100.00	44.33	17.77	15.92	6.83
上海	100.00	44.05	6.64	19.78	4.86
江苏	100.00	43.53	11.11	19.48	5.42
浙江	100.00	43.53	8.19	20.16	5.18
安徽	100.00	52.45	18.01	21.09	5.39
福建	100.00	48.65	12.67	23.36	4.86
江西	100.00	54.45	16.20	23.19	5.14
山东	100.00	44.16	12.32	19.24	6.64
河南	100.00	49.71	16.56	23.48	6.60
湖北	100.00	53.18	15.65	25.41	4.83
湖南	100.00	54.21	12.57	24.17	4.62
广东	100.00	49.79	12.23	26.71	3.94
广西	100.00	55.44	16.66	24.95	3.47
海南	100.00	56.90	17.38	31.70	3.98
重庆	100.00	53.57	13.39	29.43	4.44
四川	100.00	54.62	14.69	27.75	4.87
贵州	100.00	62.68	23.22	30.39	4.84
云南	100.00	58.96	20.42	27.63	4.36
西藏	100.00	79.31	23.56	35.71	7.80
陕西	100.00	43.47	16.57	13.46	6.58
甘肃	100.00	48.45	23.36	15.49	5.58
青海	100.00	57.89	25.58	20.65	7.66
宁夏	100.00	48.78	20.20	18.52	6.82
新疆	100.00	50.00	20.38	19.63	9.24

5－35续表

单位：%

地　区	三、居住支出	四、家庭设备、用品及服务支出	五、医疗保健支出	六、交通、通讯和邮电业支出	七、文教、娱乐用品及服务支出	八、其他商品及服务支出
全　国	**15.47**	**4.52**	**5.24**	**5.58**	**11.18**	**3.13**
北　京	15.75	6.87	7.27	6.89	14.15	3.80
天　津	14.16	4.76	13.57	4.38	11.79	3.13
河　北	23.59	4.79	5.73	6.19	9.57	2.93
山　西	12.52	4.24	5.25	4.25	11.78	3.44
内蒙古	15.44	3.77	6.47	5.79	14.40	2.47
辽　宁	13.86	4.02	6.24	6.43	11.14	3.07
吉　林	17.60	4.10	6.61	5.48	11.06	3.11
黑龙江	19.75	3.30	7.61	5.46	9.78	2.93
上　海	17.49	5.44	5.05	6.73	13.51	2.86
江　苏	18.89	4.92	5.54	6.65	11.51	3.54
浙　江	17.97	4.52	6.19	8.53	10.15	3.94
安　徽	14.90	4.36	4.39	4.42	11.01	3.09
福　建	14.55	4.57	3.63	8.55	10.55	4.63
江　西	13.63	3.38	3.86	5.82	11.22	2.50
山　东	16.93	6.49	6.70	5.74	11.74	1.61
河　南	15.66	5.27	4.83	4.28	10.11	3.52
湖　北	11.53	4.46	4.48	4.67	13.49	3.35
湖　南	12.97	4.02	4.23	5.11	11.45	3.38
广　东	14.32	4.75	3.79	7.77	11.85	3.80
广　西	13.52	4.23	3.52	4.36	12.55	2.91
海　南	12.15	4.29	2.98	4.13	11.75	3.83
重　庆	14.26	4.78	4.94	4.39	11.07	2.54
四　川	14.34	4.22	4.91	3.66	10.75	2.64
贵　州	12.67	3.49	2.52	2.45	8.87	2.49
云　南	13.94	3.74	5.06	2.51	8.35	3.08
西　藏	4.23	3.56	1.44	1.38	0.99	1.29
陕　西	15.98	4.62	7.30	4.68	14.53	2.85
甘　肃	15.79	3.89	6.51	4.04	13.27	2.47
青　海	10.36	3.68	6.42	4.36	6.52	3.11
宁　夏	16.04	4.38	6.25	5.63	10.23	1.86
新　疆	13.82	3.70	5.96	4.94	8.57	3.78

5－36 各地区农村居民现金支出

单位:元/人

地　区	现金支出	一、生产费用现金支出	1.家庭经营费用支出	2.购买生产性固定资产支出	二、税费支出	三、生活消费现金支出	四、转移性支出	五、财产性支出
全　国	**2140.37**	**608.39**	**544.49**	**63.91**	**89.81**	**1284.74**	**147.60**	**9.82**
北　京	4374.65	689.19	629.31	59.89	34.41	3336.52	279.23	35.29
天　津	2940.32	808.72	774.97	33.75	67.54	1833.60	225.67	4.78
河　北	1977.44	661.55	559.09	102.46	65.66	1156.25	84.16	9.83
山　西	1425.88	369.94	319.93	50.01	43.42	901.59	103.88	7.05
内蒙古	2355.68	833.36	713.70	119.66	219.15	1170.97	122.04	10.16
辽　宁	2783.07	931.57	823.90	107.66	136.46	1386.04	323.51	5.50
吉　林	2495.37	849.16	747.86	101.30	201.17	1204.51	214.33	26.20
黑龙江	2821.14	1045.40	941.86	103.54	315.51	1187.60	250.86	21.77
上　海	5199.98	504.72	487.01	17.70	52.80	3763.47	852.29	26.70
江　苏	2970.24	667.19	638.39	28.80	96.99	1922.13	270.76	13.17
浙　江	4160.18	815.42	710.70	104.72	57.09	2911.84	358.95	16.88
安　徽	1614.69	449.11	395.44	53.66	91.65	954.93	112.30	6.69
福　建	3017.52	609.09	570.14	38.95	41.40	2074.58	265.86	26.60
江　西	1861.27	459.47	412.04	47.43	75.50	1170.68	145.23	10.38
山　东	2574.97	850.75	742.90	107.85	126.60	1482.43	105.80	9.38
河　南	1578.10	506.49	440.36	66.13	90.32	889.66	86.49	5.15
湖　北	1808.57	420.59	393.00	27.59	138.73	1058.31	180.90	10.04
湖　南	2363.32	563.83	523.29	40.54	102.76	1467.92	218.41	10.40
广　东	3090.91	740.71	710.13	30.57	29.45	2197.64	118.67	4.45
广　西	1809.36	618.20	567.34	50.87	30.31	1087.20	67.21	6.44
海　南	1643.59	478.78	451.58	27.19	15.71	1083.21	64.03	1.86
重　庆	1516.77	401.63	367.43	34.20	54.13	927.23	126.88	6.89
四　川	1709.57	482.52	457.79	24.74	89.69	1021.27	109.45	6.64
贵　州	1063.25	317.36	272.28	45.07	31.35	622.51	88.45	3.59
云　南	1360.59	451.85	401.32	50.53	22.10	808.34	71.36	6.94
西　藏	719.55	228.43	134.23	94.20	4.90	476.59	7.38	2.25
陕　西	1599.51	442.82	372.72	70.10	68.02	1007.55	70.14	10.97
甘　肃	1226.34	375.40	329.00	46.40	46.50	747.61	52.74	4.09
青　海	1327.21	421.59	285.19	136.40	46.85	765.53	85.29	7.95
宁　夏	2032.23	813.31	694.45	118.86	65.77	1017.35	121.45	14.35
新　疆	2353.45	1215.62	1100.43	115.19	177.22	871.37	81.51	7.74

5－37 各地区农村居民现金支出构成

单位：%

地区	现金支出	一、生产费用支出	1.家庭经营费用支出	2.购置生产性固定资产支出	二、税费支出	三、生活消费支出	四、转移性支出	五、财产性支出
全国	**100.00**	**28.42**	**25.44**	**2.99**	**4.20**	**60.02**	**6.90**	**0.46**
北京	100.00	15.75	14.39	1.37	0.79	76.27	6.38	0.81
天津	100.00	27.50	26.36	1.15	2.30	62.36	7.68	0.16
河北	100.00	33.45	28.27	5.18	3.32	58.47	4.26	0.50
山西	100.00	25.94	22.44	3.51	3.05	63.23	7.29	0.49
内蒙古	100.00	35.38	30.30	5.08	9.30	49.71	5.18	0.43
辽宁	100.00	33.47	29.60	3.87	4.90	49.80	11.62	0.20
吉林	100.00	34.03	29.97	4.06	8.06	48.27	8.59	1.05
黑龙江	100.00	37.06	33.39	3.67	11.18	42.10	8.89	0.77
上海	100.00	9.71	9.37	0.34	1.02	72.37	16.39	0.51
江苏	100.00	22.46	21.49	0.97	3.27	64.71	9.12	0.44
浙江	100.00	19.60	17.08	2.52	1.37	69.99	8.63	0.41
安徽	100.00	27.81	24.49	3.32	5.68	59.14	6.96	0.41
福建	100.00	20.19	18.89	1.29	1.37	68.75	8.81	0.88
江西	100.00	24.69	22.14	2.55	4.06	62.90	7.80	0.56
山东	100.00	33.04	28.85	4.19	4.92	57.57	4.11	0.36
河南	100.00	32.09	27.90	4.19	5.72	56.38	5.48	0.33
湖北	100.00	23.26	21.73	1.53	7.67	58.52	10.00	0.55
湖南	100.00	23.86	22.14	1.72	4.35	62.11	9.24	0.44
广东	100.00	23.96	22.97	0.99	0.95	71.10	3.84	0.14
广西	100.00	34.17	31.36	2.81	1.68	60.09	3.71	0.36
海南	100.00	29.13	27.48	1.65	0.96	65.90	3.90	0.11
重庆	100.00	26.48	24.22	2.25	3.57	61.13	8.37	0.45
四川	100.00	28.22	26.78	1.45	5.25	59.74	6.40	0.39
贵州	100.00	29.85	25.61	4.24	2.95	58.55	8.32	0.34
云南	100.00	33.21	29.50	3.71	1.62	59.41	5.24	0.51
西藏	100.00	31.75	18.65	13.09	0.68	66.23	1.03	0.31
陕西	100.00	27.68	23.30	4.38	4.25	62.99	4.38	0.69
甘肃	100.00	30.61	26.83	3.78	3.79	60.96	4.30	0.33
青海	100.00	31.77	21.49	10.28	3.53	57.68	6.43	0.60
宁夏	100.00	40.02	34.17	5.85	3.24	50.06	5.98	0.71
新疆	100.00	51.65	46.76	4.89	7.53	37.03	3.46	0.33

5-38 各地区农村居民家庭经营费用现金支出

单位:元/人

地区	家庭经营费用现金支出	一、农业支出	#种植业支出	二、林业支出	三、牧业支出	四、渔业支出
全国	**544.49**	**286.54**	**283.94**	**4.16**	**155.66**	**16.53**
北京	629.31	172.94	172.23	31.11	79.54	49.97
天津	774.97	275.83	263.22	4.91	392.88	29.14
河北	559.09	336.57	331.83	2.36	124.66	4.87
山西	319.93	172.77	171.77	1.50	65.14	
内蒙古	713.70	429.84	427.79	3.34	235.55	
辽宁	823.90	451.58	447.87	3.85	242.24	39.15
吉林	747.86	576.64	570.51	2.56	128.72	0.65
黑龙江	941.86	757.93	754.75	2.31	136.37	6.69
上海	487.01	227.45	226.43	2.02	131.94	11.06
江苏	638.39	264.71	261.87	4.99	187.00	39.76
浙江	710.70	241.63	236.50	14.53	228.94	24.88
安徽	395.44	245.84	245.34	2.94	94.89	7.12
福建	570.14	232.41	230.09	4.97	190.18	43.22
江西	412.04	205.48	204.64	2.39	129.54	9.91
山东	742.90	422.77	419.67	8.10	201.52	1.68
河南	440.36	250.97	248.04	1.24	113.22	6.03
湖北	393.00	212.12	211.16	1.90	103.60	18.74
湖南	523.29	193.96	190.58	2.05	217.80	12.85
广东	710.13	231.14	228.69	8.69	233.41	133.33
广西	567.34	232.05	229.63	3.14	255.35	11.36
海南	451.58	289.80	288.56	8.18	83.52	36.52
重庆	367.43	141.66	138.34	1.55	141.15	8.25
四川	457.79	165.51	163.80	2.41	216.62	4.54
贵州	272.28	137.13	133.96	3.61	93.75	0.61
云南	401.32	201.74	198.77	2.67	106.49	0.79
西藏	134.23	44.27	44.27	0.35	28.52	
陕西	372.72	209.11	205.57	3.44	76.82	1.48
甘肃	329.00	224.47	224.17	2.56	52.74	0.00
青海	285.19	134.82	134.45	1.69	96.06	1.38
宁夏	694.45	307.72	305.04	7.89	248.89	19.28
新疆	1100.43	893.44	893.08	6.66	159.79	

5-38续表1　　　单位:元/人

地　区	五、工业支出	六、建筑业支出	七、交通、运输和邮电业支出	八、批发和零售贸易、餐饮业支出	九、社会服务业支出
全　国	**21.27**	**5.77**	**26.18**	**13.92**	**3.83**
北　京	39.57	81.79	44.97	99.78	9.39
天　津	2.33	6.04	35.07	16.96	2.30
河　北	29.71	1.32	33.03	16.41	4.62
山　西	6.32	8.02	43.56	7.12	7.31
内蒙古	10.18	2.16	8.88	2.79	2.82
辽　宁	23.59	1.62	26.60	18.51	3.08
吉　林	3.53	3.50	11.19	0.95	1.45
黑龙江	2.67	6.86	15.13	3.14	1.62
上　海	23.12	9.31	52.16	1.50	9.81
江　苏	58.14	9.42	27.18	28.62	7.72
浙　江	98.50	9.43	52.05	15.24	14.85
安　徽	8.02	5.17	13.50	7.54	3.42
福　建	16.59	18.75	27.13	11.22	6.88
江　西	12.48	3.83	17.82	10.40	4.29
山　东	30.44	8.90	22.83	31.91	4.43
河　南	14.79	6.35	20.72	16.70	2.10
湖　北	16.73	3.52	17.64	10.94	1.89
湖　南	29.74	2.71	31.66	17.86	4.19
广　东	17.15	7.50	34.39	22.86	3.29
广　西	22.36	1.99	17.46	16.01	1.87
海　南	2.37	3.22	17.19	2.04	1.59
重　庆	9.75	4.36	36.41	5.50	4.00
四　川	19.13	2.36	27.53	9.22	2.83
贵　州	6.06	5.28	11.77	6.16	1.86
云　南	34.39	2.23	20.59	14.65	1.49
西　藏	2.85	0.05	49.11	1.00	0.62
陕　西	16.24	1.29	45.96	10.06	1.76
甘　肃	4.71	8.44	21.23	6.30	1.76
青　海	2.47	2.99	30.44	0.49	0.85
宁　夏	18.55	0.46	55.39	15.16	2.76
新　疆	3.43	2.18	15.62	4.36	3.65

5－38 续表 2 单位：元/人

地　　区	十、文教卫生业支出	十一、其他家庭经营支出	第一产业支出	第二产业支出	第三产业支出
全　　国	**1.14**	**9.49**	**462.89**	**27.04**	**54.56**
北　　京	9.21	11.04	333.56	121.36	174.39
天　　津	0.31	9.21	702.76	8.37	63.84
河　　北	0.93	4.61	468.45	31.03	59.60
山　　西	0.67	7.52	239.41	14.34	66.18
内 蒙 古	2.07	16.05	668.74	12.34	32.62
辽　　宁	2.95	10.73	736.82	25.20	61.88
吉　　林	0.14	18.53	708.56	7.04	32.26
黑 龙 江	0.81	8.33	903.30	9.53	29.03
上　　海	1.24	17.40	372.47	32.43	82.11
江　　苏	0.91	9.95	496.45	67.55	74.38
浙　　江	0.58	10.08	509.98	107.93	92.80
安　　徽	0.62	6.39	350.78	13.19	31.47
福　　建	1.35	17.43	470.79	35.34	64.01
江　　西	1.85	14.05	347.32	16.31	48.41
山　　东	1.42	8.90	634.07	39.34	69.49
河　　南	1.04	7.21	371.45	21.14	47.77
湖　　北	0.86	5.04	336.36	20.25	36.38
湖　　南	0.32	10.15	426.65	32.44	64.19
广　　东	2.56	15.82	606.57	24.65	78.92
广　　西	0.70	5.05	501.90	24.35	41.09
海　　南	0.35	6.81	418.01	5.59	27.99
重　　庆	0.81	13.99	292.60	14.11	60.72
四　　川	1.48	6.16	389.07	21.49	47.23
贵　　州	0.37	5.69	235.08	11.34	25.85
云　　南	0.57	15.70	311.69	36.62	53.01
西　　藏		7.46	73.14	2.90	58.19
陕　　西	1.85	4.72	290.84	17.53	64.34
甘　　肃	1.76	5.02	279.77	13.15	36.08
青　　海	0.69	13.30	233.96	5.46	45.77
宁　　夏	0.02	18.33	583.79	19.01	91.65
新　　疆		11.30	1059.89	5.60	34.93

5－39 各地区农村居民家庭经营费用现金支出构成

单位：%

地 区	家庭经营费用现金支出	一、农业支出	#种植业支出	二、林业支出	三、牧业支出	四、渔业支出
全 国	**100.00**	**52.63**	**52.15**	**0.76**	**28.59**	**3.04**
北 京	100.00	27.48	27.37	4.94	12.64	7.94
天 津	100.00	35.59	33.97	0.63	50.70	3.76
河 北	100.00	60.20	59.35	0.42	22.30	0.87
山 西	100.00	54.00	53.69	0.47	20.36	0.00
内蒙古	100.00	60.23	59.94	0.47	33.00	0.00
辽 宁	100.00	54.81	54.36	0.47	29.40	4.75
吉 林	100.00	77.11	76.29	0.34	17.21	0.09
黑龙江	100.00	80.47	80.13	0.25	14.48	0.71
上 海	100.00	46.70	46.49	0.42	27.09	2.27
江 苏	100.00	41.47	41.02	0.78	29.29	6.23
浙 江	100.00	34.00	33.28	2.04	32.21	3.50
安 徽	100.00	62.17	62.04	0.74	23.99	1.80
福 建	100.00	40.76	40.36	0.87	33.36	7.58
江 西	100.00	49.87	49.67	0.58	31.44	2.40
山 东	100.00	56.91	56.49	1.09	27.13	0.23
河 南	100.00	56.99	56.33	0.28	25.71	1.37
湖 北	100.00	53.98	53.73	0.48	26.36	4.77
湖 南	100.00	37.07	36.42	0.39	41.62	2.45
广 东	100.00	32.55	32.20	1.22	32.87	18.78
广 西	100.00	40.90	40.48	0.55	45.01	2.00
海 南	100.00	64.17	63.90	1.81	18.49	8.09
重 庆	100.00	38.55	37.65	0.42	38.41	2.24
四 川	100.00	36.15	35.78	0.53	47.32	0.99
贵 州	100.00	50.36	49.20	1.32	34.43	0.22
云 南	100.00	50.27	49.53	0.66	26.53	0.20
西 藏	100.00	32.98	32.98	0.26	21.25	0.00
陕 西	100.00	56.10	55.15	0.92	20.61	0.40
甘 肃	100.00	68.23	68.13	0.78	16.03	0.00
青 海	100.00	47.27	47.14	0.59	33.68	0.48
宁 夏	100.00	44.31	43.93	1.14	35.84	2.78
新 疆	100.00	81.19	81.16	0.61	14.52	0.00

5－39 续表 1 单位：%

地　区	五、工业支出	六、建筑业支出	七、交通、运输和邮电业支出	八、批发和零售贸易、餐饮业支出	九、社会服务业支出
全　国	**3.91**	**1.06**	**4.81**	**2.56**	**0.70**
北　京	6.29	13.00	7.15	15.86	1.49
天　津	0.30	0.78	4.52	2.19	0.30
河　北	5.31	0.24	5.91	2.94	0.83
山　西	1.98	2.51	13.61	2.23	2.28
内蒙古	1.43	0.30	1.24	0.39	0.40
辽　宁	2.86	0.20	3.23	2.25	0.37
吉　林	0.47	0.47	1.50	0.13	0.19
黑龙江	0.28	0.73	1.61	0.33	0.17
上　海	4.75	1.91	10.71	0.31	2.02
江　苏	9.11	1.47	4.26	4.48	1.21
浙　江	13.86	1.33	7.32	2.14	2.09
安　徽	2.03	1.31	3.42	1.91	0.86
福　建	2.91	3.29	4.76	1.97	1.21
江　西	3.03	0.93	4.33	2.52	1.04
山　东	4.10	1.20	3.07	4.30	0.60
河　南	3.36	1.44	4.71	3.79	0.48
湖　北	4.26	0.90	4.49	2.78	0.48
湖　南	5.68	0.52	6.05	3.41	0.80
广　东	2.42	1.06	4.84	3.22	0.46
广　西	3.94	0.35	3.08	2.82	0.33
海　南	0.52	0.71	3.81	0.45	0.35
重　庆	2.65	1.19	9.91	1.50	1.09
四　川	4.18	0.51	6.01	2.01	0.62
贵　州	2.23	1.94	4.32	2.26	0.68
云　南	8.57	0.56	5.13	3.65	0.37
西　藏	2.12	0.04	36.59	0.74	0.46
陕　西	4.36	0.35	12.33	2.70	0.47
甘　肃	1.43	2.56	6.45	1.92	0.53
青　海	0.87	1.05	10.67	0.17	0.30
宁　夏	2.67	0.07	7.98	2.18	0.40
新　疆	0.31	0.20	1.42	0.40	0.33

5-39续表2

单位:%

地区	十、文教卫生业支出	十一、其他家庭经营支出	第一产业支出	第二产业支出	第三产业支出
全国	**0.21**	**1.74**	**85.01**	**4.97**	**10.02**
北京	1.46	1.75	53.00	19.28	27.71
天津	0.04	1.19	90.68	1.08	8.24
河北	0.17	0.82	83.79	5.55	10.66
山西	0.21	2.35	74.83	4.48	20.69
内蒙古	0.29	2.25	93.70	1.73	4.57
辽宁	0.36	1.30	89.43	3.06	7.51
吉林	0.02	2.48	94.75	0.94	4.31
黑龙江	0.09	0.88	95.91	1.01	3.08
上海	0.25	3.57	76.48	6.66	16.86
江苏	0.14	1.56	77.77	10.58	11.65
浙江	0.08	1.42	71.76	15.19	13.06
安徽	0.16	1.62	88.70	3.34	7.96
福建	0.24	3.06	82.57	6.20	11.23
江西	0.45	3.41	84.29	3.96	11.75
山东	0.19	1.20	85.35	5.30	9.35
河南	0.24	1.64	84.35	4.80	10.85
湖北	0.22	1.28	85.59	5.15	9.26
湖南	0.06	1.94	81.53	6.20	12.27
广东	0.36	2.23	85.42	3.47	11.11
广西	0.12	0.89	88.47	4.29	7.24
海南	0.08	1.51	92.56	1.24	6.20
重庆	0.22	3.81	79.63	3.84	16.53
四川	0.32	1.35	84.99	4.69	10.32
贵州	0.14	2.09	86.34	4.17	9.50
云南	0.14	3.91	77.67	9.13	13.21
西藏		5.56	54.49	2.16	43.35
陕西	0.50	1.27	78.03	4.70	17.26
甘肃	0.54	1.53	85.04	4.00	10.97
青海	0.24	4.66	82.04	1.91	16.05
宁夏	…	2.64	84.06	2.74	13.20
新疆		1.03	96.32	0.51	3.17

5－40 各地区农村居民生活消费现金支出

单位：元/人

地区	生活消费现金支出	一、食品支出	#主食支出	#副食支出	二、衣着支出
全国合计	**1284.74**	**464.26**	**47.05**	**220.53**	**95.18**
北京	3336.52	1216.66	144.64	598.41	245.77
天津	1833.60	650.29	89.63	337.96	162.12
河北	1156.25	330.95	31.39	162.58	104.25
山西	901.59	313.60	69.10	124.43	113.34
内蒙古	1170.97	337.86	87.92	94.06	110.86
辽宁	1386.04	483.76	92.26	218.07	152.69
吉林	1204.51	446.31	111.27	186.45	103.22
黑龙江	1187.60	454.83	117.10	175.14	105.26
上海	3763.47	1451.21	26.92	704.98	201.20
江苏	1922.13	635.98	31.20	310.97	123.30
浙江	2911.84	1098.30	45.13	567.87	167.39
安徽	954.93	362.25	20.34	167.86	70.76
福建	2074.58	854.48	80.19	478.60	116.99
江西	1170.68	466.22	20.80	204.18	83.39
山东	1482.43	506.71	32.47	258.01	116.18
河南	889.66	286.52	22.27	140.51	85.55
湖北	1058.31	358.34	31.30	147.87	72.21
湖南	1467.92	590.19	26.73	236.97	89.61
广东	2197.64	908.45	81.61	548.06	101.76
广西	1087.20	437.01	22.96	215.22	51.56
海南	1083.21	495.62	38.44	346.86	59.05
重庆	927.23	299.85	19.97	135.26	61.96
四川	1021.27	376.13	30.33	173.38	72.22
贵州	622.51	224.92	44.81	89.32	53.00
云南	808.34	305.83	47.48	131.25	55.31
西藏	476.59	256.57	111.12	70.62	87.05
陕西	1007.55	327.74	53.09	113.76	81.99
甘肃	747.61	213.82	33.30	79.50	60.53
青海	765.53	262.68	81.43	91.27	93.31
宁夏	1017.35	302.72	34.10	136.28	96.70
新疆	871.37	270.54	41.15	146.40	110.85

5-40 续表

单位:元/人

地 区	三、居住支出	四、家庭设备、用品及服务支出	五、医疗保险支出	六、交通、通讯和邮电业支出	四、文教、娱乐用品及服务支出	八、其他商品及服务支出
全国合计	**231.06**	**74.37**	**87.57**	**93.13**	**186.71**	**52.46**
北 京	538.62	235.25	249.00	236.00	484.86	130.34
天 津	270.23	94.95	270.90	87.43	235.22	62.46
河 北	322.04	65.41	78.28	84.55	130.71	40.06
山 西	141.82	48.72	60.35	48.82	135.39	39.55
内蒙古	190.95	60.96	104.46	93.44	232.58	39.87
辽 宁	208.21	69.84	109.51	112.77	195.38	53.89
吉 林	183.64	63.61	102.65	85.05	171.77	48.25
黑龙江	179.45	50.85	117.20	84.17	150.67	45.17
上 海	720.89	225.22	208.92	278.63	559.12	118.29
江 苏	412.08	114.07	129.52	155.47	268.99	82.72
浙 江	569.83	145.63	200.06	275.46	327.99	127.18
安 徽	161.58	57.57	58.05	58.44	145.46	40.81
福 建	336.94	106.78	87.38	206.08	254.30	111.63
江 西	181.28	55.43	63.48	95.60	184.24	41.04
山 东	288.05	114.83	118.69	101.64	207.87	28.45
河 南	161.44	56.84	63.55	56.38	133.08	46.29
湖 北	154.92	68.49	69.67	72.67	209.89	52.11
湖 南	240.26	78.04	82.23	99.38	222.50	65.72
广 东	343.87	123.73	100.31	205.52	313.46	100.53
广 西	188.35	62.95	52.38	64.83	186.76	43.37
海 南	128.29	63.59	44.15	61.28	174.39	56.84
重 庆	178.49	66.75	68.87	61.31	154.52	35.48
四 川	184.57	62.38	72.84	54.38	159.55	39.21
贵 州	127.24	38.23	27.68	26.92	97.26	27.25
云 南	158.09	47.53	64.31	31.96	106.14	39.18
西 藏	36.25	39.77	16.07	15.42	11.11	14.36
陕 西	172.69	57.82	91.40	58.49	181.81	35.61
甘 肃	146.11	42.18	70.60	43.76	143.87	26.74
青 海	116.16	44.74	78.20	53.15	79.38	37.92
宁 夏	216.17	62.10	88.53	79.79	144.98	26.38
新 疆	156.86	45.74	73.67	61.04	105.98	46.69

5－41 各地区农村居民生活消费现金支出构成

单位：%

地　区	生活消费现金支出	一、食品支出	#主食支出	#副食支出	二、衣着支出
全国合计	**100.00**	**36.14**	**3.66**	**17.17**	**7.41**
北　京	100.00	36.47	4.33	17.94	7.37
天　津	100.00	35.47	4.89	18.43	8.84
河　北	100.00	28.62	2.72	14.06	9.02
山　西	100.00	34.78	7.66	13.80	12.57
内蒙古	100.00	28.85	7.51	8.03	9.47
辽　宁	100.00	34.90	6.66	15.73	11.02
吉　林	100.00	37.05	9.24	15.48	8.57
黑龙江	100.00	38.30	9.86	14.75	8.86
上　海	100.00	38.56	0.72	18.73	5.35
江　苏	100.00	33.09	1.62	16.18	6.41
浙　江	100.00	37.72	1.55	19.50	5.75
安　徽	100.00	37.94	2.13	17.58	7.41
福　建	100.00	41.19	3.87	23.07	5.64
江　西	100.00	39.82	1.78	17.44	7.12
山　东	100.00	34.18	2.19	17.40	7.84
河　南	100.00	32.21	2.50	15.79	9.62
湖　北	100.00	33.86	2.96	13.97	6.82
湖　南	100.00	40.21	1.82	16.14	6.10
广　东	100.00	41.34	3.71	24.94	4.63
广　西	100.00	40.20	2.11	19.80	4.74
海　南	100.00	45.75	3.55	32.02	5.45
重　庆	100.00	32.34	2.15	14.59	6.68
四　川	100.00	36.83	2.97	16.98	7.07
贵　州	100.00	36.13	7.20	14.35	8.51
云　南	100.00	37.83	5.87	16.24	6.84
西　藏	100.00	53.83	23.32	14.82	18.26
陕　西	100.00	32.53	5.27	11.29	8.14
甘　肃	100.00	28.60	4.45	10.63	8.10
青　海	100.00	34.31	10.64	11.92	12.19
宁　夏	100.00	29.76	3.35	13.40	9.50
新　疆	100.00	31.05	4.72	16.80	12.72

5－41 续表

单位：%

地 区	三、居住支出	四、家庭设备、用品及服务支出	五、医疗保险支出	六、交通、通讯和邮电业支出	四、文教、娱乐用品及服务支出	八、其他商品及服务支出
全国合计	**17.98**	**5.79**	**6.82**	**7.25**	**14.53**	**4.08**
北 京	16.14	7.05	7.46	7.07	14.53	3.91
天 津	14.74	5.18	14.77	4.77	12.83	3.41
河 北	27.85	5.66	6.77	7.31	11.30	3.46
山 西	15.73	5.40	6.69	5.41	15.02	4.39
内蒙古	16.31	5.21	8.92	7.98	19.86	3.40
辽 宁	15.02	5.04	7.90	8.14	14.10	3.89
吉 林	15.25	5.28	8.52	7.06	14.26	4.01
黑龙江	15.11	4.28	9.87	7.09	12.69	3.80
上 海	19.15	5.98	5.55	7.40	14.86	3.14
江 苏	21.44	5.93	6.74	8.09	13.99	4.30
浙 江	19.57	5.00	6.87	9.46	11.26	4.37
安 徽	16.92	6.03	6.08	6.12	15.23	4.27
福 建	16.24	5.15	4.21	9.93	12.26	5.38
江 西	15.49	4.74	5.42	8.17	15.74	3.51
山 东	19.43	7.75	8.01	6.86	14.02	1.92
河 南	18.15	6.39	7.14	6.34	14.96	5.20
湖 北	14.64	6.47	6.58	6.87	19.83	4.92
湖 南	16.37	5.32	5.60	6.77	15.16	4.48
广 东	15.65	5.63	4.56	9.35	14.26	4.57
广 西	17.32	5.79	4.82	5.96	17.18	3.99
海 南	11.84	5.87	4.08	5.66	16.10	5.25
重 庆	19.25	7.20	7.43	6.61	16.67	3.83
四 川	18.07	6.11	7.13	5.32	15.62	3.84
贵 州	20.44	6.14	4.45	4.32	15.62	4.38
云 南	19.56	5.88	7.96	3.95	13.13	4.85
西 藏	7.61	8.34	3.37	3.24	2.33	3.01
陕 西	17.14	5.74	9.07	5.81	18.04	3.53
甘 肃	19.54	5.64	9.44	5.85	19.24	3.58
青 海	15.17	5.84	10.22	6.94	10.37	4.95
宁 夏	21.25	6.10	8.70	7.84	14.25	2.59
新 疆	18.00	5.25	8.45	7.01	12.16	5.36

附　　录

农村住户调查主要指标解释

2000年农村住户调查主要指标解释

一、农村居民家庭基本情况

1.农村居民家庭人口状况

(1)家庭常住人口:家庭常住人口是指全年经常在家或在家居住6个月以上,而且经济和生活与本户连成一体的人口。外出从业人员在外居住时间虽然在6个月以上,但收入主要带回家中,经济与本户连为一体,仍视为家庭常住人口;在家居住,生活和本户连成一体的国家职工、退休人员也为家庭常住人口。但是现役军人、中专及以上(走读生除外)的在校学生、以及常年在外(不包括探亲、看病等)且已有稳定的职业与居住场所的外出从业人员,不应当作家庭常住人口。家庭常住人口主要作为计算农村住户平均每人收入、消费和积累水平及分析家庭人口状况的依据。

(2)常住人口中整半劳动力:常住人口中的整劳动力是指男子18周岁到50周岁,女子18周岁到45周岁;半劳动力是指男子16周岁到17周岁,51周岁到60周岁;女子16周岁到17周岁,46周岁到55周岁,同时具有劳动能力的人。虽然在劳动年龄之内,但已丧失劳动能力的人,不应算为劳动力;在劳动年龄以外,但能经常参加劳动,能顶上一个整劳动力或半个劳动力的人,应计入劳动力数内。常住人口中的职工,若这些职工为劳动力,就包括在本户的整半劳动力中。

(3)在校学生人数:指年内常住人口中所有正在学校就读的学生。不包括利用业余时间学习的夜校、电大、函授学校的学生。

(4)劳动力文化程度:是指家庭成员接受国内外教育所取得的最高学历或现有文化水平所相当的学历,分为不识字或识字很少、小学、初中、高中、中专、大专及大专以上六个层次。(不包括正在读书的在校学生)其中:

不识字或识字很少:指不识字或识字不足1500个,不能阅读通俗书报,不能写便条的人。

小学:指接受最高一级教育为小学程度的毕业、肄业及在校学生,也包括未上过小学但识字在1500个以上,能阅读通俗书报、能写便条、达到扫盲标准的人员。

初中:指接受最高一级教育为初中程度的毕业、肄业及在校学生。也包括相当于初中学历的技工学校的毕业、肄业及在校学生。

高中:指接受最高一级教育为高中毕业、肄业或相当于高中文化程度。包括在校的高中生。

中专:指接受最高一级教育为中等专业学校毕业、肄业和农业中学毕业、肄业或相当于中专、农中文化程度。包括在校的中专、农中学生。

大专及大专以上:是指接受最高一级教育为大专及大专以上的毕业生、肄业生及在校学生。或相当于大专以上文化程度,包括在校的学生。电视大学、函授大学等形式的大学,凡按照大专院校的教育计划和教育大纲(全科)进行教育的毕业生应包括在内,但只学完单科课程的,则不应计算在内。

2.土地经营情况

(1)耕地面积:是指农村住户年末经营的全部耕地面积,包括承包集体生产的耕地面积和家庭自营地面积(自留地、饲料地和零星开荒地),经营耕地面积中,应包括因各种原因休闲和抛荒的耕地面积、改种植为养殖的耕地面积。还包括经营他人的转包耕地面积,但不包括代为他人临时耕种的承包地面积。

(2)山地面积:是指农村住户年末经营的全部山地面积,包括承包集体的山地面积和家庭自留山面积。还包括经营他人的转包山地面积,但不包括代为他人临时经营承包的山地面积。

(3)园地面积:是指种植以采果、叶、根、茎等为目的的多年生木本或草本作物,覆盖率大于50%,或每亩株数达到合理株数70%的土地,包括专业性果园、果木苗圃等。

(4)牧草地面积:是指生长草木植物为主,专门用于放牧、饲养牲畜和收割牧草的土地,包括天然草地、改良草地和人工草地。

(5)养殖水面面积:是指农村住户年末经营的全部水产品养殖的水面面积。包括海水养殖面积(利用滩涂、浅海、港湾,放养各种水产品的人工养殖水面面积)和内陆水面养殖面积(已放养鱼苗、鱼种等水产品苗种并进行人工饲养和管理的池塘、湖泊、水库、河沟及其他养殖水面面积)。统计对象包括集体统一经营和家庭自营养殖水面面积。

3.年末生产性固定资产拥有情况

生产性固定资产:是指农村居民家庭在生产过程中多次使用并保持原有物质形态、单位价值在50元以上、重复使用在两年以上的生产资料。但作为企业形式的经营,其固定资产规定单位价值在200元以上、使用年限在一年以上,如果企业的主要设备虽低于 200 元,但使用年限在一年以上,也划为固定资产。

(1)年末生产性固定资产原值:是以购入该项固定资产的原始价值量反映农村住户拥有的生产规模和能力。各类固定资产的原值,也可按开始占有这项固定资产的重新估计的价值计算。其中;

购置的固定资产按购买时实际支付的费用计价,包括买价、运杂费、安装费用等在内。村(村民小组)将集体的固定资产折价卖给农民,按实际折价的价值计算。

自制自建的固定资产原则上按同类资产的国家牌价计价。如无牌价,应按耗用的原材料和支付的劳动报酬及聘请技术人员工资合理计价。

自繁自养的幼畜成龄转作役畜、产品畜、种畜,按市场同类牲畜的平均价格计价。

国家奖励和外单位赠送的固定资产按购置同类固定资产的价格参照其新旧程度酌情计价。

1).农业:指专门用于农业生产及其有关经营活动的固定资产。其中:

房屋及建筑物:指直接用于农业生产的房屋及建筑物,如车库、仓库、沼气室、温室、牲畜用房等。

役畜及产品畜:役畜指以使役为重要用途的大牲畜,包括从事农业生产的耕畜,专门用于工业生产、从事运输的牲畜等,未成年的大牲畜和菜牛不包括在役畜中。产品畜指生产各种畜产品为主要目的的牲畜,如母猪、种公猪等种畜,乳牛、羊等取乳品的牲畜,产毛、鬃等畜产品的牲畜等。

大中型铁木农具:是指大中型铁木制作的农具,如犁、耙、耧、耖、水车、拌桶等铁木农具。

农林牧渔业机械:是指用于农、林、牧、渔业的机械,如大中型和小型拖拉机(包括手扶拖拉机)、机引农具(犁、把等)、机动船、机动插秧机、机动收割机、机动拖拉机、机动扬场机、挖坑机、植树机、饲料粉碎机、机动剪毛机、机动挤奶器、渔用机动船、抽水机、农用泵等。

2).工业:是指专门用于工业生产及其有关经营活动的固定资产,主要包括生产用房屋和建筑物、生产设备等。

房屋及建筑物:指用于工业生产用的房屋及建筑物。如厂房、车库、仓库、烟囱、水塔等。

生产设备:是指用于工业生产的生产加工设备、传导设备、动力设备、运输设备的总称。

3).建筑业:是指用于建筑业生产的固定资产。主要指建筑机械,如各种搅拌机械、提升机械、吊装卸机械等。

4).交通运输业:是指用于客货运输的固定资产。主要指运输机械和工具,如汽车、挂车、胶轮大车以及主要用于生产性运输的拖车等。

5).批发和零售贸易、餐饮业:是指用于批发、零售贸易和餐饮业的固定资产。主要包括房屋、建筑物和各种设备。如各种储藏、烹调、制冷、供热。空调设备,商业建筑和各种售卖机器等。

6).社会服务业:是指用于为人民日常生活及社会公共服务的固定资产。主要包括服务设施、建筑物和各种设备等。

7).文教卫生业:是指用于发展文化、教育、体育、卫生事业的固定资产。其中的文化事业主要包括影剧院、文化馆、美术馆、图书馆、博物馆、宗教寺院等建筑物和电影、电视、艺术、出版、文物等事业所用的各种设备、器具等。教育事业主要包括用于发展普通学校、专业学校、成人教育学校等各类教育事业单位的教育用房和各种教学设备。体育事业包括体育机构从事体育活动的房屋及设备等。卫生事业主要包括医院、卫生防疫站、妇幼保健所等医疗、防治、检疫等卫生事业单位的房屋和各种诊断、医疗设备。

8).其它固定资产:指除上述内容以外的其他生产用固定资产。

(2)主要生产性固定资产数量

1).房屋及建筑物:如用于农业生产的车库、仓库、沼气室、温室、牲畜用房等。用于工业生产的厂房、车库、仓房、烟囱、水塔等。

2).汽车:指主要用于农户生产和经营活动服务的各种类型的汽车。

3).大中型拖拉机:指发动机定额功率在 14.7 千瓦(含 14.7 千瓦)以上的拖拉机。包括轮式和履带式两种。

4).小型和手扶拖拉机:指发动机定额功率小于 14.7 千瓦的小型四轮拖拉机和手扶式拖拉机。

5).机动脱粒机:指专门进行农作物脱粒的固定作业机械,按其清选程度可分为筒式、半复式和复式。动力打稻机也应作为机动脱粒机统计。

6).收割机:指自身带动力能够完成收割作业的农业机械。包括联合收割机。

7).农用动力机械:指除机动脱粒机、收割机等以外的使用电动或柴油的农用动力机械。

8).胶轮大车:指农村传统上使用的胶轮大车。

9).水泵:指用于农业生产上灌溉和排水用的水泵。如离心泵、深井泵、潜水泵、水轮泵、水锤泵等。喷灌设备中的水泵不计入其中。

10).役畜:指以使役为重要用途的大牲畜,包括从事农业生产的耕畜，专门用于工业生产、从事运输的牲畜等，未成年的大牲畜和菜牛不包括在役畜中。

11).产品畜：主要指以生产各种畜产品为主要目的的牲畜，如母猪、种公猪等种畜，乳牛、羊等取乳品的牲畜，产毛、鬃等畜产品的牲畜等。

4.房屋情况

(1)年内新建(购)住房情况

新建房屋：是指全年从无到有"平地起家"的新建筑房屋。包括新址上新建和旧址上新建的房屋。在原来的房屋基础上按原有规模对房屋进行翻修或一般维修的不包括在内。新建房屋仅包括年内建成的新建房屋，未完工的在建房屋不要统计在内。新建(购)住房的类型、结构、占地面积、住房价值等解释同于"年末住房情况"。

新购住房：指当年新购置的商品房屋。

(2)年末住房情况

住房面积：是指农村住户自有或租用的实际住人或可以用来住人的房屋面积。与住房连成一体的起居室或放置灶具的地方、专用厨房，均应包括在内。但不包括专用仓库等生产用房面积。

住房价值：购买房屋按购买价格计算。新建房屋价值，可按实际消耗的建筑材料和人工的报酬计算，有的地方，人工不要报酬，只管吃喝，可将吃喝的费用，当作报酬，计入房价内。原有房屋，按房屋质量和新旧程度，根据当地实际情况进行估价。对原有房屋进行大翻修的，也应考虑在内。

楼房面积：是指二层和二层以上的多层建筑的房屋面积，楼房面积按各层面积总和计算。

砖瓦平房面积；是为了更好地考察农村居民居住质量情况，相对于那些拥有楼房的住户而言所统计的农户居住面积，按实际面积总和计算。其中，砖砌窑洞也包括在内。

其他：指农村居民居住在不包括上述情况下的居住面积，如土坯房、帐篷等居住面积。

(3)住房结构：

住房结构按房屋主要的承重结构(如梁、柱、承重墙等)所用建筑材料来划分。其中：

钢筋混泥土结构：是指房屋的梁、柱、承重墙等主要部分是用钢筋混泥土建造的。

砖(石)木结构：是指房屋的梁、柱、承重墙等主要部分是用砖、石、木料建造的，如木房架、砖、石墙、木柱、砖柱建造的房屋。包括石窑洞。

其他：指不包括上述房屋结构的其他各种结构住房，如帐篷及以土坯建墙的竹木结构的房屋，砖、石作基础的土坯房屋，竹篱笆墙、各种草泥墙的房屋也包括在内。

二、农村居民出售产品、消费食物及年末拥有耐用消费品情况

1.出售产品：是指农村住户全年出售农、林、牧、渔业产品的数量，包括售给国家的、集体的和在集市上出售的。出售的产品金额都按出售时当年的实际价格计算。

2.主要食物消费量

粮食：是指农村住户年内消费的小麦、玉米、稻谷、薯类及其他各种杂粮和粮食复制品的消费量折价。其中，粮食复制品：是指利用原粮加工而成的食品，如挂面、年糕等。但不包括用粮食加工成豆油、豆腐、粉条、酒。粮食消费量(包括粮食复制品)一律按加工前的原粮计算消费量。

蔬菜及菜制品：包括鲜菜和干菜及其制品。鲜菜包括绿叶菜类、白菜类、瓜菜类、块根、块茎菜类、花菜类、茄果菜类、葱蒜类、菜用豆类、水生菜类、多年生菜类、食用菌类和山菜类。干菜包括黄花菜、黑木耳、蘑菇、腌干菜、萝卜干、笋干、白木耳等。菜制品包括蔬菜罐头等。

油脂类：是指各种食用油脂，包括植物油和动物油。其中：植物油：包括花生油、芝麻油、菜籽油、豆油、茶油、棉籽油等食用植物油的消费量。动物油：包括猪油、牛油、羊油等食用动物油的消费量。

肉、禽及其制品：是指家畜、野畜、家禽、野禽等各种肉食品，包括活的、鲜的、冻的以及各类再制品、熟食品等，包括罐头。其中：猪肉、牛肉、羊肉、及肉制品消费量：按鲜肉重量计算。如消费咸肉、腊肉、肉干等，均应折成鲜肉重量计算。用肥肉炼油，不应计算肉的消费量。家禽消费量：按屠宰去毛和内脏重量计算。

蛋类及蛋制品：是指各种禽蛋、禽蛋制品及罐头。

奶和奶制品：是指鲜乳品、奶粉、酸奶以及其他奶制品。包括炼乳、活性乳、可可奶、麦乳精等。

水产品：是指鱼、虾、蟹、贝、藻等各类海水和淡水产品及其制品，包括水产品罐头。

食糖：包括白糖、红糖、冰糖、方糖及糖果等，不包括糖精。

酒和饮料：包括各种白酒、黄酒、啤酒、果酒，以及茶叶以及各种固、液体饮料等食品消费，如：汽水、可乐、各种果汁、咖啡粉、可可粉等。

糖果：包括水果糖、奶糖等各类硬糖、软糖以及巧克力糖、麦芽糖等。

糕点：包括各式蛋糕、饼干、桃酥、面包以及粗、细夹心馅的各种糕点。

水果及水果制品:是指各类干鲜水果及其制品,包括各种水果、果用瓜、干果、蜜饯及水果罐头等。

坚果及果仁制品:是指各类坚果、果仁及其制品的消费量,包括核桃、板栗、开心果等。

3.年末拥有主要耐用消费品

大型家俱:指各种不同类型的大型家俱,包括大衣柜、书柜、装饰柜等。

洗衣机:指各种规格、型号的自动、半自动、单缸、双缸家用洗衣机。

电风扇:指各种规格、型号的台扇、壁扇、落地扇以及吊扇,不包括排风扇。

电冰箱:指单门、双门、三门电冰箱,包括冰柜。

空调机:指具有空气的加热、冷却、增湿、减湿等功能的家用空气调节器,不包括冷暖风机。

抽油烟机:指家庭炊事用抽油烟机,不包括排风扇。

吸尘器:指家庭除尘用的电动吸尘器,也包括多用途吸尘器,不包括使用电池的微型电刷吸尘器。

微波炉:指各种牌号、型号、尺寸的微波炉。

热水器:指家用热水器,包括电热水器和燃气热水器,不包括太阳能热水器。

自行车:也称单车、脚踏车。指各种牌号、型号、尺寸的男女自行车。包括普通标定车、加重车、轻便车、小轮车(包括折叠式)、赛车以及电动自行车。不包括儿童玩具车、手推车、小三轮车等。

摩托车:包括各种型号的摩托车、轻骑摩托车。

汽　车:指主要用于农村住户生活的各种类型的汽车。

电话机:指各种类型的台式电话机。

移动电话:也称手机,包括模拟和数字移动电话,不包括对讲机。

寻呼机:也称 BB 机。包括字符显示和数字显示的寻呼机。

彩色电视机:也称彩色电视接收机。包括各种牌号、尺寸的彩色电视机。

黑白电视机:也称黑白电视接收机。包括各种牌号、尺寸的黑白电视机。

录放像机:指各种牌号、规格的录放像机,包括单放像机和录放像机。

摄像机:指各种牌号、规格的摄像机。

影碟机:利用各种影碟(光盘),并通过电视放映图像的设备(不包括对媒体计算机)。

组合音响:指收录、扩音、放音等两件和两件以上的多功能组合音响。不包括普通音箱以及自制的音箱。

收录机:指各种型号的收录机,一般具有收听、录音、扩音、重放、转录的功能。包括便携式、座式和落地式

照相机:指各种牌号、型号的照像机。包括折合式、双镜头反光式和单镜头反光式。

家用计算机:也称电脑,指家庭购买的各种型号电子计算机。包括台式和便携式。

中高档乐器:指价格在 500 元以上的各种中高档乐器。包括钢琴、手风琴、提琴以及各种电子乐器。

三、农村居民总收入与纯收入

1.总收入:是指农村住户年内从各种来源得到的全部实际收入(包括现金收入和实物收入)。由工资性收入,家庭经营收入,财产性收入和转移性收入四部分组成。

(1)工资性收入:指受雇于单位或个人,出卖劳动而得到的收入。包括在乡村组织中等非企业组织中劳动得到的收入、在企业劳动得到的收入、常住人口外出务工收入和其他单位劳动得到的收入。

1)在非企业组织中劳动得到的收入:指农村住户成员在当地县、乡、村等非企业组织中劳动得到的报酬收入。包括乡村干部和民办教师的工资、奖金、各种补贴,基本建设用工报酬,乡以上行政、事业单位工作人员的工资、奖金、补贴等收入。

2)在本地企业中劳动得到的收入:指农村住户成员在本乡(镇)地域之内的国有企业、集体企业、私营企业、个体企业等各种企业劳动,企业直接发给的工资、奖金和各种补贴收入。

3)常住人口外出从业得到的收入:是指外出打工者年内在本乡以外从业得到的现金收入和实物折价收入合计,包括外出从业者的收入中寄回带回的现金及用于在外生活消费的开支。其产业分类详见上述“在本地乡镇企业中劳动得到的收入”。

4)其他:指除上述情况外的劳动所得及各种报酬收入。

(2)家庭经营收入:主要用来反映以家庭为生产单位的收入水平、生产规模和经济效益情况。它是农村住户从事各项生产的收入,包括种植业收入、林业收入、牧业收入、渔业收入、工业收入、建筑业收入、交通运输业收入、批零和零售贸易及餐饮业、社会服务业、文教卫生业、转让无形资产净收入、租赁收入和其他家庭经营收入。

家庭经营产品的计价:凡是出售部分,按实际出售价格计算;非出售部分(包括自用的和结存的)按出售该产品综合平均价计算。

1)农业收入:指包括谷物种植业,豆类和薯类作物种植业,棉、麻等植物性纺织原料种植业,油料、糖料作物种植业,烟草种植业,药材种植业,蔬菜、瓜类作物种植业,饲料作物种植业,茶、桑、果树种植业及野生植物的采集和家庭兼营商品性手工业。

种植业收入:是指农村住户当年从承包地和自营地上收获的粮食、经济作物、蔬菜、茶叶、水果、水生植物(如菱、藕等)等的主产品和副产品的全部收入。但生产用的绿肥和青饲料不作为收入,用来沤肥的副产品以及野生植物的采集和家庭兼营商品性手工业不作为种植业收入。

2)林业收入:是指农村住户当年采伐竹木收入、出售树苗和从人工栽培的竹林上不经砍伐而取得的各种林产品收入,如生漆、棕片、五培子、松脂、紫胶、竹笋、油桐籽、油茶籽、乌柏子、核桃、各种林木子实,以及修剪竹木枝叶(荆条、柳条、蒲葵叶)等等;包括野生林木的采集产品收入;但不包括桑叶、茶叶、水果、花卉,它们算在种植业收入中。

3)畜牧业收入:是指农村住户当年出售、屠宰的畜禽、小动物和畜禽产品收入。包括家畜(仔畜、架子猪也包括在内)、家禽(包括幼禽)及其他小动物收入;也包括出售鹌鹑、鸽子等收入,按出售和屠宰的产品计算。畜禽的繁殖和增重,不计算收入;活的家畜、家禽及其他小动物的产品(如蛋类、羊毛、蜂蜜、蜂蜡等)收入,按全部产品计算;动物屠宰和死后的畜产品(如猪鬃、羊皮、蚕茧等)收入,按全部产品计算。牧区和半牧区农民出卖大牲畜的收入,应作为畜牧业收入;农户出售肉牛的收入和专门饲养大牲畜出售的收入应作为畜牧业收入,但变卖属于固定资产的役畜的现金收入,不能作为牧业收入,而应计算在出售财物收入中;包括野生动物的狩猎及其产品的采集收入。

4)渔业收入:是指农村住户当年捕捞天然水生的和人工养殖的鱼、虾、蟹、贝、藻类等淡水水产品和海水水产品的全部收入。包括养殖观赏鱼类的收入。

5)工业收入:是指农村住户的个体企业(有固定场所和生产设备、有专业生产劳动力,年内生产期三个月以上)利用手工和机械进行自然资源的开采、或对农副产品,工业品加工和修理以及从事手工业(手工业指依靠手工劳动,使用简单工具从事的工业性生产活动,包括各种制作、刺绣、编织、雕刻、加工等手工业。)所得全部产品收入,来料加工的产品,按加工费计算收入。自制自用的产品不计收入。

6)建筑业收入:是指农村住户成员当年从事房屋或建筑物的新建和维修以及设备安装所得到的劳动报酬,参加国家举办的基本建设工程所得到的收入。

7)交通运输业、邮电业收入:是指农村住户成员当年从事对本户以外的单位或个人进行货物运送、旅客运送及从事邮电行业活动的收入。

8)批零和零售贸易、餐饮业收入:是指从事批发贸易、零售商业和餐饮业活动的收入。

9)社会服务业:是指从事于日常生活及社会公共服务等服务活动的收入。包括从事社会服务业、金融保险业、房地产管理、旅馆、车店、理发、照相、洗染、缝纫、修理、导游等收入。

10)文教卫生业:指在文教卫生等单位从事有关活动的收入。如在教育、文化艺术事业、广播电视业从事有关活动的收入;在体育事业单位、体育设施管理单位、体育队、体育训练机构等从事体育活动的收入;在医疗、防治、检疫及其他卫生事业的收入等。

11)其他家庭经营收入:除上述各项家庭经营收入以外的收入。

(3)财产性收入:包括利息收入、股息收入、租金收入、出售财物收入、转让无形资产净收入、及其他财产性收入。

(4)转移性收入:包括在外人口寄回和带回、农村外部亲友赠送、救济金、保险赔偿收入、退休金、土地征用补偿收入和其它转移性收入。转移性净收入则是指扣除了调查补贴和保险费支出后的收入。

2.纯收入:是农村常住居民家庭总收入中,扣除从事生产和非生产经营费用支出,包括家庭经营费用支出、税费支出、生产性固定资产折旧和调补贴以后剩余的、可直接用于进行农村居民进行生产性、非生产性建设投资、生活消费和积蓄的那一部分收入。它是反映农村居民家庭实际收入水平的综合性的主要指标。农村居民家庭纯收入包括农村居民全年从事生产性和非生产性的经营收入,在外人口寄回、带回和国家财政救济、各种补贴等非经营性收入;既包括货币收入,又包括自产自用的实物收入。但不包括向银行、信用社以及向亲友借款等属于储蓄借贷性的收入。计算方法为:

纯收入=总收入-家庭经营费用支出-生产性固定资产折旧-税费支出-调查补贴-赠送农村外部亲友的支出。

四、农村居民总支出

总支出:是指农村住户全年用于生产、生活和再分配等方面的全部实际支出。包括家庭经营费用支出、购置生产性固定资产支出、税费支出、生活消费支出、转移性支出和财产性支出。

1.家庭经营费用支出:是指农村住户经营生产所

支出的费用,包括承包集体生产的费用支出和家庭自营生产的费用支出两部分。它对于研究降低生产成本、节约开支、提高经济效益有重要意义。凡是未计算收入的产品,在利用它作为原材料支出时,就不应该计算生产费用支出。库存的化肥、农药也不应该计算生产费用支出。包产户经营集体生产,仍由集体统一开支的费用,如种籽、化肥、农药等,也不应该包括在内。

(1)农业生产:指用于农业生产活动费用。如种籽、肥料、农药、小农具购置和修理、油料费、耕畜的饲料、饲草费、机耕费、排灌费、电费等,此外还包括家庭兼营商品性手工业等所支付的有关费用。

种植业生产:是指种植各种农作物所支付的生产费用。如种籽、肥料、农药、小农具购置和修理、油料费、耕畜的饲料、饲草费、机耕费、排灌费、电费等。

(2)林业生产:是指经营林业生产而支付的费用。如树种、树苗、肥料、农药、电费及小型工具的购置维修等开支,但不包括林业的基本建设投资。

(3)牧业生产:是指经营牧业生产所支付的费用。如购买仔畜(包括架子猪)、幼禽支出;肉用牛、羊的饲料、饲草支出;生猪、家禽等的饲料、燃料、防疫医疗费;电费和小型用具购置、维修等支出。但耕畜的饲料费应列为"种植业生产费用支"。

(4)渔业生产:是指养殖水生动物、培养海藻和捕捞生产过程中的开支。包括鱼苗、饵料、电费以及小型渔具和用具的购置、维修及油料费等支出。但不包括添置的固定资产支出。

(5)工业生产:是指进行工业生产所支付的生产费用。包括工业生产耗用的原料、燃料、电费及小型工具的购置、维修等开支,还包括来料加工产品所耗用的燃料、电费,但不包括自产自用和来料加工产品所耗用的原材料。

(6)建筑业生产:是指为了从事本户以外的房屋或建筑物的新建与维修以及设备安装而耗用的建筑材料、电器设备、燃料、电费以及小型工具的购置、维修等开支。

(7)交通运输业:是指为从事对本户以外单位或个人进行货物运送和旅客运送所耗用燃料和小型工具的购置、维修等开支。

(8)批零和零售贸易、餐饮业:是指从事批发贸易、零售商业、和餐饮业活动时所购买的生产用具支出、租用铺面支出、帮工工资支出、燃料支出、电费支出及其他费用开支。

(9)社会服务业:指用于包括金融保险业、房地产管理、旅馆、车店、理发、照相、洗染、缝纫、修理、导游等日常生活及社会公共服务等服务活动的费用支出。

(10)文教卫生业:指在文教卫生等单位从事有关活动的支出。如在教育、文化艺术事业、广播电视业从事有关活动的支出;在体育事业单位、体育设施管理单位、体育队、体育训练机构等从事体育活动的支出;在医疗、防治、检疫及其他卫生事业的支出等。

(11)其他家庭经营支出:是指上述各项家庭经营费用支出以外的其他支出,包括各项劳务所支出的费用。

2.购置生产性固定资产支出:是指农民家庭用于购置生产性固定资产的开支,用来反映当年已实现的扩大再生产能力。固定资产是指单位价值50元以上,使用两年以上的生产资料,如役畜、产品畜、价值50元以上的铁木农具、农、林、牧、渔业生产机械、工业机械等。

3.税费支出:是指农村住户从事家庭经营生产向国家缴纳的各种税款、提留统筹以及各项集资和费用。

4.生活消费支出:是指农村住户年内用于物质生活和精神生活方面的实际支出,直接反映农民的生活水平、研究农民消费结构变化的基本指标。生活消费支出包括食品,衣着,居住,家庭设备、用品及服务,医疗保健,交通和通讯,文化教育娱乐用品及服务,其他商品和服务等消费支出。

(1)食品消费支出:是指农村居民年内消费各类食品支出。包括主食、副食、其他食品、在外饮食和食品加工费支出。

主食:指各种粮食和粮食复制品的消费量折价。其中粮食复制品:是指利用原粮加工而成的食品,如挂面、年糕等。但不包括用粮食加工成豆油、豆腐、粉条、酒。

副食:包括蔬菜、豆制品、油脂类、食糖、肉、禽及其制品、蛋类、水产品、调味品等。

(2)衣着消费:是指农村住户各种穿着用品及加工穿用品的各种材料。包括棉花、丝棉、化纤棉、驼毛、棉布、各种化纤布、绸、缎、呢绒、各类成衣、棉、毛、丝、麻纺织品,背心、汗衫、棉毛衫裤、卫生衫裤、袜子等针织品,毛线、毛线织品、各种鞋、帽等消费品及衣着的加工修理费(是指农村住户为加工或修补服装、鞋帽等衣着所支付的服务费)。但不包括用各种布料做的床上用品,室内装饰品。

(3)居住消费:是指农村住户与居住有关的支出,包括农户用于新建房屋和维修房屋用的各种建筑材料;居住劳务支出;用于购买居住用商品房的支出;租赁生活用房所付的租金,但不包括外出住旅店和招待所所支付的住宿费;农户生活用水所支付的费用;用于照明和使用家用电器所支付的电费;以及用于做饭、做菜、烧水和取暖用的燃料等方面的支出。

(4)家庭设备、用品及服务:是指农村住户消费的各种耐用消费品、其他家庭用品及用品的加工修理费用。

(5)医疗保健:是指农村住户用于医疗和保健的药品、医疗器械和服务费用。包括医药卫生保健用品、医疗保健服务费和医疗卫生设备、用品加工修理费等。

(6)交通通讯消费:是指农村住户用于交通和通讯的工具、各种服务费、维修费用支出。

(7)文教娱乐用品及服务:是指农村住户用于文化、教育、娱乐方面的支出。包括文化教育娱乐用品支出和文化教育娱乐服务支出。

(8)其他商品和服务消费:是指上述各类支出以外的商品和服务支出。

5.转移性支出:包括寄给和带给在外人口、赠送农村亲友、支付保险费、利息支出、租金支出、受让无形资产支出、罚款、土地有偿使用支出及其他转移性支出。

6.财产性支出:包括农村住户为生活消费贷款、借款所支付的利息及其他。

五、农村居民现金收入与支出

1.现金收入:是指农村住户季(年)内所有家庭成员的全部现金收入。包括工资性收入、家庭经营现金收入、财产性收入、转移性收入。

(1)出售产品的现金:是指农村住户季(年)内出售各种来源的产品的现金收入。包括出售从各级集体经济中得到的、出售家庭经营生产的(包括承包经营生产的和家庭自营生产的产品)以及出售往年结存的各种产品所得到的现金收入。

(2)批发、零售贸易、餐饮业的现金收入:是指农村住户季(年)内年经营商业的毛利收入,即在销售商品收入上,扣除购买商品支出的现金收入;农村住户季(年)内经营食品烹制、零售活动所得到的现金收入,按营业额计算;也包括农村住户季(年)内提供劳务为日常生活服务所得到的全部现金收入。

(3)出售财物现金收入:是指农村住户出售本季(年)内以前拥有的各种固定资产、物品所得到现金。如出售当年购买的财物,购买和出售在同一季度内发生,只计算其差额部分。出售额仍作为购买该项财物支出,填入有关项内。出售当年购买的财物,不是在同一季度内发生,应按实际发生额填写,年报时统一进行调整。

(4)调查补贴:是指调查户承担农村住户调查任务由国家财政发给的现金补贴。其他调查补贴现金收入,不包括在内。

(5)亲友赠送的现金:是指亲友赠送的现金,本季(年)收到亲友赠送的实物,随即出售时,其所得现金收入应该统计在亲友赠送的现金收入项中。城乡亲友之间互相赠送的现金均应计算。

2.现金支出:是指农村住户季(年)内全部现金支出。包括用于家庭经营费用支出的各项现金,向国家缴纳的各种税金,按承包合同上交的集体提留或承包任务的现金,购买生产用固定资产支付的现金,用于生活消费支出,转移性支出财产性支出。承包经营生产的现金支出和纳税,均包括在有关项内。

赠送亲友:这里指赠送亲友的现金。赠送城乡亲友的所有现金均应计算。

六、地带划分

1.东部地区:包括北京、天津、河北、辽宁、上海、江苏、浙江、福建、山东、广东、广西、海南12个省(区、市)。

2.中部地区:包括山西、内蒙古、吉林、黑龙江、安徽、江西、河南、湖北、湖南9个省(区、市)。

3.西部地区:包括重庆、四川、贵州、云南、西藏、陕西、甘肃、青海、宁夏、新疆10个省(区、市)。

4.西部12省:包括内蒙古、广西、重庆、四川、贵州、云南、西藏、陕西、甘肃、青海、宁夏、新疆12个省(区、市)。